国家林业和草原局普通高等教育“十三五”规划教材

# 大学体育

刘　琦　主编

中国林业出版社

**图书在版编目(CIP)数据**

大学体育 / 刘琦主编. —北京 : 中国林业出版社, 2019.6
国家林业和草原局普通高等教育“十三五”规划教材
ISBN 978-7-5219-0107-8

Ⅰ①大… Ⅱ.①刘… Ⅲ.①体育-高等学校-教材 Ⅳ.①G807.4

中国版本图书馆 CIP 数据核字(2019)第 116708 号

**国家林业和草原局生态文明教材及林业高校教材建设项目**

**中国林业出版社·教育分社**

**策划、责任编辑:** 许 玮 曹鑫茹
**电 话:** (010)83143576

出版发行 中国林业出版社(100009 北京市西城区德内大街刘海胡同 7 号)
http://www.forestry.gov.cn/lycb.html
经 销 新华书店
印 刷 固安县京平诚乾印刷有限公司
版 次 2019 年 7 月第 1 版
印 次 2019 年 7 月第 1 次印刷
开 本 889mm×1194mm 1/16
印 张 23.25
字 数 625 千字
定 价 46.00 元

# 编委会人员名单

# 前言

随着社会的进步和科学技术的迅猛发展，人类社会的物质文化生活水平从整体上有了很大提高，人类的健康状况大为改善。但是，现代生产和生活方式造成的体力活动减少和心理压力增大，对人类健康造成了日益严重的威胁。当代大学生是我国现代化建设的主力军，如果大学生没有健康的体魄，就难以完成繁重的学习任务，也难以适应未来祖国建设的需要，更难以承担起中华民族伟大复兴的光荣使命。为了贯彻中共中央、国务院《关于深化教育改革，全面推进素质教育的决定》指出的“学校教育要树立‘健康第一’的指导思想，切实加强体育工作……”的精神，我们精心编写了《大学体育》教材。

教材从高等院校的实际情况出发，特别关注学生的需求，结合目前普通高等院校体育课程教学改革的成果，突破传统教材的编写模式，在教材内容选编上坚持以育人为宗旨和“以人为本”的理念，以启发和唤醒大学生的健康意识、生命意识，培养学生的体育兴趣和运动技能，增强体质，促进身心健康，养成终身锻炼身体的习惯为主线，并汲取和传承民间体育养生保健内容、民族传统体育健身手段；注重竞技项目与健身锻炼和健康教育的有机结合；突显体育的文化内涵；强调科学健身的重要性；加强安全教育和体育比赛欣赏能力的培养。同时，重视教材内容的思想性、科学性、时代性、实用性和趣味性，努力使之成为集体育与教育、健康、休闲娱乐等内容与方法为一体，并具有一定特色的高等院校体育课程教材。

教材不仅包括传统的田径、游泳、健美操、三大球、三小球、棒垒球、跆拳道和武术等体育课程项目，而且还有同学们喜闻乐见的高尔夫、台球、飞镖、轮滑、登山与攀岩、滑冰与滑雪、射箭、瑜伽等休闲体育运动内容。另外，教材增加了毽球、跳绳、陀螺、抖空竹、丢沙包、脚斗士、五禽戏和八段锦等传统民间体育运动内容。教材适用于普通高等院校研究生、本科生体育课的教学及其自学自练。

教材在编写过程中，编者参考、借鉴、引用了部分国内外同类教材和有关文献资料，同时得到了部分专家和同仁的大力支持与指导，在此表示衷心的感谢。

由于编者编写水平有限，编写时间较短，书中难免存在疏漏、错误之处，敬请广大读者和专家、学者不吝批评指正，以便不断修订完善。

《大学体育》编委会

2019年6月

# 目录

# 第一章

# 田　径

## 第一节　田径运动概述

### 一、田径运动的起源与发展

田径运动是一项古老的体育运动。远古时代，先民们为了生存，在和大自然的斗争中，需要有快速的奔跑、长距离的迁徙、跳越沟渠障碍、精准的投掷等本领。由于人们在生活中经常重复这些动作，为了掌握和提高这些动作，就逐渐形成了走、跑、跳、投等各种技能，并加以练习进而逐渐形成了一些比赛形式。

田径运动历史悠久，但相关资料比较零散，我们以参考奥运会的发展为脉络进行了解。据史料记载，公元前776年在希腊奥林匹亚村举行的第一届古代奥运会上，短跑是古奥运会上唯一的比赛项目。随着古奥运会的发展，逐渐增加了中跑、长跑、跳远、掷铁饼、标枪等项目。公元394年，古奥运会被废止。现代田径运动一般以1896年在希腊雅典举行的第一届奥林匹克运动会为起点，田径项目被列为大会的主要比赛项目。1912年根据田径运动发展的需要成立了国际业余田径联合会。它在确定比赛项目、拟定规则、组织比赛、审批世界纪录，以及促进国际交流等方面发挥了很大的作用。进入21世纪以来，田径运动已发展成为有组织、有影响力的国际体育竞赛活动。当前田径较大的国际赛事主要有：世界田径锦标赛、奥运会田径比赛、国际田联钻石联赛。

我国现代田径运动约从19世纪末开始。先是在一些基督教青年会和教会学校中开展。1890年，上海圣约翰书院举行的以田径运动为主要项目的运动会，是中国最早的田径比赛。中华人民共和国成立之后，各级体育组织都很重视开展田径竞赛活动。第一次大型田径比赛是1952年8月在北京为庆祝解放军建军25周年而举行的全军运动会。在群众性体育运动广泛开展的基础上，我国田径运动技术和水平有了迅速提高。20世纪90年代随着辽宁省田径运动的崛起，创造了一批女子中长跑世界纪录，王军霞还赢得了“东方神鹿”的称号，并获得欧文斯奖杯。男、女竞走项目经久不衰，女子投掷项目更是新人辈出。2004年的雅典奥运会，刘翔获得男子110米跨栏冠军，平了当时的世界纪录，激起了我国人民对田径运动的极大热情。2015年北京国际田联世界田径锦标赛，中国田径队在本届世锦赛上最终收获1金7银1铜的成绩。特别是在男子4×100米接力上获得银牌，让人称颂。

### 二、田径运动的特点及锻炼价值

#### (一)田径运动的主要特点

1. 项目内容丰富多样

田径是从人们生活技能中发展起来的竞技性运动，项目繁多，内容丰富，包括走、跑、跳、投和全能运动，共有男、女项目40多项，是大型综合运动会中奖牌最多的运动项目。

2. 各项运动的基础

田径能全面发展身体素质，其他各项运动都把田径训练作为提高该项运动水平的手段，是各项运动的基础，是衡量一个国家体育运动发展水平的主要标志。

3. 项目以个人为主体

在众多的田径项目中，除少数几项接力为集体项目外，大多数都是个人项目。个人可根据自己的条件、特长和爱好参加活动、训练和比赛。

4. 有广泛的群众基础

田径锻炼形式多样，场地、器材较简单，不受人数、年龄、性别、季节和气候等条件的限制，便于广泛开展。

### (二)田径运动的锻炼价值

1. 改善内脏功能

经常系统地参加田径锻炼，能增加肌肉力量，加快人体的新陈代谢速度，协调神经系统与运动器官之间的联系，提高心血管系统、呼吸系统以及其他内脏器官的功能。

2. 大力发展体能

大力发展人体的力量、速度、耐力、灵敏、柔韧、协调性等身体素质，全面提高人的身体素质。

3. 培养良好品质

长期从事田径运动，可培养人吃苦耐劳、坚韧不拔、勇于克服困难的良好品质和道德作风，还可以陶冶情操，改善和调节人的心理功能。

## 第二节　跑的技术与练习方法

### 一、跑的技术理论

跑是单脚支撑与腾空相交替、蹬与摆紧密配合、动作协调连贯的周期性运动。在比赛中全程跑是由起跑、加速、途中跑和终点冲刺四部分组成。

决定跑速的两个因素是步频和步距。

跑速=步频×步距

步频是指单位时间内跑的步数。

步距是指两只脚着地点间的距离。

### 二、跑的练习方法

### (一)短跑

短跑是用最快的速度跑完规定的距离。比赛项目有100米、200米、400米、4×100米、4×400米。短跑是人体运动器官和内脏器官在大量缺氧的条件下完成最大强度的工作，属于极限强度的运动。短跑能有效地发展速度素质，因此它是田径运动的基础项目，而且在其他运动项目的训练中也占有重要的地位。

1. 练习方法

(1)各种跑的专门练习，如高抬腿跑、后蹬跑、折叠腿跑、交叉步跑、快频跑等。

(2)原地站或坐姿快速摆臂练习。

(3)蹲距式起跑跳远、三级跨跳。

(4)30~60 米蹲踞式起跑。

(5)原地直立前倒至最大限度，接加速跑。

(6)变速跑。

(7)阻力跑和助力跑。

(8)30~80 米加速跑。

(9)50~100 米标记跑。

(10)直腿跑，要求用前脚掌着地并充分蹬伸踝关节。

(11)弯道下直道跑、直道进弯道跑。

(12)30 米冲刺跑并撞线练习。

2. 常出现的问题及纠正方法

(1)腿前摆时高抬腿技术差

①提高腹背肌、髂腰肌、腿部力量素质和柔韧性，多做高抬腿跑和阻力跑。

②跑的过程中加强语言和意识的强化。

③高抬腿跑与途中跑的过度练习。

(2)摆臂紧张，前后摆幅不均，左右摆动

①提高身体核心部位肌肉力量，加强躯干对身体的控制。

②原地站或坐姿摆臂练习，身体放松。

③从原地摆臂练习与途中跑的过度练习。

(3)途中跑时“坐着跑”

①多做跨步跳练习，强调重心偏高后蹬充分，动作积极向前。

②在跑的过程中学会挺胸收腹。

③在力量训练中着重提高后蹬力量和核心力量。

## (二)中长跑

中长跑是发展耐长久的项目。长时间的连续的肌肉活动是这个项目的特点。要求尽量减少能量的消耗，维持一定的跑速。在跑的全程中，正确地掌握技术和合理地分配体力是非常重要的。要求跑得轻松协调，重心移动平稳，直线性强，有良好的节奏；要尽量提高肌肉用力和放松交替的能力，既讲究动作效果，又注重节省体力。跑的距离越长，这些要求显得越重要。

中长距离跑是中距离跑和长距离跑的合称。男子 800 米、1500 米、3000 米和女子 800 米、1500 米属于中距离跑；男子 5000 米、10 000 米和女子 3000 米、5000 米、10 000 米属于长距离跑。少年的中长距离跑项目有：男子 800 米、1500 米、3000 米，女子 400 米、800 米、1500 米和 3000 米。

1. 练习方法

(1)持续跑：一般采用 2000~5000 米的距离，或跑 15~25 分钟。跑步时不要求速度，注意呼吸的节奏和均匀的速度。

(2)原地摆臂和跑的专门练习，如高抬腿跑、小步跑、车轮跑、折叠腿跑、后蹬跑等。

(3)变速跑：如120米快+80米慢、200米快+200米慢等相互交替练习重复4~8组。

(4)间歇跑：以相等距离或不等距离，严格控制间歇时间、间歇方式、跑的强度。

(5)重复跑：要求跑得速度快，在身体完全恢复后再开始下一次练习。

2. 常出现的问题及纠正方法

(1)落地重，有制动

①落地前主动下压，增加后蹬跑练习。

②用脚主动扒地练习，增加小步跑和车轮跑练习。

③落地时缓冲屈膝练习。

(2)摆臂紧张，前后摆幅不均，左右摆动

①提高腹背肌力量，加强躯干对身体的控制。

②原地站或坐姿摆臂练习，身体放松。

③从原地摆臂练习到跑动中的摆臂练习。

(3)运动中腹痛

①跑步前充分做好准备活动。

②呼吸有节奏三步或两步一呼，匀速跑进避免频繁变速。

③跑步前不要过饱或过饥，食物易消化，也不要饮过多汤水。

④运动训练要循序渐进地增加运动量。

## 第三节　跳跃的技术与练习方法

### 一、跳跃的技术

跳跃项目按其动作结构，属非周期性运动。跳跃项目分两类：一类是为了追求高度的项目，如跳高、撑竿跳高；一类是为了追求远度的项目，如跳远、三级跳远。

#### (一)跳跃高度项目成绩的构成

跳高成绩由起跳瞬间人体重心离地高度、重心腾起高度和杆上高度所组成。

#### (二)跳跃远度项目成绩的构成

在准确踏板的前提下，跳远项目除身体重心的腾空远度外，还应考虑到腾空前身体重心离起跳线的水平距离和落地前身体重心向前运动及伸腿的距离。

### 二、跳跃技术的练习方法

#### (一)跳高技术

跳高是一种由有节奏的助跑、单脚起跳、越过横杆落地等动作组成，以越过横杆上缘的高度来计算成绩的比赛项目。跳高在世界各地流行很广，也是少年儿童最喜欢的一种体育活动。有跨越式、剪式、俯卧式和背越式等多种跳高姿势，最流行的是背越式。人体通过助跑、起跳，以背对横杆的姿势越过横杆并以背先着垫的跳高方法叫背越式跳高(图1-1)。

图 1-1 跳高技术的练习方法

## 1. 练习方法

(1) 练习起跳技术

①原地迈步放脚练习：体会迈步的方向与脚跟外沿迅速滚动到前脚掌的起跳动作。

②弧线走动放脚起跳练习：体会身体在适当内倾的情况下，沿切线方向放脚起跳。

③放脚、摆腿、摆臂配合练习：体会积极蹬地迈步、摆腿提膝、摆臂提体顶肩动作。

(2) 练习助跑、助跑与起跳相结合技术

①在不同半径圆中练习加速跑。

②面对起跳垫做沿弧线助跑练习。

③全程助跑练习。

(3) 练习过杆落地技术

①原地提肩、展髋。体会肩、腰、髋、腿动作的协调配合。

②原地后倒成背桥、背向海绵垫站立、稍向下蹲，双腿开始蹬伸，提肩、摆臂、挺髋、后倒成桥，以肩或背上部触垫，同时双臂回到体侧。

③原地后倒成背桥后屈髋收腹举腿。体会过杆动作中髋腰腿动作的配合。

④同上练习，双腿蹬地跳起，在空中成背桥姿势后收腹举腿，以背部着垫。

⑤原地或站在跳箱、高凳上做背越式过杆。

## 2. 常出现的问题及纠正方法

(1) 起跳前减速，停顿

①练习杆前助跑，熟悉起跳节奏。

②最后一步起跳是放脚要快。

③可以先用橡皮筋代替横杆。

(2)起跳时身体过早倒向横杆

①加强杆前弧线助跑和无横杆起跳练习。

②加强助跑起跳后手触高物练习。

③注意起跳前身体内倾。

(3)坐着过杆，送髋不够

①加强垫上送髋，原地过杆练习。

②原地高台过杆和助跑高台过杆练习。

## (二)跳远技术

跳远的完整技术是由助跑、起跳、腾空和落地四个部分组成的(图 1-2)。成绩的好坏主要是助跑速度和起跳技术决定的，当然平稳的空中姿势和合理的落地动作，也起着一定的作用。

图 1-2 跳远技术的练习方法

1. 练习方法

(1)快速助跑与正确起跳结合的练习

①原地模仿起跳练习。

②双脚交替起跳练习。

③连续上 1 步起跳练习。

④连续 3 步助跑接起跳练习。

⑤短程助跑踩跳板起跳练习。

⑥短程助跑起跳腾空步练习。

⑦中、全程助跑起跳练习。

(2)腾空姿势和落地动作的练习

①原地腾空姿势和落地动作的练习。

②跳箱跳下做腾空姿势和落地动作的练习。

③加跳板的短程助跑起跳练习。

④中全程助跑跳远练习。

2. 常出现的问题及纠正方法

(1)起跳步点不准，上板前减速

①固定启动方式和助跑距离反复练习。

②确定加速的方法。

③加强助跑的节奏性。

(2)起跳不充分

①反复进行各种速度起跳的专门练习。

②发展腿部与踝关节力量。

(3)落地时臀部后坐

注意发展腹背肌力量，强调脚一触地应将重心移压过支点。

**知识窗**

**古代跳远**

在古代跳远中，运动员双手各握一只哑铃，起跳时尽力向前摆，以产生一种带动身体朝前跳跃的推动力，落地时则向后摆，使身体有一股冲力，跳远的距离可以尽量前伸。据说如果运动员的双脚不能在沙地上留下清晰的印记，则成绩无效。古代跳远还有一个重要特色，就是音乐伴奏，即当比赛时，吹笛手同时奏乐，运动员应节起跳。这样既有助于选手更好地发挥技巧，又使动作更显优雅有节奏感。

# 第四节 投掷的技术与练习方法

## 一、投掷技术原理

田径运动中各投掷项目所采用的器械形状不同，动作的外观差异较大。然而，合理的投掷技术都遵循着共同的规律，运动成绩均受到几方面的因素影响。在不考虑空气作用的条件下，决定器械飞行远度的因素为：器械出手时的初速度，器械出手角度和器械出手时的高度。器械出手初速度是最重要的因素。

### (一)影响器械出手速度的主要因素

1. 助跑

投掷助跑的目的是使人和器械在最后用力前获得预先运动速度，为最后用力创造有利条件。投掷的助跑包括直线和旋转两种形式。直线助跑时，人体和器械的运动方向与投掷方向一致，由此获得水平直线速度。旋转时，器械通过人体支点的垂直轴转动。把垂直轴向投掷方向运动作为牵连运动，身体各环节和器械绕垂直轴的转动作为相对运动，它们的合运动就是相对地面的绝对运动。

2. 最后用力

器械在最后用力阶段获得的最后速度与助跑阶段相比，最后用力阶段器械增长速度为：推铅球提高约 5~7 倍，掷铁饼提高约 2 倍，掷标枪提高约 4~5 倍，掷链球则提高较少，大约为 1/5 倍。最后用力动作是在助跑结束后，人体进入双支撑(双脚支撑)前开始的。双支撑阶段是最后用力的最有效阶段。

3. 动量传递

人体各环节在最后用力时符合人体运动链的原理，也就是俗称的鞭打动作。它的合理性在于动作环节的依次加速运动和动量依次传递。

### (二)影响器械运动轨迹的因素

在助跑、最后用力和出手时器械运行的轨迹应相吻合衔接。由于投掷器械的出手点高于落点，因此，最佳出手角度要小于45°。推铅球和掷链球的出手角在40°~44°之间。由于空气动力学因素影响，掷铁饼和掷标枪的最佳出手角在30°~37°。

### (三)影响器械飞行的流体力学因素

在投掷项目中，器械的飞行距离受流体力学因素的影响。由于器械形状上的差异，推铅球和掷链球时，空气对器械飞行的作用很小，而掷标枪和掷铁饼则较大。

在有一定逆风情况下，器械保持一定飞行角度，空气的总作用力比无风时增大，其升力也随之回大，从而有利于提高器械飞行远度。冲击角(器械纵轴与器械飞行方向的夹角)超过35°时会出现失速现象，即升力急剧下降，阻力猛增，器械飞行远度会大大缩短。

## 二、投掷项目的练习方法

### (一)推铅球

推铅球的技术是单手持球放在肩上锁骨窝处，正式比赛中铅球的重量男子成年为7.26公斤①，女子成人为4公斤。站在直径为2.135米的圆圈内靠近后沿处，经过滑步或旋转后，单手从肩上推出，使铅球落在规定的投掷区内。现在的推铅球技术，有背向滑步推和旋转推两种，动作方法虽不同，但分别都是一个有机联系的完整动作(图1-3)。

图1-3 推铅球的练习方法

无论背向或者旋转，第一，尽量加长铅球在手中运行的距离，使铅球获得较大的预先速度；第二，尽量加长最后用力的工作距离；第三，能使更多的肌肉群参加最后推球的工作，并为这些肌肉工作创造良好的条件。

1. 练习方法

(1)最后用力技术的练习

①原地向下推铅球：两脚左右开立持球于肩前下方上体前屈，躯干向持球侧扭转，借助转体和伸臂的力量将球向下推出。

---

① 1公斤=1千克。

②原地侧推铅球：投掷者侧对投掷方向，两脚左右开立略宽于肩，两膝微屈。通过向右屈体，并利用躯干的反振，转肩将球推出。

③原地背向推铅球：投掷者背对投掷方向，两脚前后开立，体前屈，下蹲，按侧向推铅球的要求将球推出。

(2)滑步技术的练习

①徒手的团身模仿练习：从站立姿势开始，反复做体前屈、下蹲、团身练习，动作要连贯协调。

②徒手的背向滑步练习：经过团身，臀部后移，及时向后伸摆左腿，接着以蹬伸右腿、回收右小腿等一系列动作完成滑步练习。

③徒手背向滑步成最后用力姿势：随着右脚滑动的结束，左脚迅速有力地着地，完成滑步向最后用力的转换。

④持球进行完整滑步练习。

(3)滑步推铅球完整技术的练习

①徒手模仿背向滑步推铅球技术。

②背向滑步推轻铅球。

③圈内背向滑步推轻铅球或标准重量的铅球。

2. 常出现的问题及纠正方法

(1)握球时将球托在肩上或离开颈部

①明确技术要领。

②反复做持球的练习。

(2)滑步时蹬、摆动作幅度小，滑动步距短

①反复进行团身启动模仿练习。

②用改进摆动腿和改进蹬地腿的模仿练习，解决错误动作。

(3)滑步与最后用力衔接不好

①通过小幅度滑步推铅球，建立肌肉快速用力感觉。

②滑步后迅速衔接右腿蹬转、右髋的转送练习。

### (二)掷标枪

掷标枪是一个比较复杂的多轴性旋转项目。它的完整技术是由肩上持枪经过一段预先助跑连接投掷步获得动量，通过爆发式的最后用力作用于标枪的纵轴上，将标枪经肩上投出去。男子成人标枪的重量为800克，女子成人标枪的重量为600克。

1. 练习方法

(1)最后用力技术的练习

①肩上持枪方法的练习。

②原地正面插枪。

③原地侧向掷标枪。

(2)助跑掷标枪的技术练习

①练习助跑和最后用力衔接技术。

②练习投掷步接掷标枪技术。

③练习短距离助跑掷标枪技术。

④练习全程助跑掷标枪技术。

2. 常出现的问题及纠正方法

(1)助跑接最后用力中间有明显停顿

用语言信号反复强化练习。

(2)标枪不扎地

①多做原地引枪和慢跑中引枪练习，持枪臂保持伸直并向上抬起约与肩高。

②多做徒手挥臂练习，或做打击前上方目标，保持肘略高于肩。

③反复进行“插枪”练习。

④注意发展肩关节柔韧性的专门练习。

(3)助跑全程减速

加强投掷步节奏练习。

> **知识窗**
>
> **标枪即将飞向看台**
>
> 20 世纪 60 年代瑞典制造出金属标枪，使标枪的滑翔性能更强，大幅度提高了运动成绩。1984 年民主德国运动员霍恩以 104. 80 米的成绩打破世界纪录。国际田联为保证看台观众的安全，1986 年将男子标枪重心向枪尖方向前移 4 厘米，以降低飞行性能，1999 年又将女子标枪重心向枪尖方向前移 3 厘米。

# 第五节　田径比赛与欣赏

在田径比赛中，只有贯彻执行规则，才能做到比赛公允、合理、机会均等。适当了解相关的田径规则和田径裁判的工作方法，有助于我们更加清楚地了解赛场上的比赛情况，提高欣赏水平。现将田径规则和主要的裁判方法作简要介绍。

## 一、比赛通则

(1)运动员参加比赛，必须符合参赛资格的有关规定。如发生下列情况，建议取消有关运动员参加后继项目(包括接力)比赛的资格。

①已最后确认。某运动员将参加某项比赛，但无任何正当理由而未参加，以致未能从正式检录单中除名者。

②运动员在某项分组比赛中已取得参加后继赛次资格后，无任何正当理由而未能继续比赛者。

(2)运动员可以赤脚、单脚或双脚穿鞋比赛。鞋掌和鞋跟可以有钉子，但不得超过 11 枚。在塑胶跑道上举行比赛，鞋钉长不超过 9 毫米，跳高与标枪不超过 12 毫米，鞋钉的最大直径为 4 毫米。

(3)参赛运动员胸前和背后要佩戴两个号码，在跳跃项目比赛中可在胸前或背后佩戴一个。

(4)参赛人数太多，径赛应举行若干赛次的分组赛，以取得决赛的资格。田赛举行及格赛，以决定参加正式比赛的运动员，除撑竿跳、跳高外，每名运动员只有 3 次试跳(掷)机会，一旦达到及格标准，即不必继续参加及格赛。及格赛成绩不能作为决赛成绩的一部分。

(5)分道跑的道次分配和田赛项目的比赛顺序排定：径赛第一赛次，由大会抽签排定道次，后继赛次的道次分两次抽签排定，按成绩择优前四名或队，抽签排定3道、4道、5道、6道；第五、六名或队，抽签排定7道、8道。第七、八名或队，抽签排定1道、2道。田赛项目比赛顺序由大会抽签排定。远度项目后三次按成绩优劣排列顺序，差者列前。

(6)运动员在跑道中受挤撞和阻挡，裁判长有权命令被取消资格以外的运动员重赛，如发生于预赛，可令受损运动员参加下一赛次的比赛。在田赛的一次试跳(掷)中，运动员受阻，裁判员有权给予其补试机会。

(7)田径各项比赛的名次判定，各项径赛均以决赛中运动员抵达终点的先后顺序判定最后名次。田赛的远度项目以6次试跳或试掷中最好的一次成绩作为个人最高成绩，然后以各运动员的最高成绩排列名次。田赛高度项目以最后试跳成功的高度作为个人最高成绩，然后以各运动员的最高成绩排列名次。全能运动项目以各运动员全部项目得分总和排列名次，得分多者列前。

(8)成绩相等的判定

①径赛项目：运动员出现成绩相等时，倘关系到是否能进入下一赛次，应尽可能将成绩相等的运动员编入下一赛次，否则，应抽签决定。决赛中出现第一名成绩相等，裁判长有权决定安排这些成绩相等的运动员重新比赛是否切实可行。如决定不重赛，则原成绩有效，其他名次成绩相等时，则应并列。

②田赛项目：

a. 跳高及撑竿跳高：在出现成绩相等的高度中，试跳次数少者名次在前；如成绩仍然相等，在包括最后试跳的高度在内的全赛中，试跳失败次数较少者名次列前；如仍成绩相等，涉及第一名时，则令成绩相等的运动员在其造成成绩相等的失败高度中的最低高度上，每人再试跳一次。如仍不能判定，则横杆应提升或降低：跳高为2厘米，撑竿跳高为5厘米。他们各自在此高度上试跳，直到决出名次为止。决定名次的试跳，有关运动员必须参加。涉及其他名次时，成绩相等的运动员名次并列。

b. 以远度判定比赛成绩的田赛项目中，如成绩相等，应以其次优成绩判定名次。如次优成绩仍相等，则以第三较优成绩判定，依此类推。如仍相等，并涉及第一名，则令相等的运动员，按原比赛顺序，进行新的一轮试跳(掷)，直到决出名次为止。涉及其他名次时，成绩相等的名次并列。

c. 全能运动项目，如运动员得分总和相等，则以单项得分多的项目较多者名次列前；如不能判定时，则以任何一个单项得分最多者名次列前。

## 二、径赛

(1)运动员由于受他人推、挤或被迫跑出自己的分道，未从中获得利益，则不应取消其比赛资格。运动员在直道上跑出自己的分道或在弯道上跑出自己分道外侧分道线，未从中获得实际利益，也未阻挡其他运动员，则不应取消其比赛资格。除上述情况外，裁判长根据裁判员、检察员或其他人员的报告，证实某运动员已跑出自己的分道，则应取消其比赛资格。

(2)400米及400米以下径赛项目，规定采用蹲踞式起跑和起跑器。“各就位”的口令下达后，如运动员用声音或其他方式干扰比赛中的其他运动员，裁判长可给予警告并出示黄牌(如同一比赛第二次犯规即被取消比赛资格，出示红牌)。如果发令员或召回发令员认为有任何在发令枪发出信号前开始起跑的情况，都将判为起跑犯规(取消比赛资格)，并由助理发令员向该运动员出示红黑卡。如因其他原因导致的起跑失败，应由助理发令员向运动员出示绿卡。

(3)400米以上的比赛，运动员采用站立式起跑，口令为“各就位”“鸣枪”。弯道起跑项目，如运动员超过 12 人时，可将他们分为两组同时起跑。大约 2/3 的运动员为第一组位于常规起跑线上，其余运动员为第二组，位于另一条划在外侧一半跑道上的弧线起跑线上。第二组运动员在外侧一半跑道上应跑至第一弯道终端。这条分开的弧线起跑线应使该组所有运动员跑的距离相等。同样，在出弯道的直段起点处划一条绿色弧线抢道线，表明可允许外侧第二组运动员在此处抢道，与使用常规起跑线的运动员一起跑进。

(4)计时手计时与全自动电子计时被承认为两种正式的计时方法。凡在跑道上举行的各项人工计时成绩，都要进位换算成为 1/10 秒。部分或全部在场外举行的人工计取的成绩应换算成整秒，如马拉松 2：09：44.3 应换算成 2：09：45。计时应从发令枪发出的烟或闪光开始，直到运动员的躯干(不包括头、颈、臂、手、脚)的任何部分抵达终点线后沿垂直平面的瞬间为止。

(5)在接力赛跑中，运动员必须在接力区内传递接力棒，是否在接力区内，仅取决于接力棒的位置，而不取决于运动员的身体或四肢的位置。如掉棒时，必须由掉棒者拾起，可以离开自己的分道去拾棒，只要没有阻碍他人，则不判犯规。传棒后离开跑道时，不得影响他人跑进。替换下一赛次比赛的运动员只准两名，已参加过比赛的运动员，一旦被人替换，则不能再参加后继赛次的接力比赛。

(6)在跨栏项目比赛中，运动员在过栏瞬间，其脚和腿低于栏顶的水平面，或者跨他人的栏架，或者裁判长认为有意地用手和脚推到栏架，应该取消其比赛资格。3000 米障碍跑每圈设 5 个障碍，水池为其中第 4 个障碍，障碍应均匀分布，即各个障碍之间的距离约为一圈标准长度的 1/5。运动员必须跳过 28 次栏架和 7 次水池，凡踏上水池两边的任一边或在过栏瞬间，其脚或腿低于栏架顶端水平面等，均应取消其比赛资格。

## 三、田赛

### 1. 高度项目横杆升高的丈量

除只剩一名运动员(征求运动员意见)外，跳高每次升高不得少于 2 厘米，撑竿跳不得少于 5 厘米；全能比赛中，跳高每轮提升 3 厘米，撑竿跳每轮提升 10 厘米。每次升高横杆后均应丈量高度，丈量应从地面垂直量到横杆上沿的最低点。不足 1 厘米不计。

### 2. 跳高和撑竿跳高比赛中，出现下列情况时运动员犯规

(1)跳高

①双脚起跳。

②试跳后，身体碰掉横杆。

③在越过横杆之前，身体任何部分触及立柱之间，横杆延长线垂直面以外的地面或落地区者。

(2)撑竿跳高

①试跳后，横杆掉落。

②在越过横杆之前，运动员的身体和所用撑竿的任何部分触及插斗前臂上沿垂直平面以外的地面，包括落地区者。

③起跳离地后，将原来握在下方的手移握到上方的手以上或原来握在上方的手向更上方移握。

### 3. 跳远和三级跳远比赛中有关规定

(1)跳远

①运动员超过 8 人，每人可试跳 3 次，前 8 名可增加 3 次试跳。运动员只有 8 人或不足 8

人时，每人均可试跳6次。

②比赛开始后，运动员不得使用比赛助跑道进行练习。

③如有下列情况之一，则判为试跳失败：

a. 不论在未作起跳的助跑中或在跳跃动作中，运动员以身体任何部分触及起跳线以外地面者。

b. 从起跳板两端之外不论是起跳线延伸线的前面或后面起跳者。

c. 在落地过程中触及落地区外地面，而区外触点较区内最近触点离起跳线近者。

d. 完成试跳后，向后走出落地区者。

e. 采用任何空翻姿势者。

④试跳成绩应从运动员身体任何部分着地的最近点至起跳线或起跳线的延长线呈直角丈量。

(2)三级跳远

①三级跳远三跳顺序是一个单足跳、一个跨步跳和一个跳跃。

②单足跳是用起跳腿落地，跨步跳是用另一条腿(摆动腿)，即要继续做跳跃起跳的腿落地。运动员在跳跃中以摆动腿触地不作为试跳失败。

③其他各种情况，跳远的规则全部适用于三级跳远。

### 4. 在圈内投掷的项目判运动员试掷失败，有以下相同的情况

①未从静止开始试掷。

②投掷过程中，脚踏在圈的上沿或身体任何部分触及圈外地面。

③器械未完全落在落地区角度线内沿以内(链球指球体)。

④器械未落地、运动员离开投掷圈。

⑤运动员离开投掷圈时，最先接触到的铁囤上沿或圈外地面未完全在圈外白线的后面(圈外白线后沿通过圆心)。

⑥无故延误比赛时间(超过1分钟)。

### 5. 运动员手持器械，在试掷中折断的处理

(1)链球在投掷时或在空中断脱，只要投掷符合规则，不应算一次试掷失败，倘若运动员因此失去平衡而犯规，也不应看作试掷失败。

(2)标枪在投掷时或在空中折断，不应该算作投掷失败，运动员可重新试掷。如果运动员因此失去平衡而犯规，也不应算作投掷犯规。

### 6. 全能项目比赛

①每名运动员在一项结束之后至下一项开始之前，至少应有30分钟的休息时间。

②短跑、跨栏每组最好5人或5人以上，但不得少于4人。最后一项的分组编排，应将倒数第二项比赛后累积分领先的运动员分在一组。

③跳远及投掷项目，每名运动员只能试跳、试掷3次。

④在任何赛跑及跨栏的单项中，凡起跑第二次犯规，则取消其比赛资格。

⑤跳高每次提升的高度，自始至终为3厘米，撑竿跳高为10厘米。

⑥凡在任一单项中，运动员未能参加起跑或试跳、试掷者，则不能参加后继单项的比赛，作弃权论，不计其总成绩。

⑦在全能运动比赛中承认记录，必须符合承认各单项记录的各种条件。除上述条件外，在测风速的比赛中，风速不得超过每秒4米。

7. 铅球、铁饼和标枪成绩的丈量

①丈量铅球、铁饼成绩时，需从器械着地最近点取直线通过投掷圈至圆心，以着地最近点至投掷圈内沿的距离为准。以 1 厘米为最小丈量单位。

②丈量标枪成绩时，须从枪尖着地最近点取直线通过起掷弧至圆心，以着地的最近点至起掷弧内沿的距离为准。丈量的最小单位同铁饼。

## 四、竞走和马拉松

(1)竞走是运动员用双脚向前行走的方式保持与地面的接触，没有(人眼)可见的腾空。前腿从脚触地瞬间至垂直部位应该伸直(即膝盖不得弯曲)。

(2)马拉松全长 42.195 千米。

## 五、田径欣赏

田径作为奥运会的第一金牌大户，在世界范围内开展最为普遍。其主要项目类型有田赛、径赛两种。径赛中又分为短跨、中长跑和全能项目等，田赛又有以高度决定胜负的项目和以远度决定胜负的项目，全能项目又包括男子十项和女子七项全能项目。

### (一)短跨

起跑时运动员蓄势待发，犹如满弓开似满月，箭在弦上；加速跑势如离弦之箭；途中跑欣赏运动员步幅大、频率快、全身上下肢协调配合的良好技术，同时品味运动员脸上的笑容、凝重、痛楚和疑惑；冲刺跑关注运动员冲过终点线的一刹那，以悍牛顶架之势，狂掠而过；接下来就要分享运动员成功后的欢呼、雀跃和失败后的黯然神伤，当然失败者向胜利者友好的祝贺更是动人心弦。

### (二)跨栏跑

除具有短跑的魅力之外，还有它独有的迷人之处。从整个场面来看，所有参赛运动员像汹涌澎湃的海浪一样，一波一波的起伏，再加上观众随着运动员比赛进程，心中默数或大声喊着“1，2，3，…，10”时，整个赛场就会爆发出雷鸣般的欢呼。

### (三)中长跑

如果将短跑形容为在炎炎烈日下痛饮冰水一样畅快淋漓，那么中长跑就可以形容为像细品清茶水一样浑身舒畅。长跑比赛与短跑的步幅大、频率快、如狂风骤雨不同，它要求运动员步幅小、节奏明快和持之以恒。在长跑比赛伊始，运动员如万马奔腾一样蜂拥向前；过程中将会分成若干前后拉开的集团，像穿在线上的珍珠一样排列开来。动人场面来自终点，冠军获得了人们祝贺的掌声，最后一个到达终点的永不言败者将会得到比冠军更热烈的欢呼，这体现了奥林匹克真谛。

### (四)接力跑

从每一棒接力队员来看，第一棒的快速起跑，第二棒的奋勇争先，第三棒的形式变换，第四棒一决雌雄；在传接棒的时段，应欣赏传接棒的行云流水或掉棒、捡起后的奋起直追；从整个比赛场景来看，一次次传接棒就是一个个狂潮的起始，并且一浪高过一浪，直到最后以冲过终点后全场轰鸣结束。

### (五)跳远、三级跳和跳高

1. 跳远

节奏鲜明的助跑，迅速有力的起跳，完美的空中姿势，卓有成效地落地。

2. 三级跳

节奏明快的三次起跳，每次起跳时发出的有力声音和出乎意料的成绩都是很好的看点。

3. 跳高

起跳时的一跃冲天，过杆时背越式犹如鲤鱼跃龙门和俯卧式灵巧的翻转都会激起人们的兴致。尤其是在两次冲击记录未果，第三次一举成功之时，是观众和运动员最美妙的欢乐时刻。

### (六)投掷

铁饼运动员螺旋式的旋转，铁饼的平稳飞行，构成了铁饼项目美丽画面；铅球运动员迅猛的滑步，力拔千钧的出手，伴随着声震全场的大吼，铅球炮弹一样发射而出；标枪运动员出手前身体的满弓和标枪在空中像飞机一样超远距离的飞行都是观众关注的焦点所在。

人们在观看田径运动员在运动场上拼搏时，多半把注意力放在欣赏他们的力量、速度、耐力和优美的技术上面。观众被运动员们超人的速度、坚韧不拔的毅力和完美的技术所折服，从而体验和感受田径运动带来的美。除此些之外，如果我们能够懂得田径运动的规则，更能辅助我们欣赏这项运动的美。

## 思考题

(1)什么是田径运动？

(2)什么是“田赛”和“径赛”？分别包括哪些项目？

(3)如何避免长跑中出现的腹痛现象？

## 研究与实践

参加田径的三项全能(包括跑、跳、投三种形式)项目运动，并撰写该项目的锻炼价值报告。

# 第二章 定向运动

## 第一节 定向运动概述

### 一、定向运动的起源与发展

定向运动是一项学生体育项目，是运动员借助地形图和指北针按规定的顺序独立完成寻找若干个标绘在地图上的地面检查点，并以最短的时间跑完全赛程的运动。定向运动通常设在森林、郊外和城市公园里进行，也可在大学校园里进行。它可训练人们识图、用图能力、野外定向能力，并锻炼人们的奔跑能力，是一项娱乐性、实用性极强的体育运动项目，尤其可以提高成年人的野外生存与团队合作能力。

定向运动起源于瑞典。最初只是一项军事体育活动。“定向”这两个字在 1886 年首次使用，意思是在地图和指南针的帮助下，越过不被人所知的地带。真正的定向比赛于 1895 年在瑞典斯德哥尔摩和挪威奥斯陆的军营区举行，标志着定向运动作为一种体育比赛项目的诞生。距今已有百年历史。

定向运动本身作为一种体育项目开展是从 20 世纪初在北欧开始的。到 20 世纪 30 年代已在芬兰、挪威、瑞典和丹麦立足。自从 1919 年第一次正式的定向运动比赛在斯堪的纳维亚举行之后，这个项目在北欧得到了迅速的发展，并很快地普及到世界各地。1932 年举行了第一次世界定向运动比赛。1961 年国际定向联合会（IOF）在丹麦哥本哈根成立。现有成员 63 个。国际定联是世界定向运动的行政实体，是国际体育联合会总会之一。定向运动也是国际承认的奥林匹克体育项目。定向运动也由初期单一的一种比赛形式逐步演变为包括各种各样的比赛或娱乐项目在内的综合性群众体育活动。常见的定向运动形式有下列几种：定向越野（Cross-Country Orienteering）、接力定向（Relay Orienteering）、滑雪定向（Ski Orienteering）、夜间定向（Night Orienteering）、记分定向（Score Orienteering）、五日定向（O-Ringen 5-days）和专线定向（Line Orienteering）。

定向越野是国际军体理事会（International Militaire Spot）的正式比赛项目之一，每次举办的比赛都能吸引十多个国家的军队运动队参加。早在 20 世纪 70 年代，定向运动作为一项军事技能，成为我军常规的军事训练科目“利用地图按方位角行进”。我军在中国定向运动的发展史上，发挥了重要的作用。

20 世纪 80 年代初，广州解放军体育学院首次在广州白云山组织了一次“定向越野试验比赛”，这是我国第一次举办定向比赛。

1992 年，我国以中国定向运动委员会的名义加入国际定联。1995 年 12 月，国家体育总局“中国定向运动协会”在北京成立。从此，我国的定向运动事业翻开了崭新的一页。

中国定向运动协会积极推动定向运动在国内的发展，每年在全国范围内组织“全国定向运动锦标赛”和“全国城市定向运动系列赛”。赛事的组织工作与国际惯例接轨，裁判规则与技术标准完全按照国际定向运动联合会（IOF）颁布的规范实施。比赛项目不断增设：包括山地车定向、独木舟定向、积分越野定向、夜间越野定向等。在国内均属首次举办，极大地提升了定向运动在国内的普及和参与者的热情。

经过十几年的发展，我国定向运动如星火燎原般蓬勃开展起来。北京、上海、广州、深圳、南京、成都等地都成立了以定向运动为主要活动的俱乐部和团体。无论是普通市民、学生、白领、家庭、男女老少等都积极投身于这项新兴的运动当中，体验到了非同一般的活动感受。

## 二、定向运动的锻炼价值

定向运动是一项极富群众性、趣味性、知识性、竞争性、军事意义和适合校园开展的新兴体育运动。

第一，是参加人员的广泛性。由于定向比赛可根据不同性别、年龄编组，赛程可远可近，场地可难可易，比赛因体力与智力结合决胜，因此不论男女老幼均可参加，这是一项男女老少都适宜的群众性体育运动。第二，具有浓厚的趣味性、娱乐性。参赛时，运动员要根据图上标明的运动方向，进行地图与实地对照，选择运动路线，寻找各检查点，比单纯赛跑更能提高兴趣，野外比赛又使其富有旅游色彩，参加者可从中得到无限乐趣。第三，是激烈的竞争性。定向比赛不仅是体力的竞争，而且也是智力和技巧的竞争。奔跑的速度靠体力，奔跑方向、路线选择的正确与否要靠识图和用图能力，靠智能。第四，具有一定的知识性和军事意义。参赛者通过这一运动，可以调节学习、工作情绪，丰富地理、地图知识，对启发智力、增强体质、提高综合能力、加强国防建设都有独到之处。第五，在校园开展定向运动能拓宽体育课程的内容和空间，促进学生身心发展，丰富校园体育文化生活。

由于定向比赛时场地错综复杂，线路变化多端，运动员在赛场地上要不断地奔跑，及时识别图上信息与对照实地，选择最佳的运动路线，及时做出判断。所以经常参加定向运动，能改善中枢神经系统的机能，使运动分析器、前庭分析器特别是视觉分析器受到良好的训练，有利于促进运动员动作的协调性，提高观察、判断、反应和逻辑思维能力，增强循环、呼吸系统的功能。定向运动是在野外紧张激烈的对抗情况下进行的，它要求队员在变化的环境中做出正确的判断，这就培养了运动员的沉着、冷静、积极、果断、勇敢、顽强的意志品质，而且还能利用充足的阳光和新鲜的空气等自然条件锻炼身体。

## 三、主要世界/国际定向运动赛事

(1) O-Ringen 5-days 瑞典五日是世界最大规模的定向运动赛事/旅游节，每年 7 月吸引世界各国 20 000 名男女定向运动员相聚瑞典。

(2) 世界定向越野锦标赛是最权威的传统定向比赛。每年举行一次。

(3) Jukola 世界最大的定向接力赛，每年 6 月 2000 多个队在芬兰白昼地区持续比赛 24 小时。

(4) Ti0-mila 是世界最刺激的夜间定向接力赛。每年 4 月末在瑞典举行。

(5) 定向越野世界杯赛。

(6) 世界青年定向越野锦标赛。

(7) 世界大师定向越野锦标赛。

(8) 世界公园定向循环赛：每年在世界各地公园巡回举行职业精英赛。设总奖金及总排名。只有世界排名在前 25 位男女运动员才有资格参赛。

# 第二节 定向运动的技术、战术与练习方法

## 一、越野跑技术

(1)在道路上时，基本上采用与中、长距离跑相同的技术，并尽量注意在路面平坦的地方奔跑。

(2)在草地上时，用全脚掌着地，同时留心向前下方看，以免陷入坑洼或碰在石头上。

(3)上坡时，上体应前倾，大腿高抬一些，并用前脚掌着地，小步跑上去。遇到较陡的斜坡，可改用走步的方法或用之字形跑法(走法)。必要时可用单手或双手辅助攀登。

(4)下坡时，上体应稍后倾，并以全脚掌或脚跟着地的方法进行，遇到较陡的下坡或坡面很滑的斜坡，可用侧脚掌着地，甚至采用蹲状的并用手在体后牵拉(草、树)、撑(地)方式的行进。

(5)从稍高的地方(1.50 米以下)往下跳时，可用跨步跳的动作：踏在高处的腿(支撑腿)必须弯屈，另一腿则向前下方伸出，跳下，两脚着地并以深屈膝来缓和冲击的力量。同时，在落地时，两脚应稍微前后分开，以便继续前跑。

(6)在树林中奔跑时，注意不要被树枝、树叶、藤蔓等剐伤，特别要防止被树枝戳伤眼睛。此时一般都用一手或两手随时护住脸部。

(7)遇到小的沟渠、壕坑、矮的灌木丛或倒伏树木时，要增加跑速，大步跨跳而过；在落地的同时，上体稍向前倾，以便保护腰部与便于继续前跑。

(8)通过独木桥等狭窄悬空的障碍物时，应采取使脚面外转成八字的跑法。如果这类障碍物很长，就不应跑，而应平稳地走过。

## 二、定向越野地图

### (一)越野图的比例尺

与其他地图图种相比，国际定向越野使用的地图(以下简称越野图)是一种更为清晰易读，便于在野外行进中使用的专用地图。比例尺是地图上最重要的参数之一。要想学会识别、使用越野图，首先应懂得地图比例尺。

#### 1. 比例尺的概念

图上某线段的长度与相应实地水平距离之比，叫地图比例尺。

地图比例尺=图上长/相应实地水平距离。

如某幅图的图上长为 1 厘米，相应实地的水平距离为 15 000 厘米，则这幅地图是将实地缩小 15 000 倍测制的，1 与 15 000 之比就是该图比例尺，叫 1：15 000 或 1：1.5 万地图。

#### 2. 图上距离的量算

(1)用直尺量读

当利用刻有“直线比例尺”的指南针量读时，可根据刻在尺上的数值在图上直接读出相应实地的距离。

当利用“厘米尺”量读时，要先从图上量取所求两点间的长度，然后乘以该图比例尺分母，即得出相应的水平距离(需将结果换算为米或千米)：

实地距离=图上距离×比例尺分母

如在 1∶1.5 万越野图上量得某两点间的距离为 3 毫米(0.3 厘米)，则实地水平距离为：

3 毫米×15 000＝45 000 毫米(45 米)

当量算某两点间的弯曲(如公路)距离时，可将曲线切分成若干短直线，然后分段量算并相加。

(2)估算法

估算法又叫心算法，这种方法在定向越野比赛中最有实用价值。要掌握它，需要具备下述两方面能力——能够精确地目估距离，包括图上的距离和现地的距离：在图上，能够辨别 0.5 毫米以上尺寸的差异；在现地，目估距离的误差不超过该距离总长度的 1/10，如某两点间的准确距离为 100 米，目估出的距离应在 90~110 米之间。

## (二)越野图的符号

识别越野图的符号对于正确地使用越野图是十分重要的。而识别符号不能靠机械地记忆，需要了解它们的制定原则，了解符号的图形、色彩和表意之间的逻辑联系，这样才能根据符号联想出每一种地面物体的外形、特点和专门功能。

1. 符号的分类与颜色

如同其他地形图一样，越野图也要求完整而详细地表示地貌、水系、建筑物、道路、植被和境界，即所谓“地图的六大要素”。根据定向越野比赛的特殊需要，国际定联将越野图的符号分成五类：这类符号还包括小丘、小洼地、土崖、冲沟、陡坡、土垣等表示地面详细形态的专门符号。岩石与石块是地貌的特殊形式，它们既可以为读图与确定点位提供有用的参照物，又可以向运动员表明是危险还是可奔跑通行的情况。为使它们明显地区别于其他地貌符号，这一类符号使用了黑色。

2. 符号的等级

根据各类符号在世界各国定向越野图上出现的频率，同时为了促进全世界定向越野地图的标准化，国际定联将越野图的符号分成三个级别：

A——适用于各种国际比赛和世界锦标赛。

B——可以用于一定地形类别之中的。

C——在特殊地形中补充 A 级和 B 级的非国际通用符号。

3. 认识符号需要注意的问题

在越野图上，对于一组属性相近的地物，通常只规定一个基本符号，然后根据这些符号的不同分类，分别使用不同的颜色。

## (三)越野图的地貌

地貌就是地表的高低起伏状态，如山地、平地、凹地、谷地等。当然也包括一些附属于它的地物，如小丘、土崖、冲沟等。

越野图采用等高线法表示地貌。能够熟练地应用等高线图形理解地貌是非常重要的。这是因为，越野图上的所有要素都是建立在地貌的基础之上，并与地貌形成各种关系。

等高线是按高程测定的。高程是地面上各点高出平均海水面的高度，即海拔，又叫真高、绝对高。两点间高程之差叫高差，即比高，又叫相对高。

# 三、定向越野图与指南针的使用

熟练地掌握使用国际定向越野图与指南针的各种方法，在定向越野中具有特殊的重要意义。认识越野图是为了正确地使用越野图，因此，在学习定向越野技能的阶段，必须选择最合适的场地、用较多的时间去进行使用越野图与指南针的训练。下述内容中，有的是属于最基本的和必须通过反复练习熟练掌握的，有的则可以根据具体情况，先选择一两种最适用的方法进行训练，以便收到触类旁通、由浅入深、循序渐进的学习效果。

## (一)标定地图

标定地图就是为了使越野图的方位与现地的方向相一致。这是使用越野图最重要的前提。

1. 概略标定

越野图上的方位是：上北、下南、左西、右东。当我们在现地正确地辨别了方向之后，只要将越野图的上方对向现地的北方，地图即已标定。这种方法简便迅速，是定向越野比赛中最常用的方法。

2. 利用磁北线(MN 线)标定

先使透明式指南针圆盒内的定向箭头“↑”朝向地图上方，并使箭头两侧的平行线与越野图上的磁北线重合(或平行)，然后转动地图，使磁针北端对正北方向，地图即已标定。

3. 利用直长地物标定

利用直长地物(如道路、土垣、沟渠、高压线等)标定地图，首先应在图上找到这段直长地物，对照两侧地形，使图与现地各地形点的关系位置概略相符，然后转动地图，使图上的直长地物与现地的直长地物方向一致，地图即已标定。

## (二)对照地形

对照地形，就是要通过仔细的观察，使图上和现地的各种地物、地貌一一“对号入座”，即相互对应。对照地形在定向越野比赛中的作用主要有两个：一是在站立点尚未确定时——只有正确地对照地形，才能在图上找出正确的站立点位置；二是在站立点已经确定，需要变换行进方向时——只有通过对照地形，才能在现地找到已选定的最佳行进路线。

## (三)确定站立点

熟练地掌握在图上确定站立点的各种方法是学习使用地图的关键。对于这些方法，除了要记住它们各自的步骤、要领，尤其重要的是要学会根据不同情况，对它们进行选择使用和结合使用。

1. 直接确定

当自己所处位置是在明显地形点上时，只要从图上找出该地形点，站立点即可确定。这是一种在行进中，特别是奔跑中最常用的方法。可以称得上是明显地形点的地物主要有：①单个的地物：现状地物的拐弯点、交叉点(呈“十”字形)、交汇点(呈“丁”字形)和端点；面状地物的中心或者有特征的边缘。②可以称得上是明显地形点的地貌主要有：山地、鞍部、洼地。③特殊的地貌形态：陡崖、冲沟等；谷地的拐弯、交叉和交汇点；山脊、山背线上的转折点、坡度变换点。

2. 利用位置关系确定

当站立点位于明显地形点附近时，可以采用位置关系法。利用位置关系法确定站立点主要是依据两个要素，一是站立点至明显点的方向，二是站立点至明显点的距离。在地形起伏明显的地方，还可以结合高差情况进行判定。

知识窗

**迷失方向怎么办？**

1. 沿道路行进。标定地图，对照地形，判明是从哪里开始发生的错误以及偏差有多大，然后根据情况另选迂回的道路前进。如果错得不多，可返回原路再行进。

2. 越野行进。应尽早停止行进，标定地图后选择最适用的方法确定站立点，然后尽量取捷径插到原来的正确路线上去，不得已时再返回原路。

3. 在山林地中行进。根据错过的基本方向，大概距离，找出最近的那个开始发生偏差的地点，并以此为基础，确定出站立点的概略位置。

## 四、定向越野的野外辨别方向

在自然界，有某些动物是具有辨别方向的本能的，例如鸽子。有关专家经过测验证明，人类的某些成员也具备这种能力，但是绝大多数都不具备，或者仅仅是潜在地具备。因此，人们要在野外确定方向，主要还是依靠经验和工具。

### （一）利用地物特征

下述地物可以帮助我们辨别方向：

房屋：房屋一般门朝南开，在我国北方尤其如此。

庙宇：庙宇通常也南向设门，尤其是庙宇群中的主要殿堂。

树木：树木通常朝南的一侧枝叶茂盛，色泽鲜艳，树皮光滑，向北的一侧则相反。同时朝北一侧的树干上可能生有青苔。

### （二）利用指南针

当指南针的磁针静止后，其 N 端（通常都有标志）所指的方向即为北方。利用指北针辨别方向是十分简便快捷的，但是需要注意：尽量保持指南针水平；不要距离铁、磁性物质太近；不要错将磁针的 S 端当作北方，造成 180°的方向误判。

## 五、定向越野的比赛路线选择

“既果断又细心，能够迅速选择最佳的行进路线”，这是运动员在比赛中取胜的重要手段。当竞争对手之间实力比较接近的时候，能否掌握这个技能就成了关键问题。由于选择最佳行进路线的能力是建立在掌握其他定向越野技能，尤其是识图用图能力基础之上的，是体能与技能在比赛中的综合运用，因此可以这样说：选择路线是更高一层意义上的技能或称“尖端”技能。

选择路线需要考虑许多因素。有些因素已在前面章节中提及，为避免重复，这里只补充下述几点有关的问题：

### （一）选择路线的标准

什么是最佳行进路线？简单地说应该是：省体力、省时间、最安全和便于发挥自己的技能或体能优势。

### （二）选择路线的基本问题

当遇到高地、陡坡、围栏之类的障碍时，是翻越还是绕行？

当遇到密林、沼泽、水塘之类的障碍时，是通过还是绕行？

### (三)不同地形对运动速度的影响(概略值)(表 2-1)

表 2-1　不同地形对运动速度的影响

| 每千米用时(分钟) | 公路 | 空旷地 | 疏林 | 山地或树林 |
|---|---|---|---|---|
| 走 | 9 | 16 | 19 | 25 |
| 跑 | 6 | 8 | 10 | 14 |

### (四)选择路线遵循的原则

有路不越野、走高不走低。

### (五)选择路线的方法

实际上，依靠上述一般原则决定路线的选择是很不够的。只有让自己的“感觉”或“估计”变得更有科学根据，才有可能更快地提高定向越野成绩。分析与解决选择路线基本问题的方法有多种，下面仅介绍其中的一种——经验法：某人以自己在道路上奔跑 300 米需要的时间 2 分钟(近似值)，作为一个标准，通过多次实践，对自己奔跑的速度有了如下了解(表 2-2)。

表 2-2　不同地形与运动速度

| 地形类别 | 每 300 米用时(分钟) | 倍率 | 每 2 分钟的距离(米) |
|---|---|---|---|
| 大　路 | 2 | 1 | 300 |
| 杂草地 | 4 | 2 | 150 |
| 有灌木的树林 | 6 | 3 | 100 |
| 密林或荆棘丛 | 8 | 4 | 75 |

那么，他就可以用这样的方法解决问题：假定穿过密林的距离为 1(75 米)，沿大路跑的距离为 4(300 米)，则两种选择所用的时间相等；如果他的体力好而定向本领差，那他就应该选择沿大路跑。

## 第三节　定向越野比赛与欣赏

### 一、定向越野的物质条件

### (一)器材

1. 服装

应以轻便、舒适及易于活动为准，过紧和太厚的衫裤使你举步难移。远足经验较浅的，可穿旅行靴，保护脚腕。有经验的运动员可穿上比赛用的运动鞋。基本上，鞋身防水，鞋底有凸齿，在碎沙地不易滑倒。高水平运动员需配备专业定向服、定向鞋、绑腿等。

2. 指南针

指南针是运动员判别方向的工具。当今世界上已出现的指南针类型主要有：①简单式；

②液池式；③透明式；④照准式；⑤电子式。

3. 地图

地图是定向越野最重要的器材，它的质量的好坏直接影响到运动员比赛的成绩和关系到比赛是否公正。因此，国际定联专门为国际间的定向越野比赛制定了《国际定向运动图制图规范》。

4. 检查点标志

检查点用于检验运动员是否按规定跑完全程，为此，应设置专门的标志。检查点应在地图上准确地表示出来。

检查点标志是由三面标志旗连接组成。每面正方形小旗，沿对角线分开，左上为白色、右下为红色，旗的尺寸为 30 厘米×30 厘米，可以用硬纸壳、胶合板、金属板、布等材料制作。标志旗通常要编上代号(国际上过去曾使用数字做代号，现已规定使用英文字母)，以便于选手在比赛时根据旗上的代号来判断他是否找到了正确的检查点。

5. 手动打卡器与电子打卡器

到达指定检查点后用打卡器打点以证明选手到访过此检查点。

6. 计时设备

有机械式计时设备和电子计时设备，皆由赛会提供。

7.《检查点说明符号》

帮助运动员在某些等级较高或规模较大的比赛中正确地寻找检查点。这些检查点说明符号是在比赛前以表格的形式提供给运动员使用的。

### (二)场地

地形是地物和地貌的总称。地物是指地面上的固定性物体，如居民地、建筑物、道路、河流、树木等。地貌是指地面的高低起伏状态，如山地、丘陵、平地、洼地等。由于地形对定向越野比赛的难易程度和用时长短有较大的影响，因此要根据比赛需要选择地形。

## 二、参加比赛的流程

### (一)报名

如果您是某个协会或俱乐部的正式成员，那您将会收到一份正式的比赛通知。如果您不是，那就需要留心报刊、海报或其他传播渠道发布的定向越野比赛消息。

组织工作者在设计比赛分组时，常常依据定向与奔跑在比赛中的比重确定分组，在一次面向社会的一日比赛(公开赛)中，通常设立下述比赛组别(表 2-3)。

表 2-3　定向越野比赛的组别

| 组别 | 距离(千米) | 检查点的数量 | 难度 |
|---|---|---|---|
| 初学者或体验者 | 1.5~2.5 | 3~5 | 容易 |
| 女 14~16 岁和男 14 岁以下 | 3.5~4.5 | 4~7 | 容易或一般 |
| 女 17~19 岁和 35 岁以上，男 15~16 岁和 50 岁以上 | 3.5~4.5 | 4~7 | 比较难 |
| 女 20 岁以上和男 17~19 岁、40~50 岁 | 6.5~8 | 7~10 | 一般或比较难 |
| 男女 21 岁以上 | 8~12 | 9~12 | 最难 |

### (二)准备工作

在寄出报名表之后不久，您将收到进一步的详细资料，这时比赛准备即可开始。准备工作主要包括下述几点：

(1)学习有关比赛的规程、要求。

(2)根据自己的目标加强技能、体能训练。

(3)购买比赛用品，如红圆珠笔、指南针、准备参加比赛的服装。

(4)比赛前夕应充分休息，注意饮食的调养。在比赛的前一天，准备好饮料、食品和零用钱。

### (三)在出发前

在集合地点报到之后，领取比赛编号(号码布)、检查卡片等物品。

注意：在出发区，最重要的是切勿错过或抢超出发时间。同时不要进错通道、拿错地图。

**知识窗**

在去出发区之前，需要做的事情主要有：

1. 撕(剪)下检查卡副卡，交给工作人员。
2. 将比赛中不用的物品(如行李等)放置于规定的地点。
3. 按规定方法佩戴号码布或其他标志。
4. 开始做热身、准备活动。静静地等待检录员的呼叫，以便能够按时出发。

### (四)在标图区

如果本次比赛图上没有标示比赛路线，这就说明需要参赛者自己到标图区依基本图转绘。标图区一般设在出发线前方 30~100 米的地点(标图区符号与出发区符号相同，为边长 7 毫米的“△”符号)，在您离开“待发”格之后，只要沿着标志即可找到它。

转绘比赛路线时抓紧时间是必要的，但要细心和谨慎，防止绘错检查点的位置。要注意爱护基本图，转绘完毕后应将借用的尺子、红圆珠笔等留在原处，以便后来的运动员使用。

### (五)在比赛中

离开出发线之后您应进入赛跑的状态，因为比赛的成绩是从这一时间开始计算的。不过，只把定向越野比赛当作一般的赛跑是不行的，正像有人称它为“思考的运动”“狡黠的赛跑”那样，在比赛的过程中将有许许多多的问题在等待着您。

### (六)在终点

在离开最后一个检查点向终点前进的时候，意味着胜利在望，但还不能松劲，因为在这时竞争对手们还将在意志、体力、技能等方面做最后的较量，要再坚持一下。在越过终线之后，需要做的第一件事就是迅速将检查卡片交给收卡员，而后以放松性的慢跑沿通道离开终点工作区，到指定地点休息或换衣、洗澡。如果对比赛的组织工作和其他运动员有意见，或需要对自己的失误进行申辩，应该在离开终点工作区前到“申诉处”向工作人员说明。

在终点工作区的外侧，通常设有成绩公布栏，在将检查卡片交给收卡员之后，只要成绩是有效的，工作人员会在不长时间内将成绩公布出来。成绩一公布，就可以自行离开比赛会场了。如果比赛后还有颁奖仪式，那么无论是否受奖，都应该留下来看看。颁奖仪式是一次比赛最有意义、最激动人心的时刻，可以肯定，它将给人留下终生难忘的美好印象。

## 三、定向运动比赛的方法

### (一)路线中的各种标记

(1)在图中用紫色标出比赛路线，这是为了与图上的其他颜色区别开来。

(2)起点在图中用三角形表示，并指向第一个点标。点标用圆圈标出，且点标的具体位置是圆圈的中心。圆圈的直径大约7毫米。

(3)不要把点标设在空旷地带的中心，而是放在有明显地物特征的地方。

(4)点标的序号的阿拉伯数字要南北竖直标写(这样不用看地图的顶端也可知道南北方向)。

### (二)制定路线的一般原则

(1)点标的数量并不一定固定，一般至少4个，点标之间的距离不要太远，如果超过6千米就过长了(这主要是由地域的大小和道路中的障碍物所决定)。

(2)对初学者，路线最好不要交叉，因为这样可能使他们混乱，以错误顺序找点。

(3)点标之间的角度不要小于90°，以避免那些正在寻点跑的人看见刚从此点标方向出的人而得到。

(4)出发点和终点由组织者决定，应根据比赛的类型选择尽可能方便的地点。大型比赛，起终点要求相对较大的空间(可容纳观众)且交通不太拥挤(人和车)，并适合做出一条好路线的地方。

### (三)不同级别的路线设计原则

(1)初学者/青少年：点标明显易找；路线选择少；路线不太长，点标之间距离较短；路线不交叉，点标与点标之间角度大于90°。

(2)较高水平者：点标不明显，较难找；路线选择性强；路线距离长；点标之间的距离长短不一。

## 四、赛事等级分类

(1)初级赛事组织：趣味型/实践型课堂比赛；班级/其他训练型比赛。

(2)中级赛事组织：校级比赛；人人可以参与的个人比赛。

(3)高级赛事组织：市级/县级比赛；省级/国家/国际比赛。

## 思考题

(1)什么是定向运动？

(2)什么是比例尺？

(3)越野图符号是如何分类和如何用颜色表示的？

(4)如何利用指南针辨别方向？

## 研究与实践

用文献资料法综述定向运动在我国大学生中的发展现状。

# 第三章

# 游 泳

## 第一节 游泳运动概述

### 一、游泳运动的起源与发展

游泳运动的起源与发展是同人类社会的生产劳动、生活娱乐及战争等活动在满足人们的生存需要、竞争需要中发展起来的。

原始社会严酷的生存条件迫使人类不断地提高自己的体力和智力。为生存的需要，人们发展了走、跑步、跳跃、爬山、游水、投掷等技能。地球上布满了江、河、湖、海，人类不可避免地要与水打交道，当水形成阻碍时，当捕捉水中食物时，人类经过尝试和探索产生了游泳技能。

随着国家的出现，古代国家之间发生战争时，也利用水作为攻战的手段，或利用泅水潜行破坏敌人的防守，用泅泳配合陆上步兵和骑兵作战。因生产力的发展，人类生活的稳定与提高，游泳又与娱乐紧密地联系在一起。古代人多从沐浴开始，继而在水中嬉戏，逐渐形成古代的游泳、泅水、泅泳、涉、没、潜等多种形式。

游泳自产生以来，最先流行的姿势是侧泳，由澳大利亚人G·W·奥利斯创造的单臂出水移臂的侧泳技术，曾流行于世界50年。1873年，丁·亚瑟·特拉多率先采用两臂用自由泳划水，两腿用蛙泳蹬腿的游法，遂形成侧泳剪腿式的自由泳。

1896年在希腊举行的第一届奥运会上，男子游泳被列入正式比赛项目，泳姿以侧泳和自由泳为主。直至1904年的第三届奥运会，泳姿仍是互相搭配，其中有两臂同时划水、两腿蹬夹水的反蛙泳(仰泳)；两腿不动仅用双臂轮流划水的自由泳，以及用蛙泳蹬夹腿的蝶泳。1908年自成立国际业余游泳联合会，才制定了国际游泳比赛规则。1912年第五届奥运会将女子游泳列入正式比赛项目。之后，随着1922年美国运动员威斯穆勒完善自由泳技术；蛙泳自成为独立项目；匈牙利运动员董贝克又把由蛙泳演变成的蝶泳创新为海豚泳，终于逐渐奠定了现代游泳的基本格局。

现代游泳竞赛的历史与奥运会的发展紧密联系在一起的，在第一届奥运会上，就把游泳列为竞赛项目之一。当时设有100米、200米、1200米自由泳3个比赛项目。中国队在1988年杨文意打破女子50米自由泳世界纪录。之后，中国游泳队在世界游泳大赛中都有优异的成绩，并涌现出一批著名运动员，如获得2004年雅典奥运会女子100米蛙泳冠军的罗雪娟，2008年北京奥运会女子200米蝶泳冠军并打破世界纪录的刘子歌，2008年北京奥运会取得冠军并破纪录的孙杨、叶诗文、焦刘洋，中国开始走进游泳项目强国之列。

### 二、游泳锻炼的作用

游泳是全身参与的一项体育运动。游泳时，由于冷水的刺激，机体代谢率大大提高，在水中胸部要受到120~150牛顿的水压，呼吸条件比陆地上困难得多。运动中所需大量的氧气是通过增大呼吸深度的方法取得的，经过长期的锻炼，呼吸肌会逐渐变得粗壮有力，呼吸功能也就大大提高，一般正常的肺活量约3200毫升，而经常进行游泳锻炼的人可达到4000~6000毫升，安静时的呼吸显得深而慢，能满足机体的需氧量，而且呼吸肌不易疲劳。

水温的刺激和压力，对心脏系统也提出了更高的要求。人在水中运动，水对身体起按摩作用，这样有利于血液循环。正常人在安静时每分钟心脏跳动70次左右，每搏输出量约70毫升，而经常参加游泳锻炼的人，心脏锻炼得粗壮有力。每搏输出量增加，可达到100毫升左右，安静时的心跳次数减少，只需50次/分左右就可维持身体的需要。游泳可提高学生的心脏功能，增强心血管的机能，使机体有氧代谢和无氧代谢功能得到提高。并且对预防心血管疾病起着积极的作用。

游泳锻炼时，所有的肌肉群和内脏器官都参加运动，能使身体匀称，游泳时冷水对人体的刺激，能增强人体对外界环境变化的适应能力，预防疾病，抵御寒风，尤其是不易伤风感冒，与体育医疗配合还可以治疗一些慢性病。

对游泳的初学者，也是进行锻炼意志品质，培养勇敢顽强的精神，是勇于克服困难的考验。

## 第二节 熟悉水性

熟悉水性练习是初学者接触游泳的第一步，可以帮助初学者熟悉水的浮力，压力和阻力。消除初学者对水的恐惧感，为以后的学习和掌握各种游泳技术打下基础。

### 一、水中行走练习

在齐腰深的水中里，做各种方向的行走式跑的练习，可用两手拨水维持平衡或快走、跑、跳、转身、跃起、下沉等。

### 二、呼吸练习

吸气一定要用口，呼气一定要在水中，必须做到口呼口吸，连续做20次左右。

1. 常出现的问题及纠正方法

(1)不敢把气吐尽

①延长水下吐气时间。

②加快吐气速度，嘴出水时用力喊“啪”字等发声字。

(2)呼吸时鼻子进水

①岸上练习换气时用手放在鼻子前，检查鼻子是否漏气。

②呼气是可以让鼻子喷一些气。

③低头收下颚入水。

### 三、浮体与站立练习

1. 抱膝浮体练习

原地站立，深吸气后，下蹲低头抱膝尽量靠近胸部，前脚掌蹬离池底，呈低头抱胸团身姿势，自然漂浮水中。

2. 展体浮体练习

两脚开立，两臂放松向前伸出，深吸气后身体前倒并低头，两脚轻松蹬离池底，呈俯卧姿势漂浮于水中。

## 四、滑行练习

1. 扶板蹬壁滑行练习

双手伸直抓好扶板，深吸气、低头、身体前探，当头没入水中时用脚蹬离池壁，双腿并拢向前滑行。

2. 徒手蹬壁滑行练习

手臂伸直并拢，其他动作同上。

3. 蹬地滑行练习

同上。

4. 常出现的问题及纠正方法身体不平导致滑行距离短

①先要低头，眼睛不要向前看，下颚向胸口贴。

②肩部放松不要发力(特别是有扶板的情况下)。

③两腿伸直并拢，不要屈膝。

**知识窗**

**为什么游泳换气时要用嘴吸气，口鼻吐气?**

根据流体力学原理，管子越细，通过的流体速度就越快；管子粗，流体的速度就慢。因此，吸气时气流通过鼻腔里的水吸进气管造成呛水。反之，我们用鼻子呼气，就能把水从鼻腔里呼出来，可以避免呛水。而用嘴吸气，由于口腔要比鼻腔宽阔得多，即使嘴里含有一点水，吐出来也比较容易。

# 第三节　蛙泳

## 一、蛙泳的技术特点

蛙泳因其模仿青蛙在水中游动而得名，是最古老的一种泳姿。在蛙泳游进过程中，身体位置随手、腿动作不断变化，两臂、两腿的动作在同一水平面上同时进行的。蛙泳技术发展很快，近年来突破了以腿为主的观念，强调臂、腿并重的窄收窄蹬快进连贯的配合技术(图 3-1)。

图 3-1　蛙泳的身体位置

### (一)腿部动作

蛙泳的腿部动作是蛙泳的基础，是推动人体在水中前进的主要动力。其动作过程是：边收边分慢收腿，两脚外翻对准水，向后用力去蹬水，边蹬边夹漂一会儿。四个不可分割的动作阶段。

1. 漂浮滑行

背靠池壁，然后上体前倾与水面平行，两臂前伸，两腿收起蹬池壁，身体向前漂浮滑行(图 3-2)。

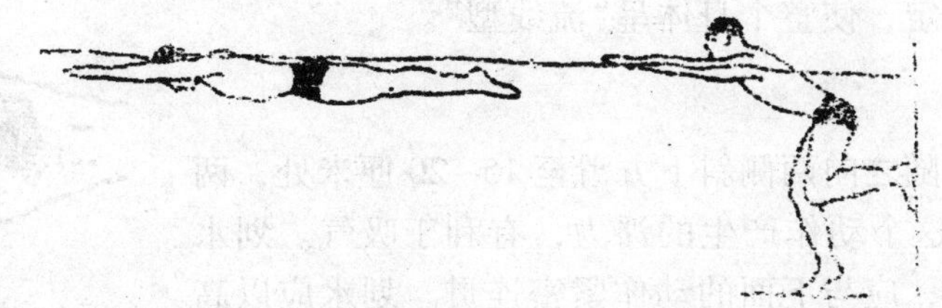

图 3-2　漂浮滑行

2. 收腿

收大腿，屈小腿，膝与脚边收边分，收至大腿与上体呈 120°～140°左右为止，小腿尽量收拢，两脚靠拢臀部，两膝约与肩同宽。收腿时要慢且放松。两脚自然伸直，以减少前进阻力(图 3-3)。

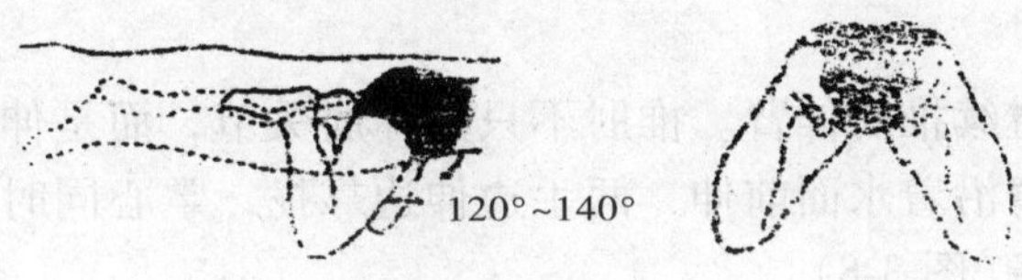


图 3-3　收腿

3. 翻脚

蹬水效果的好坏，取决于翻脚技术。翻脚是从收腿到蹬水的过度，是收腿的继续，蹬水的开始。脚尖向两侧翻转并勾脚尖，膝盖稍向内压。这时两脚比膝稍宽，使脚内侧和小腿内侧对准水(图 3-4)。

4. 蹬夹水

翻脚后立即蹬水，大腿用力，先伸髋关节，使两脚向后向内做弧形蹬夹。要边蹬边夹，蹬夹动作要迅速、连贯、有力、同时完成。蹬夹之后，两腿并拢滑行一会儿(图 3-5)。

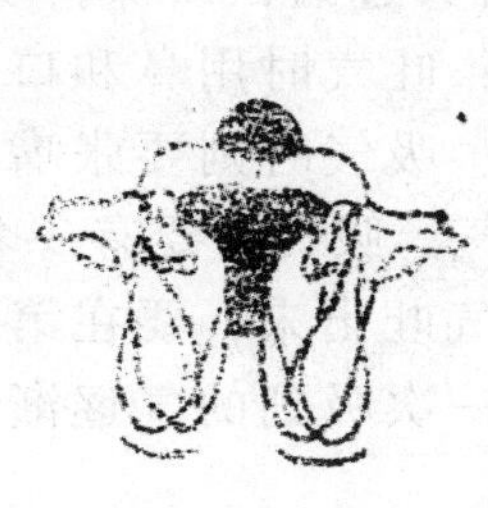

图 3-4　翻脚

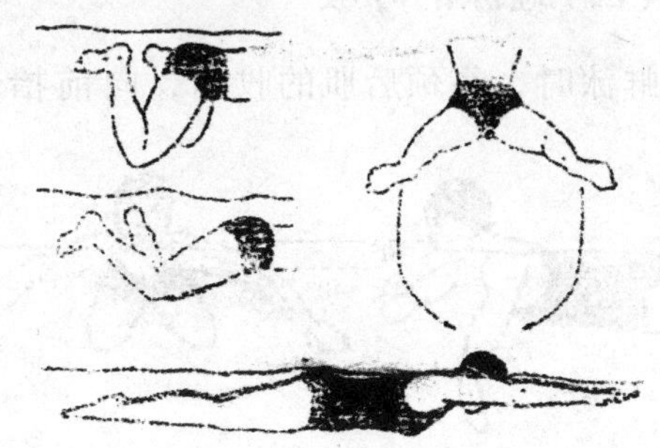

图 3-5　蹬夹水

## (二)臂部动作

蛙泳臂部动作起着保持身体平衡，协助抬头吸气和推动身体前进的作用。分下列四个阶段。

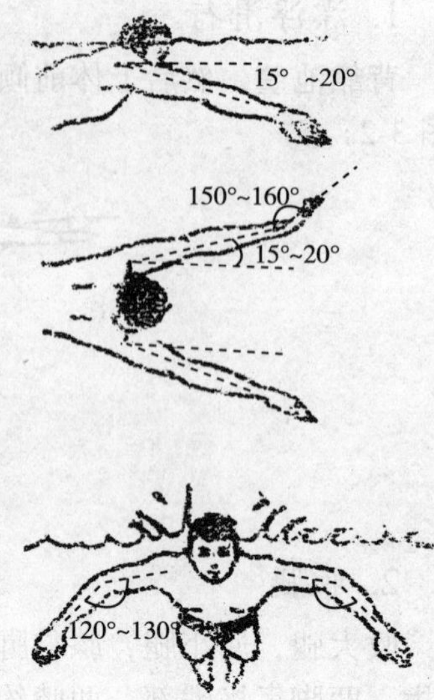

图 3-6 划水

1. 滑行

伸臂结束，身体是靠蹬水向前滑行。两臂自然放松伸直，手指并拢掌心向下，两手尽量接近水面，这样姿势可使身体在较高的位置上保持稳定，使整个身体呈“流线型”。

2. 划水

掌心微向外转，随之向两侧斜下方滑至 15~20 厘米处，两臂夹角呈 50°左右，这个动作产生的浮力，有利于吸气。划水动作并没有到此结束，应与下面的动作紧密连贯。划水应以高关节为轴，用力向两侧后方做屈臂宽滑水，滑到与肩平行为止，大小臂呈 120°~130°(图 3-6)。

3. 收肘

收肘是从划水结束开始的。结束划水后，手掌在向内上移动时，肘关节边收边向前推(图 3-7)。

4. 伸臂

接下来收肘收手并继续推肘伸臂。推肘不只是伸肘关节，而是伸肩关节的同时，推动肘来完成的。小臂带动大臂沿着水面前伸，两手边伸边靠拢，掌心同时转向下方。在收肘与伸臂之间，动作不应有停顿(图 3-8)。

图 3-7 收肘

图 3-8 伸臂

## (三)腿臂的动作配合

蛙泳的腿臂配合是以臂带动腿。要领是：划水结束才收腿，臂将伸直腿蹬水。

## (四)蛙泳的呼吸

蛙泳时，靠颈后肌的收缩，向前抬头吸气，但不应抬头过猛，以保持身体的稳定。动作要求是：吐气时用鼻和口同时在水中均匀地吐气，吸气时则要张嘴用喉咙做自然快速的吸气。吸气后要有一个憋气过程，不要马上把气吐出来，要在第二次抬头吸气前才把第一次吸到的气逐渐地在水中吐完(图 3-9)。

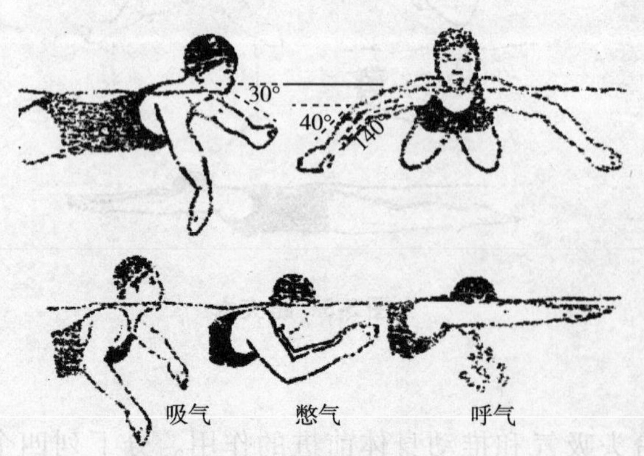

图 3-9 蛙泳的呼吸

呼吸的一般时间是：臂滑下划水时，抬头吸气；臂前伸滑行时，水中吐气。呼吸与腿、臂的配合基本是：划水时，两腿微收，抬头吸气；收肘时，继续收腿，开始憋气；臂前伸，两腿蹬夹，滑行吐气。

## 二、蛙泳练习方法

### (一)腿部动作练习

1. 陆上模仿练习

俯卧凳上做收、翻、蹬夹、停的动作：先分解做，再连贯起来做腿的完整动作，要求边想边做，也可由同伴帮助体会和纠正动作，重点体会翻脚和脚蹬夹的路线及动作节奏(图 3-10)。

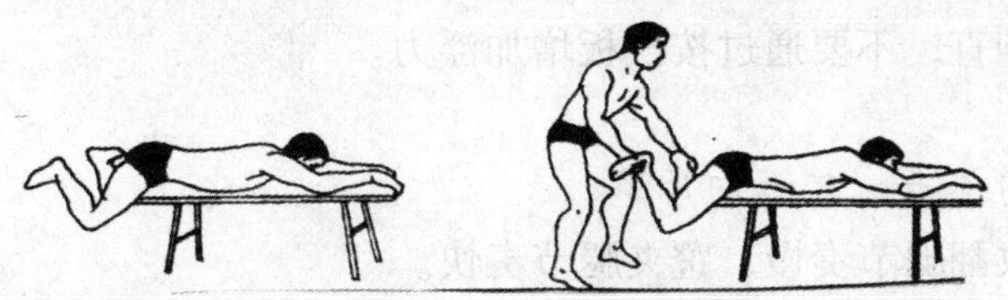

**图 3-10 陆上模仿练习**

2. 半陆半水练习

(1)坐撑模仿蛙泳腿动作

坐在池边或凳上，上体稍后仰，两手后撑，两腿伸直并拢，髋关节展开，做蛙泳腿的收(腿)、翻(脚)、蹬夹(水)、停的动作，先按口令分解练习再过渡到完整连贯动作(图 3-11)。

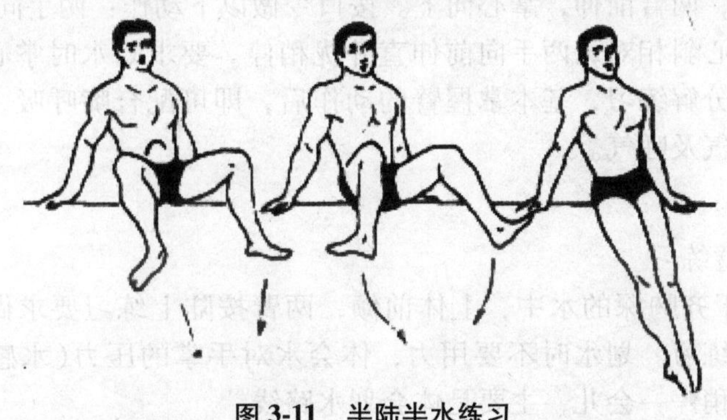

**图 3-11 半陆半水练习**

(2)俯卧池边腿放入水中做蛙泳腿练习

要求边想边做，体会水中蹬腿发力的感觉。从收—翻—蹬夹—停 4 个动作，向收翻—蹬夹—停 3 个动作过渡，并注意收翻动作慢，蹬夹动作快。

3. 水中练习

(1)固定支撑做蛙泳腿的练习

手扶支撑物(池边或池槽)，身体平卧浮于水中，髋关节展开两腿放松伸直并拢，做收、翻、蹬夹、停的动作，先分解再连贯起来做。这个练习也可以做双人练习(图 3-12)。

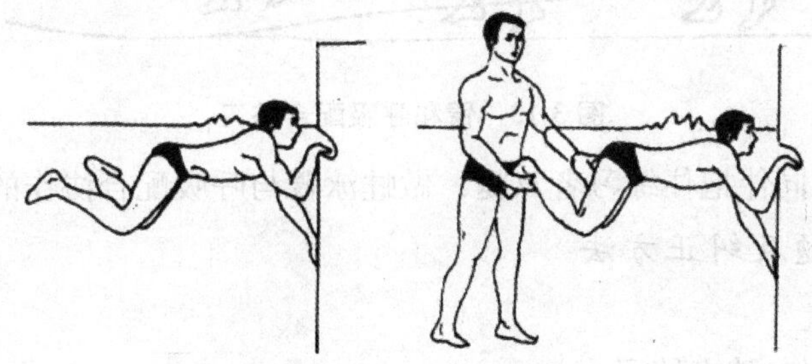

**图 3-12 水中练习**

(2)扶板做蛙泳腿练习

手扶扶板，其他动作同上。

4. 常出现的问题及纠正方法

(1)翻脚动作不好

①增加踝关节柔韧性或增大两膝的宽度。

②勾脚做全部动作。

(2)扶板蹬腿身体不平(立着游)

①肩部放松手臂伸直，不要通过按扶板增加浮力。

②蹬腿时低头。

(3)扶板蹬腿不向前走，甚至向后退

①半陆半水练习收翻腿节奏慢，蹬夹腿节奏快。

②不要收大腿，收小腿，让脚跟朝臀部收。

③蹬夹动作连贯。

### (二)手臂动作和手臂与呼吸动作练习

1. 陆上模仿练习

站立，上体前倾，两臂前伸，掌心向下。按口令做以下动作：两手同时向侧后下方划水，屈臂收手至颏下，掌心斜相对，两手向前伸直并拢稍停。要求划水时掌心向外侧下方，内收时，用力压摸水。先分解练习，基本掌握臂的动作后，即可配合嘴呼吸，开始划水时抬头吸气，伸臂时，低头闭气及呼气。

2. 水中练习

(1)半陆半水划臂练习。

(2)两脚开立站于齐胸深的水中，上体前倾，两臂按陆上练习要求做划水动作，先做原地后做走动的小划臂练习。划水时不要用力，体会水对手掌的压力(水感)。手每划一次水，两臂在体前伸直并拢稍停一会儿，主要是体会划水路线。

(3)臂和呼吸配合练习：臂的动作同上，由走动到俯卧滑行做臂与呼吸配合动作(图 3-13)。要求划臂开始抬头吸气(早吸气)或划水结束时抬头吸气(晚吸气)。

图 3-13 臂和呼吸配合练习

(4)双人练习：由同伴抱住练习者双腿，做蛙泳臂与呼吸配合协作的练习(图 3-14)。

3. 常出现的问题及纠正方法

(1)划水动作过大

加强手划小圈练习，陆上练习。

图 3-14　双人练习

(2)划手和呼吸配合不好

加强手臂和呼吸的半陆半水练习，强调呼气手不动，划手吸气同时进行。

## (三)完整配合动作练习

### 1. 陆上模仿练习

站立，两臂向上伸直并拢。一腿支撑另一腿做模仿练习(图 3-15)。

"1"——两臂向两侧划水。

"2"——收手同时收腿，收腿即将结束时开始翻脚。

"3"——臂将伸直时蹬腿。

"4"——臂、腿伸直稍停。然后逐渐连贯做。

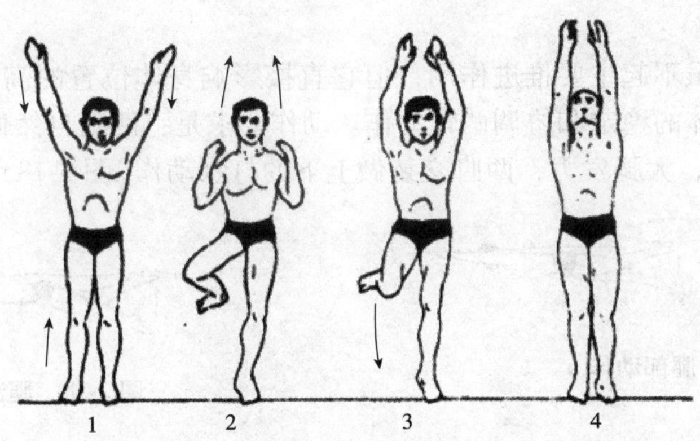


图 3-15　陆上模仿练习

### 2. 水中练习

(1)滑行后闭气做臂、腿配合的分解练习。即先结束一次划臂动作后，再做一次蹬腿动作，臂和腿依次交替进行，以建立臂先腿后的动作概念。

(2)闭气滑行，做划臂腿伸直、收手又收脚，臂将伸直再蹬腿，臂腿伸直后滑行的配合练习。

(3)同上练习加呼吸配合。由多次蹬腿一次划臂逐渐过渡到一次臂、一次腿和一次呼吸的完整配合。

(4)逐渐增长游距，在长游中注意改进技术。

### 3. 常出现的问题及纠正方法

收手同时收脚，伸手同时蹬脚。

①模仿练习，建立正确的观念。

②不加呼吸的配合练习。

③多腿少手的配合练习。

最后给大家介绍一个蛙泳配合的顺口溜有助于更加清晰的学习：“划手腿不动，收手再收腿，先伸胳膊后蹬腿，并拢伸直漂一会。”

## 第四节　自由泳

### 一、自由泳的技术特点

自由泳是因其动作像在水中爬行而得名的。由于自由泳的速度快，在各项自由泳比赛中人们都采用自由泳技术。自由泳也称爬泳。自由泳时，身体几乎与水面平行，俯卧在水中，胸部稍微仰起，肩稍高于身体，头微抬，两眼注视前下方(图 3-16)。

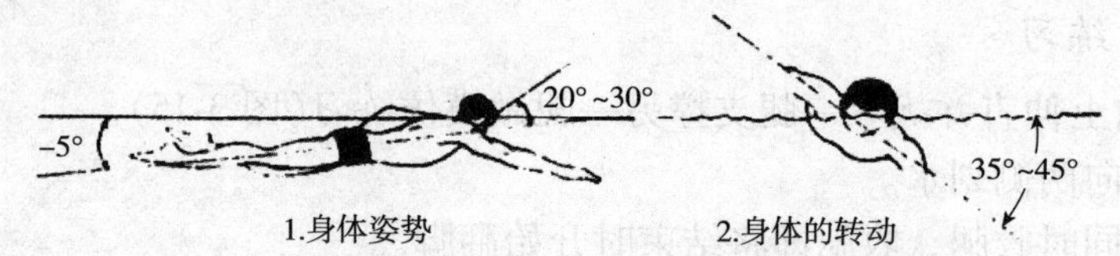


**图 3-16　自由泳的技术特点**

### (一)腿部动作

自由泳腿部动作虽不起主要推进作用，但它直接影响身体位置的高低以及效果。它主要起平衡作用，保持身体的稳定和协调两臂动作。动作要求是：两腿自然伸直，两脚稍向内转，膝关节放松(图 3-17)，大腿发力，两脚交替做上下的打水动作(图 3-18)。

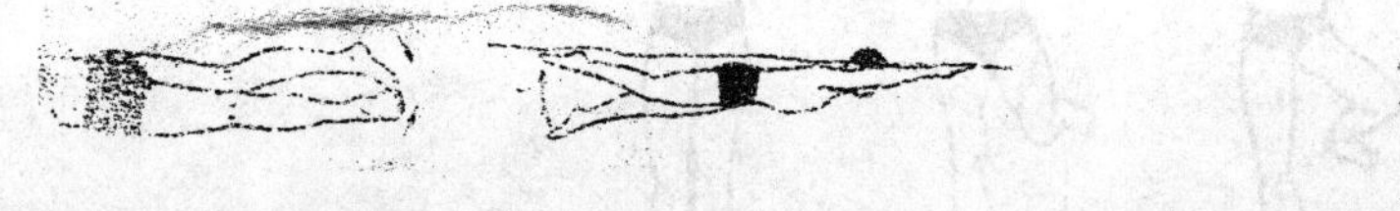

**图 3-17　腿部动作 a**

**图 3-18　腿部动作 b**

### (二)臂部动作

自由泳臂部动作是游进的主要推动力。每一次臂的动作过程是：入水滑下屈划水，臂出水后快移臂。把每一个周期分为入水、抱水、划水、出水和空中移臂 5 个不可分割的阶段(图 3-19)。

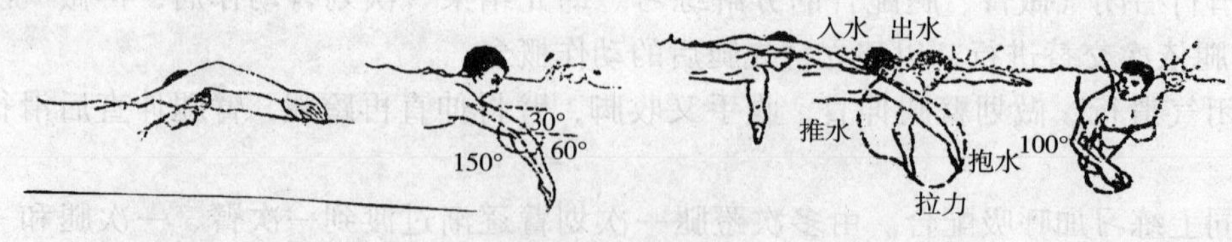


**图 3-19　臂部动作**

### (三)臂的配合

自由泳是两臂交替划水进行配合的，概括为 3 种交叉。

(1)前交叉，是一臂入水时，另一臂处在下滑阶段。

(2)中交叉，是一臂入水时，另一臂进入划水阶段。

(3)中后交叉，是一臂入水时，另一臂已划水至腹下。

通常短距离多采用中后交叉，中长距离多采用中交叉。初学者可采用前交叉。

### (四)腿臂动作配合

自由泳腿臂动作通常是打6次腿，划2次臂。当右臂入水时，左腿开始向下打水，右腿滑下时，左腿第二次打水，右臂划水即将结束时，左腿第三次打水。左臂与右腿的配合与之相同。

### (五)自由泳的呼吸

呼吸与划臂动作是密切配合的，一臂在划水阶段时，将气呼出；划臂即将结束和提臂出水时，侧头、口也露出水面，做深有力的吸气(图3-20)。

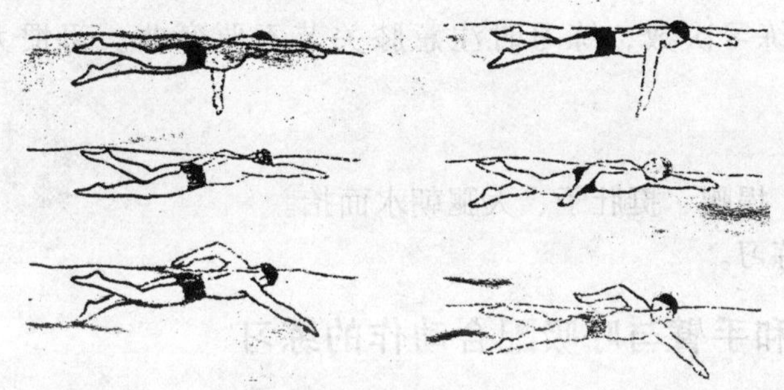

图3-20 自由泳的呼吸

## 二、自由泳练习方法

### (一)腿部动作练习

1. 陆上模仿练习

(1)坐在池边或岸边，两手后撑，两腿向前伸直并拢内旋，直腿做模仿打水的练习。练习时眼要看着两腿的动作(图3-21)。

(2)俯卧池边或凳上模仿打水动作练习。练习时要求髋关节展开，大腿带动小腿的打水动作(图3-22)。

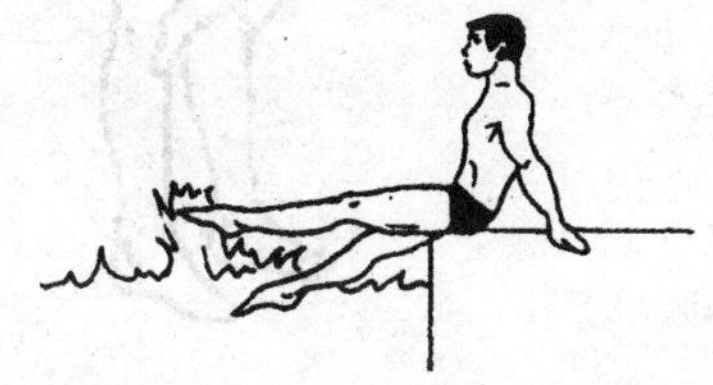

图3-21 陆上模仿练习a

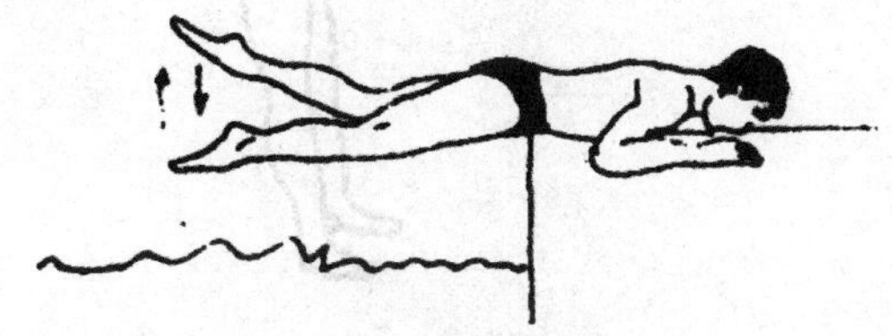

图3-22 陆上模仿练习b

2. 水中练习

(1)手抓水槽或撑住池底，身体呈俯卧水平姿势，两腿伸直，做直腿的打水练习。练习时要求髋关节展开，两腿内旋，大腿带动小腿，踝关节放松(图3-23)。

(2)扶板打水练习：两手轻扶打水板，其他动作同上。

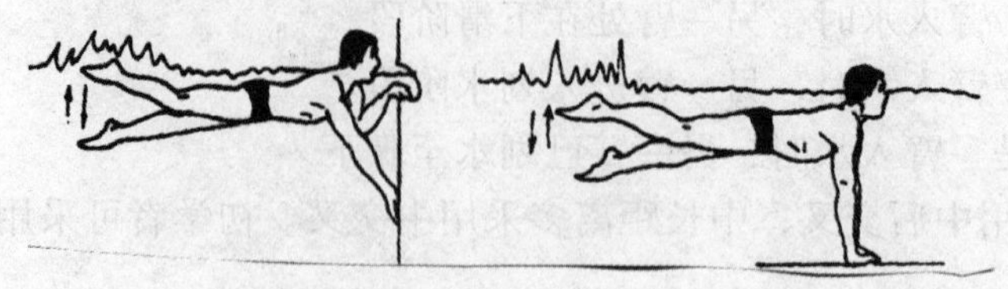

图 3-23 水中练习

(3) 徒手直臂打水练习：两臂伸直，身体放松，6 次打水抬头换一次气，换气时打腿不能停。

3. 常出现的问题及纠正方法

(1) 打腿时勾脚

①增加踝关节柔韧性。

②陆上练习时，注意脚尖绷直时打水的感觉。

(2) 小腿打水

增加直腿打水的练习次数，练习时注意膝关节不要弯曲。习惯大腿发力后再放松膝关节。

(3) 曲髋大腿

①身体姿态纠正，塌腰、挺肚子、大腿朝水面抬。

②增加直腿打水练习。

### (二) 手臂动作和手臂与呼吸配合动作的练习

1. 陆上模仿练习

(1) 原地两脚开立，上体前倾做直臂划水模仿练习。重点体会推水结束后的空中移臂动作和手臂入水的动作。先单臂练习，再两臂交替练习(图 3-24)。

(2) 同上练习，要求划水时做出屈臂的动作，着重体会划水路线。除划水阶段用力外，其他动作放松，移臂时肘高于手。

(3) 呼吸练习：两脚开立，上体前倾，两手扶膝，做向侧转头吸气练习(图 3-25)。

图 3-24 陆上模仿练习

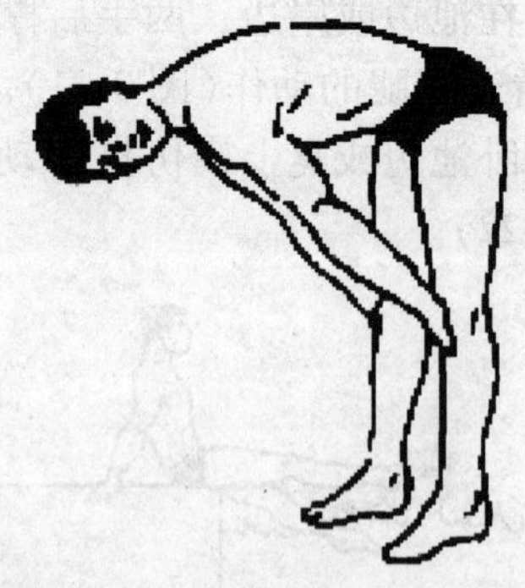

图 3-25 呼吸练习

(4) 臂与呼吸配合：侧臂开始划水时呼气，推水时转头吸气，吸气后头迅速转回，手再入水(图 3-26、图 3-27)。

2. 水中练习

(1) 站立浅水中，做同陆上练习的内容。如在深水中教学，可作一手扶池边或水线，做单臂划水动作练习。

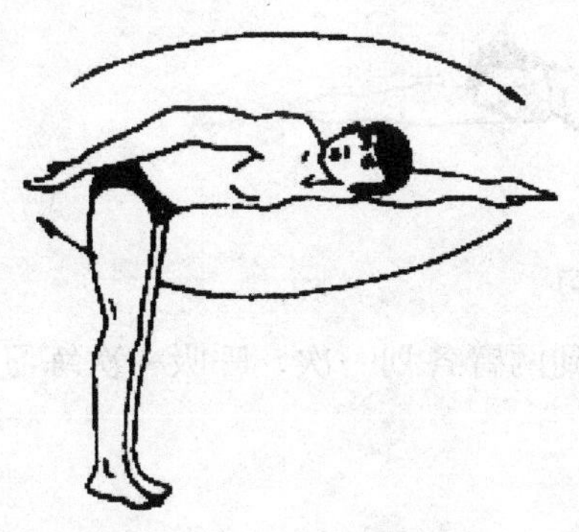

图 3-26　臂与呼吸配合 a

图 3-27　臂与呼吸配合 b

(2)同上练习，走动中做，要求划水时适当用力，注意手掌对水，推水时掌心向后，体会划水路线及水感。

(3)两臂配合：蹬边滑行后腿轻轻打水或大腿夹助浮器帮助下肢浮起，身体平衡，做单臂划水，如左臂划两次再右臂划两次。而后做两臂分解配合即左臂划水、空中移臂，入水后右臂再做。最后过渡到两臂前交叉配合划水。

(4)臂与呼吸配合：扶板打水，单臂划水，向同侧转头呼吸。转头时下颌向同侧肩靠近，不要抬头。滑行轻轻打腿，划单臂向同侧转头呼吸，要求划水路线要长。两臂配合，由分解过渡到前交叉，加转头呼吸。

3. 常出现的问题及纠正方法

(1)划水不到位

①增加直臂划水练习次数。

②有意识的控制动作，入水时手臂伸直，出水前手要能摸到大腿。

(2)移臂时手高于肘

①加强陆上模仿练习。

②池边高肘移臂练习。

(3)抬头呼吸

增加模仿练习，如陆上扶墙划臂练习，扶池边单臂划手练习。练习时注重转头换气意识的培养。

(4)呼吸时间过晚、过长

加强陆上模仿练习。

## (三)完整配合动作练习

1. 陆上模仿练习

(1)俯卧凳上做臂、腿配合模仿练习。

(2)同上练习，加上呼吸动作(图 3-28)。

2. 水中练习

(1)蹬边滑行打腿，一臂前伸，另一臂划水。

(2)同上练习，配合两臂分解划水练习。

(3)滑行打腿，两臂用前交叉或中交叉配合轮流划水练习。

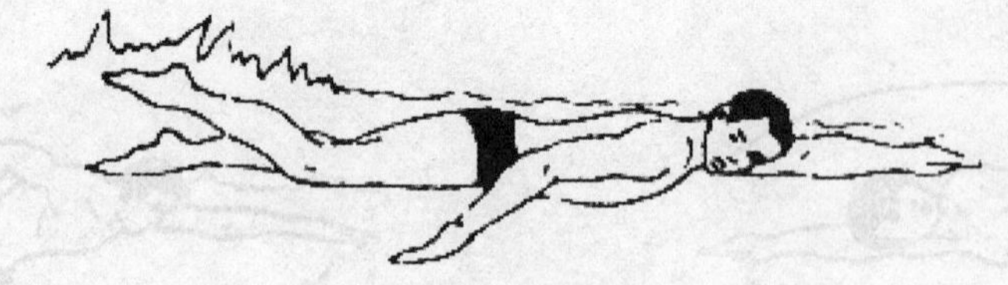

图 3-28 陆上模仿练习

(4)同上练习，由划臂数次，呼吸一次，逐渐过渡到两臂各划一次，呼吸一次练习。

3. 常出现的问题及纠正方法

(1)身体左右扭动

①划手时注意不要超过身体的中心线。

②打腿时发力均衡，身体要有控制。

(2)配合时忘记打腿

①加强打腿练习。

②加强分解练习 6 次打腿划一次手，强调划手时腿不能停。

# 第五节 游泳比赛与欣赏

## 一、游泳池

如果举行重大的游泳比赛，对于游泳池就有严格的要求。游泳池长 50 米(±0.03 米)×21 米或 25 米，短池 25 米(±0.02 米)×21 或 25 米。水深 2 米以上。基层比赛的游泳池，水深不得少于 1 米，泳道宽不得少于 2 米，第一泳道与最后一条泳道与两侧池壁的距离不少于 20 厘米，安装出发台的池端，从池端 1 米至 5 米的范围内的池水至少有 1.2 米深，泳道数和池宽不限。

比赛水温 26℃(误差±1℃)，室外游泳池不低于 25℃。比赛时，池水必须保持正常水位。水面要平稳。如采用循环换水，池水不得有明显的流动或漩涡。池水要清晰，运动员可看清池底和池壁标志线。

游泳池内由 7 条水线构成 8 条泳道，每条泳道宽 2.5 米。第 1、7 分道线距池边至少 0.05 米。当然这是对宽 21 米游泳池的要求。我国曾有很多 20 米宽甚至更窄的游泳池，这些游泳池虽然不能举办全国性游泳比赛，但举办基层比赛还是可以的。游泳池两端都要设有出发台，否则无法举行 50 米项目的比赛。出发台号码的排列应从右至左(出发一端面对池)。

## 二、游泳比赛项目设置(表 3-1)

表 3-1 游泳项目径赛表

| 项目 | 距离 | |
|---|---|---|
| | 50 米池 | 25 米池(短池) |
| 自由泳 | 50 米、100 米、200 米、400 米、800 米、1500 米 | 50 米、100 米、200 米、400 米、800 米、1500 米 |
| 仰泳 | 50 米、100 米、200 米 | 50 米、100 米、200 米 |
| 蝶泳 | 50 米、100 米、200 米 | 50 米、100 米、200 米 |

（续）

| 项目 | 距离 | |
|---|---|---|
| | 50米池 | 25米池（短池） |
| 蛙泳 | 50米、100米、200米 | 50米、100米、200米 |
| 个人混合泳 | 200米、400米 | 100米、200米、400米 |
| 自由泳接力 | 4×100米、4×200米 | 4×50米、4×100米、4×20米 |
| 混合泳接力 | 4×100米 | 4×50米、4×100米 |
| 备注 | 男女比赛项目相同 | |

## 三、比赛通则

### 1. 参加办法

参加单位必须按竞赛规程规定确定每项的参加人数，及每人参加的项数，并在规定的时间内报名。报名后不得更替或更改项目。

### 2. 出发

自由泳、蝶泳、蛙泳在出发台上出发，仰泳项目在水中出发。运动员有两次出发机会。第一次抢跑后被招回，在进行第二次出发，这一次出发如果犯规将不被招回，比赛后犯规运动员被取消资格，在比赛开始前，发令员的短哨音示意运动员脱外衣，长哨音示意上出发台。口令是“各就位”，出发信号是枪声、哨声、电笛或口令。

### 3. 计时

人工计时、自动装置计时与半自动计时均被承认为正式的计时方法。此处仅介绍人工计时。

每条泳道应有2~3名计时员，正式成绩的决定方法：三块计时表中，两块相同的是正式成绩。三块都不相同，中间成绩是正式成绩。如果只有两名计时员，应以较差的成绩为正式成绩。

### 4. 比赛和犯规

运动员必须在本泳道内比赛完毕。所游泳姿必须符合规则规定。比赛中运动员转身时必须使身体某一部位触及池壁，转身必须从池壁完成，否则犯规。

在比赛中除自由泳可以在池底站立，其他泳式，均不得跨越或行走。

在比赛中运动员不得使用或穿戴任何有利于速度、浮力的器具(如手蹼、脚蹼等，但可戴护目镜)。

在比赛中不允许陪游、带游，不允许速度诱导或采取任何能起速度诱导的办法。

运动员在“鸣枪”前出发，应判抢码犯规。

某项比赛进行时，不是该项比赛的运动员进入水中也算犯规。

## 四、游泳的优点和美感

游泳是在水中凭借自身动作适应水、驾驭水进行的活动。游泳运动历史悠久、源远流长，尤其为广大青少年所喜爱，是深受欢迎的运动项目之一。由于其特殊的运动环境、独特的身体姿势、风格迥异的泳姿，使其具有独特的魅力为国内外人民所钟爱。游泳运动不像体操运功那样追求比例、对称、整一、灵巧，没有球类运动的多变、热烈、刺激，也没有体育舞蹈那样秀美、典雅、华丽，然而它却体现着坚韧、顽强、激情的拼搏品质。游泳运动内容丰富多样，有极具竞技的短、中、距离竞技游泳；有极具艺术美的花样游泳；有极具观赏美的跳水；有极具对抗美的水球运动，还有更具有体现意志品质的公开水域游泳。

1. 保障生命安全

地球上遍布江河湖海，人类生活中不可避免地要与水打交道，不会游泳生命安全可能会受到威胁，所以应该是人们必须掌握的基本技能之一。学会游泳自身生命安全就会有保障，同时还可以救人，挽救其他人的生命。

2. 独特的健身价值

据规定，水的导热能力比空气大 25 倍，人体每分钟在水中可散失 84～126 焦耳的热最(静止状态、运动时更多)，如果在水中游完 1500 米，所耗的热能为 10 000 米滑冰或 5000 米长跑所消耗的能量。所以进行游泳运动能显著改善体质，提高机体的代谢、抵抗疾病的能力。

游泳时，人体在水中受到的压力为 118～147 牛顿，水的密度比空气大 800 倍左右，经常参加游泳锻炼会增心肺功能，特别是在肺活量上会显著提高(运动员的肺活量可达到 5000～7000 毫升，一般人只有 3000～4000 毫升)，游泳对预防心血管疾病也具有很好的作用。水温、水的压力会对人体具有一定的刺激，此外水是液体，具有天然的按摩作用，加上人体在水中基本是俯卧或仰卧，有利于人体的血液循环，有利于抵御寒冷，调节体温，有利于提高环境改变的适应力，预防感冒；游泳运动对体质虚弱和某些慢性疾病，特别是颈椎病、肩周炎具有非常良好的治病作用。目前，越来越多的疾病、运动康复都采用游泳作为有效的医疗手段。

3. 观赏性

劈波斩浪、奋勇争光的竞技游泳项目吸引了大批的观众。男女 50 米自由泳是游泳池里的百米赛跑，胜负只在百分之一秒之间。长距离项目是坚韧、耐力的比拼，领先者毫不松懈，争取更大优势，落后者绝不气馁，试图挽回败局。接力比赛更是精彩纷呈，选手们为集体荣誉而战。泳姿蝶泳似蝴蝶飞舞，又似海豚争流，刚劲而不失轻柔；蛙泳恰如青蛙点水，于轻盈之中见力度；而自由泳和仰泳又以连贯、自然、平稳见长，宛如迎风而立的风车，轻快而不知疲倦的飞转。每个运动员的技术动作的舒展程度，动作节奏的快慢，划水力量的大小，动作的连贯程度，配合的协调程度都有不同的特点。同是短距离自由泳运动员，杨文意的动作轻巧快捷、身体高平、打腿快速有力、划水连贯自然，宛如顺流而下的扁舟；而庄泳的技术伸展有力、划水实效突出，给人以大刀阔斧的感觉，分别给人带来不同的艺术享受。游泳运动是一项表现美的运动，能让观众获得视觉、听觉上的美感！

## 五、游泳的安全与救助

全国的江、河、湖、海繁多，人造游泳健身娱乐场所飞速发展，每年都会发生相当多的游泳安全问题，了解相关的自救和救援知识是很有必要的。

### (一)造成溺水事故的原因很多

1. 心理原因

指怕水，心情紧张，一旦遇到意外时，就惊慌失措，动作慌乱，四肢僵直等，导致溺水。

2. 生理原因

指体力不支、饱食、饥饿、酒后等导致溺水。

3. 病理原因

指患有不宜在水中活动的疾病的人，如患有心血管系统疾病、精神病）等下水后引起病发导致溺水。

4. 技术原因

指游泳技术不佳，或技术失误者出现意外等导致溺水。

5. 其他原因

指游泳场所的组织管理不规范、设施有隐患，游泳者缺乏自我保护意识等导致溺水。

## (二)容易发生溺水事故的情况

(1)不小心从池边、岸边等处落入水中。

(2)在水中滑倒后，站立不起来。

(3)身上的浮具脱离或破裂漏气，沉入水中。

(4)游泳技术不佳，在水中遇到碰撞等意外，惊慌失措、动作忙乱。

(5)突然呛水，不会调整呼吸。

(6)过于逞强。

(7)入水方法不当。

(8)冒险潜水。

(9)被溺水者紧抱不放的其他游泳者。

(10)嬉水时，被人按压。

(11)游泳场所设施不当等。

## (三)溺水事故的预防与自我保护

加强对参加水上活动人员的自我保护意识教育，是预防工作中的一个重要环节。在很大程度上，参加水上活动人员的自我保护意识提高了，预防工作也就有了可靠的保障。

1. 熟悉水域、场所和环境

一切进入水上活动场所的人员，必须认真了解本场所的活动环境情况(如场地大小、深浅水区的划分、对活动的各种要求及各种警示的标志等)。

2. 及时呼救意识

在水中活动过程中，如遇到意外或危险时，应迅速、及时地发出求救信号，然后再进行必要的自救处理(在有能力的基础上)。

3. 争取时间意识

呼救后，如有能力进行自救，可以采取适当的技术自救。如已经不可能进行自救，则应尽量放松身体，采取仰卧姿势使身体漂于水面(继续呼救)，争取更多的时间，等待获救。

4. 靠岸意识

在水中遇险后，如当时情况许可，还是应采取积极的自救方式，在有能力的情况下，努力向岸边靠拢(边靠边呼救)，靠岸越近，获救机率越高。

总之，预防意识和预防自救能力必须在平时培养和训练，而在水中遇险之后，又必须建立在沉着、冷静、积极的基础上，运用合理、正确的自救手段和方法，达到自救或被救的目的。

特别注意：遇到有人测水时，须运用最安全的方法，如能在岸上施救的，绝不要下水去救，如能用器材去施救的，绝不要徒手去救。不论使用那一种救生方法，都先要求保证自身的安全，才能谈到去救助他人，千万不要变成“人溺已溺”。

### (四)水中自救方法

在水中活动，如果突然发生身体不舒适时，必须喊“救命”，救生员或其他人听到了会来帮助你。但是如果没有人来帮助你，你必须要冷静，设法自己救自己。在水中自己救自己的方法，称为水中自救。

(1)利用漂浮物求生，如救生圈、救生袋、救生枕、木板、木块等漂浮物，利用其在水中的漂浮来求生。

(2)利用本身的浮力(如水母漂、十字漂、仰卧漂等)，在水中漂浮自救，即用最少的力，在水中维持最长的生机。

(3)肌肉痉挛自救法：人在水中活动时，由于肌肉受到刺激而突然发生强直性收缩的结果，造成肌肉痉挛(肌肉痉挛也称肌肉抽筋)，在没有他人救助的情况下，通过自身的解救办法。无论肌肉痉挛发，在什么部位，都要及时采取拉长肌肉的办法，进行解救，否则容易出现危险。

## 思考题

(1)冬泳锻炼有哪些好处?

(2)怎样避免溺水事故发生?

(3)蛙泳的技术要点有哪些?

## 研究与实践

运用一种泳姿完成200米的长游，并撰写游泳的锻炼价值报告。

# 第四章

# 健美操

## 第一节　健美操运动概述

### 一、健美操的起源和发展

健美操的起源应追溯到2000多年前。由于古希腊人对人体美的崇尚而提出“体操锻炼身体、音乐陶冶精神”的主张。古代人对健身与健美的追求，及提倡体操与音乐结合的主张是现代健美操形成与发展的基础。17世纪意大利医生墨库里奥斯出版的《体操艺术》等著作及18世纪德国著名体育活动家爱泽伦开设培训体育师资课程，既是现代体操的雏形，也是现代健美操的起源。

近几十年来，健美操已经风靡世界。在19世纪，在欧洲一些国家开始出现了以身体活动和音乐伴奏相结合的韵律体操，将音乐和体操作为体育教育的手段逐步传播。健美操作为独立的体育运动始于20世纪70年代末，其标志就是“简·方达健美操”的出现。20世纪80年代初，健美操不仅在欧美发达国家蓬勃发展，而且在一些发展中国家和地区也得到不同程度的开展，形成了世界范围的“健美操热”，学校的体育教学大纲也将此列入其中。英国在1956年就建立了大不列颠健美操协会。美国自60年代以来兴起了一种健身舞。从1985年开始，还多次举行全国性的健美操比赛，使健美操发展到了竞技性阶段。目前，美国健美操运动处在世界领先地位。

随着我国教育制度改革的不断深入，健美操运动于20世纪80年代传入我国。当时在北京、上海、广州等地相继举办了各种健美操培训班，随后通过各种新闻媒介对国外各种健美操的介绍，逐步推动了健美操在我国的广泛开展。1984年北京体育学院成立了健美操研究组，开设了健美操选修课。一些大专院校根据国家教委对高校体育教学的要求，逐步开设了健美操普修或选修课，从而把我国的健美操从社会引向了学校。1987年5月在北京举行了首届“长城杯”健美操友好邀请赛，第一次把健美操列为正式比赛项目。1989年5月，国家体委(现国家体育总局)批准中国健美操协会在北京成立，这标志着我国此项运动进入了一个有序发展、科学指导的新阶段。此后，广州、北京等大城市相继举行全国性的健美操比赛，其项目和形式等方面与国际接轨，逐步形成了竞技型和大众型两大类的运动架构。

### 二、健美操的特点

#### 1. 健美、健身、健心

健美操是以健身为基础，根据人体解剖学、运动生理学、体育美学等多学科理论，针对人体健康健美地发展而编排。健美操动作讲究健美大方，强调力度和弹性，练习内容讲求针对性和实效性，不仅能使身体各部位的关节、韧带、肌肉得到充分锻炼，使人体均衡和谐地发展，而且还能增强体质，培养健美的体形和风度，塑造健美的自我。因此，健美操是一项既注重外在美的锻炼，又强调内在美培养的人体运动方式，对人的身心影响较为全面。

**知识窗**

健美操的任务在于发展人体柔软、协调等方面的基本素质，增进健康，增强体质，帮助形成正确优美的身体姿态，协调发展身体各部分肌肉群，树立正确的审美观，良好的风度。

2. 热情、奔放

健美操是一种必须在音乐伴奏下进行的身体练习，音乐是健美操的灵魂。健美操的音乐节奏鲜明强劲，风格热烈奔放。健美操音乐多取材于迪斯科、爵士、摇滚等现代音乐和具有上述特点的民族乐曲，正是音乐中的高低、长短、强弱、快慢等有节奏的变化，使健美操更富有一种鲜明的现代韵律感。此外，旋律清晰、活泼轻快、情绪激愤的音乐，不仅能振奋练习者的精神，使人产生跃跃欲试的动感，而且还能使人在练习过程中忘却疲劳，产生一种轻松愉快的心情。

3. 变化多样

健美操成套动作的多变性，不仅表现在动作的节奏和力度上，而且还表现在动作的复合性方面。每节操很少是单个关节的局部动作，大多为多关节的同步运动。如在完成大幅度的上肢动作时，常伴有腰、膝、髋、踝和头部等的动作。这不仅可使身体各关节的活动次数成倍增长，而且还能有效地改善和提高人们身体的协调性。

4. 亲民、自由

健美操是一项富有趣味性的运动，它能给人们带来热情奔放的情感体验，符合现代人追求健美、自娱自乐的需要，因此深受广大群众的喜爱。同时，由于健美操，尤其是健身健美操其练习形式多样，运动负荷和难度可以自我调节，不同年龄、性别、形体、素质、个性、气质的练习者都可酌情择项参加锻炼，各种人群都能从健美操练习中找到适合自己的练习方式，并通过训练增强体质，弥补自身的某些不足，还可以从中获得乐趣。因此，健美操是男女老幼所青睐的一项运动。此外，由于健美操不受气候的影响，对场地、器材条件的要求不高，练习起来简便安全，适合不同地区、不同条件的单位和部门开展。因此，这项运动具有广泛的群众性。

## 三、健美操的作用

1. 增进健康

健康，即生理功能正常、无病理性改变和病态出现。随着经济的发展和社会的进步，现代健康的含义已不仅仅是生理意义上的健康，还应包括心理的健康。健康美是一种积极的健康观念和现代意识，已有研究表明，健康美是机体最有效发挥其机能的状态。

一个具有健康美的人，除了自我感觉良好、可轻松应付日常工作与生活外，还有充沛的精力参加各种社交、娱乐及闲暇活动，亦能自发地处理突发的应激状态。

一个具有健康美的人，应该具备的身体素质是良好的心肺耐力、肌肉力量、平衡性、灵敏性和柔韧性：心肺耐力的发展使心脏与循环系统有效运作，将机体所需的营养物质、氧气及生物活性物质运送到肌肉和各组织器官，并把代谢产物运走。在有机体的生命活动中发挥重要作用。肌肉力量的发展不仅塑造强健的体魄，亦具备强大的活动能力。身体柔韧性和灵敏性的发展可增大肌肉与关节的活动能力，减缓肌肉与附着组织的退化和衰老过程，使身体动作机敏、灵活、富有朝气。

健美操作为一项有氧运动，人们对其健身功效已达成共识。有研究认为，经常参加健美操锻炼的人，心脏总体积指数显著大于没有参加锻炼者，且吸氧量明显增加。有氧运动最能发展人体的心肺功能，增强心肌，增加肺活量，减少心肺呼吸系统疾病。同时具有发展身体柔韧性和灵敏性的作用。因此，专家认为，健美操是目前发展身体全面素质的较为理想的运动。

2. 塑造形体美

“形体”分为姿态和体形。姿态是从我们平时的一举一动表现出来的行为习惯，受后天因素的影响较大。而形体则是我们身体的外形，虽然体育锻炼可适当改善体形，但遗传因素往往起着决定性的作用。

良好的身体姿态是形成一个人气质风度的重要因素。健美操练习的身体姿态要求与我们日常生活中良好姿态的要求基本一致，因此，通过长期的健美操练习有益于肌肉、骨骼、关节的匀称与和谐发展，有利于改善不良的身体姿态，形成优美的体姿，从而在日常生活中表现出一种良好的气质与修养，给人以朝气蓬勃、健康向上的感觉。

健美操运动还可塑造健美的体形。通过健美操练习，尤其是力量练习，可使骨骼粗壮、肌肉围度增大，从而弥补先天的体形缺陷，使人体变得匀称健美；健美操练习还可消除体内和体表多余的脂肪。人体内脂肪的消耗是由很多因素造成的，最重要的一点就是新陈代谢的快慢，而有氧操的强度不大，并可持续较长时间，能消耗体内多余的脂肪，维持人体吸收与消耗的平衡，降低体重，保持健美的体形。

3. 缓解精神压力，愉悦身心

随着时代的发展和社会的进步，人们在享受科学技术所带来的舒适生活和各种便利的同时，受到了来自方方面面的精神压力。研究证明，长期的精神压力不仅会引起各种心理疾患，而且许多躯体疾病也与精神压力有关，如高血压、心脏病、癌症等。科学研究表明：体育运动可缓解精神压力，预防各种疾病的产生。健美操作为一项体育运动，以其动作优美、协调、全面锻炼身体，同时有节奏强烈的音乐伴奏，是缓解精神压力的一剂良方。在轻松优美的健美操锻炼中，练习者的注意力从烦恼的事情上转移开，尽情享受健美操运动带来的欢乐，获得内心的安宁，从而缓解精神压力，使人具有更强的活力和最佳的心态。

另外，健美操锻炼加强了人们的社会交往。目前无论国内外，人们参加健美操锻炼的主要方式是去健身房，在健美操指导员的带领和指导下集体练习，而参与健美操锻炼的人来自社会的各阶层。因此，这种形式扩大了人们的社会交往面，把人们从工作和家庭的单一环境中解脱出来，接触和认识更多的人，眼界也更开阔，从而为生活开辟了另一个天地。因此，健美操锻炼不仅能强身健体，同时还具有娱乐功能，可使人在锻炼中得到一种精神享受，满足人们的心理需要。

4. 医疗保健

健美操作为一项有氧运动，其特点是强度低、密度大，运动量可大可小，容易控制，除了对健康的人具有良好的健身效果外，对一些病人、残疾人和老年人也是一种医疗保健的理想手段。如对下肢瘫痪的病人来说，可做地上健美操和水中健美操，以保持上体的功能并促进下肢功能的恢复。只要控制好运动范围和运动量，健美操练习就能在预防损伤的基础上，达到医疗保健的目的。

## 第二节　健美操运动的基本技术

健美操基本动作是练习健美操的基础，基本动作正确与否，直接会影响人体动作的形态和锻炼效果。了解和掌握正确的健美操基本动作，是培养健美操协调性和健美操专项意识的基础。健美操基本动作包括头颈、肩部、上肢、胸部、腰部、髋部、下肢动作。

## 一、基本步法

基本步法是健美操动作中最小的单位，是健美操练习的一个重要部分，通过基本步法的练习，能培养协调性、韵律感。

健美操基本步法根据人体运动时对地面的冲击力大小分为低冲击步法、高冲击步法和无冲击步法三大类。下面分别介绍每一类动作。

### (一)低冲击步法

1. 第一类：踏步类(march)

(1)踏步

两腿依次抬起，依次落地(图 4-1)。

技术要点：下落时，踝、膝、髋关节依次有弹性的缓冲。

(2)走步(walk)

技术要点：下落时，踝、膝关节依次有弹性的缓冲(图 4-2)。

图 4-1　踏步

图 4-2　走步

(3)一字步(easy walk)

技术要点：向前迈步时，脚跟先着地，过渡到全脚掌。前后均要有并腿过程，每一拍动作膝关节始终有弹性的缓冲(图 4-3)。

(4)V 字步(v-step)

技术要点：两腿膝、踝关节始终保持弹动状态，分开后呈分腿半蹲，重心在两腿之间(图 4-4)。

图 4-3　一字步　　图 4-4　V 字步

(5)曼步(mambo)

技术要点：两脚始终保持交替落地，身体重心随动作前后移动，但始终在两脚之间(图 4-5)。

图 4-5　曼步

2. 第二类：点地类(touch step)

(1)脚尖前点地(tap forward)

技术要点：支撑腿始终保持屈膝站立，并且随动作有弹性的屈伸(图 4-6)。

(2)脚跟前点地(heel)

技术要点：支撑腿始终保持屈膝站立，并且随动作有弹性的屈伸。动作始终保持高度的弹性和节奏感(图 4-7)。

图 4-6　脚尖前点地

图 4-7　脚跟前点地

3. 第三类：迈步类(step or step together)

(1)并步(step touch)

技术要点：两膝保持弹动，动作幅度和力度依动作风格而定(图 4-8)。

(2)迈步点地(step tap)

技术要点：两腿有弹性的屈伸，重心移动轨迹呈弧形，上体不要扭转(图 4-9)。

(3)迈步屈腿(step curl)

技术要点：经过屈膝半蹲，支撑腿稍屈膝，后屈腿的脚跟靠近臀部(图 4-10)。

图 4-8　并步

图 4-9　迈步点地

图 4-10　迈步屈腿

(4)迈步弹踢(step flick)

技术要点：支撑腿稍屈膝，上体保持正直(图 4-11)。

(5)侧交叉步(grapevine)

技术要点：第一步脚跟先落地，身体重心快速随着脚步移动，保持膝、踝关节弹动(图 4-12)。

图 4-11 迈步弹踢

图 4-12 侧交叉步

## (二)高冲击步法

1. 第一类：迈步跳起类[step jump(hop) or scoop]

(1)并步跳(step jump)

技术要点：身体重心随身体迅速移动，落地缓冲有控制(图 4-13)。

(2)迈步吸腿跳(step knee jump)

技术要点：起跳时，上体保持正直，收腹立腰(图 4-14)。

图 4-13 并步跳

图 4-14 迈步吸腿跳

(3)迈步后屈腿跳(step curl jump)

技术要点：两腿跳起时，屈膝腿脚尖绷直，落地时，两腿膝关节微屈，不宜伸直(图 4-15)。

2. 第二类：双脚起跳类(jumping or jumping jack)

(1)并腿纵跳(jump)

技术要点：双脚起跳、双脚落地，保持身体平衡(图 4-16)。

(2)分腿半蹲跳(squat jack)

技术要点：落地时，两脚左右分开，稍大于肩，屈膝缓冲(图 4-17)。

图 4-15 迈步后屈腿跳

图 4-16 并腿纵跳

图 4-17 分腿半蹲跳

(3) 开合跳 (jumping jack)

技术要点：分腿屈膝蹲时，两脚自然外开，膝关节沿脚尖方向屈，夹角不小于 90°，膝关节有弹性的缓冲，脚跟落地(图 4-18)。

(4) 弓步跳 (lunge jump)

技术要点：落地时，膝关节有弹性的缓冲，分腿落地时双脚脚尖都朝向前方，并且基本在一条直线上(图 4-19)。

图 4-18　开合跳

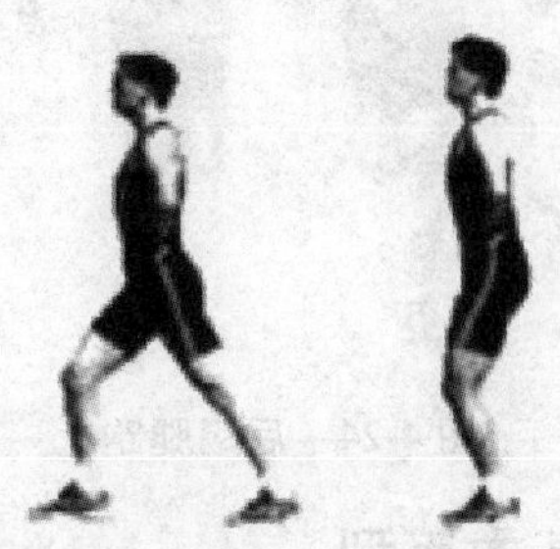

图 4-19　弓步跳

3. 第三类：单腿起跳类 (lift jump or leap)

【动作描述】

此类动作是指先抬起一腿，另一腿跳起的动作。

【动作变化】

(1) 吸腿跳 (knee lift jump)

技术要点：支撑腿保持屈膝弹动，大腿上抬至水平，上体保持正直，注意身体的稳定性(图 4-20)。

(2) 后屈腿跳 (leg curl jump)

技术要点：支撑腿保持弹性，两膝并拢，脚跟靠近臀部。屈膝腿的膝关节不宜超过支撑腿的膝关节。落地时注意缓冲(图 4-21)。

(3) 弹踢腿跳 (flick jump)

技术要点：两脚落地的过程，弹踢腿脚尖伸直，上体保持正直(图 4-22)。

(4) 摆腿跳 (leg lift jump)

技术要点：保持上体正直(图 4-23)。

图 4-20　吸腿跳　图 4-21　后屈腿跳　图 4-22　弹踢腿跳　图 4-23　摆腿跳

4. 第四类：后踢腿跑类 (jogging)

(1) 后踢腿跑 (jogging)

技术要点：膝、踝关节有弹动的缓冲，落地时由前脚掌着地(图 4-24)。

(2)侧并小跳(小马跳)(pony)

技术要点：两脚轻松蹬地，身体重心随之平稳移动，注意膝、踝的弹动(图 4-25)。

图 4-24 后踢腿跑

图 4-25 侧并小跳

## 二、基本手型

健美操中手型有多种，它是从爵士舞、芭蕾舞、西班牙舞、迪斯科、武术等手型中吸收和发展的。手型的选用可以使手臂动作更活泼。常见的手型有：

### (一)掌：并掌、开掌、花掌、立掌(图 4-26)

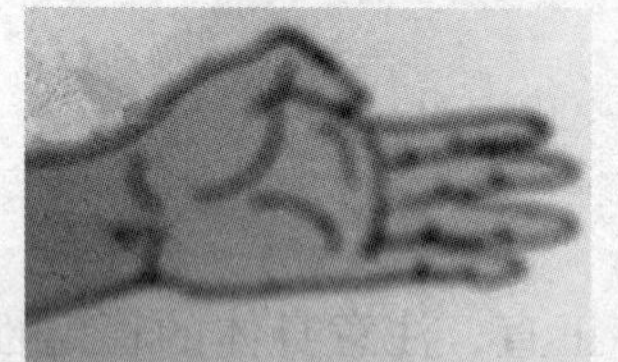
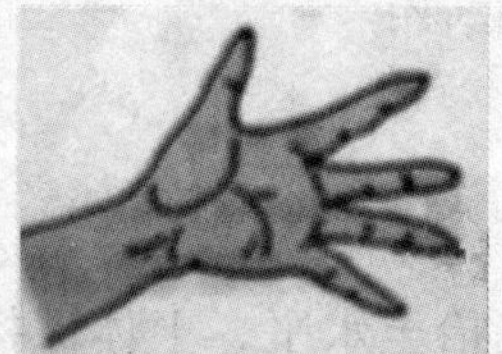
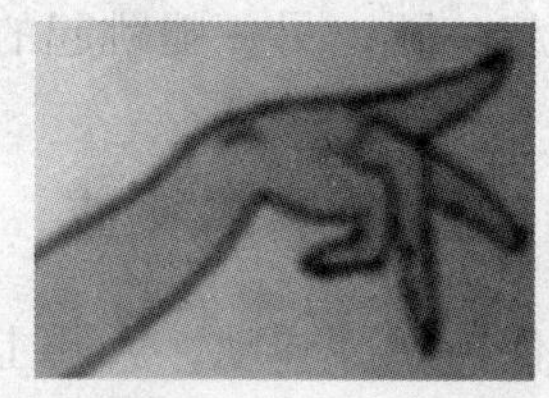
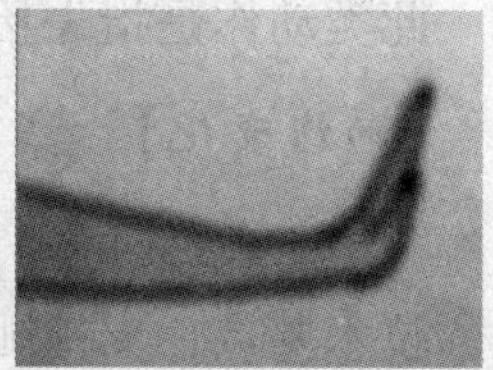

图 4-26 掌

### (二)拳(图 4-27)

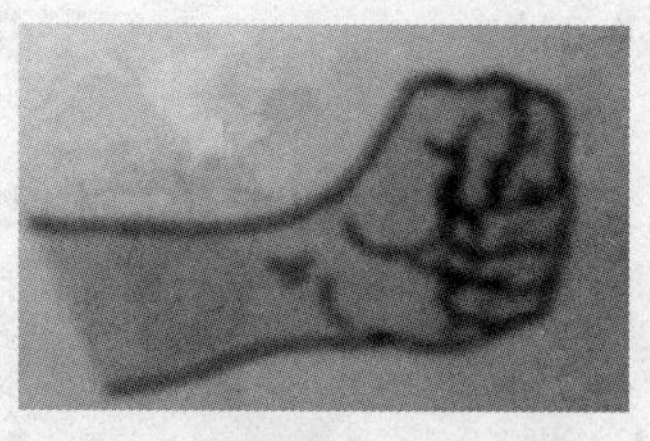

图 4-27 拳

## 三、第三套大众健身锻炼标准(三级)

健美操大众锻炼标准测试套路(三级)图解说明如下。

### (一)第三套健美操大众锻炼标准测试三级套路动作图解

1. 组合一

由右侧先开始：4/8 拍。

(1)1/8 拍(图 4-28)

下肢：右脚开始向侧迈步后屈腿 2 次，呈“L”形，2 时右转 90°，5~8 向左后迈步后屈腿两次，6 时转体 180°。

上肢：1~2 右臂摆至侧上举，左臂摆至胸前平屈，3~4 同 1~2，方向相反。5~8 双手叉腰。

图 4-28　1/8 拍

(2)2/8 拍(图 4-29)

下肢：1~2 走 1/2 V 字步，3~8 向后六拍漫步。

上肢：1 右臂侧上举，2 左臂侧上举，3~8 自然摆臂。

图 4-29　2/8 拍

(3)3/8 拍(图 4-30)

下肢：1~8 右脚开始交叉步 2 次左转 90°呈“L”形。

上肢：1 双臂前举，2 胸前平屈 3 同 1，4 击掌，5~8 同 1~4。

图 4-30　3/8 拍

(4)4/8 拍(图 4-31)

下肢：1~4 右脚并步跳 1/2 后漫步，5~8 左转 90°左脚开始小马跳 2 次。

上肢：1~2 双臂侧上举，3~4 右臂摆至体后左臂摆体前，5~6 右臂上举，7~8 左臂上举。

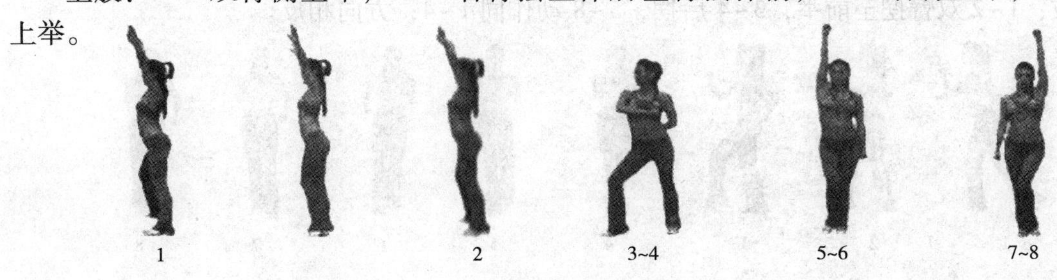

图 4-31　4/8 拍

第五至八个八拍，动作相同，但方向相反。

2. 组合二

由右侧先开始：

(1)1/8 拍(图 4-32)

下肢：1~4 右脚向右前上步吸腿两次，5~6 交换步，7~8 右脚向右前上步吸腿。

上肢：1~4 双臂自然摆动，5~6 双臂随下肢动作自然摆动，7~8 双臂自然摆动。

图 4-32 1/8 拍

(2)2/8 拍(图 4-33)

下肢：1~4 左脚开始向右侧交叉步，5~8 右转 45°，同时左脚做漫步。

上肢：1~4 双臂随步伐向反方向臂屈伸，5 双臂肩侧屈外展，6 体前交叉，7~8 侧下举。

图 4-33 2/8 拍

(3)3/8 拍(图 4-34)

下肢：1~4 左脚开始十字步同时左转 180°。

上肢：1~8 双臂自然摆动。

图 4-34 3/8 拍

(4)4/8 拍(图 4-35)

下肢：1~4 左脚漫步转 90°，5~8 一字步。

上肢：1~2 双臂摆至前举，3~4 后摆，5~8 动作同 1~4，方向相反。

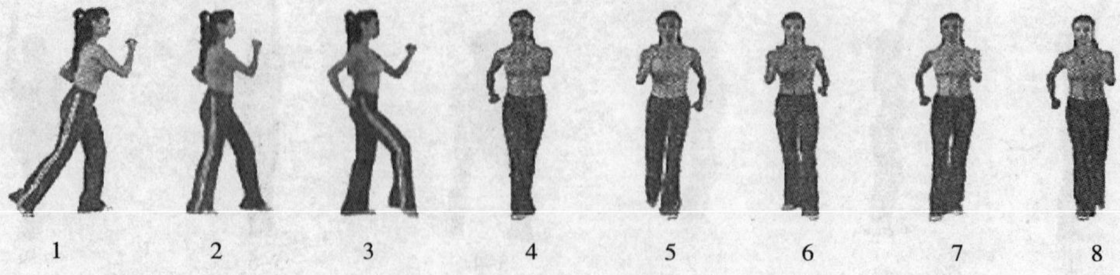


图 4-35 4/8 拍

第五至八个八拍，动作相同，但方向相反。

3. 组合三

由右侧先开始：

（1）1/8 拍（图 4-36）

下肢：1~6 右脚开始做侧点地 3 次，7~8 左脚开始向前走两步。

上肢：1~2 右臂向下屈臂伸，3~4 左臂向下屈臂伸，5~6 同 1~2 动作，7~8 击掌 2 次。

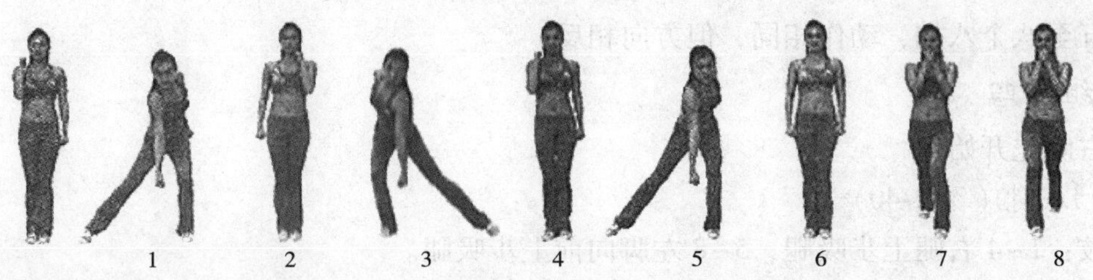


**图 4-36　1/8 拍**

（2）2/8 拍（图 4-37）

下肢：1~4 左脚开始吸腿跳 2 次 5~8 吸右腿跳，向后落地，转体 180°，吸右腿。

上肢：1 侧上举，2 双臂胸前平屈，3 同 1，4 叉腰 5~8 双手叉腰。

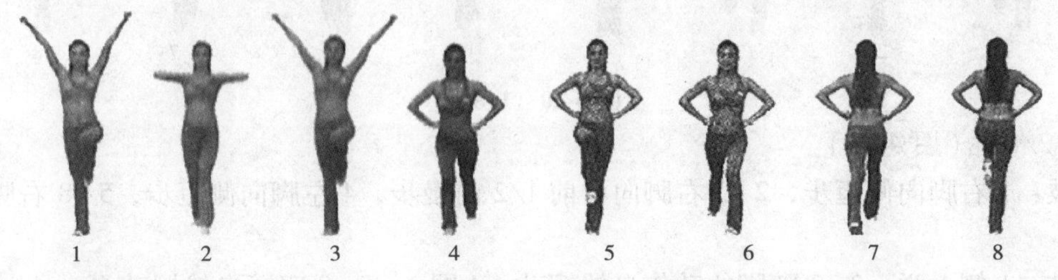


**图 4-37　2/8 拍**

（3）3/8 拍（图 4-38）

下肢：1~4 左脚开始向前走 3 步吸腿跳，同时左转体 180°，5~8 右脚开始向前走 3 步吸腿。

上肢：1~3 叉腰，4 击掌 5~6 双臂同时经前向下摆，7~8 经肩侧屈外展至体前击掌。

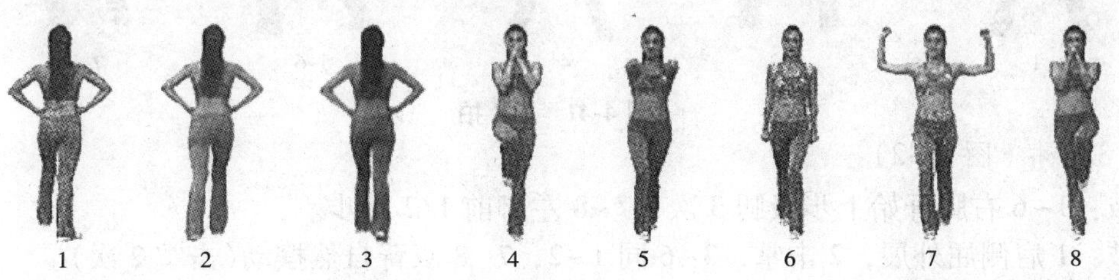


**图 4-38　3/8 拍**

（4）4/8 拍（图 4-39）

下肢：左脚开始侧并步 4 次，呈“L”形第五至八个八拍，动作相同，但方向相反。

上肢：双臂做屈臂提拉 4 次　第五至八个八拍，动作相同，但方向相反。

图 4-39 4/8 拍

第五至八个八拍，动作相同，但方向相反。

4. 组合四

由右侧先开始：

(1)1/8 拍(图 4-40)

下肢：1~4 右腿上步吸腿，5~8 左脚向前上步吸腿。

上肢：双臂做向前冲拳、后拉 2 次，手臂同时经前向下摆，8 击掌。

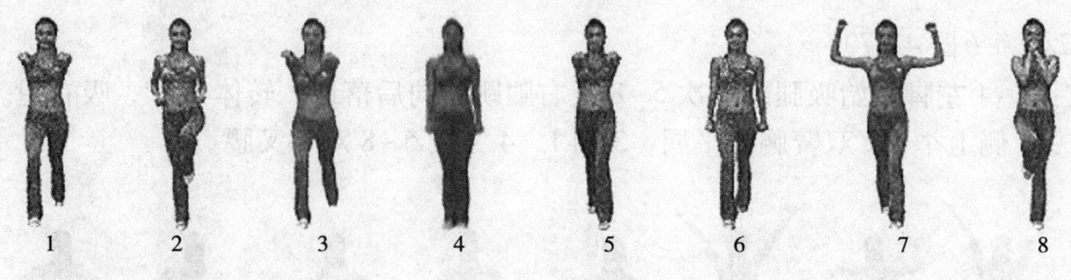

图 4-40 1/8 拍

(2)2/8 拍(图 4-41)

下肢：1 右脚向侧迈步，2~3 右脚向右前 1/2 前漫步，4 左脚向侧迈步，5~8 右脚向左做漫步。

上肢：1 侧上举，2~3 随脚的动作自然摆动，4 同 1，5~8 双臂自然摆动。

图 4-41 2/8 拍

(3)3/8 拍(图 4-42)

下肢：1~6 右脚开始上步吸腿 3 次，7~8 左脚前 1/2 漫步。

上肢：1 肩侧屈外展，2 击掌，3~6 同 1~2，7~8 双臂自然摆动(击掌 2 次)。

图 4-42 3/8 拍

(4)4/8 拍(图 4-43)

下肢：1~4 左转 90°向左做侧交叉步转体 180°接侧交叉步，5~8 同 1~4。

上肢：1~4 双臂做外展、内收、外展、击掌，5~8 同 1~4。

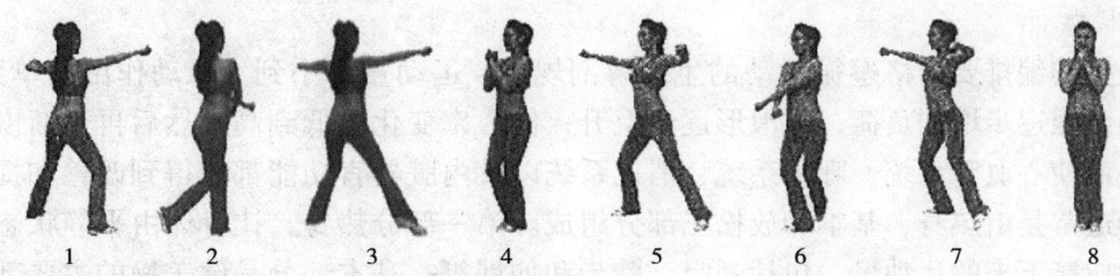

图 4-43 4/8 拍

第五至八个八拍，动作相同，但方向相反。

## (二)练习方法

健美操教学方法是指在健美操教学中，为了完成健美操教学任务、提高教学质量，教师采用让学生学会的措施和手段。教学方法可以根据教学内容、任务和学生的特点等来选用，因而掌握多种教学手段和能否灵活、合理运用是教师完成教学任务、学生掌握动作的前提和保障。正反面示范讲解时最基本的教学方法，以下方法是在这个基础上提高的辅助教学手段。

(1)线性渐进法

在把动作顺序串联起来的时候，每次只做一个小小的改变，可以是上肢动作也可以是下肢动作。这种方法多变，具有无穷的创造力。

(2)金字塔法

像金字塔形状一样，一种重复单个动作次数的方法，可以逐渐增加也可以减少。正金字塔法是逐渐增加重复次数，倒金字塔是逐渐减少重复次数。这种方法可以让学生更加专注于动作、身体姿态、动作技术和练习的强度。

(3)递加法

也称记忆法或成套法。每一次只能加一个动作，如 A、A+B、A+B+C、A+B+C+D。无论你教到那一段动作，递加法都要回到开始的动作 A，也可以用组合 A+组合 B 来连接不同的组合。

(4)连接法

通常称为“部分到整体”法，是 A 和 B 动作教会后连接起来，C、D 连接起来，最后把 A+B 和 C+D 动作连接，产生一个 4 个动作的组合套路。以此类推，可以适合整个套路的教学，是比较常用的教学方法。

(5)口令提示法

通过语言提前告知动作的名称、步伐、节怕、次数、方向等。口令应该用力且富有节奏，并且能和音乐节拍吻合。另外也可以通过口令来激励和感染学生，适合在掌握一定的动作基础之上，用以提高动作的质量和整齐度。

# 第三节 健美操的创编与音乐选配

## 一、健美操创编

健美操创编原则与步骤：

(1)个体差异性

应该针对个体的身体素质、运动水平能力、性别与接受能力，有侧重点地进行健美操动作创编。

(2)科学性

健美操的编排要严格遵循运动的生理解剖规律，运动量由小到大，动作由简单到复杂，强度由弱到强逐步增加负荷，波浪形逐渐上升；使心率变化由低到高，然后再逐渐恢复平静状态，从而使心血管系统、呼吸系统、消化系统以及内脏器官功能都能得到改善和提高。一套健美操通常是由热身、基本和放松三部分组成。第一部分热身，让身体由平静状态慢慢热起来，适应接下来的运动量，包括呼吸、踏步和伸展等；基本部分是健美操的主要部分，由局部到整体，一般从头颈、四肢、躯干、下肢到全身，高潮在跳跃运动，一般放在最后；第三部分为整理放松运动，踏步、伸展，放松呼吸，使心率慢慢恢复平静。

(3)全面性

为了达到全面发展身体的目的，在床边成套健美操时，尽可能充分调动人体的肌肉、关节、韧带以及内脏器官参与运动，使机体得到全面发展。在整套动作运动的基础上，应该注重动作的不对称性，有助于提高灵敏性，改善神经系统功能，对全面发展身体有促进作用。

(4)创新性

创新是健美操发展的生命延续力，也是健美操创编的一项重要原则。动作、方向、不对称、线路的设计等变化都是创新的元素，动作上下、前后之间的衔接、难度的设计与变化都是创新的基本要素。

**知识窗**

音乐是健美操的灵魂，健美操是表现音乐的一种手段。音乐给健美操带来生机；音乐给健美操带来锻炼激情，并激发编导者的创作灵感。

## 二、健美操音乐选配

1. 根据音乐选择动作

音乐是健美操教学中的重要组成部分。对精心选择的乐曲，要分析音乐的结构特点。应根据音乐的风格特点、节奏和旋律来设计创编健美操的成套动作。动作的节奏必须与音乐的风格相一致，与节奏相统一，才能达到良好的健美操效果。一般应选择节奏明显、旋律优美、结构较完整、具有较强感染力且格调健康的迪斯科、爵士乐、摇滚乐或民族音乐作为成套动作的音乐。

2. 根据动作制作音乐

当选择的乐曲在时间、速度或风格等方面与动作不相符时，需将音乐重新处理或制作。

第一是音乐的剪接。剪接的形式有两种：一种是同一首乐曲的剪接，另一种是两首或多首乐曲的剪接。无论采用哪一种剪接形式都应注意：剪接的部位一般放在有停顿、空拍或乐曲的结尾处较好。剪接处前后乐曲的旋律应尽量做到相同或相似，特别是两首或多首乐曲的剪接，其乐曲的速度和旋律要相同或相似，以免在音乐的节奏和旋律方面出现不自然的现象。

第二是音乐速度的调整。乐曲的调速有两种：一种是整首乐曲的调速，另一种是对乐曲的部分进行调速。在实践制作过程中，要对乐曲的部分进行调速比较困难。在具体操作时，可采用以下方法，效果或许会好一些：即将调速后的音乐放完之后，稍加停顿(停 4 拍)，再录制减速的音乐或在调速的乐曲剪接处配上有特殊效果的声音，如海浪声、宇宙间一些自然的声音等，但时间不宜过长，不能超过 8 拍，不然就会影响乐曲的完整性。

第三是成套音乐的制作。即结合成套动作特点，在音乐中适当加一些特殊效果，这不仅能有效地提高学生的表现力和练习的积极性，而且对培养他们的美感意识等也极为有效。

# 第四节　健美操比赛与欣赏

## 一、健美操比赛

1. 运动员年龄

青年组：18~35 岁。

2. 竞赛内容

符合规则及规程需要的自编成套动作比赛。

3. 成套动作的时间

成套动作的时间为 2 分 30 秒至 3 分(计时由动作开始到动作结束)。

4. 音乐的速度

每 10 秒钟 22~26 拍。

5. 比赛场地

比赛场地为 10 米×10 米的地板或地毯，标记带为 5 厘米的红色或白色带，标记带是场地的一部分。

6. 服装

运动员须穿适合运动的健美操服和运动鞋，着装整洁、美观、大方；头发须梳系于后，不允许使用悬垂饰物，例如皮带、飘带和花边等；女运动员的头发须梳于脑后，头发不得遮住脸部；允许化淡妆，禁止戴首饰。

7. 比赛程序

比赛分为预赛和决赛两种。凡是赛队均须参加预赛。预赛前八名进入决赛，不足八名时，递减一名录取。

8. 计分方法

比赛中得分高者名次列前，如遇得分相等，按艺术分高者名次列前，在相等名次并列，无下一名次。

9. 裁判组的组成

裁判组由裁判长 1 人、艺术裁判 3~5 人、完成裁判 3~5 人、视线裁判 2 人、辅助裁判若干人组成。

10. 评分方法

比赛采取公开示分方法，裁判员评分精确到 0.1 分，运动员得分精确到 0.01 分。

11. 成套动作的评分因素包括艺术分 10 分和完成分 10 分，总分为 20 分

各组裁判员评分去掉最高分与最低分，所剩分数或所剩分数的平均数为运动员的艺术分

或完成分，两个分数相加为总分。从总分中扣除裁判长的减分为最后得分。

## 二、健美操欣赏

在健美操比赛中，作为观众，如何欣赏健美操的比赛，现提供几方面的介绍，供观众在欣赏比赛时参考分析，从而提高大学生对健美操竞赛的观赏水平，培养观赏情趣，丰富大学生的业余文化生活，促进健美操运动在广大学生中的开展，吸引更多的人参加到健美操运动中来。

健身性健美操的欣赏主要从以下几个方面进行。

### (一)热情与活力

参赛者在比赛场上通过自己的表演体现出一种健康向上、充满活力的情绪来吸引观众和感染观众。这种高度的情感投入和表现能力体现了运动的快乐同时也体现运动者的自信向上的精神，这也是健美操运动所倡导的精神之一。

### (二)能力与技术

比赛中所表现出来的能力与技术是参赛者平时锻炼或训练水平的直接反映。能力包括心肺功能和各种身体素质。技术包括身体姿态、动作的准确性、熟练性、幅度和力度以及动作与音乐的配合。健身性健美操的技术要求是动作自然、协调连贯、节拍准确。

### (三)动作的编排

健身性健美操的动作编排首先要体现健身的科学性，不能选择对身体造成损伤的动作。其次是健身有效性和全面性。最后是艺术性，动作的设计要新颖、美观、风格独特。成套动作的连接要合理、巧妙、流畅、动作素材丰富，体现变化多样性，队形变化要自然清晰，音乐的选择要和动作风格(动作性质与情绪)协调一致。

因此，健身性健美操比赛的欣赏重点与要求与竞技健美操比赛有所不同。

### (四)体形与着装

健美操运动员的体形要具有健与美的特点，形体要匀称，参赛者的服装要整齐一致。

## 思考题

(1)健美操的概念和分类是什么?
(2)健身性健美操与竞技性健美操的区别是什么?
(3)健美操的基本步伐分为哪几类?
(4)健美操的手型有几种，分别是什么?

## 研究与实践

选择某一音乐与第三套大众健身操锻炼标准(三级)配合进行身体锻炼，并谈一谈对自己有何影响?

# 第五章

# 篮　球

## 第一节　篮球运动概述

### 一、篮球运动的起源与发展

篮球运动是1891年由美国马萨诸塞州斯普林菲尔德市基督教青年会训练学校的体育教师詹姆士·奈史密斯博士发明的。起初是把装水果的篮筐作投掷目标，故取名篮球。1904年，美国青年男子篮球队在第3届奥运会上进行了表演赛。1908年美国制定了全国统一的规则，此后篮球运动逐步在中美洲、亚洲、欧洲、非洲和大洋洲开展起来。1932年成立了国际业余篮球联合会，成员国从最初的8个国家发展到现在的160多个国家。1936年第8届奥运会，1976年第21届奥运会分别将男、女篮球项目列为正式比赛项目。

篮球运动在1894年传入我国，此时期我国的篮球运动发展是非常缓慢的。中华人民共和国成立后，篮球运动发展较快，现已经成为具有广泛基础的球类项目之一。20世纪50年代末，我国篮球运动已接近世界先进水平。1984年第23届奥运会上我国男、女篮分获第10和第3名。1986年第10届世界篮球锦标赛上，男篮获第9名，女篮获第5名。同年男、女篮分获第10届亚运会冠军。此后，我国男、女篮一直保持亚洲领先水平。

1995年，篮球界在国家体委"坚持正确方向，抓住有利时机，继续深化改革，发展体育事业"的精神指导下，坚持"积极稳妥，健康有序"的改革方针，抓住了外商注资的机遇，与国际管理集团等外资合作，在1996年举办全国甲级队联赛的同时，举办了由前卫体协、吉林、北京体师(现首都体院)、上海交大等8个省市、部队、学校组队参加的男子职业篮球联赛，当时称CNBA职业联赛，这是我国职业化联赛的开端。

1997年，国家体委成立了篮球运动管理中心，在管理体制改革上迈出了重要的一步，即把传统的甲级联赛正式命名改为CBA职业联赛。通过至今9年的改革实践，我国篮球事业发生了深刻变化，带来了新的生机和活力，初步展现出广阔的发展前景。CBA联赛的进行，吸引了众多篮球爱好者和社会的关注，姚明、王治郅、巴特和刘玉栋、孙军等人的出色表现，扩大了社会化、人文化和科技化篮球的影响。CBA甲A、甲B联赛赛事已成为国内外知名企业树立形象、体现实力、拓展市场的新舞台。在赛制改革的引导下，众多篮球俱乐部纷纷建立，一种适应篮球社会化、产业化发展需要的俱乐部管理体制已成雏形。篮球学校、训练中心、培训班等社会办篮球的形式开始出现。例如，1998年中国大学生体育协会在企业资助下组织了CUBA全国大学生篮球联赛，对活跃高等学校校园文化生活，在大学生中普及篮球运动起到了积极推动作用。

**知识窗**

**三对三篮球**

三对三篮球，是街头篮球的一种，是流行于城市的篮球比赛形式，亦是嘻哈文化的重要分支之一。由于源于和流行于黑人社区，所以又称黑人篮球。其后经过逐渐发展，成为现在世界流行的三人篮球比赛。2017 年 6 月，国际奥委会宣布三对三篮球成为 2020 东京奥运会正式比赛项目。

比赛在篮球场半场内进行，比赛时间为 10 分钟，三分线内投篮得 1 分，三分线外投篮得 2 分，罚球线罚球得 1 分，比赛结束时得分更高方获胜，或者先得到 21 分的一方也可直接获胜。

## 二、篮球运动的特点

现代篮球运动的特点反映在以下几个方面：

1. 集体性

篮球运动的活动形式是以两队成员相互协同攻守对抗的形式进行的，竞赛过程集整体的智慧和技能协同配合，反映和谐互助的团队精神和协作风格，才能获得最佳成效。

2. 对抗性

由于篮球运动攻守对抗竞争是在狭小的场地范围内快速、凶悍的近身进行的，获球与反获球的追击、抢夺与限制、反限制，其拼智、拼技、拼体、拼力，必须有聪颖的智慧，还需要特殊的体能、剽悍的作风、顽强的意志和必胜的精神。篮球运动竞争的过程，即是陶冶这种作风、精神的过程。

3. 转换性

快速转换攻守是现代篮球比赛的重要特点，因为篮球比赛的规则规定，以进攻得分多少分高低，而进攻又有时间规定，攻后必守，守后必转攻，攻守不断转换，转换又在瞬间，瞬时变化无常，使比赛始终在快速而和谐的高节奏情况下进行，给人以悬念，这不仅使观赏者增添观赏乐趣，而且给参与者增智养心。

4. 时空性

篮球比赛在一定的时间内围绕空间的篮球和篮圈展开攻守对抗，因此在比赛过程中的时间观念、空间意识必须强烈，并以智慧运用各种形式、方法和手段去争取时间，争夺空间优势，从而使比赛更具有时空性要求，这也是篮球运动独有的特点。

5. 增智性

现代篮球运动与科学技术的进一步有机融合、加上自身整体的特殊活动形式产生的功效，已成为社会文明进步和人们喜闻乐见的人文景观，它引发种种有趣的竞技史事和人物故事，给人以观赏赞誉，增智教育，可以成为在不同人群中进行社会性人本教育的直观课程，能达到博知广识的目的。

6. 综合性

篮球运动分类属综合性体育运动，它包含着跑、跳、投等身体体能活动，从其本体运动的科学内容体系结构而言，呈现多元化趋势，涉及社会学、人文学、军事学、生物学、科技学、管理学，以及体育学、竞技学、教育学等，从而有利于广大篮球活动者培养特殊的运动意识、气质、修养、品德、体能、技能和能力，达到健身强体的作用。

7. 智艺性

现代篮球运动竞技拼争日趋凶悍激烈的基础是智慧、技艺、体能和默契配合的组合，所以具有特殊的观赏性。如何扬长避短，克敌制胜，除需自身的身材条件、体能素质水平、技术能力、意志作风等保障外，更需人文修养、智慧、计谋和精湛的技艺作保障，用此调动对方。因此从事篮球活动需要技艺上精益求精，使自己达到"艺高人胆大，胆大艺更高"的境地。同时还需要在实践中刻苦磨炼，博览群书，充实自己的智能结构，使自己更聪明起来。所以篮球运动活动过程将使从事者更加聪慧、健硕起来。无智与艺者的结合不成为篮球新星和将帅已是篮球界的共识。

8. 职业

自20世纪中期在美欧国家率先成立职业篮球俱乐部以后，现代篮球运动随着竞技水平的提高以及赛制和规则的完善、创新，得以在全球蓬勃发展，使运动员的智能、体能和技、战术水平不断提高，对推动职业化进程起了新的催化作用。至20世纪80~90年代，篮球职业化如雨后春笋在美、欧、澳、亚建立起来，特别是国际奥委会同意美国职业篮球联赛的(NBA)职业队员参加国际大赛后，全球职业化篮球已成为一种时尚的产业化趋势，优秀球队和球星效应的社会商业化价值观发生了新的变化，反映着新世纪篮球运动发展的又一新特点。

9. 商业性

篮球运动商业化的重要特征是篮球运动组织体制、竞赛赛制和训练管理机制的商业化气息的增浓，以及运动员自由人地位的确立和运动技术能力价值观的变更，俱乐部产权的明晰，独立社会法人代表的重新认识，这一系列的变革无疑一方面促进了世界篮球运动向更高的竞技水平发展，另一方面有力地推动了职业化篮球向商业化、产业化方向发展。这已成为21世纪世界篮球竞技运动发展的趋势。

## 第二节　篮球运动技术与练习方法

篮球技术是在篮球比赛中所运用的各种专门动作方法的总称。分为进攻技术和防守技术两大部分。

衡量运动员技术的标准：熟练地掌握技术动作方法，达到自动化的程度；完成技术动作具有的准确性和实际效果；在各种困难、复杂的条件下所具有的稳定性和可靠性；在各种对抗条件下，具有较强的控制、改变技术动作节奏、动作方法的应变能力。

### 一、移动

移动是运动员在篮球比赛中，为了控制身体，改变位置、方向、速度，争取高度所采用的各种脚步动作方法的总称。篮球比赛中完成各种攻防动作(无论是否持球)，都需要有脚步动作的参加，移动是比赛中运用最多的一项基本技术。

#### (一)动作要领

1. 起动

在基本站立姿势基础上，以后脚或异侧脚的前脚掌短促有力蹬地，同时上体迅速前倾或侧转，向跑动方向移动重心，手臂快速摆动，两脚连续交替蹬地，在最短的距离内把速度充分发挥出来。动作要点：快速移重心，碎步加速度。

2. 变向跑

变向跑时，从右向左变向跑为例，最后一步屈膝着地的同时，脚尖和膝关节指向跑动方向，并以右脚前脚掌内侧用力蹬地，腰部迅速扭转脚尖，上体向左前倾，转移重心，左脚向左跨出一小步，并用力蹬地，右脚迅速向侧前方跨出一大步。动作要点：右脚蹬地移重心，腰部快转加速度。

3. 侧身跑

脚尖正对跑动方向，头部和上体转向球的方向。动作要点：侧身转肩看球的方向。

4. 急停

(1)急停

也称两步急停。停步时第一步跨出稍大，全脚掌抵地屈膝，重心后移，然后跨出第二步。第二步用脚内侧抵地，脚尖和膝关节内扣，身体略内转，两臂屈肘张开，控制身体平衡。动作要点：屈膝降重心，体转侧后移。

(2)跳步急停

也称一步急停。停步时上体稍后仰，两臂自然摆动，两脚同时平行(略比肩宽)落地，两膝弯屈，两臂屈肘张开，保持身体平衡。动作要点：屈膝重心后移，收腹双脚落地。

5. 转身

(1)前转身

转身时移动脚向自己身前(中枢脚前的方向)跨出的同时，中枢脚碾地旋转使身体改变方向。动作要点：屈膝提踵，重心平稳。

(2)后转身

移动脚蹬地向自己身后(中枢脚后的方向)跨出的同时，中枢脚碾地旋转使身体改变方向。动作要点：两脚用力蹬碾地，重心平稳不起伏。

6. 起跳

(1)双脚起跳

两脚自然开立，两膝深屈或微屈，重心下降，两臂弯屈并稍向后摆。起跳两脚用力蹬地，两臂用力上摆，提腰展体。落地时屈膝缓冲。动作要点：蹬地、摆臂、提腰协调一致。

(2)单脚起跳

单脚起跳多在助跑情况下进行，助跑时，最后一步一般较小，用脚跟先着地过渡到前脚掌蹬地，两臂上摆提腰，另一腿屈膝上提，当身体到达最高点时，摆动腿自然下放，落地时屈膝缓冲。动作要点：制动性起跳快，摆臂提腰要协调。

7. 滑步

(1)侧滑步

两脚左右开立两臂张开。向左侧滑步时，右脚前脚掌内侧用力蹬地的同时，左脚向左侧跨出一步，右脚在左脚落地的同时紧随滑动，重心保持两脚之间。向右侧滑步时动作相反。动作要点：蹬、跨、滑。

(2)前、后滑步

前、后滑步的动作落地方法和要点与侧滑步相仿，只是方向不同。

### (二)动作分析

1. 保持正确的准备姿势

运动员在场上必须随时保持正确的基本站立姿势，以便于及时移动，更好地完成各种攻防技术。基本站立姿势，即两脚前后左右开立，距离与肩同宽、两膝微屈，身体重心的投影落在两脚之间，上体稍前倾，两臂屈肘自然下垂置于体侧，目视场上情况。

2. 控制好身体重心

各种脚步动作的运用，都是通过前脚掌用力蹬、辗地面或是用脚着地时的抵地制动动作来实现的。因此，腿部必须保持一定弯屈；在转移重心和改变移动方向时，要注意脚尖和膝关节的指向，以便于控制好身体重心，保持身体平衡，顺利完成移动技术动作的衔接和变换。

3. 身体各部位要协调配合

脚步动作的主要动力虽是靠脚对地面的作用力和地面的反作用力来实现的，但同时还必须有身体其他部位协调用力的配合来加强这种作用力，以克服人体的重力和惯性力，保证身体平衡和转移。其中腰部的用力极为重要。

## (三)练习方法

1. 基本站姿—起动—变向跑练习(图 5-1)

要求：快速完成，变向时蹬地，控制好重心。

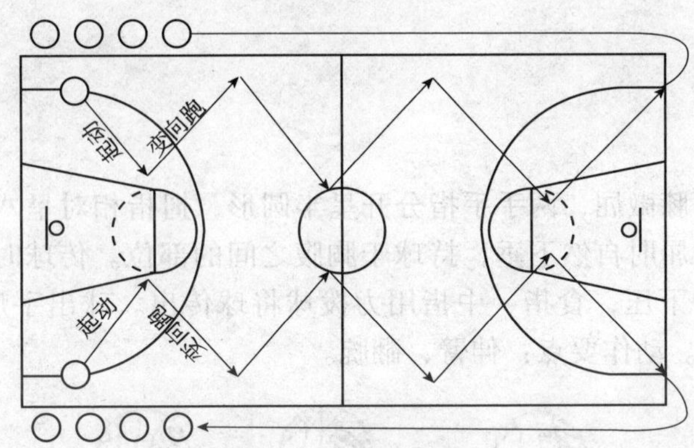


图 5-1 变向跑练习

2. 起动——折线跑练习(图 5-2)

要求：快速跑动和变向，变向时控制住重心。

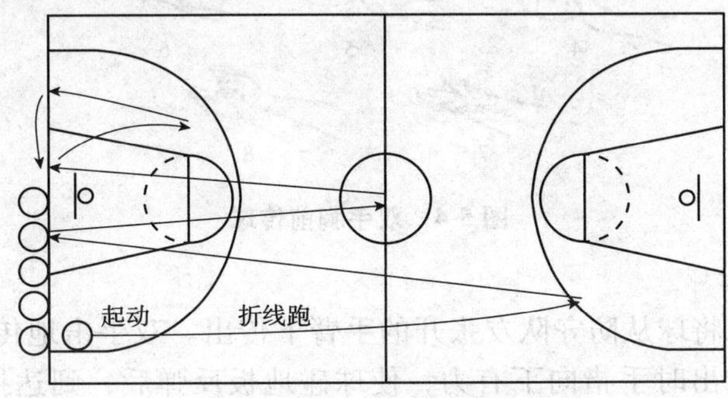


图 5-2 折线跑练习

3. 前滑步—后滑步—侧滑布练习(图 5-3)

要求：重心降低，快速完成。

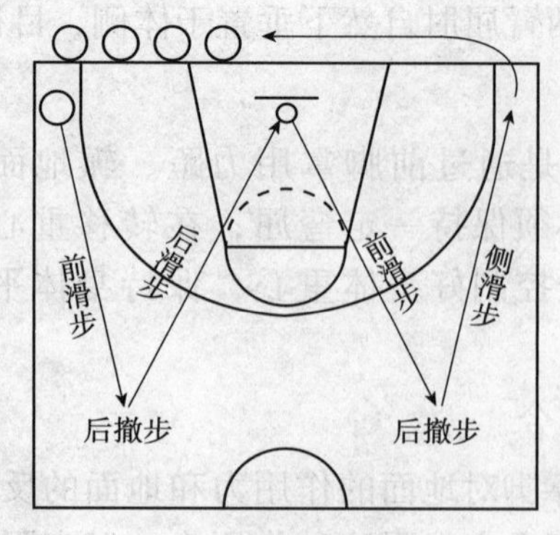


图 5-3 滑步练习

## 二、传接球

传接球是篮球比赛中运用较多的一项技术。它是进攻队员通过有目的地转移球实现战术配合的有效手段。因此，它是组织全队进攻配合的纽带，也是提高进攻战术质量的重要环节。

### (一) 动作要领

#### 1. 传球

(1) 双手胸前传球

两脚自然开立，两膝微屈，两手手指分开呈半圆形，拇指相对呈八字形，指根以上部位触球，手心空出，两臂屈肘自然下垂，持球于胸腹之间的部位。传球时，两臂用力前伸，手腕迅速上屈翻转，拇指下压，食指、中指用力拨球将球传出。球出手后，拇指和手心向下，其余四指向前(图 5-4)。动作要点：伸臂，翻腕。

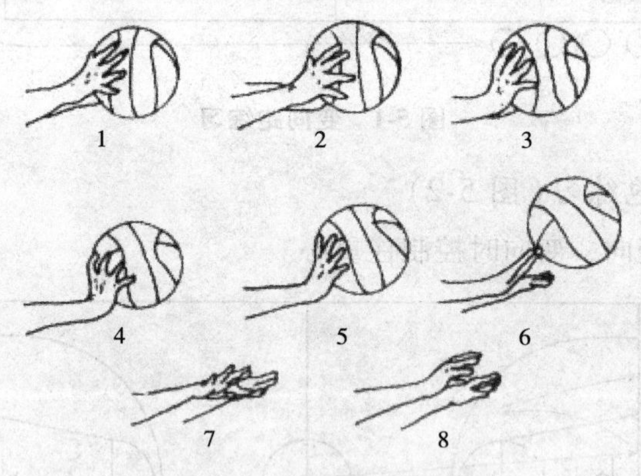


图 5-4 双手胸前传球

(2) (双手) 击地传球

击地传球通常用来将球从防守队友张开的手臂下传出。双手击地传球的技术要领与从胸前传球一样，只是球传出时手指向下有力，使球碰地板反弹后，到达接球队友的腰部位置。动作要点：伸臂，翻腕，选择准确的反弹点。

(3) 单手肩上传球

右手传球时，两脚平行站立，扶球手法与双手胸前传球相同。传球前，左脚向传球方向跨出半步，同时引球至右肩上方，肘外展，右手手心向上，单手将球托稳，左肩对着传球方向，身体重心移向右脚。传球时，右脚蹬地，转腰转肩，右臂向前挥甩，用扣腕带动手指，将球传出。

2. 接球

双手接球，两眼注视来球，手指自然分开，拇指相对呈“八字”，两手手指分开呈半圆形。球到之前，主动伸臂迎球，肩、臂、腕、指放松。接球时，指端先触球，同时两臂随球后引缓冲来球的力量，并做好衔接下一动作的准备姿势(图 5-5)。

图 5-5 接球

## (二)学练提示

(1)传接球学练内容安排要突出重点，以抓好双手胸前传球、单手肩上传球和双手接胸部高度球为重点。

(2)特别重视接球技术的练习，养成正确的接球与持球手法。

(3)狠抓手腕、手指拨球能力的培养，加强熟练球性的练习，提高控制球能力。

(4)练习步骤：从原地传接球开始，重点掌握手法；然后进行移动传接球练习，以解决传接球与脚步动作的协调配合为重点，可安排先传球后移动换位练习，再进行人动、球动的行进间传接球练习；最后与运球、投篮、突破等技术结合起来并在防守情况下练习。

## (三)练习方法

1. 原地传球练习

要求：出球和接球手正确，传球的准确性。

2. 行进间传球练习(图 5-6)

要求：默契配合，主动接球，控制好传球距离。传球时要有提前量。

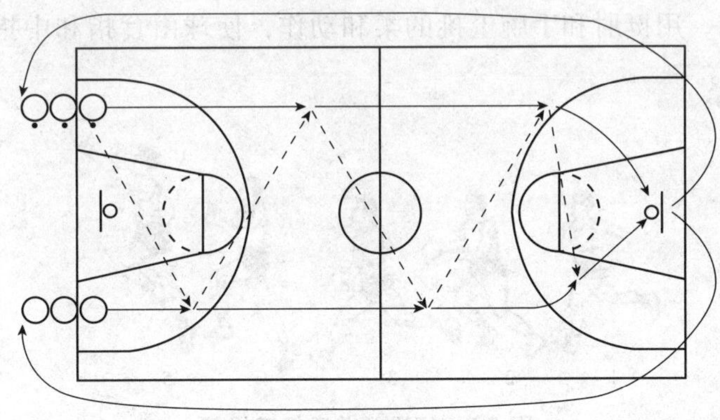
图 5-6 行进间传球

# 三、投篮

持球队员运用各种正确的手法，将球从篮圈上方投入球篮所采用的各种动作方法称为投篮。投篮是篮球比赛中唯一的得分手段，竞赛中进攻队运用各种技术、战术的目的都是为了创造更多、更好的投篮机会，而防守队的积极防御也是为了阻挠和破坏进攻队的投篮，投篮是篮球比赛中攻守对抗的焦点。

投篮的技术种类较多，最为常见的有双手投篮、单手肩上和头上投篮、单手低手投篮、跳起投篮、扣篮等。

## (一)动作要领

1. 手胸前投篮

双手持球于胸前，肘关节自然下垂，两脚前后或左右开立，两膝微屈，重心落在两脚之间，眼睛注视瞄准点。投篮时，两腿蹬地，腰腹伸展，两臂向前上方伸出，前臂内旋，拇指下压，手腕前屈，食、中指用力拨球，通过指端将球投出。

2. 原地单手肩上投篮

右手持球于肩上，左手扶球的左侧，右臂屈肘，前臂与地面接近垂直，两腿微屈，右脚稍前，左脚稍后，重心落在两脚上。投篮时，右臂随腿的蹬伸和腰腹的伸展，抬肘向前上方充分伸直，用手腕前压的动作使球从食指、中指指端飞出。身体重心应随出球方向上升，脚跟提起(图 5-7)。

**图 5-7 原地单手肩上投篮**

3. 行进间单手低手投篮

跨右脚接球，第二步跨得较大且向前上方跳起，同时将球持于胸前。投篮时，右手要充分向球篮的前沿举球，用挺肘和手腕上挑的柔和动作，使球由食指和中指指端出去，并向前旋转入篮圈(图 5-8)。

**图 5-8 行进间单手低手投篮**

## (二)动作分析

1. 握球方法

(1)单手握球方法

投篮手五指自然分开，用指根以上部位托球的后下方，手心空出，手腕略向后仰，球的重心落在食指和中指指关节处，肘关节自然下垂，置球于同侧肩的前上方。

(2)双手握球方法

两手手指自然分开，拇指相对呈八字形，用指根以上部位握球的两侧后下方，手心空出，两臂自然屈肘，肘关节下垂，置球于胸与颚之间。

2. 瞄准点

(1)直接命中的瞄准点

为篮圈距投篮队员最近的一点，适用于投空心球。

(2)碰板投篮的瞄准点

将球投向篮板上能够碰板入篮的点。投篮队员与篮板成15°~45°的位置时采用效果较好。规律：碰板角度小、距离远，则瞄准点离篮圈的距离高而远，投篮所需要用力的力量相对较大；碰板角度大、距离近，则碰板点离篮圈就较低而近，投篮所需要用的力量相对较小。

3. 力量的运用

投篮用力是一种全身综合协调的聚合力。由下肢蹬地，伸展身体，抬肘伸臂，最后以手腕的抖屈及手指的弹拨将球投出。

4. 出手角度

出手角度是指投篮时球离手的一瞬间的运动方向与出手点水平面所构成的夹角。它决定球在空中飞行弧度的高低和入篮角的大小。出手角度小，球的弧度低，反之则高。

5. 出手速度

出手速度是投篮时球出手的瞬间，手获得的初速度。合理的投篮速度取决于出手力量和手腕、手指动作的速率。手腕的前屈和手指拨球动作的突然性、连贯性和柔和性，对取得合理的出手速度起着关键作用。

6. 球的旋转

球的旋转是决定投篮准确性的一个因素。一般中、远距离投篮时，球围绕横轴向后旋转。

7. 抛物线及入篮角

球在空间飞行受重力的影响面形成的弧形运行轨迹。一般有三种抛物线：低弧线、中弧线和高弧线。中等抛物线是比较理想的抛物线，容易投篮命中。

## (三)学练提示

(1)在初学投篮时，重点掌握正确的投篮手法和全身协调用力，以建立正确的投篮技术概念，形成正确的动力定型。

(2)突出重点技术，以原地单手肩上投篮(双手胸前投篮)、行进间单手投篮、跳起单手肩上投篮为重点，掌握正确的投篮手法。

(3)学练顺序：原地单手肩上投篮—行进间投篮—原地跳起投篮—接球急停和运球急停跳投。

(4)要与传球、运球突破等技术结合起来，提高技术运用能力；并加强在对抗条件下的投篮练习及配合投篮练习，提高有防守情况下运用技术的能力和配合意识。

## (四)练习方法

1. 原地投篮练习(图5-9)

要求：基本姿势正确，体会蹬地、伸臂和屈腕拨指的技术动作。观察出球后球的飞行轨迹和旋转，注意出球后的手型和指型。

2. 行进间投篮练习(图 5-10)

要求：控制好运球跑动的速度，跑投转换协调流畅，掌握好投篮出手的时机。

3. 配合传球切入投篮练习(图 5-11)

A 将球传给 B，然后 A 突然变向跑切入篮下，B 将球传回 A，A 做行进间投篮，B 传球后跟进抢篮板。

图 5-9 原地投篮

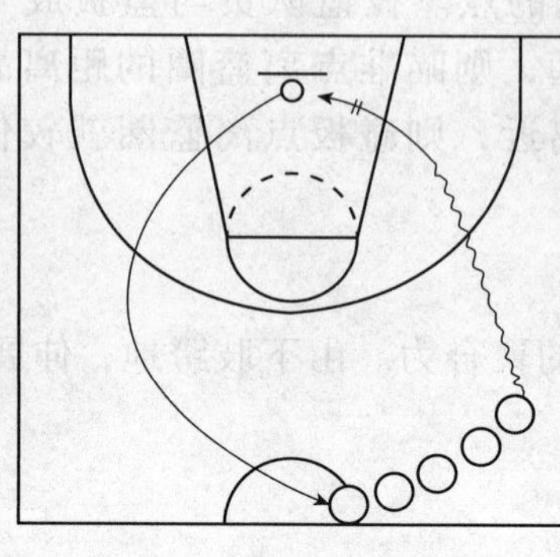
图 5-10 行进间投篮

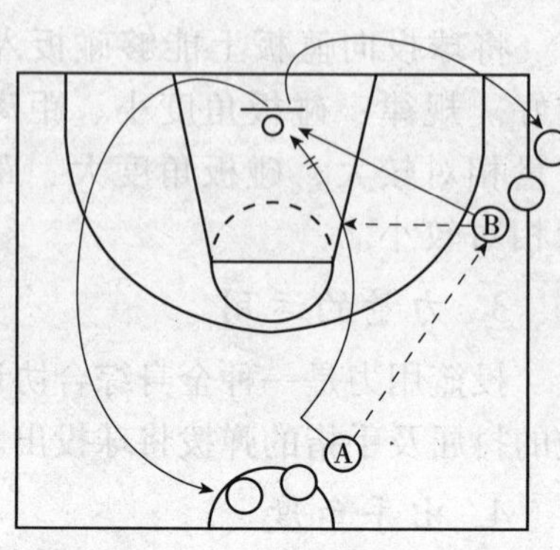

图 5-11 配合传球切入投篮

要求：传球准确到位，变向摆脱迅速，尽量成功得分。

## 四、运球

持球队员在原地或移动中，用单手连续按拍借助地面使球反弹起来的技术叫运球。运球不仅是进攻队员摆脱防守，创造传球、突破、投篮得分的桥梁，而且是进攻队员发动快攻，组织与调整战术配合，瓦解防守阵型的重要手段。

### (一)动作要领

1. 高运球

运球时目视前方，以肘关节为轴，手拍按球的后上方，球反弹高度在胸腹间，球的落点在身体的侧前方。动作要点：按、拍、迎、引。

2. 低运球

低运球时两腿深屈，上体前倾，目视前方，用手短促地拍按球，使球反弹高度在膝关节以下部位。动作要点：手拍球时要短促有力。

3. 体前变向运球

运球队员从对手右侧突破时，先向对手左侧快速运球，当对手向左侧移动时，运球队员突然向右侧变向，变向时手拍按球的右后上方，使球从运球身体右侧拍向自己身体左侧。同时，右脚向左侧前方跨出，上体左移，右肩挡住对手，换左手运球，左脚上步加速，从对手右侧突破。动作要点：重心转移球变向，转体加速超对手。

### (二)动作分析

1. 身体姿势

两脚前后开立，侧身上体稍前倾，两膝微屈，抬头目平视，非运球手臂屈肘平抬，侧肩转体保护球。

2. 手臂动作

(1)球接触手的部位

五指分开，用手指和指根部位控制球，手心空出。

(2)运球动作

低运球时，以腕关节为轴，用手腕手指的力量运球；高运球时，主要以肘关节为轴，腕关节和肩关节联合运动，用前臂和手指手腕力量运球。运球手法：按拍与迎引。

(3)按拍球的部位

由运球的方向和速度决定。原地运球按拍球的上方；向前运球按拍球的后上方。

3. 球的落点

运球的速度、方向和防守情况不同，球的落点也不同。直线高运球的落点在运球手同侧侧前方，速度越快，落点越靠前，离自己越远。积极防守下运球的落点在体侧或侧后方。

4. 手脚协调配合

运球时既要求人的移动速度和球的运行速度协调一致，又要保持合理的动作节奏。能否保持脚步动作和手部动作协调一致，在速度上同步进行，关键在于按拍球的部位、落点的选择和力量大小的运用。

## (三)学练提示

(1)首先应加强熟悉球性的练习，培养球感，提高控制球的能力，并注意加强弱手的训练。

(2)运球的练习步骤：原地运球——行进间直线运球(高低、急停急起)——行进间变向运球(体前变向、背后运球、后转身运球、胯下运球)。

(3)注意加强培养学生屈膝、抬头、观察情况的良好习惯。

## (四)练习方法

1. 直线速度变化运球练习(图 5-12)

听信号做起动，急停的运球练习，反复3~5次。

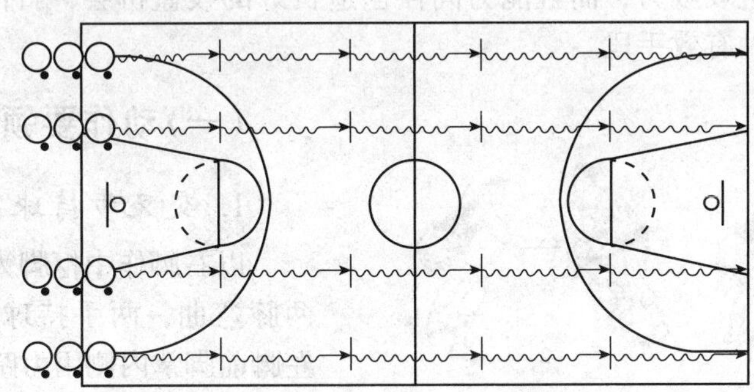

图 5-12 直线速度变化运球

要求：保持低重心运球，运球手法正确。

2. 变向运球练习(图 5-13)

场地内设置标志物，运球到标志物后做变向运球。

要求：运球过程中保持适当的身体姿势，变向时控制好身体重心，动作快速，加速明显。

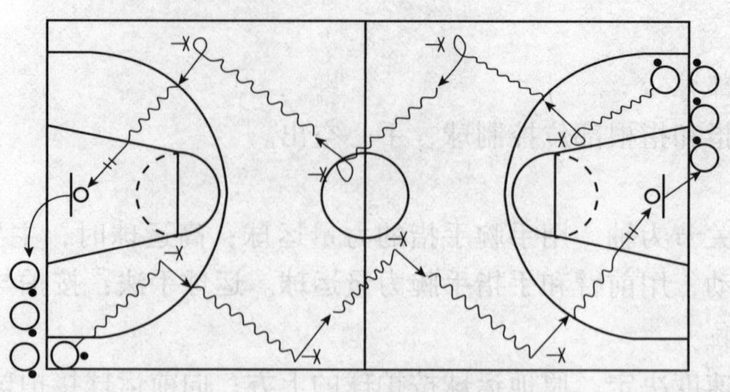

图 5-13　变向运球

3. 一攻一练习(图 5-14)

每两人一组练习，初学阶段要求只准堵位，不准抢打球，随着技术水平的提高，逐渐由消极防守转为积极防守。

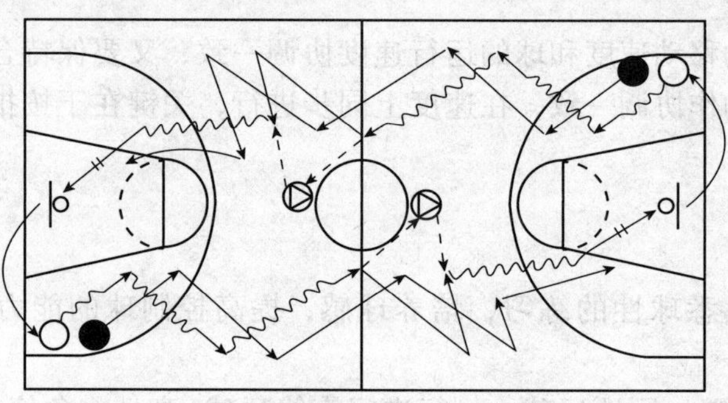

图 5-14　一攻一

要求：灵活运用各种运球技术。

## 五、持球突破

突破是控制球队员运用脚步动作和运球技术相结合达到超越对手的一种进攻技术。突破是攻击力很强的一项进攻技术，合理运用突破技术，不仅能直接插入篮下得分或造成对手犯规，有效地增加个人进攻威力；而且能为同伴创造良好的投篮机会，打乱对方防守布置，实现内外结合进攻的一种有效手段。

### (一)动作要领

1. 交叉步持球突破

以右脚作中枢脚为例：两脚左右开立，两膝弯曲，两手持球于胸腹间。突破时，左脚前脚掌内侧用力蹬地，上体向右转移，左肩向前下压，左脚向右前方跨出，在右脚离地前，运球在左脚的右前方，右脚迅速蹬地跨步超越对手(图 5-15)。动作要点：转体、探肩、防球、加速。

图 5-15　交叉步持球突破

2. 侧步(顺步)持球突破

以左脚作中枢脚为例：两脚左右开

立，两膝弯曲，两手持球于胸腹间。突破时，右脚向右前方跨出一步，同时向右转体探肩，重心前移，右手运球，左脚前脚掌内侧用力蹬地(图 5-16)。动作要点：转体、探肩、防球、加速。

图 5-16　同侧步持球突破

## (二)动作分析

1. 假动作吸引

(1)做向一侧突破的假动作

诱使对手身体重心侧移，择机突破。

(2)做投篮假动作

诱使对手跳起或前扑，择机突破。

2. 脚步动作

是持球突破的主要环节。主要依靠两脚快速有力蹬地和及时跨步，屈膝，上体前倾，通过重心的快速前倾和积极有力的蹬地获得超越对手的加速度。

3. 转体探肩

突破队员转体探肩紧贴对手的侧面，占据有利的空间位置，以保护好球，突破对手。

4. 推放球加速

蹬跨、转体探肩的同时，应将球在跨步脚外侧前下推放球，球离手后迅速蹬地发力加速超越对手。

## (三)学练提示

(1)练习顺序：交叉步持球突破—同侧步持球突破。

(2)应重点强调动作结构特点、各环节间的联系及竞赛规则对持球移动的限制。

(3)掌握两脚都能做中枢脚并能及时向任何方向突破，加强与其他技术结合练习，培养应变能力和突破意识。

# 六、防守对手

防守队员合理地运用防守动作，积极抢占有利位置，破坏和阻挠对手的进攻意图和行动，并以争夺控制球权为目的所采取的各种专门动作方法的总称。防守对手是个人防守技术，也是集体防守的基础。防守的目的在于阻止和破坏对方的进攻，并力图从对手手中将球夺过来，转守为攻。进攻与防守相互对立、相互制约，又相互依存、相互促进。进攻和防守之间失去应有的平衡，防守质量很差，不能起到制约进攻的作用，也必然影响进攻质量的提高。

### (一)动作分析

1. 防守的位置与距离

(1)防守有球队员

防守人应站在对手与球篮之间，使对手、自己和球篮要保持在一条直线上。防守者与对手的距离，离球篮近则应靠近对手，离球篮远则靠对手远。

(2)防守无球队员

根据球和自己防守的对手所处的位置来确定和调整防守位置。防守无球队员时，始终要保持“球—我—他”的选位原则，即防守者的位置始终站在对手与球之间，与球和所防的对手三者要呈钝角三角形，防守者始终站在钝角处。防守者与对手的距离要和对手距球的远近呈正比，做到近球上，远球松，人、球、区三兼顾。

2. 防守姿势

分为平步防守和斜步防守两种。平步防守面积大，攻击性强，便于左右移动，适合于防守运球、突破；斜步防守便于前后移动，对防投篮比较有利。

3. 移动步法

防守时，防守队员要根据球和人的移动，合理地运用脚步动作来及时占据有利的防守位置，争取主动。常用的移动步法：碎步或跳步急停逼近对手；平步站立至横滑步；斜前站立至撤步、滑步。

## 七、抢篮板球

比赛中双方队员在空间争抢投篮未中的球统称为篮板球。抢得篮板球是获得控球权的重要手段，是增加进攻次数和发动快攻的重要保证，是攻守矛盾转化的关键。

### (一)动作分析

1. 抢位

是抢篮板球技术的关键环节，对能否抢获篮板球起着决定性作用。防守队员抢篮板球时要先挡后抢；进攻队员抢篮板球时要快速起动，摆脱冲抢。

2. 起跳

抢防守篮板一般多采用原地上步、撤步或跨步的双脚起跳方法；抢进攻篮板多采用助跑单脚起跳或跨一两步双脚起跳的方法。

3. 空中抢球动作

①双手抢篮板球：优点是占据空间面积较大。

②单手抢篮板球：优点是触球点高，在空间抢球的范围较大。

③点拨球：优点是触球点高，可缩短传球的时间。

4. 获球后的动作

抢到篮板球落地时，都应两膝弯曲，两肘稍外展，护球于胸腹间，以便保护球并迅速衔接其他进攻动作。

### (二)学练提示

(1)明确抢篮板球在比赛中的重要作用，重视培养积极的拼抢意识和勇猛顽强的拼抢作风。

(2)初学阶段应先采取分解学习的方法，再进行完整的技术学习，逐步掌握正确的技术规则。

(3)把抢篮板球与其他攻守技术结合进行练习，如进攻篮板球与补篮、连续进攻相结合，防守篮板球与快攻第一传相结合。

(4)要在接近比赛的情况下提高技术运用和应变能力，并把篮板球技术纳入攻守战术中结合进行训练。

# 第三节 篮球基本战术

## 一、进攻战术基础配合

进攻战术基础配合包括传切、突分、掩护和策应配合。

### (一)传切配合

传切配合是进攻队员之间利用传球和切入技术所组成的简单配合。它包括一传一切和空切两种。传切配合是一种最基本的简单易行的战术配合，在篮球比赛中经常采用。

1. 一传一切配合

指持球队员传球后摆脱防守，向球篮方向切入接回传球投篮(图 5-17)。

2. 空切配合

指无球队员掌握时机，摆脱对手，切入防守间隙区域接球投篮或做其他进攻动作(图 5-18)。

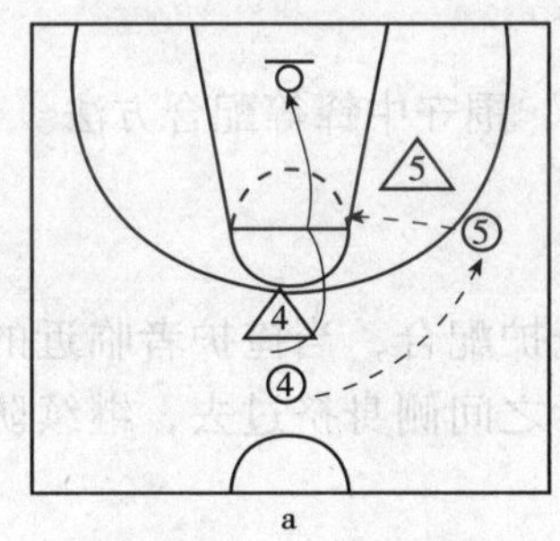


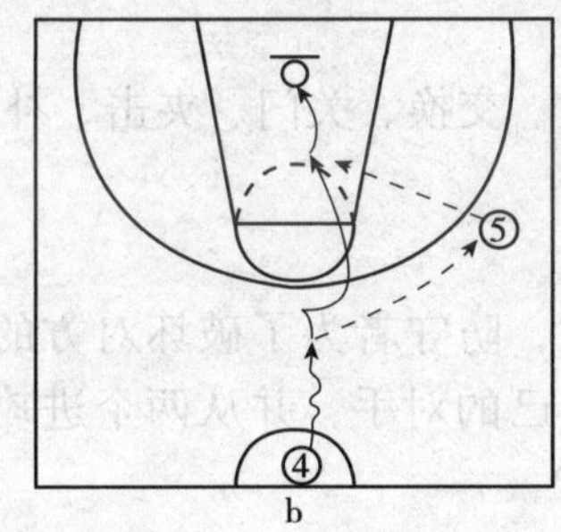


图 5-17 一传一切配合

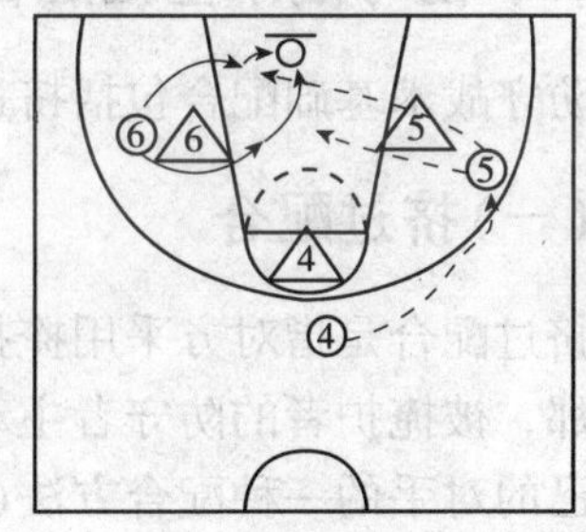


图 5-18 空切配合

### (二)掩护配合

掩护配合是进攻队员采取合理的身体动作，用自己的身体挡住同伴防守者的移动路线，使同伴得以摆脱防守，创造接球投篮或进攻机会的一种配合方法。掩护配合有许多形式和方法，根据掩护者和被掩护者身体位置的不同，有前掩护、侧掩护、后掩护三种形式。

1. 侧掩护

掩护者站在同伴的防守者的侧(略靠后)方，用身体挡住该防守者的移动路线，使同伴摆脱防守获得进攻机会的一种配合方法(图 5-19)。

2. 后掩护

掩护者移动到同伴的防守者的身后做掩护的一种配合方法。这种配合不易被防守者发现，配合容易成功。但与对手的距离不可太近，以免发生身体接触造成犯规。

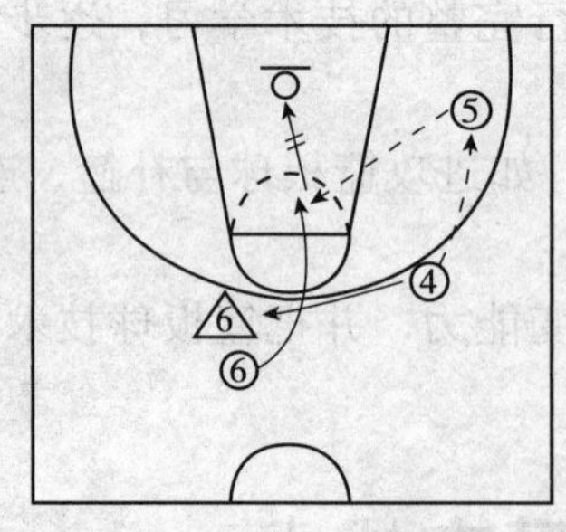
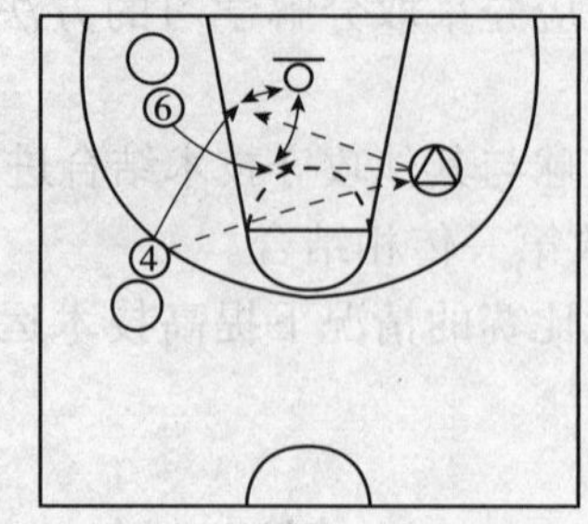

图 5-19 侧掩护

3. 前掩护

掩护者跑到同伴防守者身前，掩护同伴中、远距离投篮。

### (三)突分配合

突分配合是指持球队员突破对手之后，遇到对方补防或“关门”时，及时将球传给进攻时机最好的同伴进行攻击的一种配合方法。

### (四)策应配合

策应配合是指进攻队员背对或侧对球篮接球后，与同伴的空切或绕切相结合，借以摆脱防守，创造各种进攻机会的一种配合方法。进行策应的范围较广，在半场范围内应用时，一般分为内策应和外策应两种。

## 二、防守战术基础配合

防守战术基础配合包括挤过、穿过、交换、关门、夹击、补防、围守中锋等配合方法。

### (一)挤过配合

挤过配合是指对方采用掩护进攻时，防守者为了破坏对方的掩护配合，当掩护者临近的一刹那，被掩护者的防守者主动靠近自己的对手，并从两个进攻者之间侧身挤过去，继续防住自己的对手的一种配合方法(图 5-20)。

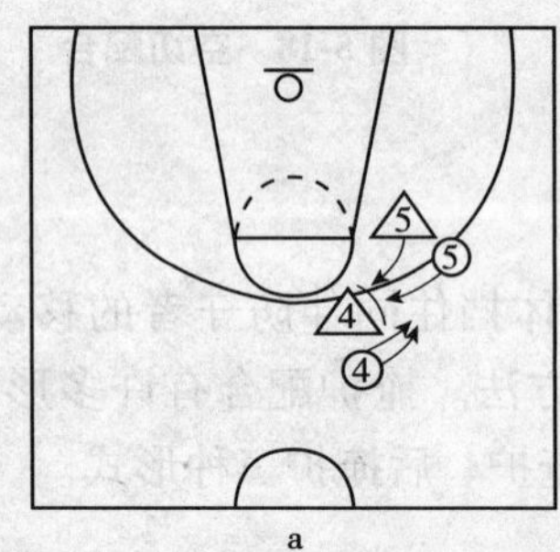

a

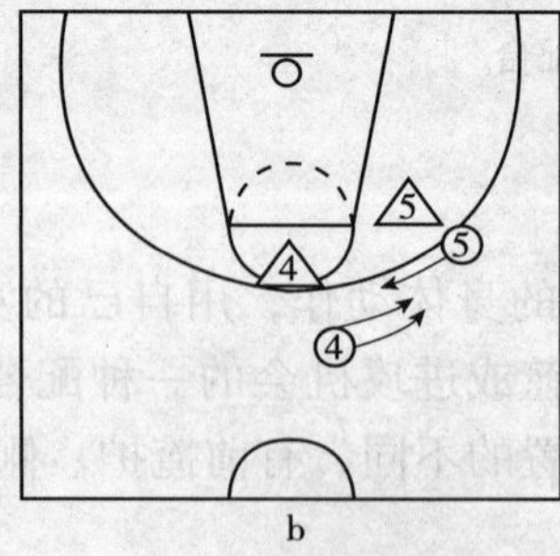

b

c

图 5-20 挤过配合

例如：⑤给④进行掩护时，防守△5提醒△4注意掩护，防守△4察觉后，利用外侧脚提前上半步的方法，错开掩护挡人路线，从进攻④和⑤之间挤过去，继续防住自己的对手△4，见图 5-17a。当进攻队员在运球过程中进行掩护时，也可用此种方法破坏对手的掩护配合，见图 5-17b、图 5-17c。

### (二)交换防守

交换防守是当进攻队员掩护成功时，防守者为了破坏对方的掩护配合，防掩护者及防被掩护者之间及时交换自己所防守对手的一种配合方法。

⑤掩护持球队员④，④在⑤的掩护下运球突破，△5在及时预示△4交换防守的同时，△5防守运球突破的④，△4及时后撤半步，防守掩护队员⑤，见图 5-21a。当两名无球队员进行反掩护时，也可采用此种方法破坏对手掩护配合，见图 5-21b。

### (三)关门配合

关门配合是邻近的两个防守队员协同防守持球突破的一种配合方法。

当④运球突破时，△4随之移动，△5迅速向△4靠近，△5和△4形成两扇门似的堵住对手的突破路线，见图 5-22。

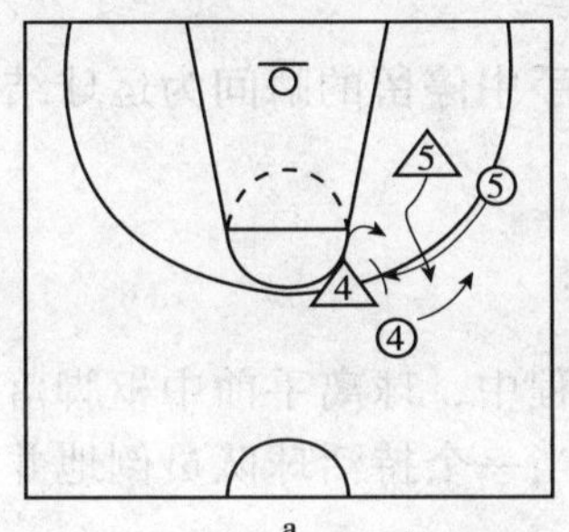

a

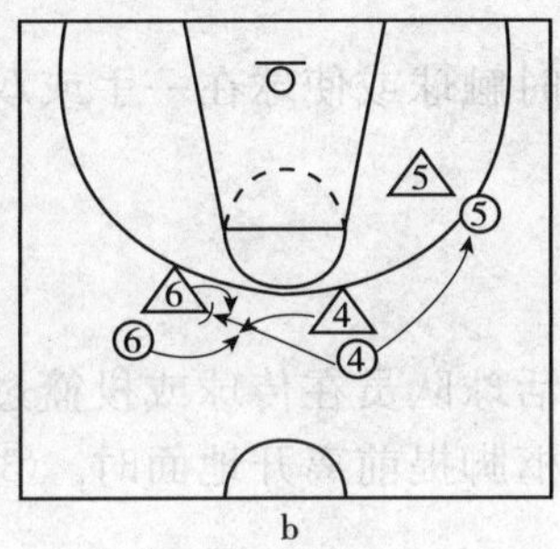

b

图 5-21 交换防守

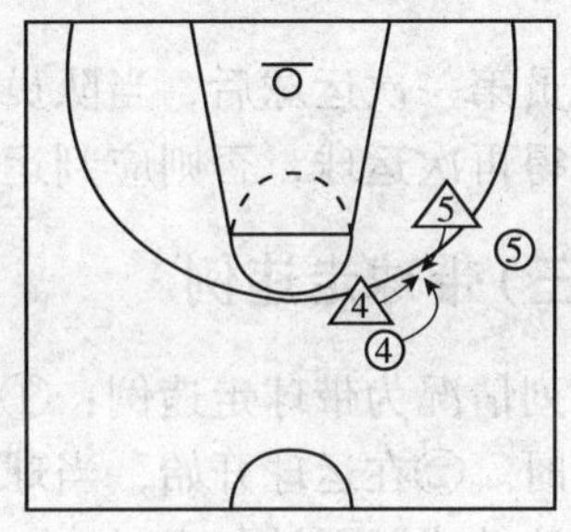


图 5-22 关门配合

# 第四节 篮球比赛与欣赏

## 一、球队的组成

(1)篮球竞赛中一个球队一般不超过 10 名参赛球员。如果比赛超过 3 场时，可增至 12 名。

(2)一名球员在场上并有资格参赛时为队员，当一名球员不在场上参赛、被取消比赛资格或发生了 5 次犯规时为替补队员。球队应使用 4~15 之间的号码。

## 二、比赛通则

(1)比赛时间应由 4 节组成，每节 10 分钟，如在第 4 节比赛时间终了时比分相等，则需要一个 5 分钟或多个这样的 5 分钟决胜期来决出比赛的胜负。

(2)第一节从中圈跳球开始比赛。后 3 节比赛开始从中线掷球开始，球队应交替拥有球权，所有的决胜期球队的进攻朝向应与第 3、4 节相同。

(3)在第 1、2、3 节中，每队每节可准予 1 次暂停，第 4 节可准予 2 次暂停，每一决胜期准予 1 次暂停。

(4)如球队在预定的比赛开始后 15 分钟不到场或不能使 5 名队员入场准备比赛应判该队弃权而告负，并判给对方以 20∶0 获胜。如比赛中某队场上队员少于 2 名时，应判该队由于缺少队员而告负。

## 三、违例及其罚则

违例是违反规则的行为。其罚则是判发生违例的队失去控制球权，由对方在违例的就近地点掷界外球。

### (一)跳球违例

下列情况为跳球违例：①跳球队员以助跑方式起跳拍球。②球未达最高点拍击球。③跳球队员直接在跳球中抓住球或拍击球超过 2 次。④球拍击后在球未触及地面、非跳球队员、篮板之前跳球队员首先触及球。⑤不参与跳球。⑥非跳球队员在跳球队员未拍击球前过早进入跳球圆圈。

### (二)运球违例

队员第一次运球后，当队员用双手同时触球或使球在一手或双手中停留的瞬间为运球结束，不得再次运球，否则应判运球违例。

### (三)带球走违例

下列情况为带球走违例：①当一个持活球队员在传球或投篮过程中，球离手前中枢脚落回地面时。②在运球开始，当球离手前中枢脚提前离开地面时。③当一个持活球队员倒地并滑动、滚动或试图站起来时。

关于中枢脚的确定：静止间双脚着地接球，可用任一只脚作为中枢脚，若一只脚提起瞬间则另一只脚为中枢脚；移动中合法接球停步，若双脚同一节拍停步(跳步急停)，可用任一只脚为中枢脚，若两只脚先后着地合法停步(跨步急停)，则以先着地的脚为中枢脚；若队员接球一只脚落地后，再跳起此脚并双脚同时着地，则两只脚都不是中枢脚。

### (四)3 秒违例

当某队在场上控制活球并且比赛计时钟正在运行时，该队队员不得停留在对方篮下的限制区内持续超过 3 秒时间，否则应判 3 秒违例。以下情况应默许：篮下连续投篮，已试图离开限制区；正在运球投篮或同队队员正在做投篮动作。队员离开限制区时必须是双脚置于限制区外的地面上(限制区的边线也属限制区)。

### (五)被严密防守 5 秒违例

当一个队员在场上正持着活球，这时对方处于严密防守状态(距离以超过 1 米为准)，该队员在 5 秒内不能传、投或运球时，应判 5 秒违例。

## 四、犯规及其罚则

犯规是违反规则的行为。含有与对方队员不正常身体接触动作和违反体育道德的举止。因身体接触而造成犯规的称为侵人犯规。有违反体育道德的举止，不含有身体接触的犯规称为技术犯规。

### (一)处理身体接触的原则

篮球比赛中，10 名队员在有限的场地上进行激烈的对抗，发生身体接触显然是不可能避免的。如果队员为了抢球以正常的动作发生身体接触，此接触并没有置对方不利，则可不必给予处罚；但从背后或侧面去造成身体接触是不正常的动作，而且此接触也导致对方不利，则应给予处罚。在执行规则有关处理身体接触精神与原则过程中，要依据规则的精神和意图，要坚持比赛完整性的需要，要关注有关队员的能力和他们的态度、行为，要使比赛保持流畅、平衡。

### (二)侵人犯规的性质种类及其罚则

1. 侵人犯规的性质种类

侵人犯规包括队员发生阻挡、撞人、从背后防守、拉人、非法用手、推人、非法掩护、双方犯规、违反体育道德犯规、取消比赛资格犯规及打架等。

2. 侵人犯规的罚则

(1)队员发生侵人犯规后均应登记犯规次数，若被侵犯的对方队员未做投篮动作，则判由对方就近掷界外球(规则第55条规定全队犯规处于处罚状态，则应判给被侵犯队员罚球2次，控制球队犯规除外)；若被侵犯对方队员正在做投篮动作，中篮得分有效，再判追加罚球1次，如不中，则根据被侵犯队员投篮地点判给2次或3次罚球。

(2)双方犯规除登记犯规队员犯规次数外，不判给罚球，按下列情况重新比赛：发生双方犯规时某队已控制着球，则判由原控制球的队就近掷界外球，如没发生双方犯规一样处理；若发生犯规时双方都没有控制球，则判双方犯规队员在就近圆圈执行跳球；若发生双方犯规时刚好出现投球中篮，应判得分有效，由得分对方掷界外球，就像没有发生双方犯规一样处理。

(3)违反体育道德犯规，登记队员犯规次数，并判给被侵犯队员2次罚球(双方在罚球时不必站位)及该队随后的一次掷界外球权。

(4)取消比赛资格犯规，其罚则同违反体育道德犯规。

### (三)技术犯规种类及其罚则

1. 技术犯规的种类

技术犯规包括队员技术犯规，教练员、替补队员、其他随从人员技术犯规和比赛休息期间技术犯规。

2. 技术犯规的罚则

(1)队员发生技术犯规后应登记犯规次数，并判给对方2次罚球(罚球时双方不必站位)及该队随后的一次控制球权。

(2)教练员、替补队员及随从人员发生技术犯规，登记有关教练员犯规次数，并判给对方2次罚球(罚球时双方不必站位)及该队随后的一次控制球权。

(3)比赛休息期间技术犯规，登记有关人员犯规次数(属队员技术犯规，累计全队犯规次数；属教练员技术犯规，不累计全队犯规次数)，判由对方队罚球2次(双方不必站位)，随后在中圈跳球开始比赛。

## 五、篮球欣赏

篮球比赛向“高度”“快速”“全面”“变化”和女子篮球“男子化”、明星更加突出、技战术运用向“精练化”“技艺化”“智谋化”的方向发展，而且随着比赛竞争激烈程度的提高，场上变化越来越快，队员身体接触越来越频繁剧烈，核心球员的特殊功能越来越突出。

由于进攻时间的限制使得攻防转换的速度越来越快，比赛中传球、突破、跑位等环节的衔接越来越快，运动员完成技战术的动作速率及转换越来越快，各种有针对性的制约战术与反制约战术的变化也越来越快，而且投篮和攻守技术运用准确性都得到很大提高，运动员的身体机能、身体素质、心理、智力、思维、技战术水平、协同配合等攻守能力也更加全面均衡。可以说，现代篮球比赛已将技术、战术与艺术融合为一体，赛场也成为运动员展示其高超技巧、体能和智慧的艺术舞台。

篮球比赛是激情的碰撞，是艺术的享受，许多创造性动作和奇迹都是在篮球场诞生的，观众要热情地为之欢呼。

## 思考题

(1) 试述影响投篮命中率的技术因素。

(2) 如何才能提高控制篮板球的能力？

(3) 半场人盯人防守的方法是什么？

## 研究与实践

有 11 队参加篮球比赛，如采用分组循环制，请问有多少轮次和场次？并画出竞赛日程表。

# 第六章

# 排　球

## 第一节　排球运动概述

### 一、排球运动的起源与发展

据史料记载，排球运动起源于1895年的美国，由麻省好利诺城青年干事威廉·摩根首创了排球运动。

当时网球和篮球已盛行，摩根先生想寻求一种室内游戏项目，于是就用网球的网子挂在篮球场上，用篮球隔网打来打去地进行游戏。但因篮球太大、太重，不能按预想的方式进行游戏，就改用篮球胆，而篮球胆又太轻在网球网两边托来托去，参加的人数和托球的次数都不受限制，很长一段时间都没有列入体育竞赛项目，仅作为休闲、消遣的一种游戏。因篮球胆太轻不理想，该市的“司堡体育用品公司”试作了圆周为25英寸(约63.5~68.8厘米)，重量为9~12盎司(约255~340克)规格的球。试用后效果很好，就决定用这种球。现在规则规定的正式比赛用球，球的大小和重量和第一代球差不多，只是制作工艺上有了千百次的改进，这个新的运动项目最初叫“米诺奈特”(意“小网子”)，后在哈尔斯戴特博士建议下，取名为Volleyball，这个名字一直沿用至今。

1896年美国开始有了排球比赛。最初的排球比赛没有人数的规定，可在比赛前由双方临时商定，原则上只要双方人数相等就行。

排球在美国很快受到国内各地协会、学校体育和社会体育的重视，同时也引起军人的兴趣，并把排球列为军事体育项目，广泛在军队中开展。美国虽是排球的发源地，但长期没把排球作为一种竞赛项目来开展，而主要作为休闲的娱乐活动，因此运动技术水平有很长一段时间提高不快。

排球运动在美国问世后，由美国的传教士和参加战争的美国军官和士兵带到了世界各地。由于排球运动传入的时间及采用的规则不同，因而世界各地排球技术水平的发展很不平衡。美国是排球的故乡，因此“六人制”排球在美洲传播的时间比较早。由于地理位置的原因，排球在1900年首先传入加拿大，1905年传入古巴，1912年传入乌拉圭，1914年传入墨西哥。据有关资料记载，传入亚洲的时间是1900年左右，首先传入日本，1910年左右传入菲律宾。但体育历史学家一致公认排球是1905年传入中国的。排球传入欧洲比美洲、亚洲稍晚，约1917年传入法国，以后传到苏联、捷克斯洛伐克、波兰等东欧诸国。但排球传入欧洲时就是“六人制”，故发展较快、水平较高。

排球联合会于1974年在法国巴黎成立，并决定采用美式六人制排球。1949年举行了第一届世界男排锦标赛，力量排球“崭露头角”。20世纪50年代末及60年代初“进攻型”“技巧型”打法都曾占优势，尤其被誉为“远东台风”的日本女排的勾手飘球，小臂垫球和滚动接球的防守型打法崛起，使其连续夺得3次世界性比赛的冠军。1964年，国际排联修改规则后，促进了现代排球技、战术的发展，在此期间各种流派打法趋于综合，尤其20世纪80年代全攻全守，快速多变及主体进攻的打法，更引起排球界人士的瞩目。1964 年，排球项目被正式列为奥运会比赛项目。

沙滩排球于 20 世纪 20 年代初在加利福尼亚州圣莫尼卡海滩兴起。在 1930 年，圣莫尼卡举行了第一场双人配合的沙滩排球赛，这种阵型成为现在最普及的打法。1993 年正式通过沙滩排球为奥运会正式比赛项目。1996 年，沙滩排球在诞生 70 年后，终于被纳入奥运会，首届奥运会沙滩排球赛于 7 月 2 日至 28 日在亚特兰大沙滩上举行。

**知识窗**

沙滩排球比赛场地是 16 米×8 米的长方形水平沙滩，沙滩至少 40 厘米深。

## 二、我国排球运动的发展

排球运动在 20 世纪初就传入我国广东等地。1913 年，我国在菲律宾一国报名的情况下，被怂恿第一次参加国际排球赛，1914 年列为全国性比赛项目。1921 年女子排球在广东运动会上出现。按照排球运动发展的情况和规则演变的规律，分为五个阶段。

第一，继承学习阶段(1951—1956 年)：主要是继承我国 9 人排球的技、战术打法，特别是继承了 9 人排球的上手传球、大力勾手发球、正面及勾手扣球、快球和快攻等技、战术。1950 年我国男排学习了苏联的高打强攻、倒地防守等技术和“两次球”进攻战术。

第二，探索发展阶段：各省、直辖市、自治区队，根据各自的特点，开始发展各自不同的风格和打法。在 1959 年的第一届全运会上，广东男排发展了快攻，上海男排体现了战术的灵活多变，解放军女排发扬了勇敢顽强的作风，北方各队发展了高打强攻。60 年代初，学习了日本队的训练经验，提出了“三从一大”(从难、从严、从实战出发，坚持大运动量训练)等号召。我国男排创造了“盖帽”拦网的技术和“平拉开快球”扣球的技术，推动了我国排球运动的发展。

第三，低潮阶段(1966—1972 年)：这个阶段由于我国的排球运动受到严重干扰，运动技术水平普遍下降，运动队伍出现了青黄不接现象。

第四，恢复阶段(1972—1978 年)：1972 年恢复了排球比赛，建立了漳州排球基地。男排创造了前飞、背飞、拉三拉四的打法；女排发展了快速反击，运动水平有了进一步的提高。

第五，高峰阶段(1979—1988 年)：1979 年底，我国男、女队双获亚洲冠军，并取得了参加奥运会的资格。1981—1986 年，我国女排 5 次荣获世界冠军，实现了中华人民和运动员的愿望。

第六，坦途曲折阶段(1988 至今)：1988 年汉城奥运会失利之后，比赛成绩有所影响。男排未进入决赛圈。排球运动自传入我国后，经历了十六人制、十二人制、九人制和六人制的演变过程。1905—1919 年，我国排球比赛采用十六人制。十六名队员分成四排，每排四人，位置固定不轮转。当时水平很低，打法比较简单。后来，双方从托来托去发展到由前两排中间的队员打高远进攻，但尚未出现拦网技术。1919—1927 年采用十二人制。12 名队员分别站成 3 排，每排 4 人，位置固定不轮转，当技术发展到采用上手发球，正面扣球，并且出现了单人拦网和倒地救球，进攻从中间转为两侧队员扣球。1927—1951 年采用了九人制，九人制在我国经历了 24 年之久。九名队员分成三排，每排三人，位置仍固定不轮转。场地为 11 米×22 米，男子网高 2.3 米，女子网高 2.1 米，三次击球过网，球如碰网弹回，可增加一次击球机会，第一次发球失误还可以发第二次。场上站位不受限制，每个人都可以进攻和防守，在技术上有了勾手大力发球和鱼跃等各种摔救技术。由头排中间队员担任托球组织进攻，二排队员运用助跑起跳扣球，并出现了勾手扣球技术。

中华人民共和国成立以后，排球运动和其他运动项目一样，有了较快的发展。为了适应国际比赛的需要，1950 年 7 月，中华体育全国总会举办的全国体育工作者暑期学习会上，第一次介绍了六人制排球规则与比赛方法。同年 8 月首次派出“中国大学生男子排球队”参加国际比赛，在实践中学习。1951 年根据国际规则，结合国内情况制定了我国六人制排球规则，经中华全国体育总会筹委会审定通过并在全国试行。同年举行了全国篮、排球比赛大会，正式采用六人制排球比赛。我国六人制排球的发展，不仅继承了我国和亚洲九人制排球的打法，同时也吸引了世界强队的先进打法，并不断总结经验教训，逐步提高对排球运动规律的认识，有所发展和创新，坚持走自己发展的道路。

中国排球运动经过几代人的艰苦奋斗，已培养了一批强大的教练员、运动员队伍。中国女排以“攻防全面、快速多变、高快结合、密切配合”的独特打法，获得了 1981 年第三届、1985 年第四届世界杯排球赛冠军、1982 年第九届、1986 年第十届世界排球锦标赛冠军和 1984 年第二十三届奥运会冠军的“五连冠”，在中国排球史册上写下光辉的一页，对世界排球运动的发展也产生了巨大的影响。

## 三、排球运动的特点

排球运动诞生至今已有 100 余年，从最初为中老年人和白领人士设计的一种较小运动量的消遣娱乐游戏，到现在成为凝聚力量、高度、速度的激烈对抗性竞赛。从美国好利诺城开展的一种民间活动，到现在拥有数亿参与者、210 多个会员组织，排球运动已遍及全球，各式各样的排球活动形式和比赛在不同年龄、不同性别的人们中开展，展示着排球运动强大的生命力。国际排联主席阿科斯塔说“全世界有 4 亿多人一生中打过排球，有 16 亿多人参加过各类的排球比赛，排球是参加人数最多的体育竞赛项目”。那么排球运动有什么特点呢?

### (一)形式的多样性和广泛的群众性

排球运动的场地设备比较简单，室内、室外、木板地、沙地、草地、雪地上等都可以作为球场；运动形式多样，既可以用正式排球，也可以用软式排球、气排球、小排球等，既可以隔网对抗，又可以围成圆圈托来托去；人员组成、性别、年龄不限，可以是家庭成员娱乐，也可以是年轻人对抗，还可以是男女混合在一起活动；比赛规则易掌握、好变通，运动量可大可小，不会出现强烈的身体接触对抗，因此具有广泛的群众性。

### (二)技术的全面性和高度的技巧性

正式比赛规则规定队员从对方手中获得发球权必须轮转，这就要求场上队员要尽可能做到攻防兼备，技术全面；比赛中每项技术既可能得分，又可能失分，这就要求队员必须全面、熟练地掌握技术；在快速的攻防转换中要求 3 次击球过网，球不得在手中停留，双方都不希望球在本方场内落地，因此排球运动要求具有技术的全面性和技巧性。

### (三)严密的集体性和激烈的对抗性

排球比赛是一项集体配合的项目，任何一个技术环节都体现出团结协作的精神，任何一个环节的失误都会造成集体的被动和全队的失败。好的进攻配合便于打破对方防线，好的拦防配合又打下了反击进攻的基础。高水平的球队必然有着默契的配合，体现出集体性和协作性。因此，排球运动能培养人们的团结协作的团队精神，这也是现代生活中极其重要的心理素质之一。

排球比赛虽隔网相争，但也具有激烈的对抗性。水平越高的比赛，对抗越激烈精彩。攻防不断转化，扣球与拦网、发球与接发球都体现出限制与反限制的关系，霹雳般的扣杀、城墙似的拦网、鱼跃救球、猛力踏跳，这些对于提高人的中枢系统和内脏系统的功能，促进健康，增强弹跳、力量、速度、灵敏等身体素质，培养勇猛果断、机智灵活、顽强拼搏的良好品质和竞争意识，都有很大的积极作用。

### (四)轻松的娱乐性和高雅的休闲性

排球运动不拘泥形式，可支网相斗，亦可围圈嬉戏。只要有一块空间，或沙滩或草地，尽可享受竞技的乐趣。排球比赛隔网进行，双方斗技，没有身体接触，安全儒雅，是人们欢悦、休闲的理想方式。

## 四、排球运动的锻炼价值

排球运动具有较高的趣味性，对丰富业余文化生活、锻炼身体、增进健康有着不可忽视的作用。参加排球运动不仅能提高人们的力量、速度、灵敏、耐力、弹跳、反应等身体素质和运动能力，并改善身体各器官、系统的机能状态，而且还能培养机智、果断、沉着、冷静的心理品质。通过排球比赛和训练，可以培养团结战斗的集体主义精神；可以锻炼胜不骄、败不馁，勇猛顽强，克服困难，坚持到底等良好作风。

排球运动技术动作有发球、垫球、传球、扣球、拦网等，战术机动灵活，姿势变化多端。每个运动员要掌握全面的和多样性的动作技巧，使身体的各部分得到充分的锻炼。特别是手臂、手腕、腰部、腿部的肌肉得到均匀地发展，力量逐渐增强，身体更加机动灵活。排球运动对神经系统的锻炼作用也很显著，尤其在比赛时，场上情况千变万化，运动员的注意力必须高度集中，以便根据场上的变化采取相应的措施。

在排球场上，当各种具有不同力量、速度、弧度性能的球由对方网上飞来时，要想准确无误地接住这些球，必须使身体处于最有利的姿势。打排球时，运动员多次根据对方的情况，从相对安静的较低位置，突然做出剧烈的动作，这不仅锻炼了神经系统的反应能力，同时也加强了心脏、肺脏的生理功能，使其跳动加快，呼吸加深，更好地供应肌肉必需的氧气和养料，使其跳动加快，呼吸加深，更好地供应肌肉必需的氧气和养料，使肌肉爆发力得以提高，久而久之，内脏器官和运动器官的功能便显著增强了，所以排球运动员的心肺功能都比较好。

# 第二节 排球的基本技术、战术与练习方法

## 一、排球技术

排球技术是在规则允许的条件下，运用人体解剖学、运动生物力学的原理结合机体的特点，充分发挥人的体能和技能，机体各环节协调一致，通过快速及时地移动，利用时间、空间的变化，为取得比赛的胜利所采用各种合理的、符合排球技战术要求的击球动作。

排球技术有两种：一种是有球技术，又称击球动作。包括有发球、垫球、传球、扣球和拦网等。另一种是无球技术，又称配合动作。包括有各种准备姿势、移动、起跳、掩护以及前扑、滚翻、鱼跃倒地等。

排球技术主要由步法和手法组成。另外，有躯干视野和球场意识相配合，使之成为配合一体的动作。

**知识窗**

排球个人战术分为发球、一传、二传、扣球、拦网、后排防守。

## (一)准备姿势

准备姿势是排球运动中其他各项技术的基础。排球的基本技术、战术运用都离不开准备姿势。准备姿势正确、充分，才能及时、快速地向各个方向移动，同时也便于起跳和击球。

1. 动作要领

(1)稍蹲准备姿势

两脚左右开立略比肩宽，一脚稍前，两脚尖适当内收，脚跟稍提起。两膝自然弯曲，上体前倾，重心稍靠前，膝部的垂线应在脚尖前面，两臂放松，自然弯曲，两手置于胸腹前，全身肌肉适当放松，两眼注视来球，两脚始终保持微动状态，随时可向任何方向出动。

(2)半蹲准备姿势

半蹲准备姿势比稍蹲准备姿势身体重心稍前，动作方法相同(图 6-1)。

(3)低蹲准备姿势

低蹲准备姿势较之前两种准备姿势身体重心更低、更靠前，两脚左右、前后的距离更宽一些，膝部弯曲的程度更大一些；肩部垂直线过膝，膝部垂直线超过脚尖，手臂置于胸、腹之间。

图 6-1　半蹲准备姿势

2. 技术要点

(1)两脚自然开立，双膝适当弯曲，脚后跟稍提起，两脚微动。

(2)收腹，重心前移，两臂自然弯曲，两眼注视来球。

3. 专家提示

(1)初学准备姿势时，重点学会半蹲准备姿势，逐步建立正确动作定型。学习准备姿势时要自然放松，切忌紧张。

(2)在准备姿势练习中，应先做徒手模仿练习和各种辅助练习。

(3)要注意加强视觉信号反应的练习，培养用眼观察判断的习惯。

## (二)移动

移动是排球运动中其他各项技术的基础。排球的基本技术、战术运用都离不开移动。移动速度的快慢取决于多种因素，其中起动、移动步法和移动后的制动非常重要。

移动的分类：按其动作结构可分为起动、移动和制动。

1. 动作要领

(1)并步与滑步

如向前移动，则后脚蹬地，前脚向来球方向跨出一步，后脚迅速并上，做好击球前的准备姿势。

(2)跨步和跨跳步

如向前移动，则后脚用力蹬地，前脚向前跨出一大步，膝部弯曲，上体前倾，身体重心移至前腿上(图 6-2)。

图 6-2　跨步和跨跳步

(3) 交叉步

采用向右侧交叉步时，上体稍向右移，左脚从右脚前面向右交叉迈出一步，然后右脚再向右跨出一大步，同时身体转向来球方向，保持击球前姿势(图 6-3)。

图 6-3　交叉步

(4) 跑步

采用跑步时，两臂要配合摆动。如球在侧方或后方时，应边转身边跑。

(5) 综合步法

以上各种步法的综合运用。如跑步之后再侧滑步，滑步之后再接交叉步或跨步等。

2. 技术要点

(1) 迅速抬起前腿，收腹使上体向移动方向探出。

(2) 后腿用力蹬地。

3. 专家提示

(1) 移动时身体重心不能起伏，以免影响移动速度。

(2) 利用视觉信号，结合球反复进行反应判断练习。

(3) 移动动作结构与球的飞行速度、抛物线要相适应，过早、过晚地接近球都会破坏动作的连贯性。

## (三) 垫球

垫球是排球运动中的基本技术之一，是用手臂或手的坚硬部位击球的动作，是保证接发球进攻和防守反击的主要技术动作。垫球的技术动作多种多样，比赛中已被广泛运用。

垫球按其身体姿势不同可分为：正面垫球、体侧垫球、背垫球、低姿势垫球、跨步垫球、互让垫球、单手垫球、侧卧垫球、滚翻垫球、前扑垫球、鱼跃垫球、单臂滑行垫球、挡球等。

1. 动作要领

(1) 正面双手垫球

根据来球高低决定身体重心的高低，看清来球的落点，迅速移动到位，对准来球，呈半蹲或深蹲准备姿势，手指并拢，双手交叉重叠，合掌互握，两拇指朝前(图 6-4a)，或采用包拳式手型，用两腕关节以上稍外展的前臂平面，击球的后下部(图 6-4b)。身体对准球，手臂插球下，两臂全伸直，前臂紧相夹，蹬地提腰并抬臂，协调用力(图 6-4c)。

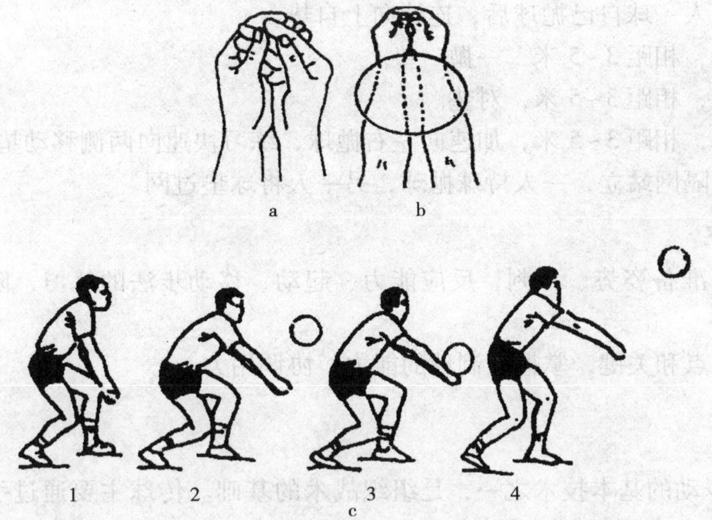

图 6-4　正面双手垫球

(2)体侧双手垫球

当球向左侧飞来时，右脚前脚掌内侧蹬地，左脚向左跨出一步，左膝弯曲，重心移至左脚上，两臂夹紧向左伸出(右肩向下倾斜)，用向右转腰和收腹的动作，配合两臂在体左侧截住球，用两臂垫击来球的后下部，切忌随球摆臂。当球向右侧飞来时，以相反方向动作击球(图 6-5)。

图 6-5　体侧双手垫球

(3)背向双手垫球

背垫时，要判断好球的飞行方向，迅速移动到球的落点处，背对出球方向，两臂夹紧伸直，插在球下。击球时，蹬腿抬头挺胸，展腹后仰，直臂向后上方摆动抬送球。在背垫低球时，也可利用屈肘、翘腕动作，以虎口处将球向上方垫起。

2. 技术要点(正面双手垫球)

(1)垫轻球时，两臂夹紧前伸，插在球下，向前上方蹬地提肩压腕抬臂，迎击来球，在腹前利用前臂垫球后下部。

(2)垫重球时，利用含胸收腹，使手臂随球屈肘后撤缓冲来球力量，同时利用微小的手臂和手腕动作，控制垫球的方向和角度。

3. 练习方法

(1) 两人一组，一人双手持球腹前，另一人做垫球动作。体会用力、击球点和触球部位。

(2) 自垫：每人一球自己抛球后，连续向上自垫。

(3) 两人一组，相距 3~5 米，一抛一垫。

(4) 两人一组，相距 3~5 米，对垫。

(5) 两人一组，相距 3~5 米，加速向左右抛球，练习快速向两侧移动垫球。

(6) 两人一组隔网站立，一人持球抛球，另一人将球垫过网。

4. 专家提示

(1) 必须加强准备姿势、预判、反应能力、起动、移动步法的练习，防止重手法、轻步法的意识。

(2) 要抓住难点和关键，掌握控制球的能力，协调用力。

## (四) 传球

传球是排球运动的基本技术之一，是组织战术的基础。传球主要通过手指、手腕协调一致的动作来弹击球完成的，由于手腕、手指的感觉最灵敏，动作最灵活，双手对球的接触面积也大，容易控制球的飞行方向、速度、弧度和落点，所以准确性高。

传球的动作多种多样，根据传球的方向和传球的身体姿势，其基本动作可分为正面传球、背向传球、侧面传球和跳起传球 4 种，主要用于二传。

1. 动作要领

(1) 正面双手传球

采用稍蹲准备姿势，上体挺起，抬头看球，双手自然抬起，放置于脸前。当来球接近额前时，开始蹬地、伸膝、伸臂，两手微张从脸前向前上方迎球，击球点在额前上方约一球的距离处。当手触球时，两手应自然张开呈半球形，手腕稍后仰，以拇指、食指和中指托住球的后下部，两拇指相对，接近"一"字型，两手间有一定的距离，用拇指内侧，食指全部，中指的二、三指关节触球，无名指和小拇指在球的两侧辅助控制传球方向。两肘适当分开，两臂之间约呈 90°角，传球时主要靠伸臂和蹬地的力量，以及球的反弹力将球传出。传球后，立即做好下一个动作的准备(图 6-6)。

图 6-6 正面双手传球

(2) 背向双手传球

双手向头的后上方传球，称为背传。传球时，上体比正传时稍后仰，身体重心在两脚之间，双手自然抬起，放置于脸前。迎球时，抬上臂、挺胸、上体后屈。击球点保持在额上方，比正传偏后，以便观察和向后上方用力。触球时，手腕后仰适当放松，掌心向上，击球的下部。手型与正传相同，拇指托在球下。背传用力靠蹬腿、展腹、抬臂、伸肘，通过手指手腕的弹力，把球向后上方传出(图 6-7)。

图 6-7 背向双手传球

(3)侧面双手传球

身体不转动，靠双臂向侧方的传球动作，称为侧传。准备姿势、迎球动作、手型与正传相同。但击球点应偏向传出方向一侧。双臂向传球方一侧伸展。异侧手臂的动作幅度应大些。伸展的速度也应快些。同时也伴随向同一侧倾斜侧屈，将球传出(图 6-8)。

图 6-8 侧面双手传球

(4)跳传

跳起在空中传球，称为跳传。跳传的起跳动作，最好向上垂直起跳。起跳的关键在于掌握起跳的时间。双臂向上被动起跳后，顺势举在脸前，身体在空中保持好平衡。当身体上升到最高点时，靠迅速伸臂的动作，并适当加强主动屈指屈腕的动作，将球传出。由于人在空中，无支撑点，传球时用不上蹬地的力量。因此，主要靠加大伸臂动作来给球以力量。

2. 技术要点(正面双手传球)

(1)两手微张，从脸前向前上方迎球，击球点在额前上方一球距离处。

(2)两手呈半球形，两拇指相对，接近“一”字型，用拇指内侧，食指全部，中指的二、三指关节触球，无名指和小拇指触球的两侧。

(3)传球时全身协调发力，主要靠伸臂配合蹬地将球传出。

3. 练习方法

(1)徒手模仿传球的蹬地、伸膝、伸臂，在额前上方用正确手型做推送动作。

(2)一人一球，向上做自抛自传。

(3)每人一球，对墙做自抛自传。

(4)两人一组，一抛一传，逐渐过渡到两人近距离对传球。

(5)三人三角固定位置传球；四人三角跑动传球，传球方向可随时变换。

(6)两人在网前，一人固定做顺网传球，一人先自传一次再传给对方。

4. 专家提示

(1)传球练学要反复进行基本动作练习，掌握正确的传球手型和动作。

(2)手型、击球点和用力的协调与准确，是传球技术的 3 个关键环节，必须在整个练习中不断强化。

## (五)发球

发球是比赛的开始，也是进攻的开始。是后排右边队员，在发球区内自己抛球，用一只手将球击入对方场区的一种击球方法。其目的在于破坏对方进攻和力争直接得分。发球是一项由队员独立完成的技术，发球的成功与失败取决于对发球技术掌握的好坏程度和临场发挥的正常与否。因此必须努力学习发球。

发球按其技术可分为：侧面下手发球、正面上手发球、正面上手发飘球、勾手发飘球、正面下手发球、勾手大力发球、高吊球、跳发球、侧旋球等多种。

1. 动作要领

(1)侧面下手发球

队员左肩对网，两脚左右开立，约与肩同宽，两膝微屈，上体稍前倾，重心落在两脚间，左手将球平稳抛送于胸前，据身体约一臂之远，离手高约 30 厘米。在抛球的同时，右臂摆至右侧后下方，接着利用右脚蹬地向左转体的力量，带动右臂向前上方摆动，在腹前用全手掌击球的右下方。击球后，随击球动作，迅速进场比赛(图 6-9)。

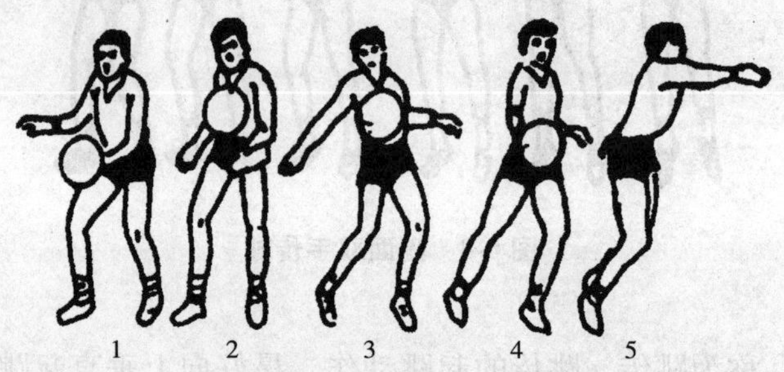


**图 6-9 侧面下手发球**

(2)正面上手发球

队员面对球网，两脚前后开立，左脚在前，两膝微屈，上体稍前倾，重心偏后脚。左手将球轻轻抛起在体前右侧，离手高约 20 厘米。在抛球之前，右臂伸直，以肩为轴，向后摆动，借右脚蹬地力量，身体重心随着右手向前摆动击球移至前脚上。在腹前以全手掌击球的后下方。手触球时，手指手腕紧张，手呈勺形吻合球，随着击球动作，重心前移，迅速进场(图 6-10)。

**图 6-10 正面上手发球**

(3)正面上手发飘球

队员面对球网，两脚前后开立，左脚在前，两膝微屈，上体稍前倾，重心偏后脚。左手将球轻轻抛起在体前右侧，但较正面上手发球稍低稍靠前。击球前手臂的挥动轨迹不呈弧形，而是自后向前做直线运动。击球时五指并拢，手腕稍后仰，用掌根平面击球体中下部，作用力通过球体重心。击球瞬间，手指、手腕紧张，手型固定，不加推压动作。击球结束，手臂有突停动作。击球后，队员迅速入场比赛。

2. 技术要点

(1)侧面下手发球

①将球抛在身体正前方，离身体一臂之远。高约30厘米左右；②利用蹬地向左转体的动作，带动右臂向前摆动击球；③用虎口或全手掌击球的后下方。

(2)正面上手发球

①将球平抛在右肩前上方，高约50厘米左右；②利用上体转动，收腹带动手臂挥动，做弧线加速挥动；③以全手掌击球的后中部，手触球时，手腕有向前推压动作，使球呈上旋飞行。

(3)正面上手发飘球

①将球平稳抛在右肩前上方，距身体稍远；②用掌根平面击球的中下部，手腕不加推压，使作用力通过球体重心；③击球手臂运动的轨迹在击球前走一段与地面平行的路线；④击球后，手臂挥动有突停动作。

3. 练习方法

(1)徒手模仿发球的完整动作，体会协调用力和挥臂击球动作要领。

(2)抛球练习，几种发球都应反复练习抛球，使球平稳、准确、固定。

(3)对墙发球，距离由近到远。

(4)两人一组，近距离隔网发球，逐渐加长距离至端线外发球，体会击球的力量和发球的弧度。

(5)结合接发球进行发球练习。

4. 专家提示

(1)抛球是发球的重要环节，抛球的动作、抛球的位置要稳，抛球的高度要固定不变。

(2)挥臂击球是难点，是关键。

## (六)扣球

扣球是队员利用起跳，将高于球网上沿的球有力地扣入对方场区的一种击球方法。扣球是排球比赛中最积极、最有效的进攻手段，是得分的主要方法。扣球的成败，是完成全队战术配合，决定胜负的关键技术。

一个完整的扣球技术动作由准备姿势、助跑、起跳、空中击球和落地等互相衔接的部分组成。扣球一般分为：正面扣球、小抡臂扣球、单脚起跳扣球、勾手扣球、快球和自我掩护扣球。

1. 动作要领

正面扣球助跑前，采用稍蹲姿势，两臂自然下垂，在离球网三米左右处，观察判断，做好向各个方向助跑起跳的准备。以两步助跑为例，助跑时，左脚先向前迈出一步，接着右脚再跨出一大步，左脚及时并上，踏在右脚之前，两脚尖稍向内转准备起跳。在助跑跨出最后一步的同时，两臂由体侧向后引，左脚在并上踏地制动过程中，两臂自后积极向前摆动，配合起跳。两腿从弯曲制动的最低点，猛力蹬地向上起跳。起跳后，挺胸展腹，上体稍向右转，右臂向后上方抬起，身体呈反弓形。挥臂时，以迅速转体，收腹动作发力，依次带动肩、肘、腕各部位向前上方挥动。击球时，五指微张，呈勺形，并保持紧张，以全手掌包满球，掌心为击球中心，击球的后中部。同时主动用力屈腕、屈指向前推压，使扣出的球加速上旋；落地时，以前脚掌先着地，再过渡到全脚掌着地。同时顺势屈膝、收腹以缓冲下落力量（图 6-11）。

**图 6-11 扣球**

2. 技术要点

(1) 助跑第一步小，寻找上步方向；第二步大，调整身体和球的距离。

(2) 二传方向和落点决定起跳点，二传弧度高低决定起跳时间。

(3) 利用腰腹发力，带动手臂挥动，上臂带动前臂，前臂带动手腕，做鞭甩动作。

(4) 以全手掌包满球，击球的后中上部，手腕有前推下甩动作。

3. 练习方法

(1) 采用分解法练习，做原地挥臂动作；做助跑起跳动作。

(2) 原地起跳，由站立开始，屈膝下蹲同时两臂由前向后摆动，迅速蹬地起跳。

(3) 一步或两步助跑起跳扣球徒手练习。

(4) 扣吊球或一人双手持球于头上，另一人扣固定球。

(5) 两步助跑起跳，在网前扣固定球，体会正确的起跳位置和起跳点。

(6) 扣抛向四号位的一般球，掌握助跑起跳时间和人与网、人与球的位置关系。

(7) 扣 4 号位、3 号位和 2 号位的半高球。

(8) 在 4 号位和 2 号位练习调整扣球。

4. 专家提示

(1) 扣球的助跑起跳和空中击球的动作，可与准备活动相结合，使这些技术得到反复练习。

(2) 扣球练习时，由于腿部和肩部负担太重，所以一定要注意防止受伤。

(3) 初学扣球时，最好由教师或技术好的同学担任二传。

## （七）拦网

队员用腰部以上身体任何部位，在球网附近高于球网上沿，试图阻拦击过来的球，并触击球，称为拦网。

在网上争夺日趋激烈的排球运动中，拦网已不再是单纯的防守手段，而已成为一项重要的进攻性技术，是直接得分的有力手段，因此，掌握和提高拦网技术对提高排球运动水平有重要意义。拦网包括单人拦网和集体拦网（二人或三人拦网）两种；掌握了单人拦网技术，就可以通过移动、取位、与同伴配合进行集体拦网。

1. 动作要领(单人拦网)

队员面对球网，两脚平行开立，约与肩同宽，距网30~40厘米，两膝微屈，两臂在胸前自然屈肘。移动时可采用并步移动、交叉步移动、向前和斜前移动以及跑动；原地起跳时，重心降低，两膝弯屈，用力蹬地使身体垂直起跳。两手从额前贴近，并平行球网向网上沿的前上方伸出，两臂伸直，两肩尽量上提。两臂保持平行，拦网时，两臂尽力伸过网去，两手接近球，自然张开，屈指屈腕呈勺型。当两手触球时，两手要突然紧张，手腕用力盖住球的前上方。拦网击球后，屈膝缓冲，双脚落地，做好下一动作(图6-12)。

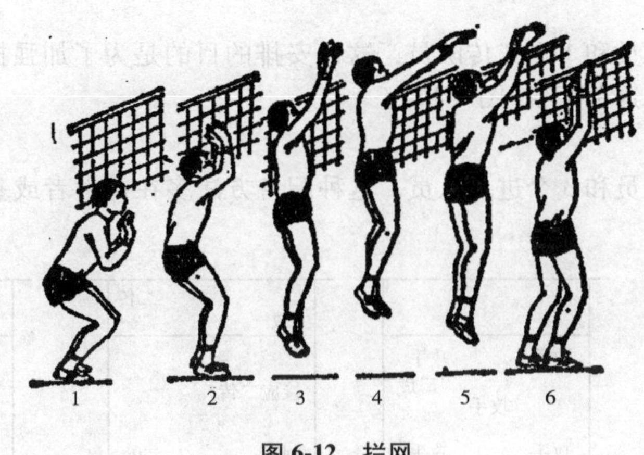

图 6-12 拦网

2. 练习方法

(1)全体同学站成两排面对站立，原地模仿拦网动作。

(2)两人在网前，面对面原地跳起在网上面拦网击掌，也可以在移动中拦网击掌。

(3)顺网由4号位向3、2号位做并步、交叉步或跑步移动起跳拦网；也可从2号位向4号位方向移动。

(4)两人一组隔网站立，一人抛球到网上沿，另一人跳起将球拦回。

(5)结合前排三个位置的扣球，做单人拦网或集体拦网练习，体会完整技术动作。

## 二、排球战术

排球战术是运动员在比赛中根据排球运动的比赛规律，彼我双方的具体情况和临场的变化，合理地运用技术及所采取的有组织、有目的和有预见的配合行动。

一个队在选择战术时，首先应从本队的实际出发，根据队员的技术水平、技术特点、身体条件和身体素质等选择相应的战术。

排球战术可分为个人战术和集体战术两部分，前者是指个人根据临场情况有目的地运用技术的过程；后者则是指两个或两个以上队员之间，有组织、有目的的集体协同配合。个人战术是集体战术的组成部分，集体战术是个人战术的综合。两者相辅相成，互相促进，互相补充。

**知识窗**

排球集体战术又分为一攻、防反、保攻、进攻4个战术体系。

## (一)阵容配备

阵容配备是合理的使用本队队员的一种组织手段，其目的把全队的力量有效地组织起来，最大限度地发挥每个队员的作用和特长。阵容配备的组织形式主要有："四二"配备、"五一"配备、"三三"配备3种。

(1)"四二"配备

场上有2个二传队员，2个主攻队员，2个副攻队员，这样能够前后排都能保持一个二传队员和2个进攻队员，能充分发挥本队的进攻力量。这种配备方法多用于中、低水平的队伍中(图6-13)。

(2)"五一"配备

场上有5个进攻队员和1个二传队员，这样安排的目的是为了加强拦网和进攻力量。目前高水平的队普遍使用这种配备(图6-14)。

(3)"三三"配备

场上有3个二传队员和3个进攻队员，这种配备方法多在初学者或基层比赛中常常使用(图6-15)。

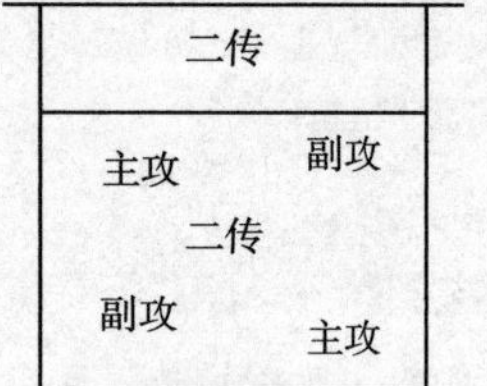


图6-13　"四二"配备

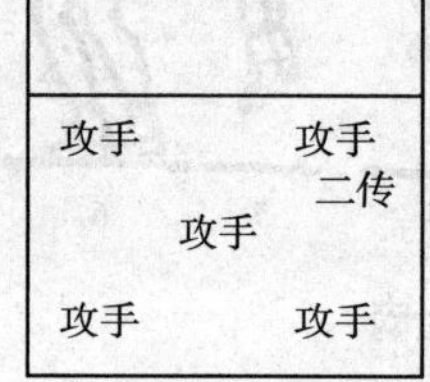


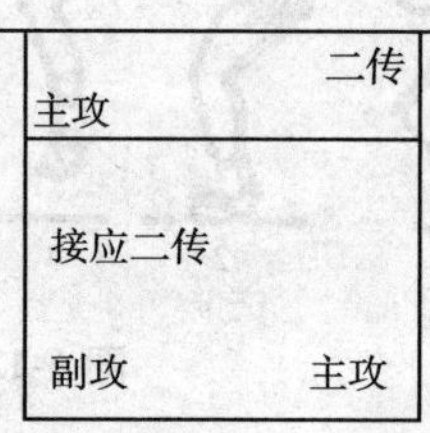


图6-14　"五一"配备

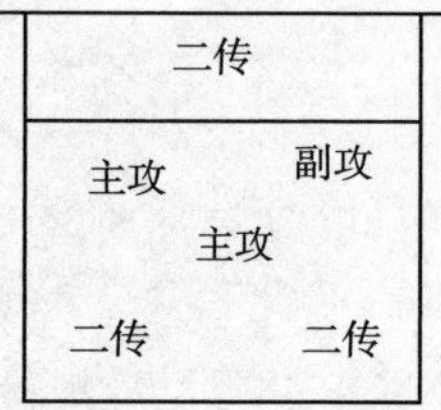


图6-15　"三三"配备

## (二)交换位置

为了有效地调动一切积极因素和发挥队员特长，弥补由于队员身体、技术及阵容配备上的缺陷，比赛中在规则允许的条件下，可以采用换位的方法。当发球队员击球后，双方可以在本方场区任意交换位置，一般有下列几种情况：

### 1. 前排队员之间的换位

(1)为了加强进攻力量，可以把进攻力量强的队员换到2号位、4号位，速度快、善于扣快球的队员换到3号位。

(2)为了加强拦网力量，把拦网好的队员换到3号位或对方重点进攻队员的相应位置。

### 2. 后排队员之间的换位

(1)为了发挥个人特长，可采用专位防守，把队员换到各自专守的区域内。

(2)为了在比赛中连续运用行进间"插上"战术，可把二传队员换到1号位(采用"边跟进"防守时)或6号位(采用"心跟进"防守时)，以缩短插上的距离，便于组织进攻。

## (三)阵容配备和交换位置应注意的问题

(1)要考虑主攻、副攻、二传队员的搭配，使本方的攻防力量安排得比较均衡。

(2)把平时合作默契的攻、传队员安排在相临或适当的位置上。

(3)根据学生的身高和技术特点，进行前后排和左右位置的搭配。

(4)换位前应按规则要求站立，并保持适当的距离，防止"位置错误"的犯规。

(5)本方发球，球击出后应立即换位。若对方发球，应首先接好对方的发球，然后换位。

(6)换位后，当该球成死球时，应立即返回原位，尤其当对方掌握发球权时，更应及时返回原位，做好接发球准备。

## (四)集体进攻战术

1.“中一二”进攻阵式

由3号位队员做二传，2号位、4号位队员进攻的配合形式称为“中一二”进攻阵式(图6-16)；“中一二”进攻阵式是进攻战术的基本阵式之一，在一攻、反攻中都常采用。“中一二”进攻战术容易组织，比较简单，是初学者常采用的一种进攻阵式。这种阵式除组织2号位、4号位扣拉开高球外，还可以有“一快一高”(图6-17)、“一平一快”、“交叉换位”(图6-18)等多种战术打法配合。

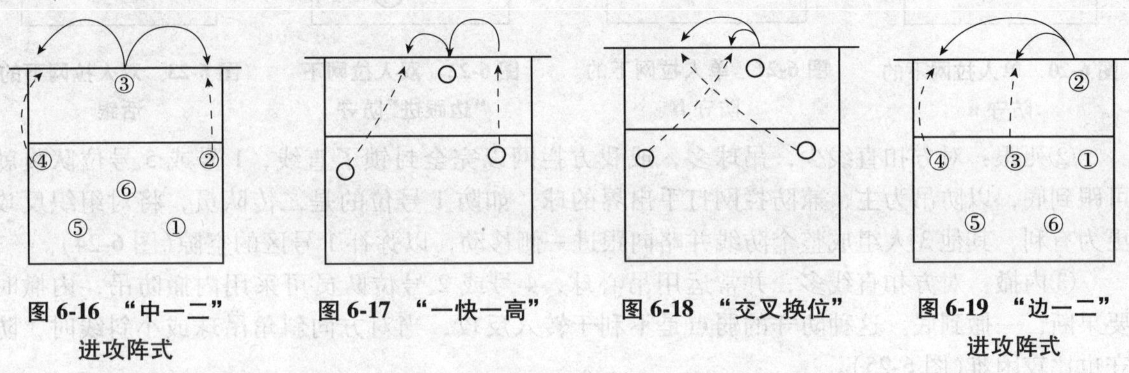


图6-16　“中一二”进攻阵式　图6-17　“一快一高”　图6-18　“交叉换位”　图6-19　“边一二”进攻阵式

2.“边一二”进攻阵式

由前排2号位队员作二传，把球传给3号位、4号位队员进攻，这种进攻的组织形式叫“边一二”进攻阵式(图6-20)。“边一二”进攻阵式的优点是右手扣球者在3号位、4号位进攻比较顺手，战术变化也较“中一二”多；缺点是5号位接一传时离2号位距离较远，控球难度大。在“边一二”基本阵式的基础上，有“一快一高”“交叉换位”“梯次”等进攻配合变化。

## (五)集体防守战术

1. 无人拦网下的防守

在对方扣球威力差，或推攻情况下，可采用无人拦网下的防守阵式。如果3号位是二传队员，可按“中一二”接发球位置站位。

2. 单人拦网下的防守

如对方扣球水平不高，可主动采用单人拦网下的防守阵型(图6-20)；如对方进攻战术变化多，则本方被迫采用单人拦网下的防守阵型。如对方3号位扣球时，本方3号位队员拦网，2号位、4号位后撤防守，后排3人仍成“马蹄形”站位或也可由6号位队员上前防吊(图6-21)。

3. 双人拦网下的防守

包括“边跟进”和“心跟进”防守。

(1)“边跟进”防守

双人拦网下的边跟进防守阵型，也称之为“马蹄形”或“1号位、5号位跟进”防守阵型。这种防守阵型，前排由2人拦网，不拦网的前排队员和后排3个队员组成半弧形的防守阵型，这种阵型对防守大力扣球较为有利，其弱点是球场中间空隙较大，容易形成“心空”，对方如扣直线结合轻吊或吊球，防守就较为困难(图 6-22)。

双人拦网下的“边跟进”防守阵型的布局变化：

①活跟：在对方扣球路线变化多，而且打吊结合的情况下，应采用活跟，跟进与否应由 1 号或 5 号位队员灵活掌握。如跟进，6 号位队员就要向跟进队员的守区一侧移动，以弥补后场空当(图 6-23)。

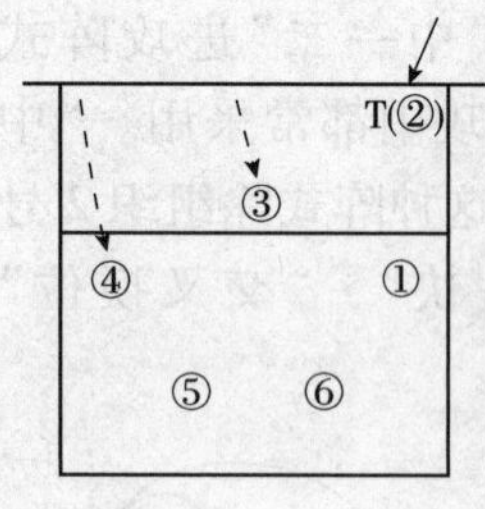


**图 6-20　单人拉网下的防守 a**

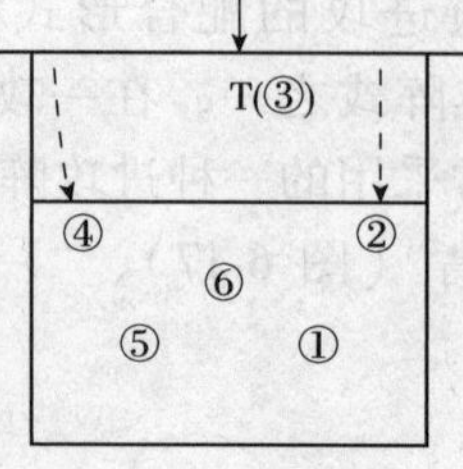


**图 6-21　单人拉网下的防守 b**

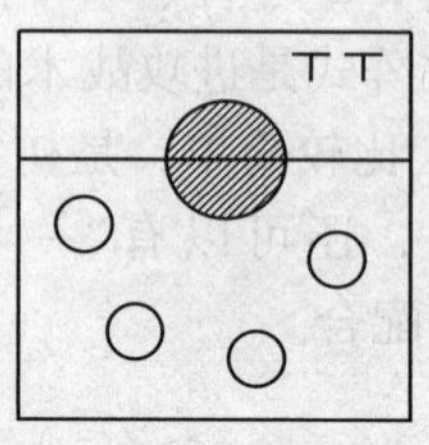

**图 6-22　双人拉网下“边跟进”防守**

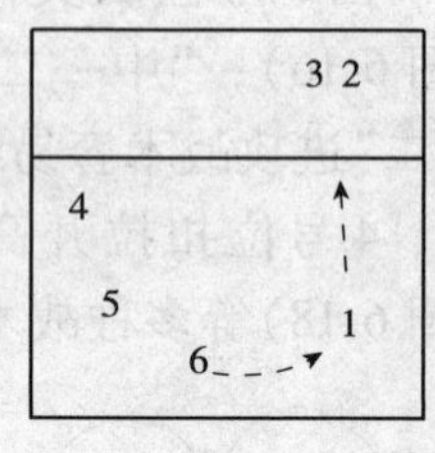


**图 6-23　双人拉网下的活跟**

②死跟：对方扣直线少，吊球多，或我方拦网以完全封锁了直线，1 号或 5 号位队员就可跟到底，以防吊为主，兼防拦网打手出界的球，如防 1 号位的是二传队员，将对组织反攻更为有利，其他 3 人组成整个防线并略向跟进一侧移动，以弥补 1 号区的空隙(图 6-24)。

③内撤：对方扣直线多，并常运用吊心球，4 号或 2 号位队员可采用内撤防吊，内撤时要果断，一撤到底。这种防守的弱点是不利于转入反攻，当对方向斜角吊球或小斜线时，防守也比较困难(图 6-25)。

④双卡：对方以吊球和轻打为主，打吊结合，本方拦网又较强时，就可采用 4 号位内撤，同时用 1 号位跟进的办法协同防守前排的吊球。但双卡防守时，后场只有 2 人防守，空隙太大，所以 2 人跟进要适时，过早的跟进会被对方识破，对防守一方不利(图 6-26)。

(2)“心跟进”防守

双人拦网下的“心跟进”的防守阵型也称为“6 号位跟进”防守阵型。当对方经常采用打吊结合，而本方拦网能力又较强，能封住后场中区，6 号位或某个队员又善于防守阵型，对防吊球和拦网弹起的球较为有利，也便于接应和组织反攻。但后场只有两人防守，空隙较大，后场中央和“两腰”容易造成空当。如对方进攻战术多变，突破点多时，则不宜采用这种防守阵型(图 6-27)。

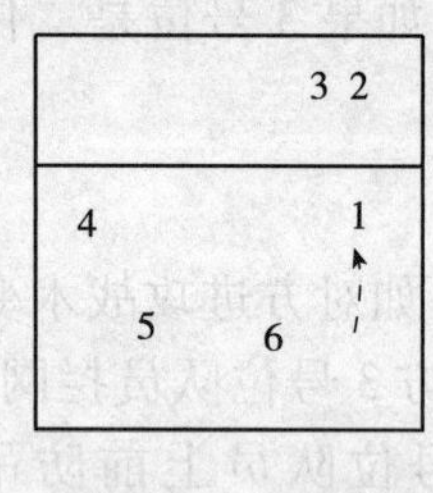


**图 6-24　双人拦网下的死跟**

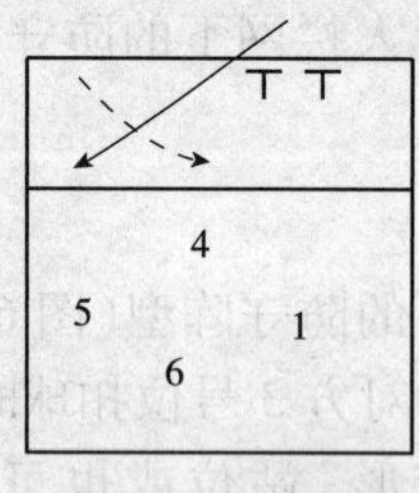


**图 6-25　双人拦网下的内撤**

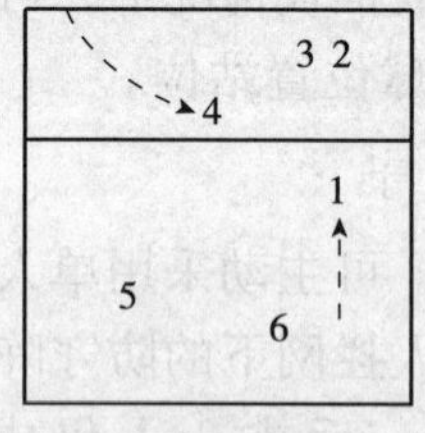


**图 6-26　双人拉网下的双卡**

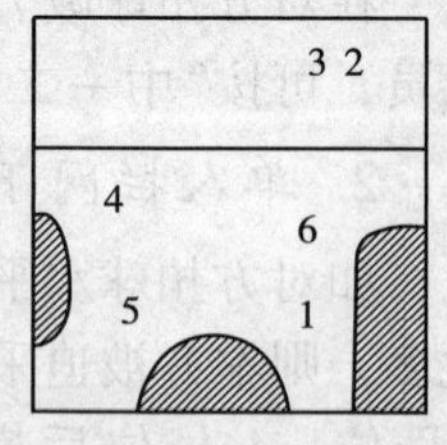


**图 6-27　双人拦网下的“心跟进”防守**

4. 三人拦网下的防守

三人拦网时的防守阵型，适宜在对方扣球队员攻击性强、线路变化多、吊球很少时采取用，它也只有在对方高球强攻的情况下才有可能组成。三人拦网固然加强了第一道防线，但后场空隙相对加大，三人拦网后组织反攻的难度较大，因前排队员拦网后立即后撤转入反攻，时间上比较仓促，所以采用三人拦网，要根据实际情况，一般对付对方突出的强攻队员或某个轮次时可适当采用，一旦采用，拦网要坚决果断，要有封锁到底的精神，宁可让对方吊球也不让对方扣过来，只有这样才能挫伤对方扣球的锐气。

# 第三节 排球比赛与欣赏

## 一、排球比赛

### (一)场地与设备

排球比赛场地包括比赛场区和无障碍区，比赛场区为长 18 米、宽 9 米的长方形。中线把球场分成相等的两个地区。在距中线两侧各 3 米的两条平行线叫进攻线。从进攻线到中线之间的区域为前场区，前场区被认为是由进攻线向两边延伸至中线向西边延伸之间的区域范围。排球场所有的线宽均是 0. 05 米，边线和端线均包括在比赛场地内，发球区宽 9 米(图 6-28)。球网长 9. 5 米，宽 1 米，设在中线的中心线的垂直上空。在球网的两端，垂直于边线和中线的交接处有两条带子称为标志带。两根标志杆分别设置在标志带的外沿的不同侧。标志杆长 1. 80 米，直径 10 毫米，标志杆高出球网 0. 8 米；男子网高 2. 43 米，女子网高 2. 24 米。

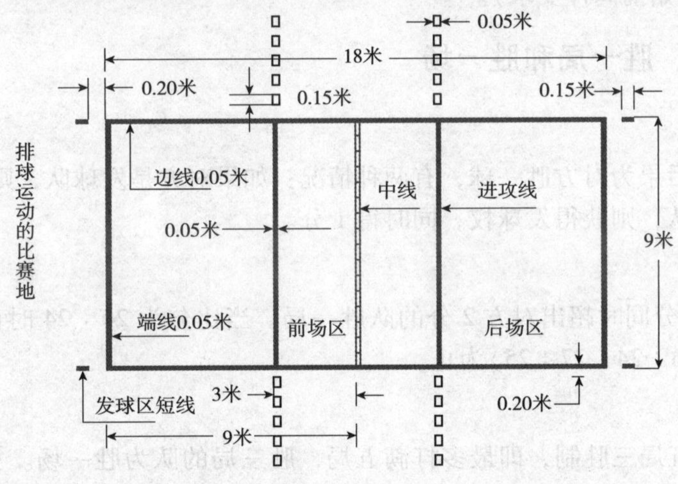


图 6-28 排球场区

### (二)球队成员的组成

一个队最多由 12 名队员、1 名教练员、1 名助理教练员、1 名训练员和 1 名队医组成。只有登记在记分表上的队员才能参加比赛。队长和教练员在记分表上签字后，已登记在记分表上的队员名单不得更换。除上场队员外，其他队员必须站在限制区内，比赛进行中，替补队员可在准备活动区内作无球的准备活动。

### (三)暂停和换人

1. 停

一次暂停的时限为 30 秒。

国际排联世界性比赛的暂停采用以下方法：第一局至第四局，每局有 2 次技术暂停，各为60秒，每当领先队达到8或16分时自动执行。每个比赛队每局有2次机会请求各为30秒的普通暂停。

2. 换人

每一局每队最多可替换6人次，可同时换1人次或多人次。每局开始上场的队员在同一局中可退出比赛和再替换上场各一次，而且只能回到原阵容的位置上。替补队员每局只能上场比赛一次替换开始上场的队员，而且只能由被替下场的队员来替换。

3. 自由人的特殊规则

(1)自由人仅限为后排队员参加比赛，在任何地区(包括比赛场区和无障碍区)都不得将高于球网的球直接击入对方场区，完成进攻性击球。

(2)自由人不得发球，拦网和试图拦网。

(3)自由人在前场区，包括无障碍区进行上手二传，当所传球的整体高于球网，不得进行进攻性击球，当自由人在后场区做同样动作时，则可自由进行进攻性击球。

(4)自由人必须穿着与其他队员不同的颜色(或不同式样)的上衣。

(5)包括自由人在内的换人不记为正规换人次数，而且其次数不限，但在其上下两次之间必须经过一次发球比赛过程。

(6)自由人只能在比赛中断和裁判员鸣哨发球之前，从进攻线和端线之间的边线处进出场地(在一局比赛开始前同样要求)。

### (四)胜一球、胜一局和胜一场

1. 胜一球

比赛中犯规的后果为对方胜一球，有两种情况：如果对方是发球队，则得1分继续发球；如果对方是接发球队，则获得发球权，同时得1分。

2. 胜一局

前四局先得25分同时超出对方2分的队胜一局。当比分为24∶24时比赛继续进行至某队领先2分如(如26∶24、27∶25)为止。

3. 胜一场

正式比赛采用五局三胜制，即最多打满五局，胜三局的队为胜一场。如果2∶2平局时，决胜局打至15分并领先对方2分获胜。

### (五)发球时的几种犯规

(1)发球队员在发球时没有用单臂击球，以及击球没有明显的抛起。

(2)发球时超过8秒时限。

(3)同队队员有意识掩护发球。

(4)发球次序错误：发球队员没有按照记分表上登记的轮转位置进行发球。

(5)发球时场上队员位置错误犯规。

### (六)网上球的几种犯规

(1)过网拦网犯规：拦网时，拦网队员可将手或手臂伸过球网，但不得影响对方击球。也就是在对方进攻性击球之后，方允许过网拦网。

(2)过网击球犯规：击球时击球点越过球网上沿的垂直面则应判为过网击球犯规。判断过网击球，主要以触球点是在对方场区上空作为依据。

(3)对球在网上空双方同时击球处理：如球落在甲方场区，判乙方得分。球落在甲方场外，判乙方击球出界。如球沿球网滚动触标志杆，则判双方界外球，该球重发。

## (七)触网犯规

比赛中触网为犯规，但队员未试图进行击球的情况下偶尔触网除外。球被击入网而造成球网触击队员时，不算犯规。双方同时触网，应判双方同时犯规，重新发球。

判断触网犯规第一、第二裁判员应有分工，并有侧重，同时要互相配合，互相弥补。第一裁判员着重观察扣球一方及网口上沿的触网犯规，第二裁判员应注意观察拦网一方及网口以下的触网犯规。

## (八)后排队员的犯规

(1)后排队员进攻性击球犯规

后排队员在前场区或踏及进攻线及其延长线时，将整个高于网上沿的球直接击入对方场区，则判为后排队员进攻性击球犯规。

(2)后排队员拦网的犯规

规则规定后排队员不得拦网，后排队员拦网犯规有两种情况：个人拦网如触球即判为后排队员拦网犯规，没有触球则不判犯规；后排队员参加集体拦网，只要参加集体拦网队员中有一个队员触到球，即判为后排队员拦网犯规。

(3)后排队员犯规的判断方法

第一、第二裁判员应弄清队员的位置，特别要注意双方插上的二传队员，要熟悉各种接发球阵式，了解双方队员接发球时前后排队员的站位情况。判断后排队员犯规时，只有在确定看清并有把握的情况下再果断鸣哨。

## (九)队员进入对方场区

队员的一只(两只)脚或一只(两只)手越过中线触击对方场区的同时，脚的一部分还接触中线或置于中线上空是允许的，不判为犯规。除脚之外，队员身体的任何部位都不允许接触对方场区。比赛中断后队员可以进入对方场区。

判断过中线犯规主要是第二裁判员的职责，第二裁判员要多注意队员在网前移动的情况，进攻队员完成进攻性击球后，第二裁判员的视线应在网前稍加停留，以便观察有无过中线犯规的情况。

## (十)击球时的犯规

(1)四次击球

一个队连续触球4次(拦网一次除外)为4次击球犯规。判断时应注意，不论队员主动击球还是被动触击，均算作该队员击球一次。当同队的2名(3名)队员同时触到球时，被计作2次(或3次)击球(拦网除外)。如2人同时去击球，但只有1名队员触球，则只计1次击球。

(2)持球

一名队员没有将球清晰地击出，使球停滞(如捞棒、推掷、携带等)为“持球”犯规。判断持球的依据是球停留时间的长短，不同的技术动作应允许有不同的合理停留时间，超过了合理停留时间，便造成持球犯规。

(3) 连击

一名队员明显的连续击球 2 次（拦网 1 次除外）为连击犯规。

(4) 借助击球

借助同伴或任何物体的支持击球为借助击球犯规。判断时要注意区分，一名队员可以拉住或挡住另一名即将造成犯规的同队队员（如即将触网或过中线的队员）；队员击球后拉住或触击网柱、挡板等也不犯规。

## （十一）弃权和阵容不完整

(1) 弃权

某队无正当理由未准时到达比赛场地，或某队被召唤之后拒绝比赛，则宣布该队为弃权，对方以每局 25：0 的比分和 3：0 的比局获胜。

(2) 阵容不完整

某队因队员受伤，队员被判罚出场或被取消资格，不能按规则规定进行合法替换和特殊替换，场上不能保持 6 名队员进行比赛时，则被宣布该队一局或一场比赛阵容不完整，给对方胜一局或一场比赛所必要的分数或局数，阵容不完整的队保留其已得的分数和局数。

**知识窗**

排球规则是由技术性规定、非技术性规定和场地设备要等方面的内容组成的。每局先得 25 分者为胜，决胜局先得 15 分者为胜，当出现 24 平或 14 平时，要继续比赛至领先 2 分才取胜。

## （十二）竞赛制度、成绩计算方法

1. 竞赛制度

排球比赛经常采用的竞赛制度有三种：循环制、淘汰制和混合制。

(1) 循环制

单循环和双循环。

①单循环是参加的各队都有相互比赛机会，是一种比较公平合理的比赛制度，能比较合理的确定名次。但一般只在参加比赛的队数不多，又有足够的竞赛时间才能采用。

②双循环是各参赛队相遇两次的比赛方法，多在参赛队较少，为了增加各队相互学习、锻炼机会时采用。比单循环的总场数增加了一倍。

(2) 淘汰制

就是在比赛中失败一次即退出比赛，获胜者继续比赛，直到最后决出冠亚军为止。淘汰制一般是在参加队数较多，而举行比赛期限较短时采用。

(3) 混合制

一次竞赛中同时采用循环制和淘汰制，叫混合制。一般采用混合制，把竞赛分为两个阶段进行。前一阶段采用分组单循环，后一阶段采用淘汰制进行决赛；或相反。

采用先分组循环后淘汰的混合制比赛时，最好分成 2 组、4 组、8 组、16 组进行分组循环，便于以后编排淘汰制的比赛秩序表。

2. 成绩计算方法

(1) 每队胜一场得 2 分，负一场得 1 分，弃权取消全部比赛成绩，积分多者名次列前。

(2)如遇两队或两队以上积分相等，则采用下列办法决定名次：

A(胜局总数)/B(负局总数)=C(值)，C值高者名次列前。

(3)如C值仍相等，则采用：X(总得分数)/Y(总失分数)=Z(值)，Z值高者名次列前。

## 二、排球欣赏

有言道：外行看热闹，内行看门道。希望同学们通过本节的学习，能够从一个看热闹的“门外汉”，成为一个会看门道的内行观众。

排球，是两队在由球网分开的场地上，遵照规则将球击过网使其落在对方场地上的得分制集体比赛项目。排球与足球、篮球并称为世界“三大球”。作为三大球中唯一一个隔网项目，比起足球、篮球的激烈对抗和激情四溅，排球相对要宁静、柔和许多，这份宁静和柔和也激活了体育运动中不同于足球、篮球的另一种味道。

从1895年正式诞生至今，排球由最初的纯白色逐渐过渡到了活泼的蓝、黄、白三色，而排球运动本身也经历了百余年的行进过程。近年来，足球世界杯、欧洲四大联赛和美国NBA职业联盟的逐渐火爆，冲击了排球在世界范围内的影响力，但由于排球规则的改变、世界排球竞技水平尤其是女子排球水平的提高、沙滩排球兴起等原因，排球仍然一直拥有庞大且稳定的球迷群体。因其运动强度适中、简便易行等特点，在全球范围内也仍然具有广泛的群众运动基础。据统计，世界上有8亿人口热衷于排球运动。而且，因为老中国女排在20世纪80年代缔造的辉煌和新一届女排逐渐骄人的战绩，大多数国人心中都会有一份无法割舍的排球情结。对于国人来说，排球在所有体育运动中享受着特殊的地位。即使你弄不懂足球的“越位”如何界定，也不清楚篮球的“挡拆”是何概念，但你一定不会看不懂排球。

作为观众和排球爱好者，在观看排球比赛时，我们应该从以下几个方面来欣赏它：

### (一)运动员的精彩表现

在排球比赛中，运动员在场上各司其职，共同奋战，我们首先学会从其所扮演的角度欣赏比赛。

1. 欣赏二传手

侧重欣赏二传手传球稳度与准确度、动作的应隐蔽性与攻击性、正确选择进攻的突破口、应用有效的战术打法、善于发挥进攻队员的作用等战术组织能力。

2. 欣赏扣球队员

重点欣赏扣球手有效突破对方防守进攻时所显示出的扣球技术、技巧和智慧。

3. 欣赏全队协调配合

把全队运动员在战术组织与运用中各项技术上相互弥补与适应、协同配合以及其中所显示出相互鼓励与支持的精神力量作为欣赏重点。

### (二)欣赏排球技术

排球赛有多种技术组成，技术是欣赏的重要内容。从欣赏与评价的角度来讲，排球运动的技术之美，最主要的是看排球运动员所完成的技术动作是否“合理、有效”。可从“三性一感”(准确性、协调性、连贯感和节奏感)入手，对单个排球基本技术进行独立欣赏。

### (三)欣赏排球战术

观看排球比赛时，我们应重点领略不同球队各自的战术风格、策略与战法以及整个球队所显示出来高度进攻能力和顽强防守的信念与气概。因此，排球战术欣赏可算是排球比赛欣赏的一大看点，是领略排球运动魅力的精髓所在。

排球战术欣赏内容可包括：

1. 领略战术阵型的变化

识别赛场上两支球队的排兵布阵和阵势变化，领略比赛不同阶段双方战术指导思想，明确进攻和防守战术的目标与策略，从而为及时欣赏和评判球队双方战术运用效果打下基础。

2. 领略战术谋略的运用

世界上那个没有一种包打百队、万应灵验的战术。排球战术的组织和运用千变万化并且比赛双方每一次战术组织与运用的调整都是有其缘由的和目的性。从中你可以领悟到战术组织者们完整的战术意图和策略，领略到其中所蕴涵的战术智慧。

3. 领略战术组织的精密

再好的战术意图也必须通过高度质量的战术组织才能在实战中得以完整显现，才能发挥其最大的功效。通过观赏场上两队各自队员间默契的配合和高超的个人战术发挥，可以充分欣赏到球队集体和个人的智慧、技术以及高度协同配合的集体精神。

### (四)学会全面欣赏排球比赛

1. 欣赏运动员的形体美

排球运动员的身材高挑，热情奔放，健康而充满活力。在排球比赛中，排球运动员时而腾空而起凌厉扣杀，时而飞身一跃惊险救球，那美的形体、美的动作、美的造型，都充满了诱人的风采，处处都体现了坚韧与美的神韵。

2. 欣赏运动员的意志美和风格美

排球比赛中的运动员的意志美和风格美也是我们欣赏的主要方面。在比赛中，运动员在复杂和困难的条件下所表现出的坚忍不拔的意志品质和勇猛顽强的比赛作风往往给人留下深刻的印象，使观赏者更加充分地领略到排球运动的竞技魅力。

3. 运动员的智慧美

排球比赛对抗激烈，瞬息万变。在比赛中，教练员和运动员在“形彼意此”“避实击虚”“奇正变换”的战术谋略变化中，充分展现个人和集体的智慧以及创造精神。观赏排球比赛中的斗智斗勇，体味以智胜力的内涵，实为一种精神享受。所以，我们欣赏排球，首先寻找的是一种亲切感，看着熟悉的身影在熟悉的场地上移动、跳跃，遵循着熟悉的规则，赢得熟悉的结果。看女排，大多是为了一种情结和感觉，由眼前的场景延伸到记忆中那些熟悉的影像。

其次，就该把注意力集中到排球的各项技术环节了，比如发球、一传二传、进攻、得分等。衡量发球好坏的标准就是看其是否能够有效破坏对方一传；一传是看其是否到位，为二传和其后的进攻提供有力的铺垫；二传则是看其是否调动了强大的攻击火力，且灵活多变、出其不意；衡量进攻的标准自然是看其是否得分，或是打乱了对手反击的节奏。

不妨再了解一下世界各地女排的技术特点。以中国女排、日本女排为代表的亚洲女排以“快”字见长，最突出的打法特点是迅速、灵活，扬长避短，并不与对手硬拼高度和力量，而是靠多变的快攻战术制胜；以俄罗斯女排为代表的欧洲女排，则偏爱高举高打的传统进攻方式，因为她们身材高大、力量突出，强攻是最简洁的得分途径；以巴西女排为代表的美洲女排，打法结合了亚洲和欧洲的特点，既重强攻又辅以快攻，战术全面。不同流派的队伍的碰撞，相生相克，反而令排球有了更多的看点，也让排球的欣赏有了更多内容。

对我们来说，欣赏排球是一种习惯，小小的排球里包含着一个时代的信仰，这种信仰的力量一直影响到了今天。还要提醒一点，欣赏排球，千万不要忘了男排。虽然从目前排球的发展现状来看，男排不如女排的影响力来得大，但在这片领域内一样有拼搏进取的精神，一样有精彩纷呈的激烈对抗，男队员们的发球更为势大力沉，进攻也更为迅猛，大开大合，酣畅淋漓。欣赏女排之余，体味一下男排的节奏，也是不错的享受。

### （五）排球比赛观赏礼仪

经常观看排球比赛的人都知道，排球运动员的团结协作在比赛中表现得非常突出，每一次进攻得分后队员们都会相互拥抱或击掌相庆，情感的宣泄带动观众将赛场气氛带到最高点，而当失分的时候，队员们也会拍手示意相互安慰，而不是彼此埋怨。

在欣赏排球比赛时，观众也应该学会配合队员们营造一种始终高涨的赛场氛围，适时适度地呐喊助威。无论是主队、客队，每当队员奉献一次精彩的表演，观众都应该为之鼓掌叫好。当队员每一次精彩的倒地救球、拦网或进攻得分时，观众在第一时间的掌声和叫好声是对他们最大的鼓励，所以在这个时候可千万不要吝惜你的掌声和嗓音，完全可以将心里的喜悦最大限度地释放出来。当自己支持的球队由于失误而失分时，可以用些许掌声来表达对他们的理解与安慰，也可以不做声，心中默念“没关系，接着来”！总之，喝倒彩、幸灾乐祸都是赛场中极不文明的表现，同样也是对运动员最大的不尊重。

## 思考题

(1)判断“持球”的依据是什么？如何把握好“持球”尺度？

(2)排球比赛中每局每队最多可替换多少人？

(3)在正面传球中，双手应该在距离额头多远的地方触到球？

## 研究与实践

尝试运用长距离的有氧练习跑发展排球运动员的有氧耐力，提高心肺循环系统的功能。

# 第七章 足球

## 第一节 足球运动概述

### 一、足球运动的起源与发展

#### (一)古代足球运动的萌芽与发展

足球运动是一项古老的体育活动，源远流长。据说，希腊人和罗马人在中世纪以前就已经从事一种足球游戏了。他们在一个长方形场地上，将球放在中间的白线上，用脚把球踢滚到对方场地上，当时称这种游戏为“哈巴斯托姆”。

到19世纪初叶，足球运动在当时欧洲及拉美一些国家，特别是在英国已经相当盛行。直到1848年，足球运动的第一个文字形式的规则——《剑桥规则》诞生了。

然而众多资料表明，中国古代足球的出现比欧洲更早，历史更为悠久。

我国古代足球成为“蹴鞠”或“蹋鞠”，“蹴”和“蹋”都是踢的意思，“鞠”是球名。“蹴鞠”一词最早记载在《史记匪涨亓写》里，汉代刘向《别录》和唐人颜师曾为《汉书·枚乘传》均有记载。到了唐宋时期，“蹴鞠”活动已十分盛行，成为宫廷之中的高雅活动。1985年7月，阿维兰热博士(1974—1998年在任国际足球联合会主席)来中国时曾表示：足球起源于中国。

当然，由于封建社会的局限，中国古代的蹴鞠活动最终没有发展成为“以公平竞争”为原则的现代足球运动。这个质的飞跃是在资本主义的英国完成的。

#### (二)现代足球运动的诞生

从17世纪中后期开始，足球运动逐步从欧美传入世界各国，尤其是在一些文化发达的国家更为盛行。越来越多的人走向球场，投身到这一富有刺激性和畅快感的运动中去，以至于一度将足球运动开展得好坏作为衡量一个国家文化发达与否的标志。在这种情况下，英国人率先为足球运动的发展作出了重要贡献。

1863年10月26日，英国人在伦敦皇后大街弗里马森旅馆成立了世界第一个足球协会——英格兰足球协会。会上除了宣布英格兰足协正式成立之外，制定和通过了世界第一部较为统一的足球竞赛规则，并以文字形式记载下来。

英格兰足球协会的诞生，标志着足球运动的发展进入了一个崭新的阶段。因而，人们公认1863年10月26日，即英格兰足球协会成立之日为现代足球的诞生日。

#### (三)国际足球联合会的成立

英格兰足协的成立带动了欧洲和拉美一些国家足球运动的蓬勃发展，1872年英格兰和苏格兰之间进行了历史上第一次协会间的比赛，1890年奥地利开始举办足球锦标赛，1889年荷兰和阿根廷出现了若干个足球组织，1900年西班牙巴塞罗那成立了“女泰罗尼亚”足球协会。这些发展为创建国际性的足球组织创造了条件。

1904年5月21日，国际足球协会联合会(简称国际足联，缩写为FIFA)在法国巴黎正式成立。

1904年5月23日，国际足联召开了第一届全体代表大会，法国的罗伯特·盖林被推选为第一任主席。1905年4月14日，英格兰足协加入国际足联。

国际足联的创建，标志着足球作为一项世界性的体育运动项目登上了世界体坛。它是世界足球运动的最高权力机构，总部设在巴黎。国际足联的最高权力机构是代表大会，每两年举行一次。国际足联主席由代表大会选出，任期4年，可连选连任。

### (四)中国足球运动

现代足球运动传入我国是在19世纪末至20世纪初，最初是由英国人带入香港，1908年在香港成立了中国现代足球运动的第一个组织——南华足球会。1910—1948年，在中国举行的7届全国运动会上，足球均被列为正式比赛项目。1913—1934年，我国共参加过10届远东运动会，获得8次足球比赛冠军。1931年我国加入国际足球联合会，1936年和1948年我国足球对还参加了第八届、第十四届奥运会的足球比赛(未取得名次)。

现代足球运动馆传入我国至中华人民共和国成立前的几十年间，无论从足球运动的开展情况和运动技术水平来看，都处在一个发展缓慢的较低水平上。

中华人民共和国成立后，从1956年起，我国开始实行甲、乙级联赛制度，并规定了升降级办法，同时实行运动员、裁判员等级制。此外，还举办了全国足球锦标赛、全国青年足球锦标赛等。

1978年开始恢复全国甲乙级联赛双循环升降级制度，并建立了全国成年队联赛、青年队联赛的各级较稳定而系统的竞赛制度。

1982年和1986年，中国足球队参加了第十二届、第十三届世界杯足球赛的预选赛。此外，参加了第二十三届、第二十四届、第二十五届奥运会的足球预选赛，并参加了第二十四届奥运会足球决赛阶段的比赛。

## 二、足球运动的特点

### (一)整体性

足球比赛中，每队11人虽位置、职责、分工不同，但必须按照既定的战术策略和要求协同一致，形成一个严密的整体，才能取得比赛的主动权。

### (二)对抗性

技术、战术、身体、心理等因素的综合对抗和全面较量是现今足球比赛的显著特征。以控球权的争夺为焦点。

### (三)多变性

全面型足球的问世，打破了运动员职责范围的局限性，技术能力的全面提高和多变的战术打法，使比赛充满活力和悬念。

### (四)艰辛性

足球“高速度，强对抗”的比赛特征要求运动员必须具备承受大运动负荷的身体能力。

### (五)易行性

足球比赛规则简明，器材、设备要求简单，一般性足球比赛可以不受时间、人数、场地、器材的限制，是全民健身中一项十分易于开展的群众性的体育运动项目。

## 三、足球运动的主要作用

### (一)有利于培养良好的个性品质

足球运动对运动员注意力、想象力、创造力、思维能力和时空间感知觉等心理品质的形成有较好影响。长期参加足球运动可以培养勇敢顽强、坚韧不拔、拼搏进取、团结协作、遵守纪律、公平竞争等优良品质。

### (二)有利于增强体质

经常参加足球运动可以全面提高人体的身体素质，提高人体各器官的机能，增强体质。据测定，一个优秀足球运动员的肺活量比正常人要多2000~3500毫升，安静时的心率要比正常人低15~22次/分。

### (三)有利于振奋民族精神，扩大国际交往

现代足球运动的作用和影响，已经远远超出了足球运动本身的范围，它已成为一个国家的政治、经济和文化交流的一种工具。

### (四)有利于创造社会财富

足球是世界上影响最大的体育项目，高度的国际化、职业化和产业化发展趋势，使其具备了巨大的经济利益和商业价值。

## 四、足球运动在中国发展的现状

谈及中国足球，它在广大国民心中已经不仅仅是一个体育项目，而是一个备受社会关注的社会问题。中国数以亿计的球迷关注着中国足球的发展，然而不尽如人意的成绩让无数的球迷逐渐对中国足球失去了信心。

### (一)群众基础现状

一个国家拥有的足球人口的数量的多少很多时候会决定一个国家在足球世界中的地位。目前全国参加足球运动训练的青少年数目大约为20几万，但是却没有长期且专业的系统训练和指导。与世界一流足球水平的国家相比，我国的足球人口少得可怜。由于师资条件的限制，很多孩子只能是随便玩玩，对中国足球的未来发展几乎是起不到任何作用。同时由于国内学生的课业压力较大，青少年几乎没有太多的时间进行足球运动，同时学校也没有精力和实力去举办真正意义上的足球比赛。青少年作为足球最重要的贮备力量却不能在最好的时间里学习足球，这就严重影响了中国足球的后备力量。

### (二)基础设施建设现状

足球场的建设数量会直接影响到足球人群的数量。以北京足球场建设为例，在北京有1000多块的网球场，400多块的室内网球场，然而足球场却只有100多块。高校的足球场的

建设水平相对高一些，有部分足球场是采用真草铺设。但是通常这种水平的足球场是不对外开放的，只是用于比赛或者商业租赁。和高校的足球场相比，中小学的足球场是十分简陋的。中小学通常设有操场，摆上几个球门就当是足球场了。绝大部分的足球场都算不上真正意义上的足球场，青少年在课余时间是根本没有合适场地踢球的。一种运动的影响力只取决于参与该运动的人数的多少，而参与人数的多少又直接受到运动场地的制约。目前中国足球场地的缺乏严重制约着参与足球运动的人数。没有合适的足球场地，球员的技术动作就会受限制，也无法提升技术水平。

## 第二节　足球的基本技术、战术与练习方法

### 一、足球技术

#### （一）颠球

颠球是指运动员用身体各个有效部位连续地触击球，并加以控制尽量使球不落地的技术动作。

1. 动作要领

（1）双脚脚背颠球：脚向前上方摆动，用脚背击球，击球时踝关节固定，击球的下部。两脚可交替击球，也可一只脚支撑，另一只脚连续击球。击球时用力均匀，使球始终控制在身体周围。

（2）双脚内侧、外侧颠球：抬腿屈膝，用脚的内侧或外侧向上摆动，击球的下部，两脚内侧或外侧交替击球。

（3）大腿颠球：抬腿屈膝，用大腿的中前部向上击球的下部，两腿可交替击球，也可一只做支撑，用另一侧的大腿连续击球。

2. 常见错误

（1）脚击球时踝关节松弛，造成用力不稳定。

（2）击球时脚尖向下或向上勾，造成球受力后向前或向后触碰身体，使球难以控制。

（3）颠球时身体其他部位不够放松，以至于动作僵硬。

（4）头部颠球时腿部、躯干、颈部配合用力不协调，仅靠颈部。

3. 练习方法

（1）一人一球颠球

体会触球时间、部位、力量和整个动作的协调配合。

（2）两人一球颠球

用脚背、大腿、头部以及身体各部位触球，掌握好触球的力量，尽量不让球落地。每人可触球一次颠给对方，也可触球多次互颠。

（3）四五个人一起，围成一圈用两球颠球

可规定每人触球的次数与部位，也可自由掌握触球的次数与部位。颠传时要注意多观察，防止两个球同时传给一个人。

#### （二）踢球

踢球是运动员有目的地用脚的某一部位把球击向预定目标的技术。踢球是足球技术中最

重要的技术，主要用于传球和射门。

1. 脚内侧踢球(又称脚弓踢球)(图 7-1)

(1)动作要领

直线助跑，支撑腿膝关节微屈，踢球腿以髋关节为轴由后向前摆，踢球腿屈膝外展，脚底与地面平行，用脚内侧部位击球的后中部，接着脚随球前摆落地，身体跟随移动，髋关节向前送。

图 7-1 脚内侧踢球

(2)特点

平稳准确，但出球力量小，不隐蔽。

(3)专家提示

①踢球腿屈膝外展不充分，脚尖没有翘起。

②踢球腿前摆时关节伸直，形成直腿扫踢球。

③踢球脚脚掌内翻。

2. 脚背正面踢球(又称正脚背踢球)

(1)动作要领

直线助跑，摆动腿顺势向后摆起，小腿屈曲。在支撑脚着地的同时，以髋关节为轴，小腿由后向前摆，当膝盖至球的正上方，小腿做爆发式前摆，踢球的后中部。击球后身体及踢球腿随球前移。

(2)特点

力量大，球速快，出球方向单一。

(3)专家提示

①支撑脚位置靠后，造成身体后仰，出球偏高。

②小腿过早前摆，出球无力。

3. 脚背内侧踢球(又称内脚背踢球)(图 7-2)

(1)动作要领

斜线助跑，距球的内侧后方 20~25 厘米左右，膝关节微屈。膝盖摆至球的内侧上方的刹那，小腿做爆发式摆动。以脚背内侧踢球的后中下部，踢球腿及身体继续随球向前。

图 7-2 脚背内侧踢球

(2)特点

踢球的力量大，出球方向高低变化较大，用途较广。

(3)专家提示

①支撑脚离球过近，击球点偏外，出球不准。

②踢球脚的脚背外转不够，脚的接触部位不正确。

③弧线摆腿，击球点偏外。

(4)常见错误

①支撑脚位置偏后，踢球时身体后仰或臀部后坐，脚触在球的后下部，踢出球偏高。

②踢球腿的后摆较小或没有，而前摆过分，造成踢球无力或出球高。

③踢球腿摆动方向不正，以至踢球发力没有通过球心，出球旋转。

④脚趾屈得不够，以至不能用脚的正确部位触球，出球力量和方向均受到影响，且易损伤脚趾。

(5)练习方法

①各种踢球技术动作的模仿练习。

②一人用脚底挡球，另一人踢球。

③距墙5米左右进行踢球技术练习：利用足球墙进行各种踢球练习时，一般都应从静止到活动，从注意技术要点正确与否到踢向预定目标。

④各种脚法的两人练习：相隔一定距离进行不间断连续传球练习。两人一组，还可进行有对抗的传射练习。

## (三)停球

停球是指运动员有目的地用身体的合理部位，把运行中的球挡在所需要的控制范围内的技术动作。

### 1. 脚内侧停球(图7-3)

(1)动作要领

支撑脚正对来球，停球腿屈膝外展并前迎，脚尖翘起，当脚与球接触的刹那开始后撤，把球控制在要做下一个动作的准备位置上。

图7-3　脚内侧停球

(2)专家提示

①停球脚的关节没有充分放松，缓冲作用不明显。

②停球动作时间或早或晚，造成效果不好。

### 2. 脚背外侧停球

侧对或面对来球，停球脚稍提起，膝关节和脚尖内转，以脚背外侧正对来球，在支撑脚的前侧接触球的侧后方，并向停球脚外侧轻拨，把球停在侧前方或侧方的范围内。

3. 大腿停球

面对来球，支撑腿支撑住身体重心，停球腿屈膝抬起，以大腿中部对准来球，当大腿与球接触前的刹那，快速后撤挡球，使球落在衔接下一动作的位置上。

4. 胸部停球(图 7-4)

(1)动作要领

面对来球，两臂自然张开，眼睛注视来球，两膝微屈，上体后仰，接触球瞬间，两脚蹬地，膝关节伸直用胸部轻托球的下部使球微微弹起于胸前上方。

图 7-4 胸部停球

(2)专家提示

①身体后仰不够，球未到就主动挺身迎球。

②触球的身体部位不正确。

(3)常见错误

①球从脚下漏过。主要原因是为掌握好脚的出球部位距离地面的高度。

②停球时将球卡在停球地点(本想停成活动球)，触球的部位过高(接近球的直径)。

③停球后，球未能达到理想的位置，缓冲、加力或触球时所形成的反射角不当。

④停球后身体不能及时跟上，影响控制球。

(4)练习方法

①采用足球墙练习各种方法停地滚球。

②个人将球踢高，然后进行停反弹球的各种练习。

③两人对面站立，相距 10 米左右，一人踢地滚球，另一人迎上去停球。

④两人在跑动中传接球练习。两人一组，要求接球时尽量使用多种方法，传出各种性质的球，以提高接球能力。

## (四)运球

运球是球员在跑动中有目的地用脚连续推、拨球，使球控制在其脚下的触球动作。

1. 脚内侧运球(图 7-5)

(1)动作要领

运球跑动时，步幅稍小，上体放松稍前倾并向运球方向扭转，脚跟提起，脚尖稍外转，用脚背内侧推拨球。

图 7-5 脚内侧运球

(2)特点

多向异侧脚方向运动，有掩护作用。

2. 脚背正面运球(图 7-6)

(1)动作要领

运球跑动，步幅适中。运球脚提起，脚跟提起，脚尖向下，在迈步前伸着地前，用脚背正面推球前进。

(2)特点

适合于直线快速运球。

图 7-6　脚背正面运球

3. 脚背外侧运球

(1)动作要领

运球跑动，上体稍前倾，步幅不宜过大。运球脚提起时，膝关节弯曲，髋关节前送，提踵，脚尖稍内转，在迈步前伸着地前，用脚背外侧推拨球的后中部。

(2)特点

速度快，可用身体将对手与球隔开，以便掩护，易改变方向。

(3)专家提示

①踝关节不放松，击球时人球分开太远。

②不能随时抬头，只低头看球。

4. 拨球

利用脚踝关节向侧的转动，以达到用脚背内侧或脚背外侧触球，将球拨向身体的侧前方、侧方、侧后方。

5. 拉球

将前脚掌放在球的上部或侧上部，另一脚在球的侧后方支撑，然后触球脚向后下方用力将球拉回。

6. 扣球

方法与拨球相同，不同点在于它的用力是突然的并伴随突然转身或急停，使对手在来不及调整重心的瞬间，突然从反方向推送球越过对手的防守。

(1)常见错误

①眼睛只盯着球，不能根据临时情况及早采取措施。

②身体僵硬，动作不协调，造成不恰当的触球，或触球时力量过猛。

③运球技术运用不合理，造成脚尖捅球。

④运球移动幅度过大，重心太高，不能有控制地触球控球。

⑤由于触球部位不当，运球时球不能按照运球者的意图运行。

(2)练习方法

①慢跑分别用单脚脚内侧运球，脚背正面运球，脚背外侧运球，运球方向沿直线进行。

②慢跑弧线运球。用不同的运球方法沿中圈线做顺时针、逆时针运球练习。

③慢跑中双脚交替用脚背内侧运球折线运行。

④拨球练习。在一定范围内自由运球，按手势用一只脚做支撑，另一只脚用脚背内侧或外侧拨球绕支撑脚做圆周运球，两脚轮流练习。

⑤拉球转身180°运球练习。在一定范围内自由运球，听哨音后用一只脚支撑，另一只脚拉球至身后，沿拉球脚一方转体180°继续运球。

## (五)抢截球

抢截球是指球员运用合理的动作把对手控制的球、传出的球夺过来或破坏掉所采用的各种技术动作。

1. 正面抢球(图7-7)

(1)动作要领

当对手运球脚触球后即将着地或刚着地的刹那或者运球距离过远时，从正面抢堵球，同时上体稍前倾，身体重心由后脚移至抢球脚上，维持身体平衡。

(2)专家提示

①动作不突然，后蹬无力，抢球脚踝关节放松，抢不到球。

②抢球时机掌握不好，出脚时间不对，抢球失败。

图7-7 正面抢球

2. 侧面抢球(图7-8)

(1)动作要领

合理冲撞抢球的动作是与运球的对手呈并肩跑动时，当对手靠近自己一侧的脚离地时，用肘关节以上部位冲撞对手相应的部位，使其失去平衡而离开球，乘机把球抢过来。

图7-8 侧面抢球

(2)专家提示

①冲撞时用手或肘、肩推人犯规。

②冲撞时机不对，效果不好。

(3)常见错误

①正面堵抢时，易产生触球部位不准确造成失误。当双方同时接触球时，未能及时提拉球而被对方抢先造成堵抢失误。

②侧面抢球冲撞时，动作不正确造成的犯规。实际选择不当，不应选择在对手同侧脚支撑时。

③“抢断”球的时机选择，以及出击时机与动作配合不及时、不协调造成失误，以至扑空。

(4)练习方法

①两人一球练习。将球放在队员A前，队员B与其相距2米，队员B上步做正面脚内侧堵抢练习，当队员B触球瞬间队员A也用脚内侧触球。让抢球队员B体会上步动作及触球部位，两人可轮换做抢球。

②两人一球练习。A、B两队员相对站立，队员A运球跑向B(慢速)，队员B选择好时机实施正面脚内侧堵抢技术。

③两人同方向慢跑，在跑的过程中两人可做适当的合理冲撞，体会冲撞的时机和冲撞的部位，如何用力等。

④一人直线运球前进，另一队员由后赶至呈并肩时伺机实施合理冲撞并控制球。练习时要求运球者能给予抢球者配合，让抢球者得到练习，速度可以由慢到中速循序进行。

## (六)头顶球

头顶球是有目的地用前额将球击向预定目标的技术。

1. 前额正面头顶球(图7-9)

(1)动作要领

①原地前额正面顶球：身体正对来球，上体后仰成反弓形，后脚用力蹬地，颈部紧张收下颌，快速甩头，用前额正面顶球的后中部，上体随球前摆。

图7-9 前额正面头顶球

②跳起前额正面顶球：使身体正对来球路线，跳起身体呈反弓形。当球运行到身体的垂直部位前的刹那快速收腹折体前屈并甩头，用前额正面将球顶出。

2. 前额侧面头顶球

(1)动作要领

当球运行到出球方向同侧肩上方前的刹那，上体迅速向出球方向扭摆，同时颈部紧张并用力甩头，用前额侧面击球的后中部。

(2)专家提示

①闭眼，顶球部位不对，不敢主动顶球。

②球点选择不正确，过早或过晚。

(3)常见错误

①由于害怕心理，顶球时闭眼，以致用错误的部位顶球。

②对运行中球的速度、轨迹判断不准确，因而不能很好地选择顶球位置与起跳位置，顶不着球。

③掌握不好起跳时机，或早或迟，顶不着球，有时虽可顶着，但也无力。

④身体摆动环节不能协调有力进行，影响发力。

⑤跳起头顶球时，由于不能很好控制身体，容易产生不协调发力，不仅影响出球力量，也影响准确性。

(4) 练习方法

①用各种头顶球的模仿动作练习。

②自己双手举球在头前，用前额正面或侧面接触球，体会触球部位，培养注视来球的习惯。

③利用吊球进行练习。

④两人或多人练习：抛球——头顶球练习。

⑤两人一球，相距 20 米，一人传过顶球飞向同伴，同伴顶回。数次后轮换。

## (七)假动作

假动作是指球员为了隐蔽本身的意图，运用各种动作的假象迷惑防守人，使其做出错误动作或失去身体的平衡，从而取得时间、位置、距离等有利条件。

1. 传球假动作(图 7-10)

传球前可假做向左(右)方向传球的动作，诱使对方向该方向堵截，然后向右(左)方向传球。

图 7-10　传球假动作

2. 运球假动作

假向抢球人一侧运球，当对方向这一侧堵时，立即用拨、扣、拉、推等动作向反方向或改变速度运球过防守人。

3. 接球假动作

(1) 动作要领

先做一明显接球准备动作，使防守人清楚意识到你将用什么方法停控球，在接触球前突然改变停球方式，以摆脱对方防守。

(2)专家提示

①动作不明显，没有起到诱骗作用。

②假动作不逼真、不形象。

(3)常见错误

①假动作不够逼真，易被对方识破。

②真动作衔接太慢不易达到预期目的。

③缺乏观察判断和随机应变的能力，不善于假作真来真作假，来迷惑对手。

(4)练习方法

①在对抗的情况下一人一球做假动作练习：a. 向右(左)假踢，向左(右)拨球前进。b. 向右(左)假踢触球，瞬间改用前脚掌将球拉回，再向左(右)推拨球前进。c. 向右(左)跨过球，向左(右)拨球前进。d. 个人颠球，将球踢高然后练习做下肢或身体虚晃假动作接球，接球部位用头、胸、腿、脚均可，假动作与真动作的方向可完全相反，也可相差一定角度。

②在对抗情况下练习：a. 两人一组，其中一人防守，两人轮流进行假动作练习。b. 结合传球和射门进行假动作后的传球、假动作后的射门练习，也可进行3对3传抢练习或小比赛假动作练习。

### (八)掷界外球

掷界外球是指球员将比赛中越出边线的球，按照规则用双手掷入场内预定目标的动作。

1. 原地掷界外球

上体后仰或背弓，两手自然张开，拇指相对，屈肘上举将球置于头后，用力甩腕将球掷入场内。

2. 助跑掷界外球

(1)动作要领

在助跑迈出最后一步时，掷球时的动作与原地掷界外球相同。

(2)专家提示

①球未放置在头后，违例。

②掷球动作不连贯，违例。

③球出手的同时脚离地，违例。

(3)常见错误

①掷界外球动作不符合规则要求，造成犯规。

②用力不协调，掷出角不合理，影响出球的远度。

(4)练习方法

①两人一球，相距15米，原地对掷界外球。

②两人一球，相距25米，两端设两条平行线，助跑对掷界外球。

③选择掷球力量大的队员，将球直接掷入罚球区内攻门。

④通过队员跑动，调动对方的防守，将球掷入空当，继续组织进攻。

### (九)守门员技术

1. 动作要领

(1)单腿跪撑式接球：接球时，两脚左右开立，一腿深屈支撑，另一腿膝盖内转似跪撑。两手小指相对。在手触球的刹那两手随球后撤并屈肘、屈腕，将球抱于胸前，然后立起。

(2)接平直球：接胸部齐高球时，上体稍前倾，手指自然张开，掌心向上。手触球后，立即抱球后撤，借以缓冲来球力量，在胸前接住。

(3)高空球：面对来球，两臂上伸，两手拇指相对成八字形相靠，手指微曲，手掌对球。手指、手腕适当用力将球接住，并顺势屈肘，下引转腕将球抱于胸前。

2. 专家提示

(1)重视基本功训练。

(2)守门员技术应与实战相结合。

## 二、足球战术

足球战术指在比赛中为了战胜对手，根据主客观实际所采用的个人和集体配合的手段的综合表现。

### (一)足球战术的分类

足球战术的分类列表如下：

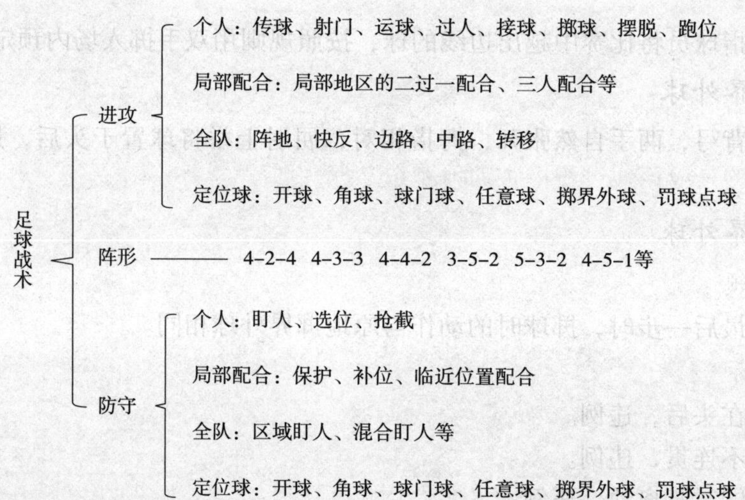


### (二)进攻战术

1. 个人进攻战术

(1)传球

传球是集体配合的基础，它是完成战术配合，创造射门机会的主要手段。

选择传球目标、掌握传球时机和控制传球力量是传球的主要战术内容。

①传球目标：传球按距离可分为短传(15 米以内)、中传(15~29 米)和长传(30 米以上)；按传球的高度可分为地滚球、低平球和高空球；按传球的方向可分为直传、斜传、横传和回传。

②掌握传球时机：

a. 传球在先，跑位接球在后，即传球指挥跑位。这种传球主要是控球者通过传球，指挥接应者按传球路线进行跑位接球来实施战术意图。

b. 跑位在先，传球在后，即跑位引导传球。这种传球主要是指数个接应者同时各自跑向空当，控球者应选择最有威胁空当进行传球。

③控制传球力量：应既能不利于防守队员的抢截，又有利于接球队员处理球。

**知识窗**

**传球注意事项：**

1. 传球前要注意观察，预见同队队员和防守队员的意图。
2. 传球时尽量快速、简练。
3. 传球时要隐蔽自己的意图使对手出其不意，防不胜防。
4. 后场少作横传或回传，特别在雨天比赛更应谨慎。

(2)射门

足球比赛的最终目的是射门进球。任何进攻，不论组织得如何漂亮，但没有把球射进球门，也就丢失了意义。

①射门必须准确、突然、有力：准确是射门的前提，在准确的基础上，要射得突然。这样往往能使对方守门员猝不及防。射门力量也是很重要的一个因素，尤其在远射时，力量更能显示其威力。

②利用防守失误射门：比赛中，射门进球率一般是很低的，然而很多得分的球，往往是从防守队员的失误中获得的。所以进攻队员需要随时注意利用对方的失误“捡漏”射门，同时还应尽量造成对方防守的失误，并抓住瞬时出现的射门机会。

③创造机会射门：射门机会的获得除了利用对方队员防守上的某些失误，或者依赖同伴的传球，更重要的是应该通过积极主动地跑位，摆脱防守来制造射门机会。

④射门的应变能力：足球比赛是一项持续不断和变化无常的运动。虽然各队都有组织进攻的计划，但比赛中在很大程度上会受到对方的制约，这一点比之其他运动项目尤为明显。因此，运动员要善于应付射门时遇到的各种情况。所以，队员必须有良好的应变能力。

a. 针对对方守门员技术特点，攻其弱点。如该守门员接高球比接低球好，那么就多射低球。

b. 针对守门员站位时出现的偏差，攻其漏洞，往往使守门员较难防守而易失误。

c. 根据实际情况，选择合理的射门方法。如转身射凌空球来不及时，就采用倒勾射门及鱼跃顶射等。

总之，当今足球比赛中，队员很少有机会在准备充分的情况下射门。因此，队员只有熟练地掌握各种射门技术，才能对临场出现的各种来球采取应变措施，以便捕捉射门机会。

(3)运球突破

①强行突破：队员以突然的推拨球与快速起跑相结合的个人战术动作。

②运球假动作突破：队员佯装作运球动作，当发现其一侧漏出空隙时，立即运球突破。

③单双脚快速拨球突破：以小巧熟练的单、双脚运球的变化，不断变换运球方向，使对手难以判断运球突破的方向和时机。抓住对手在堵截中漏出的空隙，快速运球突破。

④变速运球突破：主要运用于运球摆脱。一般对手多位于自己身体的侧面，利用运球速度的变化，达到摆脱对手的目的。

⑤人球分走突破：球和突破的人分别从防守者的左右侧通过，突破对手的方法。

**2. 局部配合进攻战术**

指在局部区域中，2名或3名队员，通过运球、传球、跑位等配合，突破1名或2名防守队员的方法。

(1)“二过一”战术配合

“二过一”是 2 个进攻队员，通过传球配合突破一个防守队员。“二过一”是集体配合的基础，可以在任何场区、任何位置上运用这种方法来摆脱对方的抢截或突破防线。

①传切配合二过一：

a. 斜传直插二过一(图 7-11)

b. 直传斜插二过一(图 7-12)

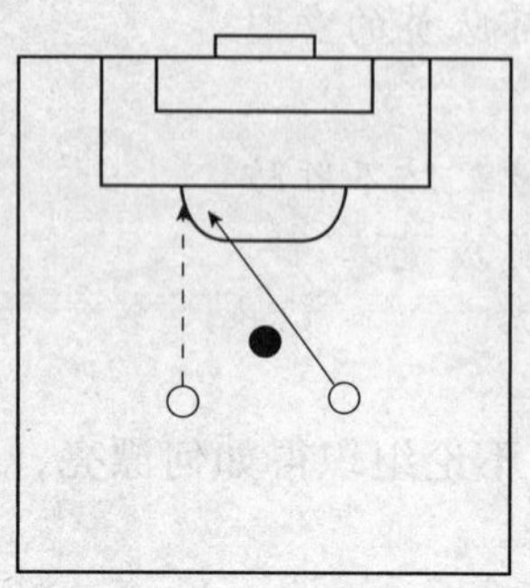

**图 7-11 斜传直插二过一**

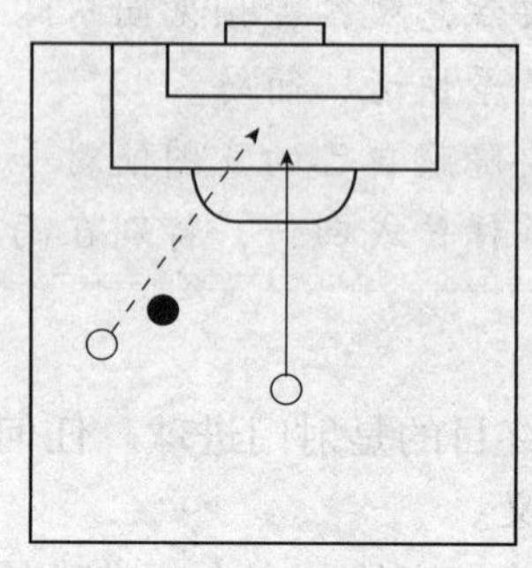

**图 7-12 直传斜插二过一**

斜传直插和直传斜插二过一都是只通过一次传球和穿插就越过一名防守队员。配合简单、实用。配合时，两名队员要保持适当的距离。

②踢墙式二过一：两名进攻队员通过两次传球越过一名防守队员的配合方法。队员向同伴脚下传球，球就像碰在墙上，弹向防守背后的空位，该队员快速切人接球。

③回传反切二过一：通过三次传球组成的配合方法。

④交叉掩护二过一：两名进攻队员通过运球与身体的掩护越过一名防守队员的配合方法。

(2)“三过二”战术配合

“三过二”是在比赛中局部地区 3 个进攻队员通过连续配合突破 2 个防守者的防守。

由于这种配合有 2 个同队队员可以同时接应传球，因此使传球路线更多，进攻面扩大。

3. 全队进攻战术

是指进攻面比较广，参加进攻的人数比较多的战术配合。一次进攻由发动、发展和结束三个阶段组成。

(1)边路进攻(图 7-13)

边路进攻是指利用球场两侧地区发起进攻的方法。它是全队进攻战术的主要形式之一，其主要特点是有利于发挥进攻速度，打破对方防线制造缺口。

(2)中路进攻(图 7-14)

中路进攻是利用球场中间区域组织的进攻。这种进攻虽能直接射门，但难度最大，因中路防守最为严密，前的攻击手必须是反应极其敏锐、意识强、技术高、敢于冒险、速度快和善于路位策应的队员。

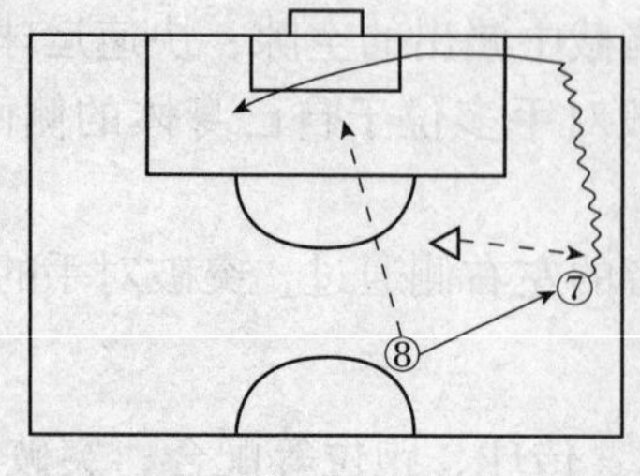


**图 7-13 边路进攻**

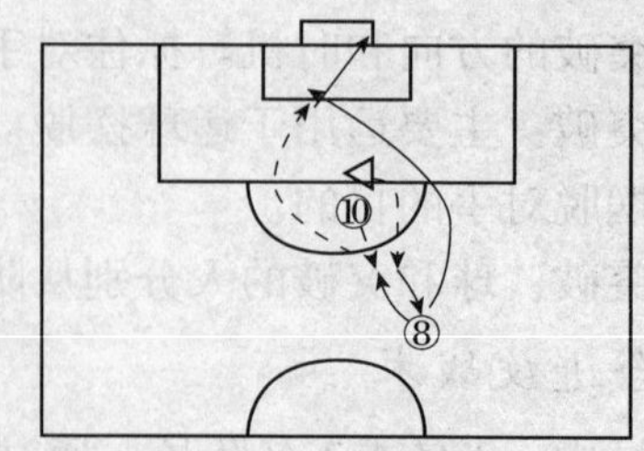


**图 7-14 中路进攻**

(3) 快速反击

比赛中当攻方进攻时，后卫线往往压至中场附近，防守人数也由于插上进攻和助攻而相对减少，此时如能抓住对方防区空隙较大和回防较慢的机会，乘其失球发动快速反击，往往能取得良好的效果。它是最有威胁的进攻手段，有效的进攻在于突然快速地反击，但其难度较大，既要冒险，又要有准确、快速的传切配合技能。

## (三) 防守战术

### 1. 个人防守战术

(1) 选位

防守队员选择的位置，原则上是站在对手与本方球门中心所形成的一条直线上，与对手的距离必须根据场区以及球所处的位置来决定，同时还应使防守者清楚地看到场上情况。

(2) 盯人

指防守者本身所处的位置能够限制、看守对手的活动，达到及时地封堵对手接球或传球路线。紧逼盯人是贴近对手不给其从容活动的机会；松动盯人是与对手保持一定距离，可以便随时上前抢截对手的球或在对手得球后能立即逼近对手进行紧逼盯人。

### 2. 局部的防守配合

(1) 保护与补位

补位是足球比赛中局部地区与集体配合进行防守的一种方法。当防守过程中一个防守队员被对手突破时，另一个队员则立即上前进行堵封。

保护与补位是局部地区集体防守的基础，保护是补位的前提。

**知识窗**

**保护与补位的注意事项：**

(1) 防守人能追上进攻持球人时，不要轻易补位。

(2) 最好是相邻位置的两个防守人之间补位，不要牵动过多的防守人交换位置。

(3) 两个防守人之间，要站成斜线，这样有利于补位。

(2) 围抢

是指比赛中在某局部位置上，防守一方利用人数上的相对优势(通常是两三个队员)，同时围堵对方的持球队员，以求在短暂时间内达到抢断或破坏对方的目的。

(3) 造越位战术

是利用规则而设计的一种防守战术。是一种以巧制胜的省力打法，因而成为一种重要的防守手段。但由于其配合难度较大，搞不好会适得其反，让对手钻空子，因此战术往往是为水平较高的球队所采纳，但在一场比赛中也不是多次运用。

### 3. 全队防守战术

(1) 盯人防守(人盯人防守)

在规定的范围内盯人紧逼，不交换看守。

(2) 区域防守(盯人和区域相结合)

先进较流行的综合防守战术，紧逼和保护相结合，在个人的防守区域内紧逼，作交替看守。

(3) 混合防守

集中了盯人防守和区域防守的优点，避免两种防守的弱点。它延缓对方进攻，保持防守层次；紧逼盯人，严密封锁球门前30米范围是全队集体防守的关键。

## (四) 定位球战术

定位球战术是指在比赛中，利用"死球"后重新开始比赛的机会组织进攻与防守配合的战术方法。它包括中圈开球、角球、任意球、掷界外球、点球、球门球等攻守战术。

### 1. 角球攻守战术

(1) 角球进攻战术

①直接传至球门前，同队队员包抄射门，一般踢内弧线球传至门前，包抄队员跟进抢点射门。

②传配合，发给近处接应的队员，再传至门前。

(2) 角球防守战术

对方踢角球时，锋、卫队员要快速回防，一般以头球好的队员守住门前危险区，重点防守头球好的进攻队员。其他人盯人，并站在球门与进攻队员之间，守门员应站在稍靠近远端门柱附近。

### 2. 任意球战术

在中、后场的任意球，要求进攻队员快速、准确地发球，防守队员迅速退守到位，盯住相应的对手。在前场，尤其在罚球区附近的任意球，它能直接威胁球门，多采用直接射门或传球射门。

### 3. 掷界外球

(1) 掷界外球进攻战术

①直接回传：由接球者直接或间接回传给掷球者，由掷球者组织进攻。

②摆脱接球：用突然的变速变向摆脱防守，接应或插入接球，展开进攻。

③长传攻击：由擅长掷球的队员掷出长传球，由同伴在对方门前配合攻击是经常用的方法。

(2) 掷界外球防守战术

①在掷球局部要紧逼，特别是有可能接球者，要死盯。

②对比较危险的地域和有可能出现的空当要重点防守和保护。

③对手在前场掷球时，应采取相应的防守对策，派人在掷球者前面影响掷球的远度和准确性，对重点对象要盯紧，选择防守的有利位置。

## (五) 比赛阵型

比赛阵型是指在比赛中队员的位置排列，是本队攻守力量搭配和职责分工的形式。

### 1. 比赛阵型的发展

足球比赛初创阶段，队员没有位置概念，队员多数往有球处跑，形成"扎堆"现象。后来，人们在比赛中进行攻守分工，并获得了成功，最后衍变到全攻全守阵型的出现。

1930年英国创造了"WM"式阵型。此阵型在很长一段时间内为世界众多国家所采用，一直延续使用到50年代，它被称为足球运动发展中的第一次变革。

50年代后期，巴西队吸取了匈牙利人进攻战术变革的成功经验，为加强进攻，首次采用四前锋式的"四二四"阵型，此后巴西队采用这种阵型在1958年获得了世界杯冠军，使"四二四”阵型成为60年代世界足球的基本阵型，它被称为足球运动发展中的第二次变革。

1974年第十届世界杯比赛，荷兰队和前联邦德国队采用了以多攻少的“全攻全守”的打法这被称为足球运动发展中的第三次变革。有“四三三”“三五二”等。

2. 各位置职责

以“四三三”阵型为例，说明各位置名称和职责(图7-15)。

**图7-15　“四三三”阵型**

(1)边后卫

防守：防守在边路的对方边锋或进人边锋位置的其他队员。要做到：站在内线，比对手更靠近自己的球门；能先于对手得到球；在内线紧跟移位对手。

进攻：边后卫在完成好防守的前提下，要积极参与进攻。当本队控球时，应该及时插上，充当边锋。

(2)突前中卫(盯人中卫)

防守：首先要占据有利位置，在靠近本方球门30米危险区要紧逼贴身。要积极参与空中争夺。

进攻：突前中卫的主要任务是防守，在完成好防守的前提下，可适时适当参加进攻。在中场接应同伴传球组织进攻，加强中场进攻力量，战机成熟时可直接投入一线进攻，力争射门。

(3)自由中卫(拖后中卫)

防守：驻守防区，截获传球。有目的地在防区内游动，随时准备截获对方传到本方后卫身后的球，瓦解对手的有效进攻。抢断渗透性直传球，弥补门前空档，及时补漏。

进攻：夺球发动进攻，接应配合，倒脚传球，突然插上进攻。

(4)前卫

①组织型前卫：组织和发动进攻，主要任务为组织进攻，接应同伴，控制节奏，选择有利的传球时机与传球路线、落点，攻击球门，接获同伴传球、射门。

②防守型前卫：主要任务为对口盯人；机动防守，采用盯人与区域防守完成各种防守任务；及时补位，伺机进攻。

③进攻型前卫：主要任务为制造空档，通过无球跑动在“两肋”策动。吸引对方注意力，从而打开缺口；射门，利用中锋做踢墙式二过一突破，攻击对方球门；积极防守。

(5)中锋

前线，距离对方球门最近，通常起到得分手的作用。中锋的基本任务是积极射门，扯动，制造空档和对方防守失误；传球，为同伴创造射门机会，积极反抢。

(6)边锋

主要任务是边路进攻，从边路突破射门、传中或扯动，为同伴制造机会；参与中路进攻，突然与中锋交叉换位，充当中锋；积极防守，不让对方边后卫助攻，回撤参加防守。

# 第三节　足球比赛与欣赏

## 一、足球比赛

### (一) 比赛场地(图 7-16)

1. 场地规格

足球比赛场地，长 90～120 米，宽度 45～90 米。国际比赛场地长 100～110 米，宽 64～75 米。

2. 界线

球场必须画有清晰的界线，界线宽度不得超过 12 厘米，并与球门柱的宽度相等。

3. 球场的设备和要求

(1) 球门和门网

球门以一横木架在垂直竖立于端线上的两根立柱的顶端制成。两柱的内沿相距 7. 32 米，横木的下沿距离地面 2. 44 米。球门后面装一球门网，球门网必须适当撑起。

(2) 角旗和中线旗

角旗是场地四角各竖一平顶的旗杆，旗杆高至少 1. 5 米，挂小旗。

4. 球场各线、区、点的名称和作用

(1) 边线与端线

球的整体从空中或地面越出边线或端线即为球出界。

(2) 球门线

两球门柱内的端线叫球门线，其长度是 7. 32 米，宽 12 厘米。判断球的整体是否进入球门的标志线。

(3) 中线

开球时，双方队员必须各在本方半场内，不得越过中线。开球队必须将球踢过中线进入对方半场。比赛才算开始。

(4) 中圈

以中线的中心点为圆心。以 9. 15 米为半径所画的圆圈叫中圈。开球时或进球后中圈开球时，守方队员必须站在圈以外的本方半场内。

(5) 球门区

靠近球门的小长方形区域。球门区是执行踢球门球的区域。踢球门球时，应把球放在球出界时离门柱较近的球门区的半边内任何地点执行。在该区内，守门员应受到必要的保护，当其手中无球或在空中持球时，对方队员不得向守门员进行冲撞。

(6) 罚球区

球门前的大长方形区域。在该区内，守方的守门员允许用手触球。守方队员在本方罚球区内被判罚的直接任意球，均被判罚球点球。在罚球点球时，除守方守门员及主罚队员外，其他队员必须在罚球区和罚球弧外的场内。在踢球门球或守方罚任意球时，必须将球直接踢出罚球区，比赛方为开始，否则重踢。

(7)角球区

在球场的四角，以顶角为圆心，以 1 米为半径画一弧线，孤内的范围叫角球区。在踢角球时，球的整体必须放在该区内才能被允许踢角球。

(8)罚球弧

以罚球点为圆心，以 9. 15 米为半径画一弧线与罚球区线连接为罚球弧。在执行罚球点球时，除守方守门员和主罚队员外，其他队员必须站在罚球弧外。

(9)中点

是中线的中心点。中点是比赛开始或比赛中进球后，重新开球时规定放球的点。

(10)罚球点

距球门线中心垂直于场内 11 米处，设一点叫罚球点。罚球点球时球的放置点。

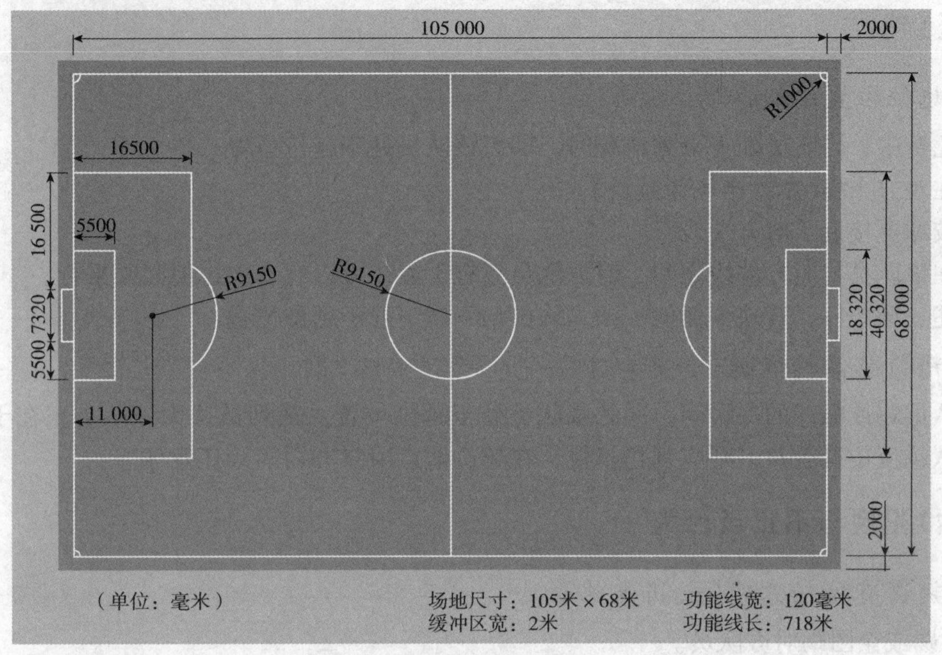


图 7-16 足球比赛场地

## (二)球

比赛用球的圆周为 68~71 厘米，重量为 396~453 克。充气后其压力应在 0. 6~1. 1 个大气压。其简易测定方法为举球至肩高，放手下落，反弹高度在地面至肩高的 1/3 以上，1/2 以下时，气量比较适当。

## (三)队员人数和装备

(1)上场队员不得多于 11 人，如比赛已开始，发现多于 11 人，应终止比赛。在比赛开始或比赛进行中，某队人数不足 7 人时，该场比赛应认为无效。

(2)在国际正式比赛时，每队每场最多可替补几名队员，应在比赛开始前通知裁判员。

(3)被替补出场的队员不得再上场比赛，在比赛中，队员被裁判员罚令出场后，不得由其他队员替补。

(4)场上队员可以和守门员互换位置，但须事先通知裁判员，并应在比赛成死球时进行。

(5)队员不得佩带除比赛服装的任何物品。守门员的服装颜色要与其他队员有明显区别。

## (四)比赛时间及比赛进行与死球

(1)正式比赛分相等的上下两半时，每半时为45分钟，上下半时之间休息15分钟，国内比赛一般休息10分钟。

(2)比赛中，因故损失的时间应予补足，补多少由裁判员决定。如执行罚球点球，则应延长时间至罚完为止。

(3)如竞赛规程规定，比赛结果成平局后仍须决出胜负时，则增加30分钟决胜期的比赛，并分为相等的上下两半时，各为15分钟。中间不休息，互换场地继续比赛。决胜期终了仍为平局，则采用互踢点球的方法来决定胜负。

(4)球的整体在地面或空中越出边线或端线或裁判员鸣哨停止比赛时，即成死球。

## (五)越位

### 1. 越位位置的概念

在比赛中，当队员处于下列情况时，即为该队员处于越位位置：

①在对方半场(本方半场无越位)。

②较球更接近于对方端线。

③在该队员与对方端线之间，对方队员只有1人或可以有2人，但必须平行。

上述三项条件，若缺少任何一条，队员均不属于处于越位位置。

### 2. 判罚越位的依据

当队员踢或触球的一瞬间，同队某队员处于越位位置，裁判员认为该队员正在干扰比赛或企图从越位位置获益，则应判罚越位，在越位地点由对方罚间接任意球。

## (六)犯规与不正当行为

### 1. 判罚直接任意球(或罚点球)

(1)踢或企图踢对方队员。

(2)绊摔或企图绊摔对方队员。

(3)跳向对方队员。

(4)猛烈地或带有危险性地冲撞对方队员。

(5)从背后冲撞对方队员。

(6)打或企图打对方队员或向对方队员唾沫。

(7)拉扯对方队员。

(8)推对方队员。

(9)用手或臂部携带、击或推球。

### 2. 判罚间接任意球

(1)为了获得球或处理球的危险动作。

(2)假合理冲撞。

(3)队员不去踢球而故意阻挡对方。

(4)冲撞守门员。

(5)守门员违例：

①守门员用手控制球后在发出球之前持球超过6秒。

②守门员接稳球后，放于地上，用脚运球，然后又用手拿起球，则判守门员二次持球。

③守门员不能用手触接同队队员用脚回传的球。

④裁判员认为守门员有意延误时间以使本队获益时，应判犯规。

(6)越位。

3. 警告与罚令出场

队员在比赛中不得擅自离场，否则为不正当行为。裁判员准备执行处罚时，应停止比赛，并向被罚队员出示黄牌或红牌，表示警告或罚出场。

## (七)任意球

1. 任意球的种类

任意球分为两种，一种是直接任意球；另一种是间接任意球，即罚球队员直接射门不能得分。

2. 点球

(1)罚球点球的注意事项：

执行罚球点球时，在裁判鸣哨后，球未动之前，守门员双脚必须站在球门线上，不得移动，否则罚中，得分有效，未罚中则重罚；守方其他队员进入罚球区或罚球弧，罚中，得分有效，未罚中则重罚，并对犯规队员提出警告。

(2)当两队比赛成平局，若比赛要求必须决出胜负时的规定：

①裁判员选定一个球门做为踢点球的球门，双方队员都不准退出场地。

②裁判员召集双方队长以投币的方式决定某队先踢球，猜中方先踢。

③两队交替各踢5次，在各自踢满5次前，如果一队明显已胜，即可结束比赛。

④如两队均已踢满5次，比分仍相同，按顺序每队出一名队员交替踢，直至双方踢球数相等而一队较另一队多进一球时为止。

3. 掷界外球

掷界外球，直接掷入对方球门时不算胜一球，由对方发球门球。如掷界外球不按规定的方法或不在球出界的地点掷入场内，由对方队员在原出界处掷界外球恢复比赛。

4. 球门球可以直接射入对方球门而得分

踢球门球时，必须直接将球踢出罚球区，比赛既为进行，否则重踢。

5. 角球

踢角球时，球的整体必须放在角球区内。踢角球时，守方队员距球不得少于9.15米，踢角球直接得分有效。

## (八)裁判员、巡边员

1. 裁判员的职责

(1)执行规则。

(2)避免作出反而使犯规队有利的判罚。

(3)记录比赛时间、成绩，补足由于偶然事故所损耗的时间。

(4)对不正当行为，应予警告，或罚令出场，并登记报告主办机构。

(5)裁判员认为队员受伤严重，应立即停止比赛，须将受伤队员尽可能迅速移至场外，并立即恢复比赛。

2. 巡边员的职责

(1) 两名巡边员主要协助主裁判员判罚，示意越位、掷界外球、球门球、角球、进球。当有要替换队员时，用旗示提示主裁判员。

(2) 协助裁判员按照规则比赛。

3. 裁判员鸣哨、手势和巡边员的旗示

(1) 裁判员必须鸣哨的5种形式

开始比赛；裁判员命令中止比赛；胜一球；罚球点球；比赛结束。

(2) 不同情况的哨声及其要求

开始比赛，长音较响；严重犯规和危险动作，要有力洪亮；一般犯规，要短促响亮；进球，长而响亮；有争执，短促连续；上下半时结束，要先短后长。

(3) 裁判员的手势

①直接任意球：单臂前平举或侧平举，指向罚球方向。

②间接任意球：单臂上举、掌心向前。

③角球：单臂斜上举，指角球区。

④罚球点球：跑到点球点，单臂指向罚球点。

⑤球门球：单臂前平举，指向球门区。

⑥警告或罚令出场：手持黄牌或红牌面向犯规队员，单臂举过头。

(4) 巡边员的旗示

①界外球：持旗向发球方向斜上举。

②角球：持旗斜下举指向近端角球区。

③球门球：持旗平举指向球门区。

④越位：持旗上举，当裁判员鸣哨停止比赛后，再持旗指向越位地点。

## 二、足球欣赏

足球比赛精彩纷呈，战术多变，球星表演引人入胜，教练员临场指挥斗智斗谋，裁判员执法如山，阵型布局捉摸不透，如此这般，一场高水平的足球赛，将给球迷带来全方位的享受。怎样从各种不同的角度去品味和欣赏足球比赛呢？

### (一) 看双方的阵型

了解双方的攻防战术意图、整队实力及战术风格打法。

### (二) 看球星的表演

四年一度的世界杯之所以有那么大的吸引力，很重要的一点就是每每有足坛黑马不断涌现，他们往往意识超强，球技出众，作风过硬。贝利、贝肯鲍尔、马拉多纳、普拉蒂尼、米拉等，无不是在世界杯上大放异彩的。世界杯造就了球星，为球星提供了表演舞台；球星塑造了世界杯，为大赛增光添彩。

### (三) 看教练员的临场指挥水平

一个球队的实力和好成绩的取得，与教练员的水平有极大的关系。教练员在比赛中的指挥，从某种意义上讲，比主力队员在场上的作用还要重要。因此，衡量一名教练的水平的一个重要参考依据就是他临场指挥能力的高低。主要反映在临场战术的改变及场上队员的调遣上。

### (四)看裁判员执法是否合理

一场比赛能否顺利进行、双方的技术和战术水平能否得到最大限度的发挥，裁判员的水平高低和执法是否合理将起到至关重要的作用。一名高水平的、执法公正的裁判员，他应是一名善于处理赛场复杂情况的能手，他能控制双方的过激情绪，及时惩罚那些严重违章的队员，而不管你的名气有多大。在对关键球，特别是争议球的处理上，果断、准确，手势清晰，语言简洁，让人心服口服，经得起推敲。可以说有一名好的裁判，比赛就成功了一半。另外，他还应该是一名心理学家，能及时洞察犯规队员是有意还是无意，在处罚的同时，善于使用自己的魅力去征服球员，起到红、黄牌所达不到的判罚效果。球迷在观看比赛时，不要忘了观察一下裁判员的执法是否合理，起到一个舆论监督的作用。

### (五)提高观察水平

一场激烈、精彩的比赛结束后，对成败双方得失的因果关系作出你自己的判断，对双方技战术特点谈谈自己的看法，会使你欣赏比赛的品位不断提高。

赛前，展望双方的获胜前景；赛中，细心观察双方的水平发挥；赛后，大胆预测双方下一轮的比赛情况，如能这样，你就不再是一个简单的观众。球迷朋友们不要把自己对足球的热情局限在球场上一时的宣泄，不妨把它的内涵引申出来，赛后和你的家人、朋友甚至是素不相识的人谈谈感受，既可是人生大角度的，也可是局部细微之处的感触。再注意下赛后报刊的评论文章，逐步提高自己的分析、观摩水平。

## 思考题

(1)简介足球运动的特点。
(2)试述当今足球运动发展趋势。
(3)在足球运动中经常采用哪些方法进行射门训练？

## 研究与实践

参加一次足球比赛，尝试进行个人防守战术的选位、盯人、抢断与控制。

# 第八章

# 手 球

## 第一节 手球运动概述

### 一、手球运动的起源与发展

知识窗

国际手球协会

1928年成立，至1999年，协会成员国达到100多个国家，手球队有20多万支，手球运动员有450多万名，有128个国家和地区开展了手球运动。

手球运动于19世纪末起源于欧洲。当时手球作为一种游戏，首先在丹麦、德国等欧洲国家流行，此后，逐渐在欧洲的罗马尼亚、波兰等国家传播，然后向挪威、瑞典、芬兰、冰岛等国家发展开来。1926年由德国发起并组织了首次国际手球比赛。1940年以后，法国、意大利、摩洛哥等国家也开展了手球运动。1950年以后才逐渐传入美洲及亚洲。

国际手球协会于1928年成立。1936年在德国柏林举行的第十一届奥运会上，手球被列入正式比赛项目，当时有23个国家参加了比赛，德国队获得冠军。1938年在德国举行了第一届世界手球锦标赛。开始的手球比赛为11人制，到1966年以后，手球才改为7人制。

女子手球运动开展的比较晚。1957年在南斯拉夫举行了第一次世界室内女子手球锦标赛。1976年在加拿大蒙特利尔举行的第21届奥运会上，女子手球被列入正式比赛项目。

手球运动很受广大群众的喜爱，特别是近十几年来，世界100多个国家都相继开展了手球运动。手球运动在欧洲开展非常普遍，水平较高，从历届世界性比赛来看，前三名大都被欧洲国家所获得。

我国开展手球运动较晚。中华人民共和国成立前，只在部分院校的体育系、科作为介绍性项目进行教学，但是从未进行过比赛。中华人民共和国成立后，手球运动才逐渐开展起来。1955年，位于广州的解放军体育学院将手球列入教学计划，在国内率先开始手球教学与训练。随后，北京体育学院等一些院校也开展了手球运动的教学。20世纪80年代初期，国内高水平的手球队多至30余支。目前，手球在国内约10个省(自治区、直辖市)开展。

1979年，我国加入国际手球联合会。1982年和1984年，中国男女手球队分别获得亚运会冠军和第23届洛杉矶奥运会铜牌。

1982—1995年，中国与韩国女子手球队交战12次，成绩为2胜2平8负。在1984年洛杉矶奥运会上，中国女子手球队与韩国队打成平手，获得洛杉矶奥运会铜牌，韩国获得亚军。

1996年是中国手球翻身的一年，女子手球遏制住多年的滑坡，在奥运会上获第5名。男子手球15年来第一次战胜韩国队，首次获得世界锦标赛的入场券。

但是，由于各种因素的影响，中国的集体竞技项目发展艰难。各集体球类项目水平出现滑坡，手球运动也不例外。当前，我国手球运动后备力量奇缺，手球水平起伏很大。

2002 年亚洲锦标赛和亚运会，中国女子手球队均获得第 3 名。而中国男队在 2002 年亚运会上仅得第 7 名。

目前，西亚的男子手球运动发展也很快，已经对东亚形成了很大的威胁。当前亚洲的手球强队，男队有韩国、日本、科威特和沙特，女队有韩国、朝鲜、日本和中国。在 2010 年广州亚运会中，中国女子手球队历史上第一次获得该项目的亚运会金牌。

### 二、手球运动特点和价值

手球运动的器材简单，技术动作容易掌握。只要有跑跳、投掷和一定的球类基本技能，就能掌握。手球运动对促进青少年身心的正常发育，身体素质的全面提高及增进健康，都起到积极的作用。

手球运动是一项比赛激烈，对抗性强，速度快，运动量大及对投掷力量有特殊要求的运动项目。手球运动允许身体直接接触，在比赛中，运动员可以用自己的身体，阻挡对方的移动路线，封挡对方的传球路线和射门角度。双方为了各自的攻守目的，在地面和空中展开激烈争夺，比赛场面壮观。

手球运动又是一项综合性的竞赛项目，它要求运动员在错综复杂、变化多端的比赛中能够作出正确判断并合理运用技术动作，与同伴协同配合完成战术任务。这对改善中枢神经系统的机能，提高身体各部分机能之间的相互协调，改善和增强人体的各个器官，促进身体素质的全面提高和发展等都有重要作用。由于手球比赛对抗激烈，身体接触频繁，要求队员克服种种阻力和困难，完成进攻和防守的任务，因此它又能培养人的勇敢顽强、机智灵活、吃苦耐劳等意志品质。手球比赛是集体的对抗，要求队员在比赛中团结协作，既要发挥个人的作用，更要充分发挥集体的力量，所以它还是一项能够培养集体主义精神的良好运动项目。

**知识窗**

**手球运动的优点**

个人技术与全体队员密切合作；适合不同年龄的人士参与；手球小易控制，场地小，危险性小；运动量适宜，能锻炼身体，改善神经及各器官机能。

## 第二节　手球的技术、战术与练习方法

### 一、手球技术与练习方法

手球技术是指手球比赛中为了达到预定的目的，使用符合规则要求的专门动作。它是构成手球运动的基础。手球技术是由进攻、防守和守门员技术 3 部分组成。手球基本技术包括：移动、持球与传接球、运球、射门、持球突破、防守对手和守门员技术等。

#### （一）移动

移动是改变身体位置、移动方向和速度所运用的各种脚步动作的总称。它包括跑、跳、急停、转身等。其中跑包括侧身跑、变速跑、变方向跑；跳包括向前跳、向上跳、向侧跳；急停包括跨步、跳步；转身包括前转身、后转身。

1. 动作要领

(1)跑

是以身体的方向、脚掌蹬地时的部位与角度、臂摆动幅度的大小等变化，完成各种跑的技术。

(2)跳

是踏腿屈膝，降低身体重心。蹬地时，踝、膝、髋关节快速伸展，手臂协调摆动，另一脚自然屈膝抬起 。

(3)急停

跨步急停时，先向前跨出一大步，用全脚着地，抵住地面，同时屈膝重心下降。第二步着地时，前脚掌内侧用力蹬地，身体稍向侧转，重心落在两脚之间。跳步急停时，用单脚或双脚跳起(离地不高)，上体稍向后仰，两脚前后或平行同时落地(略比肩宽)，落地时两膝弯屈，重心下降，保持身体平衡。

(4)转身

转身前两膝微屈，上体稍前倾，重心落在两脚之间。前转身时，以做轴脚的前脚掌为轴，用移动脚的前脚掌内侧用力蹬地，迅速移动重心至做轴脚上使身体向前转动。后转身时，还要借助腰腹力量，带动与提高转身的速度。无论应用哪种转身方法，在身体移动过程中，都要保持身体重心的平稳，并要努力提高转身动作的速率。

2. 练习方法

(1)从基本站立姿势开始，听到或看到信号后，做不同方向跑的练习。

(2)向前、向侧、向上的各种跳跃练习。

(3)原地向前抛接球，抛球的距离先近后远，要力所能及，在球落地前将球接住。

(4)快速跑做急停练习。

(5)原地持球或不持球做转身练习。

3. 学练提示

(1)移动练习要有突然性和快速性。

(2)移动练习尽量结合球来练习。

(3)脚步动作练习的同时尽量也要练习身体素质。

## (二)持球与传接球

持球就是单手或双手拿球的方法。任何一种传球、突破或射门都是由持球开始，持球是进攻中有球技术的基础。

1. 动作要领

(1)单手持球

五指要自然分开，依靠五指最后一个指节的力量钳住球。整个手掌要紧贴球体，但手腕关节要放松(图 8-1)。

图 8-1

图 8-2

(2)双手持球

两手五指自然分开，两拇指相对呈“八”字形，用指根以上部位握球的两侧(图8-2)。

传球是手球比赛中队员之间有目的地转移球的方法。

2. 动作要领

(1)单手肩上传球(以右手为例)

双手或单手持球于体前或体侧，两脚前后开立，稍宽于肩，膝微屈，上体侧对或斜对传球方向。传球时，右手直接将球引至右肩的后上方，引球结束时，上臂与前臂和上臂与躯干形成两个90°的夹角。传球出手时，要用蹬地、转体带动挥臂、屈腕、拨指的协调动作来将球传出。远距离传球时，引球出手动作幅度要大些，使球沿水平方向传出。近距离传球时，只用手腕的力量就完全可以(图8-3)。

(2)单手体侧传球

传球时，持球臂直接从体侧腰间伸出，手持球的部位要稍低于肘关节，虎口朝上，持球臂平行于地面向传球方向挥甩，最后用手腕前屈和手指拨球的动作将球传出(图8-4)。

图8-3　单手肩上传球

图8-4　单手体侧传球

(3)单手背后传球(以右手为例)

右手持球，侧对传球方向。传球时，左脚向前迈出一步，上体稍前倾。右手持球后摆，经体侧至背后，小臂自然下垂，随后，急促扣腕，手指拨球，利用前臂和手腕、手指的屈甩力量将球传出(图8-5)。

图8-5　单手背后传球

(4)单手头后传球(以右手为例)

持球与引球的动作方法与单手肩上传球相同。右手持球引至右肩上，同时体稍右转，使掌心对着传球方向，利用前臂屈摆、快速扣腕、手指拨压等连续动作，将球从头后传出。头后传球的准确度，主要是由传球时手掌是否对准传球目标和手腕控制球的能力如何来决定的(图8-6)。

图8-6　单手头后传球

(5)双手胸前传球

双手持球于胸前，两脚前后自然开立，膝微屈，上体稍前倾，身体重心放在两脚上。出球时，身体重心前移，两臂迅速伸直，同时手腕向上翻动，手指用力拨球。为了增大出球力量，传球时任何一脚可向前迈出一步。

接球是完成各种持球进攻的基础。

3. 动作要领

(1)双手接高球

接高球时，两臂应迅速向头的前上方伸出，掌心对着来球方向。手触球后，两手握球，两臂顺势将球后引至胸前或肩上，为射门、传球或运球做好准备。

(2)双手接低球

要屈膝，上体前倾，双手向前下方伸臂迎球，五指自然张开，两小指相对呈“八”字形，两手掌形成比球体稍大的半球形对准来球。手指触球后握球后引，随即抬头观察，准备做下一个动作(图 8-7)。

(3)双手接反弹球

接球时，屈膝降低身体重心。上体稍前倾，两臂放松(图 8-8)向来球方向伸出，根据球反弹的高度决定接球的手型。在球刚刚弹离地面或弹起至腰腹高度时，两手将球握住；接低球时，手心向下；接腰腹高度球时，五指则应向前。接球后，要牢牢地保护好球，并要注意与下一动作的连接。

(4)单手接球

接球时，单臂主动伸出迎球，五指自然分开，当手掌与球接触后，顺势回撤，同时另一手快速上去护球。

4. 练习方法

(1)两人一组，面对站立练习传接球技术。

(2)扇形对传练习。

(3)迎面跑传、接球练习。

(4)反复对墙传球，接反弹球。

图 8-7 双手接低球

图 8-8 双手接反弹球

5. 学练提示

(1)传接球练习要同步，两方面都要严格要求。

(2)传球练习尽量要求出手的速度，出球的突然性，掌握好出球的力量、方向和落点。

## (三)运球

运球是持球队员在原地或移动中用手连续拍按并借助地面反弹起来的球。

1. 动作要领

(1)直线运球

运球时，五指自然分开，掌心向下，以肘关节为轴，配合脚步动作，手臂下按，指腕柔和用力拍球的后上方，向下推送，球的落点在身体的侧前方。当球从地面反弹至腰腹高度时再触球，进行连续拍球。跑动中运球速度的快慢，决定于跑的速度和运球时球与地面所构成的角度，角度越小，球离身体越远，前进的速度越快。

(2)变向运球

运球队员如需向左变向时，手触球的右侧上方，将球运向身体的左前方。同时右脚向左前跨出，左脚蹬地，上体左转，然后用左手拍按球的后上方，运球继续前进。

2. 练习方法

(1)原地运球练习，并换手。

(2)走动中运球。

(3)跑动中运球。

(4)跑动中向上自抛球、自接球练习。

(5)跑动中向下地滚球、自接球练习。

3. 学练提示

(1)注意多练习手感。

(2)要学会运球中保护球。

(3)运球练习多与传接球、射门相结合。

## (四)射门

进攻队员将球掷入球门所采用的专门动作，称为射门，它是得分的唯一手段。是手球运动中最重要、最关键的一项技术动作。

1. 动作要领

(1)原地单手肩上射门

基本方法同原地单手肩上传球，但略有区别。上体侧对球门，两脚左右站立，与肩同宽，身体重心移向右脚，前膝稍屈，同时持球于肩上，形成单手肩上传球的动作。射门时，右脚蹬地，身体重心前移，以肩带动上体向左转动，同时，右臂以肩带动上臂和肘向前挥动，上体前屈，通过手腕、手指力量将球射出。此时，右脚顺势向前跨一步。

(2)跑动射门(以右手为例)

接球后跨左脚，同时引球至肩上，随后右脚向前跨步，上体稍向右转动，当身体由右脚支撑时，右脚用力蹬地，上体迅速向左转动，前屈，以肩带动手臂向前挥摆(图 8-9)。由于跑动接球时迈出的腿和离球门区线的距离不同，跑动射门可分一步、两步和三步射门三种。一步：左脚落地时接球，左脚落地后引球，右脚再向前迈出一步落地支撑时射门。两步：右脚落地时接球，按左脚、右脚顺序迈步，右脚支撑地面时射门。三步：在一步射门的基础上，向前跑出两步，当右脚再落地支撑时射门。

**图 8-9 跑动射门**

(3)跳起射门

①向前跳起射门(以右手为例)：以左脚起步的动作开始，利用短促快速的三步(左—右—左)助跑，左脚用力蹬地向前上方跳起，起跳时上体前倾，左肩侧对球门，右腿自然后摆，右手将球引至右肩的后上方，肘关节自然伸展。射门时，身体急剧向左转动，并带动右

臂向前挥动，以鞭打式甩腕射门。球出手后，起跳脚先落地(图 8-10)。向前跳起射门的步法分为一步、两步、三步三种。一步：右脚腾空接球，左脚上步起跳。两步：左脚腾空接球，右脚—左脚迈步，以左脚起跳。三步：右脚腾空接球，左脚—右脚—左脚迈步，以左脚起跳。

**图 8-10 跳起射门**

②向上跳起射门(以右手为例)：起跳同时，右腿弯曲上抬，提腰展体与向上引球要配合，右手持球由下向上方画弧引至头上或者直接引至头上，身体腾空到最高点时，利用转体收腹带动手臂向下挥甩的快速鞭打动作，使球从指尖上射出(图 8-11)。

**图 8-11 手球向上跳起射门**

2. 练习方法

(1)持球对墙做各种射门练习。

(2)接同伴传球做各种射门练习。

(3)运球后做各种射门练习。

(4)跑动射门练习。

(5)跳起射门练习。

3. 学练提示

(1)练习射门应重点练习原地单手肩上射门，再结合实际练习其他射门技术。

(2)多练快速跑动中的射门，提高准确率。

## (五)持球突破

持球突破是持球队员运用脚步动作快速超越对手的一种技术动作；是持球快速蹬跨三步从防守者身边切过，进行攻击得分的重要手段，包括同侧突破、异侧突破等。

1. 动作要领

(1)同侧突破(以向右突破为例)

基本站立姿势，单手持球于体侧或双手持球于腹前。左脚掌内侧积极蹬地，使重心向右前方移动，同时左脚向右前迈出第一步，步子不要过大，借助第一步的惯性，右脚前掌外侧蹬地仍向右前迈出第二步，步幅稍大一些，使上体对准空档，然后左脚前掌内侧用力蹬地，快速迈向球门方向，随后右脚蹬地跃起超越对手射门。

(2)异侧突破

异侧突破时的步法有三步、二步两种。

①三步异侧突破(以向右突破为例)：站立姿势与持球方法均同于同侧突破。右脚前掌内侧蹬地，左脚向左前方迈出第一步与防守者初步错位。右脚用力蹬地迈出第二步。同时上体左转并稍向左后方倾斜，右肩前探，当左脚向球门迈出第三步时，迅速蹬地跳起超越对手。

②两步异侧突破(以向右突破为例)：右脚前掌内侧蹬地，并向左前迈出第一步，上体向左前转动，形成背对防守。向左前跨左脚的同时(步幅较大)，上体向右后急速转动，并高引球至肩上或头后，左脚蹬地超越对手。

2. 练习方法

(1)原地持球，背对突破方向，做前后转身突破。

(2)原地持球面对突破方向，做运球前、后三步突破。

(3)练习者将球传给同伴后，跑前接回传球急停，突破射门。左、右两侧交替练习。

(4)学生沿球门区线跑动，接近罚球线时，插上接同伴的传球，转身突破射门。左、右两侧同时练习时，射门之后两人交换位置。

3. 学练提示

(1)持球突破练习先要练好脚下动作，而后加上上体动作、假动作。

(2)持球突破练习要大胆、果断、敢突。

### (六)防守对手

防守对手是防守队员根据对手的进攻动作，采用脚步移动、身体堵截来抢占有利位置，用手臂的封、打、抢、断等动作来争夺持球权的一种技术，包括防守无球队员、防守有球队员。

1. 动作要点

(1)防守无球队员

①防守位置：抢占一个既能看到球，又能控制对手的位置。

②防守距离：要根据对手的特点、意图、离球远近和自己防守能力来定，并不断调整，以便随时保持合理的距离。

③防守姿势：在外侧区防守离球近的对手，常采用面向对手，两脚前后站立的姿势，靠近球一侧的手在前，用身体堵截对手向球移动接球的路线。在中区防守离球远的对手，常采用两脚平行的站立姿势，使球和对手都在自己的视野之内。

④防守内线无球队员要紧逼，不让其接球。要用移动抢位、上体堵截和将手臂伸到对方传接球路线上，干扰和破坏其接球。

(2)防守有球队员

①防守位置：选择站立在对手投掷臂和球门之间的位置上，根据对手远射、突破、传球等技术状况来决定是贴近防守，还是松动防守。对于远射手和善于持球突破的队员，必须在其接传球的瞬间，起动急停正面贴近，封挡破坏其射门和抑制其突破速度。

②防守方法：对持球队员的防守应采用两脚分前后的斜步站位。要向斜前方堵截对手向投掷臂方向移动的路线，不让对手露出投掷臂射门。防守队员应用两脚包住对手的起跳脚，并用躯干抢先堵截对手的移动路线和起跳方向，用单手或双手封挡对手的射门路线。

③防守射门和突破：主要靠判断移动抢位和举臂封球，借助手臂小而快的挡、拨、压等动作来影响对手的进攻动作和移动速度。要善于抢占有利位置，一旦位置站好，就要立即封打对方手中的球，尽可能破坏其进攻。

2. 练习方法

(1)听口令做静止的防守姿势。

(2)听口令做各种防守的技术动作。

(3)一对一或二对二的徒手或有球防守。

3. 学练提示

(1)防守练习时加强基本防守姿势的练习，动作要合理、正确。

(2)防守对手时注意假动作。

## 二、手球战术与练习方法

手球战术是指队员在比赛中个人技术的合理运用和队员之间相互协同配合的组织形式。

### (一)进攻战术基础配合

1. 传切配合

队员利用传球和摆脱空切技术所组成的简单配合。

配合方法：合理选择进攻位置，按战术路线跑动，持球队员运用假动作，吸引对手，以便及时把球传给切入的同伴，切入的队员要先靠近对手，然后突然快速侧身跑，摆脱对手切入，并随时准备接球进攻(图 8-12)。

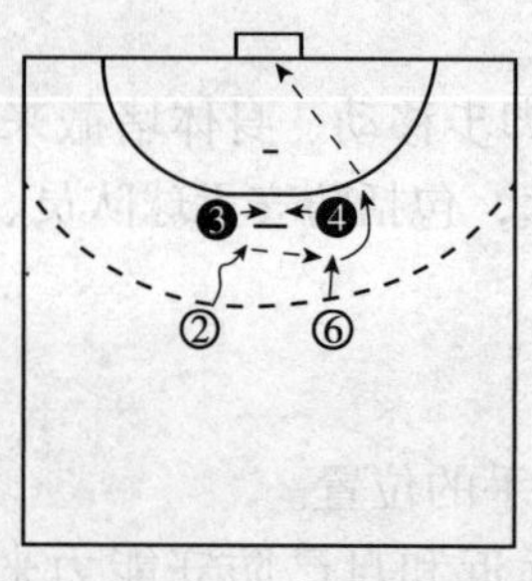

图 8-12 传切配合

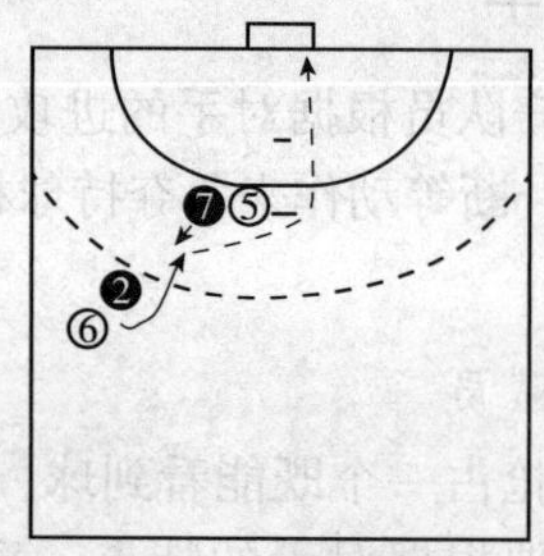

图 8-13 突分配合

2. 突分配合

进攻队员利用持球突破和空切接球超越了防守自己的对手，从而吸引了另一名防守队员来防守时，持球突破队员立即分球给无人防守的同伴射门。

配合方法：突破队员的动作要突然、快速，在突破过程中，既要有传球的准备，又要有射门的准备，并且要始终注意观察场上攻、守队员位置变化，及时分球或射门，场上其他进攻队员要掌握时机跑到有利的进攻位置接球射门(图 8-13)。

### (二)防守战术基础配合

1. 交换防守配合

是防守队员之间交换对手的防守方法，主要是针对进攻队员的换位、掩护和交叉空切等配合所采用的防守配合方法。

配合方法：交换防守前，防守掩护的队员要及时地把换人的信号告诉同伴并积极堵截切入队员的路线，被掩护的防守队员接到换人的信号后，积极堵截掩护队员向里切入的移动路线(图 8-14)。

2. 关门夹击配合

是临近的两名防守队员协同防守突破的配合方法。

配合方法：防守突破队员要积极防守、堵住进攻队员的突破路线，临近突破一侧的防守队员及时、快速地向同伴靠拢进行“关门”，不给突破队员留有空隙。“关门”后，突破队员停止进攻，协助“关门”的队员应迅速回防自己的对手(图 8-15)。

3. 补漏协防配合

是同伴被对方突破后，临近的防守者所进行的补位防守方法。

配合方法：当同伴被对方突破后，临近的防守队员要大胆放弃自己对手，果断、突然、快速地补防，补防时，应合理运用技术，避免犯规，被对手突破而漏防的队员应积极追防，补防同伴的对手，注意观察对手传球路线，争取断球(图 8-16)。

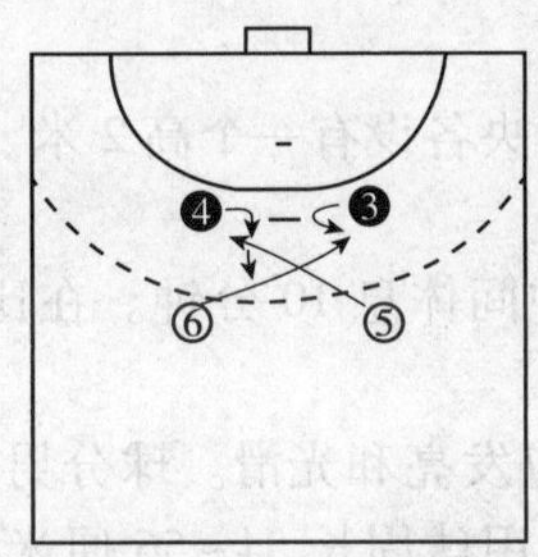

图 8-14　交换防守配合

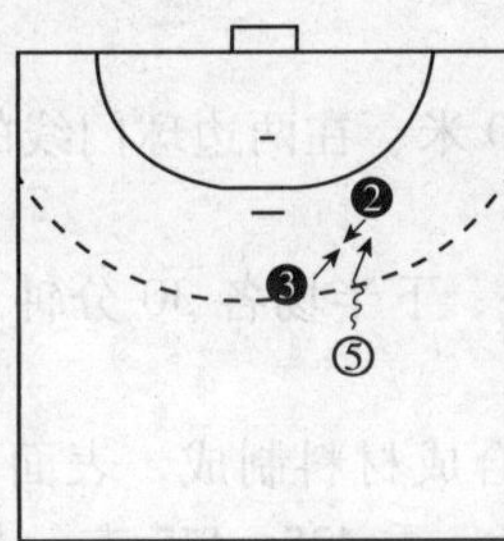

图 8-15　关门夹击配合

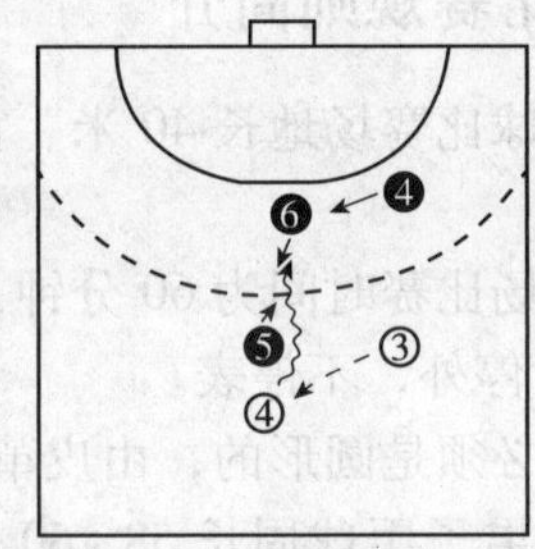

图 8-16　补漏协防配合

## (三)阵地进攻

阵地进攻是指当防守队员已退回并布好阵的情况下，组织完整且稳定有效的阵型进行攻击的一种战术配合。阵地进攻时，首先要观察对方所采用的是哪种防守阵型，避实击虚，以快速地转移球，积极地穿插跑动，调动与分割对方的防守，打乱其防御部署，按照预定的配合方案，内外结合，远近结合，中边结合，展开攻击。

阵地进攻的基本阵型有“6−0”(图 8-17)、“1−5”(图 8-18)、“2−4”(图 8-19)三种。

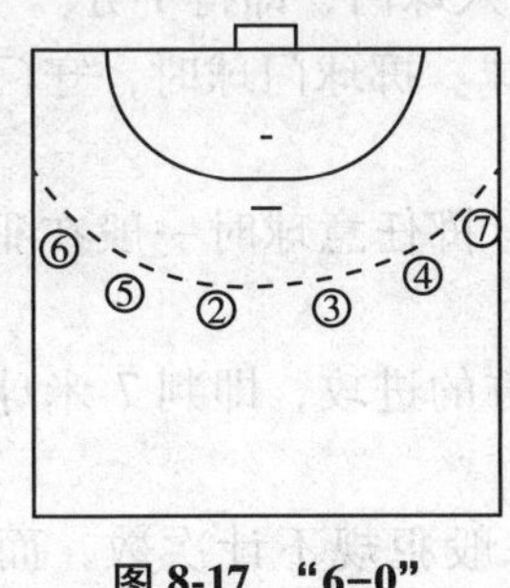

图 8-17　“6−0”

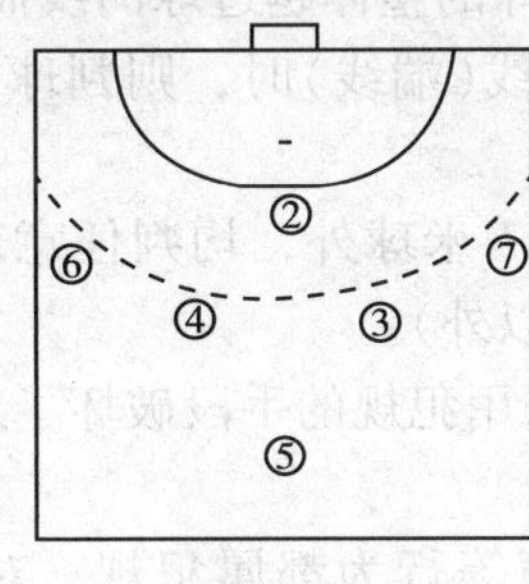

图 8-18　“1−5”

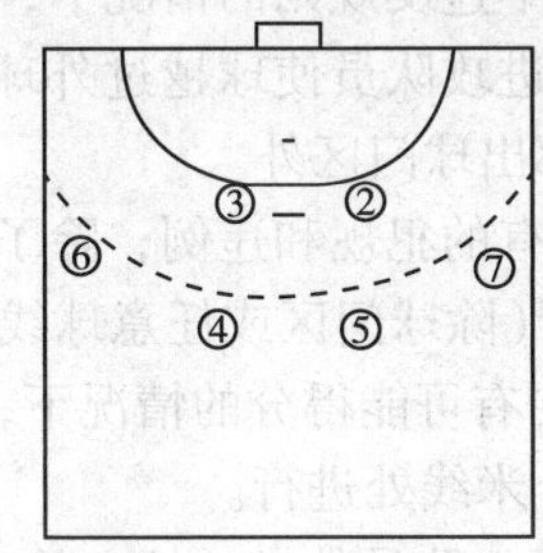

图 8-19　“2−4”

## (四)阵地防守

阵地防守是由进攻转入防守后，防守者迅速退回本方球门区前，按照一定的阵型，守住一定的区域或对手，同伴之间相互配合所组成的集体防守的一种战术配合。

阵地防守的基本阵型有“6-0”(图 8-20)、“5-1”(图 8-21)、“4-2”(图 8-22)、“3-3”(图 8-23)等。

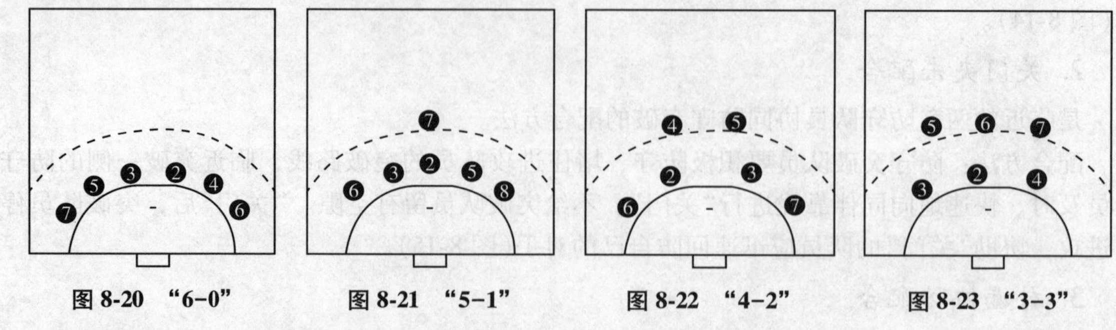

图 8-20 “6-0”　图 8-21 “5-1”　图 8-22 “4-2”　图 8-23 “3-3”

# 第三节　手球比赛与欣赏

## 一、比赛规则简介

(1)手球比赛场地长 40 米、宽 20 米、在两边球门线的中央各设有一个高 2 米、宽 3 米的球门。

(2)整场比赛时间为 60 分钟，上、下半场各 30 分钟，中间休息 10 分钟。在比赛时，除了必要的暂停外，不停表。

(3)球必须是圆形的，由皮革或合成材料制成，表面不应发亮和光滑。球分男、女用球，规格如下：男子用球周长 58~60 厘米，重 425~475 克。女子用球周长 54~56 厘米，重 325~400 克。

(4)一个队由 12 名队员组成，每场比赛上场 7 人(6 名场上队员和 1 名守门员)。比赛中的换人无需告知裁判员，只要遵循先下后上原则和在规定的换人区内进行即可。

(5)守门员须穿与场上队员不同的服装，在球门区内做防守动作时，可用身体的任何部位接触球。守门员可以在不持球的情况下离开球门区，并参加场上比赛，但要遵守场上队员的规则。

(6)允许队员用手、臂、头、躯干、大腿或膝部去掷球、接球、停球、击球等，允许队员持球不超过 3 秒和持球走不超过 3 步。

(7)在不违反规则的情况下，将球的整体越过球门线而进入球门，即得 1 分。

(8)当进攻队员使球越过外球门线(端线)时，则判球门球。掷球门球时，守门员应从球门区将球掷出球门区外。

(9)所有的犯规和违例，除了判 7 米球外，均判任意球。掷任意球时一般在犯规、违例的地点进行(除球门区或任意球线内以外)。

(10)在有可能得分的情况下，采用犯规的手段破坏了对方的进攻，即判 7 米球。掷 7 米球时应在 7 米线处进行。

(11)场上队员的推、拉、抢、撞等行为都属犯规，对一般犯规不计次数，而对严重犯规、粗野的动作和违反体育道德的言行，将给予警告、罚出场 2 分钟、取消比赛资格和开除等不同程度的处罚。

## 二、裁判法简介

(1)每场比赛由 2 名权力相等的裁判员负责，由 1 名记录员和 1 名计时员协助工作。裁判员从队员进入比赛场所起，即开始监督队员的行动，直至他们离开。比赛开始前，2 名裁判员组织双方队长挑边，由主裁判掷币。比赛开始时，副裁判站在开球队的后面，鸣哨开始比赛。主裁判则站在球门线附近。2 名裁判员在比赛期间应经常相互交换场地。

(2)在比赛过程中，主、副裁判员的权力相等，任何一名裁判员都无权改变另一裁判员的裁决(当裁决不一致时，应以场上裁判为准)，两名裁判员每隔 5 分钟左右，交换一次位置。交换位置的时机通常是在得分或罚 7 米球时。

(3)记录员负责填写记录表、记录得分、警告、罚出场 2 分钟、取消比赛资格和开除。计时员负责比赛时间、替补区的管理、受罚队员的受罚时间等。

## 三、手球欣赏

手球运动是一项快速、连续、激烈的对抗性球类集体项目。在观看比赛时，一般要提前入场并就座，这是对运动员、教练员、裁判员最起码的尊重；举止要文明，着装应得体；不要出现侮辱性的语言或向场内乱扔杂物的现象；饮料、食物最好是软包装的，垃圾要用方便袋或纸袋自行带出；要注意适当控制自己的情绪，不要失控。

比赛中攻守转换瞬间即逝，在激烈的对抗中，双方身体接触频繁，只要持球队员身体没有失去平衡，仍能控制球并继续进攻，裁判员就不会中断比赛。

在激烈对抗的手球比赛中，场上紧张的气氛会强烈感染观众。同时，观众也应对运动员在场上的顽强拼搏精神给以掌声鼓励。

手球比赛中，进攻队员之间的传接球花样繁多，多样、准确的射门动作更是令人赏心悦目。各种各样的鱼跃、倒地和滚翻射门技术，在手球比赛中屡见不鲜。防守队员的封挡球、堵截进攻，以及守门员神勇的扑球救险使得比赛精彩纷呈。对手球运动了解不多的观众，可从这些方面欣赏，并对队员精彩的传球配合、成功的射门，以及出色的防守报以热烈的掌声。同时，还可以领略到双方运动员在赛场上的友好举止和文明礼仪。

对手球有一定了解和精通的观众，除欣赏运动员个人的攻防技术外，还可从全队整体战术运用的层面上观赏手球比赛。

在比赛场地内禁止吸烟，手机要关机或设置在振动、静音状态。

在比赛进行中，观众应服从组织安排，尽量不要站起来或来回走动，也不要大声谈笑、嬉戏；要为运动员打出精彩的球而欢呼喝彩，但不要因运动员一时的失误而起哄发出嘘声，要能同时欣赏双方运动员的精彩表现。在运动员罚球时，观众最好保持安静，不要扰乱运动员的情绪，罚球后再喝彩鼓掌。

比赛结束后，退场应有序，应礼让老弱妇幼先走，不要拥挤，始终做文明观众。

## 思考题

(1)简述手球运动的价值。

(2)什么是手球技术？它包括哪几方面的内容？

(3)手球射门有几种方法？

(4)什么是手球战术？它包括哪几方面的内容？

## 研究与实践

手球具有篮球和足球的某些特点，试述手球与篮球、足球的异同。

# 第九章 网球

## 第一节 网球运动概述

### 一、网球运动的起源与发展

网球运动最早起源于12～13世纪法国传教士在教堂回廊里用手掌击球的一种游戏。后来成为宫廷里的一种室内消遣娱乐活动。也有人认为网球运动应追溯到“百年战争”(1337—1453年法英战争)以前在法国民间流传的一种叫海欧·德·巴乌麦的球游戏。因为它们在场地和器具，以及在游戏方法上都与现在网球运动极为相似，所以说人们把它们看成是现在网球运动的起源。

14世纪中叶，法国王储将这种游戏使用的球赠送英皇亨利五世，于是这种游戏便传入英国。这种球的表面是使用埃及坦尼斯镇所产的最为著名的绒布——斜纹法兰绒制作的，英国人将这种球称为“Tennis”(英文：网球)，并流传下来，直到现在。

15世纪，这种游戏由用手掌击球改为用拍板打球，并很快出现了一种用羊皮制作拍面的椭圆形球拍。同时，场地中央的绳子也改为了网子。16～17世纪是这种活动的兴旺时期，逐渐形成了一种比赛。

1873年，英国的温菲尔德(Walter Clopton Wingfield)少校改变了早期网球的打法，并将场地移向草坪地，同年出版了《草地网球》一书，提出了一套接近于现代网球的打法。1874年，又规定了球网的大小和高低，在英国创办了简易的草地网球比赛。1875年，英国板球俱乐部修订了网球比赛规则后，于1877年7月举办了第一届温布尔登草地网球锦标赛。至此，现代网球正式形成，很快在欧美盛行起来，成为一项深受欢迎的球类运动。

1896年在雅典举行的第一届奥运会上，网球的男子单打与双打均被列为正式比赛项目。后来，由于国际奥运会和国际网球联合会在“业余运动员”的定义上有分歧，已经连续7届奥运会都进行的网球比赛被取消，直到1984年的洛杉矶奥运会上，网球被列为表演项目，1988年的汉城奥运会上，网球重新被列为正式比赛项目。

### 二、网球运动在中国的发展及现状

网球运动于1885年从上海传入我国，1910年的中国第一届全国运动会即列入比赛项目。

在二三十年代的中国，网球运动只在少数人中间流行。从1924—1946年虽6次派队参加戴维斯杯比赛，多是在第一、二轮被淘汰，技术、战术水平较低。

中华人民共和国成立后，网球运动在起点低、基础差、交流少的情况下逐渐发展，1956年举办全国网球锦标赛，后来全国网球等级联赛定期举行，并实行升降级制度，还定期举办全国网球单项比赛、全国网球冠军赛、全国青少年网球比赛，近年来又搞起了巡回赛。这些竞赛对促进网球技术水平的提高起到了积极的推动作用。

90年代以来，我国网球运动水平提高幅度较快。1990年第十一届北京亚洲运动会网球比赛，我国运动员获得3块金牌、3块银牌和1块铜牌(男子团体冠军、潘兵获男子单打冠军、夏嘉平和孟强华获男子双打冠军)。中国体育代表团网球女选手李婷和孙甜甜获得第二十八届奥运会女子网球双打冠军，创造了中国奥运史上第一个网球金牌的奇迹。

从2004—2014年，中国网球走过一个相当辉煌的10年，黄金一代的中国女网以自己的努力与坚持为人们带来了一次又一次的惊喜。李娜法网捧杯、彭帅和郑洁在温网创下个人最佳战绩时，中国网球面临着后继乏人的尴尬现状。中国男网则长期处于亚洲二流水准，大多选手只能混迹于(国际网球联合会，ITF)卫星赛。投入大、周期长、风险高、成才率低，是网球选手成才难的"规律"。

### 三、网球运动的特点和作用

网球是一项隔网对抗的运动项目，具有场地不大、球速快、变化多等特点。经常参加网球运动，可以提高速度、力量、耐力和灵敏等素质，全面改善运动系统、心血管系统和神经系统机能，提高身体活动能力，增强体质。通过网球运动，还可以培养勇于竞争、顽强拼搏、机智果敢、团结协作等优良品质。网球运动的趣味性浓，观赏性强，因而这项运动易于开展和普及。

## 第二节 网球的基本技术、战术与练习方法

### 一、网球技术

#### (一)握拍方法

握拍是所有击球的基础，它主宰着挥拍的方式，击球时的拍面角度、击球点以及控制、深度和力量等最重要的击球品质。基本握拍法大致分为四类：东方式、大陆式、西方式、半西方式(图9-1)。

东方式正手：食指底部关节按在第三面上。

东方式反手：食指底部关节按在第一面上。

大陆式：食指底部关节按在第二面的上部。

西方式正手：食指底部关节按在第四面上。

半西方式正手：食指底部关节按在第三面和第四面之间。

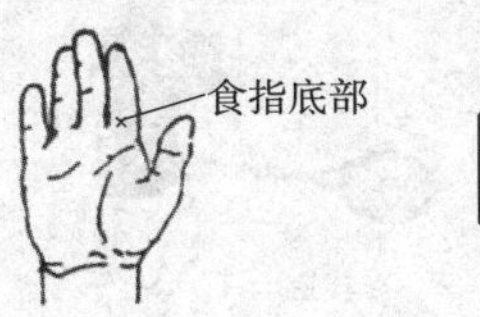

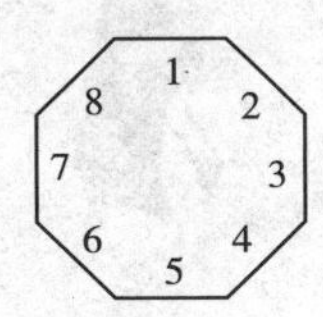


图9-1 握拍方法

1. 东方式握拍法

(1)东方式正手握拍法

最形象的表述是"握手"。

动作要点：先将球拍柄水平放置，拍面与地面垂直，拍柄朝向自己，然后以手握手状握住拍柄。食指下关节压在右垂直面上，食指与其余三个手指稍分开，拇指垫自然弯曲，从拍下平面绕过来。击球时右手掌根与食指下关节控制球拍。

(2)东方式反手握拍法

动作要点：食指下关节压在右上斜面上，手掌根部贴住拍的左上斜面，与拍底平面对齐，食指与其余三个手指稍分开，拇指垫稍弯曲贴在左下斜面。

2. 大陆式握拍法

大陆式握拍法犹如手握铁锤柄的姿势。

动作要点：食指下关节紧贴在右上斜面上，手掌根部贴住上平面，与拍底平面对齐，其余三个手指稍分开。

3. 西方式握拍法

西方式正手握拍法最形象的表述是“一把抓”。

动作要点：把拍平放在地面上，再用手抓起来。拇指与食指几乎成直角，拇指直伸压住拍上平面，食指下关节握住右上斜面，手掌根贴住右下斜面，与拍底平面对齐。

4. 半西方式握拍法

半西方式握拍法是介于西方式和东方式之间的一种握拍方法。它最大的好处是手掌和拍面在同一个平面上，最大限度地允许使用者在稳定的基础上发力，并且容易培养手感。不仅适合初学者，更被当代顶尖的网球选手广泛地运用。

动作要点：将食指底部关节按在第三面和第四面之间，然后握住球拍，手掌比东方式正手向拍柄后移动得多。

5. 反手握拍法

分为单手反手握拍法和双手反手握拍法两种。目前国际上比较通行的是双手反手握拍法。单手反手要求打点精确且有一定的臂力；双手反手对打点许可度较大，但需要步伐精确，建议初学者学习双手反手。

动作要点：右手东方式反手握拍法或大陆式握拍法，握在拍柄的底部，左手东方式正手握拍法，至于右手上方。

### (二)底线击球技术

1. 正手击球

一个完整的正手击球动作由准备姿势、引拍动作、击球动作和随挥动作组成(图 9-2)。

图 9-2　正手击球

(1)准备

面对球网，两脚自然开立与肩同宽或稍宽于肩，两膝稍曲，重心落在前脚掌，右手持拍大约在腰部的高度，左手扶住拍颈，拍头指向前方并略高于手腕，注意来球，做好移动的准备。

(2)引拍

左脚微踏前，指向来球，右脚基本与底线平行，保持双腿的弯曲站立；左手帮助右手转动握把，获得正手握拍法；转肩，向后拉拍，直到拍头指向后挡网，肘关节略弯曲，重心落到右脚上，拍头高于手腕，眼睛注视来球。

(3)击球

拍头下降，略低于击球点，通过蹬腿，转肩，带动大臂、小臂和拍面向前、向上挥击来球，触球时拍面与地面基本垂直。

(4)随球

球拍击球后不要刻意降低或停止拍子的挥动，让它自然、流畅地挥到身体另一侧，肘关节基本指向前方。随挥完毕后要尽快恢复到准备姿势。

2. 双手反手击球

(1)准备

反手击球的准备姿势和正手击球相同。

(2)引拍

看到来球朝向反手方向飞来时，扶住拍颈的左手迅速帮助右手形成反手握拍法，移动到位形成反手击球步法(开放式或关闭式)，同时转肩带动球拍向后摆动，肘关节微曲。

(3)击球

拍头降低至低于击球点，左腿蹬地，身体右转，带动大臂、小臂发力，拍头向前向上挥击来球，触球时拍面与地面基本垂直。

(4)随挥

击出球后，拍子沿发力方向继续挥出，自然停住。

3. 单手反手击球(图 9-3)

图 9-3　单手反手击球

(1)准备

和正手准备姿势相同。

(2)引拍

右脚向侧前方斜跨，指向来球，双腿弯曲，压低重心；左手帮助右手转动握把，形成单手反手握拍法；大幅度转肩，几乎让背部朝对方场地，左手扶着拍颈，帮助右手向左侧后方拉拍，直到拍头指向后挡网，重心落在后脚。

(3)击球

向下向前向上平滑挥拍，逐渐加速，在击球时达到最快；把刚才指向对方的肩打开，同时双脚蹬地以左脚为主，使身体向右侧旋转；击球点应该比正手低，但更靠前，击球时拍面和地面垂直，击球瞬间握紧球拍。

(4)随球

单手反手的随球是单反的精华部分，开始向前挥拍时，左手留在身体后方，右手挥拍，击球后，右手继续上挥，左手在身体后方张开保持平衡，使这个动作像在飞翔。

### 4. 反手削球

(1)动作要领

反手削球动作技术同样包括准备姿势、引拍动作、击球动作和随挥动作四个环节。

①准备：准备姿势和单手反手击球相同。

②引拍：与单手反手击球相似，移动到位，形成击球步法，向左转体转肩，左手扶住拍颈帮助右手将拍引到身体左侧，肘关节自然弯曲，拍头高于手腕，拍面略微后仰。

③击球：削球击球动作与单手反手击球不同处在于，拍面略后仰、拍头从上往下、从后往前击球，拍面触球时给球施加一定向下的旋转。

④随球：拍面触球后让拍子继续沿击球的方向挥进，自然停住。

(2)专家提示

①在练习过程中，要注意循序渐进的原则，先慢打再快打，先轻后重，先稳再凶，由浅入深，逐步掌握。

②准备动作身体要放松，步法要便于向任何方向移动。

③握拍要正确，提前准备，注意力集中，眼不离球。

④触球时手腕要固定，击球动作简单化，击球时重心要稳，击球后球拍跟进动作要完整、柔和。

⑤准确判断来球的位置，选择适宜的击球点。

(3)常见错误

①经常把球打在球拍边上，不能打在甜点。

纠正方法：眼睛必须始终盯着球，从对方击球开始到自己击球后结束。

②击球时手腕扭动太大。

纠正方法：手腕应固定，必须锁住，但不能紧张；用整个手臂挥拍击球。

③击球点太靠后。

纠正方法：提前做好准备动作，身体迎上去，在身体前方击球。

④击球后重心落在后脚。

纠正方法：击球后身体前倾，重心前移，拍向前挥出，非执拍手可同时向前扶着拍柄，使身体保持稳定。

⑤顺势挥拍动作太短，影响击球的深度。

纠正方法：整个挥拍动作，包括随球动作应是完整、协调、平滑地进行。

⑥击不出强有力的球，形似挡球。

纠正方法：伸展前臂击球并充分随挥，随挥结束时后脚跟要离地。

(4)练习方法

①根据底线正、反拍拍击的技术和步法要求，可先进行徒手或持拍挥拍练习，体会向后拉拍，转肩及腰部扭转和重心转换等动作要领。

②挥拍时可先进行单个动作的分解练习，再进行连贯动作的挥拍，直至动力定型。

③在原地练习挥拍的基础上，结合步法做挥拍练习，体会步法与手法的协同配合。

④对球进行底线正、反拍喂多球的击球练习，此练习方法对初学者来说效率高，效果好，能很好地体会动作和球感。

## (三)网前击球技术

1. 动作要领

网前截击时均采用大陆式握拍法。

(1)正手截击(图 9-4)

①截击没有很大的引拍以及随挥，当判明对方来球方向为正手位后，立即向右转肩，以转肩带动球拍后摆，但后摆动作不要过肩；左脚朝来球方向跨出，拍头高于握拍手。

②在身体的前面迎击球(前腿前 15~30 厘米处)；截击球的动作是挡击或撞击，球拍在与球短促撞击的同时微微向下，有点像切削球，击球时保持拍头上翘，拍面稍向后斜。

③简短的随球，马上以一个小跳步恢复成准备状态。

图 9-4 正手截击

(2)反手截击(图 9-5)

①和正手截击一样，反手来球时用扶拍手向后拉球拍的同时向左转肩，球拍开始做短短的后摆，拍头高于握拍手，眼睛看球。右脚微跨出，保持拍头竖起。

②手腕绷紧，在身体前面 15~30 厘米处撞击球，向前撞击时，左手向后方摆动，保持身体的平衡。

③击球后球拍对着球撞击方向送出去，随挥动作要简短，以便能恢复到准备状态，打下一次球。

图 9-5 反手截击

2. 专家提示

①建立正确的截击球引拍技术概念，避免向后扭引拍幅度过大。

②眼睛始终顶球。

③握紧球拍，绷紧手腕。

④在身体前面击球。

⑤保持拍头向上。

3. 常见错误

(1)击球时步法不正确，两肩同时对网

纠正方法：①击球时必须侧身对网，运用正确步法向前截击；②同伴在练习者击球瞬间叫“停”，练习者自己检查击球时的手法、步法是否正确，使其随时都用正确方法击球。

(2)怕挨打，缩手缩脚，不敢上网

纠正方法：①在思想上解除顾虑，敢于上网；②在技术上，要求准备动作把重心放在前脚掌上，随时移动，只有判断好来球，才能截击任何角度的来球。

(3)球拍触球后，没有控制能力，球向场外飞

纠正方法：①手腕固定、紧绷，不能放松；②球拍顶端高出手腕，在身体前侧击球；③体会截击的力量来源于手腕固定，而不是手臂挥动产生的。

(4)击球点靠后

纠正方法：①建立正确的引拍技术概念，引拍幅度不要太大；②背靠挡网反复练习截击球技术的模仿动作及击球练习。

4. 练习方法

(1)先徒手做模仿挥拍练习，然后再持拍模拍挥习，并逐渐结合步法做挥拍练习。

(2)用多球进行单个动作的网前截击练习，以体会动作和球感。

(3)在网前中场或近网对底线进行截击球练习，先单线定点，后可加大难度进行左右移动截击或不定点截击。

## (四)发球技术

发球是网球比赛中最重要的技术之一，它是网球比赛中每一分的开始，是唯一不受对方技术水平影响的技术，稳定而有效的发球一定可以令你在比赛中信心倍增。

1. 动作要领

发球基本技术中包括握拍法、准备姿势、抛球与后摆动作、击球动作和随挥动作等技术(图9-6)。

(1)握拍法

大陆式握拍法或东方式反手握拍法。

(2)准备姿势

全身放松，侧身站立，两脚分开约同肩宽。左手持球轻托球拍在腰部高度，拍头指向前方。

(3)抛球与后摆动作

抛球与后摆拉拍动作是同步开始的。当球拍向下向后引拍时，持球手同时下降至右脚处，当球拍从身后向头上方做大弧度摆动，身体作转体、屈膝、展肩，持球手柔和地在左脚前上举，直至伸高及头顶。抛球动作要协调、平稳，球送至最高点在离开手指抛向空中。此时右肘向后外展约同肩高，拍头指向天空，左侧腰、胯呈弓形，身体重心随着抛球平稳前移，肩与球网呈直角。

(4)击球动作

当左手抛出球时，球拍继续向上摆起，这时握拍手的肘关节放松，可以使向前移动的身体和右肩自动地使手臂产生一个完美的绕圈。当球下降至击球点时，迅速向上挥拍击球，左脚上蹬，使手臂和身体充分伸展；当身体向前上方伸展击球时，肩、手臂已经回转，双肩与

球网平行。挥拍击球时，持拍手腕带动小臂有一个旋内的“鞭打”动作，这就是发球发力的关键动作，也是其他诸如重心前移、蹬腿、转体、挥拍等力量聚集的总和。

(5)随挥动作

球发出后，身体向场内倾斜，保持连续、完整的向前上方伸展的随挥动作。此时，球拍挥至身体的左侧，重心移向前方，做到完全、自然地跟进并保持身体平衡。

图 9-6　发球技术

2. 专家提示

(1)应注意抛球与右手挥拍后摆同时开始，这样动作才能协调一致。

(2)发球击球前的拍头下垂形成“搔背动作”，应注意不是有意做出来的，而是协调的发球动作中，拍头自然在背后下垂所形成的。

(3)第二发球的练习，有好的第二发球作后盾，第一发球就可以更加放手了。

(4)击球时，眼睛一定要注意盯着球，使拍面击在球的正确部位。

(5)击球时，在身体前击球作扣腕动作，并使重心跟进。

3. 常见错误

(1)抛球不准，不能送到准确的位置

纠正方法：设标志，专门做抛球练习。另一人在旁边纠正，使其体会什么叫“抛球到位”。

(2)向后引拍时，不能下降到垂直于地面的位置；小臂不能按规定路线做动作

纠正方法：用固定物，如羽毛球等悬在击球处，要求初学者拿球拍，按照动作要领做规定线路的击球练习。

(3)击球点掌握不好，靠后仰头击球

纠正方法：把球抛得靠前些，同时，只想向前向上击球。

(4)发球的节奏感不好，不协调

纠正方法：①先做空拍练习，把抛球与挥拍连贯起来并使两臂一起动作，直到送球和挥拍动作完全协调配合；②挥拍时，保持动作协调，不要匆忙发球。

(5)发球不过网

纠正方法：①抛球后上看，眼不离球，下颚上仰；②击球时手臂尽量抬高，提高击球点。

(6)引拍向外偏

纠正方法：①一人站在练习者发球臂一侧，限制引拍时发球向外偏；②练习者侧对墙(障碍物)一定距离，反复做引拍—向前挥拍的模仿练习(持拍侧靠障碍物)。

(7)击球点低

纠正方法：①练习者将球拍上举，意向击球的位置，反复挥拍模仿，并在意想的击球位置停住球拍；②练习者反复击打固定目标。

4. 练习方法

(1)掌握正确的发球握拍法，即大陆式或东方式反拍握拍法，只有这种握拍法才能发出不同旋转的发球。

(2)重视抛球练习，好的发球都有一个准确、稳定的抛球，因此要反复练习抛球。

(3)在场地上用多球进行抛球与击球相结合的练习(即抛打结合)，边模仿，边练习，边体会。

## (五)接发球

1. 动作要领

接发球的动作技术包括握拍法、准备姿势与站位、击球以及随挥跟进。

(1)握拍法

可以选择东方式正手握拍法，也可以采用东方式反手握拍法。对方发球时，大部分会发向你的反手，因此采用东方式反手握拍比较好，从反手换成正手握拍也比较容易。

(2)准备姿势与站位

两脚自然开立与肩同宽，双膝微屈，脚跟离地，重心前倾，拍头约与腰同高并指向对方，两脚不停地垫步，两眼紧紧地注视着对方的抛球。

接发球的站位，在左右方向应站在发球员与左右落点连线夹角的分角线上，这样站位，正反拍接发球距离相等，不会出现明显的空档，或者站在略偏反手位置上。前后方向的站位要根据对手发球方式和力量大小来确定，如接大力发球要站在底线后 1~2 米处，接其他发球一般站在底线前后就可以。接第二发球时，要向前踏进一大步，因为，第二发球多半是较慢地落地在进网的地方，如果发球特别软，则向前再进几步。

(3)击球

接球时的击球动作与正常击球动作基本相同。当对方球发出后，接球员要与预测击球点及时起动，迅速做出转体引拍动作，只是后摆距离要短一些，幅度大小要根据对方不同的发球来调整，握紧球拍，手腕固定，并向击球方向踏出异侧脚；同时，向前迎击球，击球点是在体前侧胸部高度处，对着球击出的方向送出球拍，尽量加长球拍接触球的时间，要像打落地球那样，做好随挥动作。

对于快速来球，回球时多数是采用阻挡式动作，即和截击球打法相似，不要做过大的挥动，因为在接球时根本没有足够的时间做出正常的引拍击球动作，只要控制好球拍拍面，握紧球拍，绷紧手腕，借力把球挡回去，球速也会很快。

不论快速球还是较慢的旋转发球，接球员眼睛必须盯住球，从球离开发球员手之前，一直到球被拍击到时，眼睛始终不能离开球。

(4)随挥跟进

击球后很少有随挥动作，拍头竖起，顺势结束在较高处，身体重心在前脚掌上，脚跟离地，准备对方下一次回击，并立刻移动到自己场地的中央，或随球上网。

2. 专家提示

(1)接二发或者慢速球时，引拍动作应与正常地击落地球的动作相似。接发球的难度越大，引拍动作的幅度越小。提前向前斜向移动击球，以便缩小发球方回击的角度，减少发球方回球的时间。

(2)接一发或者大力发球时，引拍动作应与截击时或接直线落地球时使用的动作相似。

尽管根据来球的速度，幅度可小一些。

(3)接发球时应保持头部和上体的动态平衡。

(4)接发球时应力求收紧挥拍动作，握紧球拍以控制球速。

### 3. 常见错误

(1)发球处于主动，接发球处于防守，时常有紧张感

纠正方法：要树立攻守平衡的思想。放松手臂、大腿或者转动球拍来消除紧张情绪。

(2)判断不出对方发球意图

纠正方法：注意看对方抛球时持拍拍面是平的还是有角度的。如果有角度即为切削球，可准备向场地边移动。如果判断不出角度，可用耳朵听，因为平击球的声音比旋转球要大得多。

(3)回击不及时，时常碰不到球

纠正方法：尽可能快地完成引拍动作。就发球同一般打落地球不同，面对一个快速发球，没有更多的时间作出反应。当发出的球在飞跃过网时，引拍动作应结束。

(4)击出的球不稳，控制不住方向和力量，时常球被打飞

纠正方法：握拍要紧，手腕绷紧，特别是在接大力球的情况下更要注意这两点。拍面角度、球击出的时间、随挥动作也是关键因素。

### 4. 练习方法

(1)一方发球，另一方接发球，要求接发球一方打直线或者斜线。

(2)四名发球者站在中线附近同时发球，两名接发球者回直线，每发 10 次后交换发球与接发球。

(3)一名队员练习二发，另一名队员接发球后上网。

## (六)高压球

### 1. 动作要领

高压球的动作技术包括握拍法、准备姿势与站位、击球以及随挥跟进(图 9-7)。

(1)握拍法

采用大陆式或东方式正手握拍法打高压球。

(2)准备姿势与站位

当对方挑高球时，应立即侧身转体并用短促的交叉步或并步向后退，同时侧身，持拍手上举至头部位向后引拍，重心在两脚前脚掌上，后腿弯曲。非持拍手上举指向来球的方向和高度，击球与发球时击球一样。

(3)击球

击球点在右眼前上方。拍头向上向前加速。上体前转，后肩移动高于前肩，身体重心移至前腿，后脚跟抬起。小臂和肘部在触球时完全伸展，小臂外旋以便平击。

(4)随球动作

小臂继续外转，上体跟随球的线路继续向前屈体，身体重心移至前腿。队员向前移动，恢复平衡准备再次击球。

### 2. 专家提示

(1)练习者要注意避免击球点太低，打不准球。

(2)控制好击球力量，避免匆忙击球或击球太猛，造成出界或下网。

(3) 准备打高压球时要尽早进入击球位置，整个击球过程中，要眼不离球，扣球应果断，不能犹豫。

图 9-7　高压球动作

3. 常见错误

(1) 击球位置不好，落点和击球时机判断不准

纠正方法：两人练习时，一人在旁边给予口令"后退、击球、前进"，体会空间感觉，找准击球点。

(2) 扣杀无力，没有手腕鞭打动作

纠正方法：①击球时，球拍和球接触角度要正确，使球飞出的路线与拍面垂直；②协调运用腰部和手臂的力量扣球。

(3) 击球的方向不对

纠正方法：①必须保持侧身对网；②准备击球时，以左肩对球，保持球在头部上方。

(4) 球打不过网或触网失误

纠正方法：①必须把整个动作包括随球动作做完，不要中途停顿；②击球点在头部前方，眼睛必须一直盯住球看。

(5) 击球发力过早或过晚

纠正方法：①打固定球；②打击教练抛出的球；③反复徒手练习直接上举球拍呈击球预备姿势，左手要指着球。

4. 练习方法

(1) 持拍做模仿练习。

(2) 结合后脚跳起步法做挥拍练习，体会击球的时间和空间感。

(3) 一人或两人底线挑高球，练习者在网前练习高压球。

## 二、网球战术

战术说简单一点，就是技术的组合。比赛中的战术必须以充分发挥自身技战术特长，打击压制对手为准则，即要以己之长，攻敌之短，出其不意，攻其不备，先发制人，力争主动，使自己保持积极进攻的位置，这是取得比赛胜利的关键。

### (一) 单打战术

1. 初级战术

(1) 打对方的反手

每个人的反手一般都比正手弱，而且初中级选手的反手可能就是他最大的心病所在。所以不管和谁比赛，第一个原则就是打对方的反手。

(2)打对角球

当和对手底线相持的时候，如果没有好的机会就尽量打对角球。首先因为球网中间是最低的，减少了下网的机会；第二个好处就是对角的距离是最长的，又减少了出界的机会。

(3)绕到反手位打正手球

绕到反手位打正手有两个明显的好处：(1)保护了自身的弱点；(2)如果能把球打到对方的反手的话，就攻击了对方的弱点。

**知识窗**

深度、角度和速度被认为是网球比赛的三个基本要素。

2. 高级战术

(1)发球战术

①发球者应尽量将球发到对方的薄弱处，通常为反手。

②在对方习惯了发球到薄弱处后，可偶尔将球发到对方较强的一面，使其措手不及。

③当发现对手为了防守一边而站在比较偏的位置时，可出其不意地将球发到另外一边。

(2)发球上网

是指发出一记有威胁的平击或旋转球以后，迅速上网，在中场附近将球截击到对手不易回击高质量回球的位置(通常是底线反手位或底线之间)上，然后再找机会冲到网前给予致命的一击。

(3)随球上网

是指在底线与对手往返对攻的过程中，对手一旦出现短球，应立即抓住时机将球击到对方底线反手深处，同时随球上网，准备下一个截击球找机会再次进攻。

(4)底线战术

①攻反手：是指连续攻击对手的反手，使其回球质量下降，再出其不意地打一板正手，然后再攻其反手，造成对方失误。

②攻前后：是指先打两边球，使对方左右奔跑疲于应付时，突然放一个网前短球，造成对方脚步混乱而失误。

③底线一点打两点：是指用正拍打对方的反手和正手，调动对方跑动，消耗对方的体力。

④变换节奏：是指如果对方技术比较全面，正反手都比较好时，可以回击半高或挑高球回到对方的底线附近，破坏对方的进攻节奏。

**知识窗**

网球打法主要有上网型、全能型和底线型三种。

## (二)双打战术

1. 双打站位的种类

(1)一网一底站位

目前最为普遍的一种双打站位。

(2)双底线站位

网前技术不足但底线技术出众的选手多采用这种战术。

(3)澳式站位

发球方的同伴蹲于中线处但离网很近，待其发球员发球后按预定的计划移动抢网截击，使对方措手不及，发球员则朝相反的方向移动帮助其补位。

2. 双打的基本战术理念

(1)提高一发的成功率，旋转落点要有变化。

(2)接发球要求回球具有质量。

(3)与同伴一起向前，一起后退，一起左、右移动守住球场。

(4)尽力控制住网前的局面。

(5)回击深球或高球，迫使对方往后退，降低回球质量。

# 第三节　网球比赛与欣赏

## 一、网球比赛

### (一)网球场地与设备、装备

1. 场地与设施的布置和规格(图 9-8)

根据国际网球联合会规定，标准网球场地为长 23.77 米(78 英尺)，宽 8.23 米(27 英尺)，双打宽 10.97 米(36 英尺)的长方形。发球线至底线的长度为 5.485 米(18 英尺)，发球线至网线的距离为 6.4 米(21 英尺)。中间是球网，网的两端为网柱，网柱顶端距离地面 1.07 米(3 英尺 6 英寸)。球网中点的高度应为 0.914 米(3 英尺)。球场两端的界线叫底线，两边的界线叫边线。在距离球网两侧 6.4 米(21 英尺)的地方各画一条与球网平行的线，为发球线。全场除底线可宽至 10 厘米外，其他各线的宽度均不能超过 5 厘米，也不得少于 2 厘米。

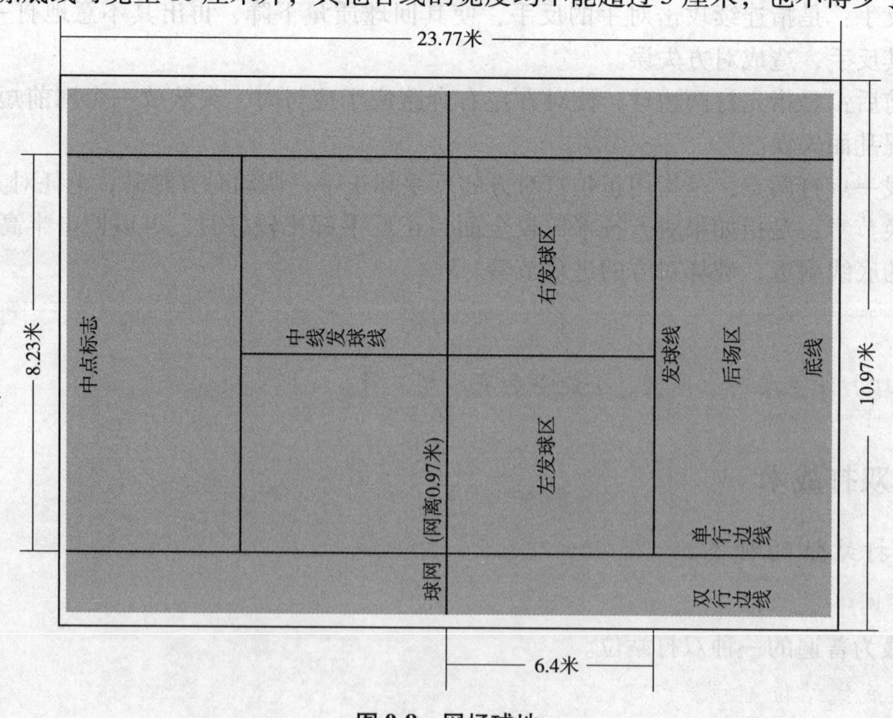


图 9-8　网场球地

**知识窗**

根据表面介质不同，网球场可分为草地、土场、硬地、人造草地和网球地毯等。不同的场地对球员的战术要求也有不同。

2. 球拍

球拍没有重量限定，但其总体不能长于73.66厘米和宽于31.75厘米。

**知识窗**

如果你是初学者，以锻炼身体或尝试接触网球运动为目的者，可选择一些较轻的球拍，使你易建立基础；如果你已有网球基础，有意要打好网球，最好选一只较重的球拍，因为越重的球拍承接力越强，有利于控制。

3. 球

网球为黄色或白色，外表毛质均匀，没有缝线。比赛用球一般都为黄色。球的直径为6.35~6.67厘米，球的重量应一般约为50克，从2.54米高处自由落地反弹为高度在1.4米左右，未在这个范围的都不能算是好球。

## (二)网球比赛规则

1. 单打

(1)发球

在网球正式比赛前，需要确定比赛由谁先发球。整个比赛中，双方网球球员轮流发。发球员在发球前应先站在端线后，中点和边线的假定延长线之间的区域里。发出的球应从网上越过，落在对角的对方发球区内。每局开始先从右区端线后发球，得或失一分后，应换到左区发球。以此类推。通常发球是将球向空中任何方向抛起，在球落地之前用球拍击球；不过，也可以使用臂下发球。

(2)失误

如果球落在对方发球区外，比如球出线或触网，都称之为失误，发球员就要再次发球(二发)。落在边界上的球算界内球。若发球两次失误，叫“双误”，对手得一分。要是发球触网，但球仍落进了对方的发球区，则为重发球。

(3)局

网球每局的开始比分是0∶0，第一分球记为15，所以，若发球员赢了这分球，比分就变为15∶0，若接球员赢了这分球，比分就为0∶15(比号前面给出的是发球员的分数)。球员的第二分球为30，接下来为40(在历史上，这些数字代表1/4小时，即15，30，45，但45后来改为了40)。若对方球员只有30或还少于30的话，那下一个球就能赢了这一局，因为每局比赛中，至少要比对手多2分球才能结束该局比赛。如果双方球员都达到了40，此时称为“局末平分”。随着接下来的这一分，占先的球员净胜2分，赢得这一局。同时，紧追不舍的对手也努力扳平分数又达到“局末平分”，占先的球员赢了下一分，也就赢了这一局。

(4)盘

网球比赛中如果对手落后至少2局，那么先赢得6局的球员就赢了一盘。但是，若这盘是6∶5，那么双方就要再打一局。若占先者赢了，即该盘比分为7∶5，判占先者赢得此盘。然而，若另一个球员把这盘扳平为6∶6，那就由决胜局(抢七局)决定谁为胜者。

(5) 场

在网球 3 盘赛中，是先赢得 2 盘者为胜者，即为三盘二胜；在 5 盘赛中，是先赢得 3 者为胜者，即为五盘三胜。决胜局(抢 7 局)：在决胜局中，要本该轮到发球的球员先发第一分球，对手接着发第二、三分球，然后双方轮流发 2 分球。先得 7 分的球员若净胜 2 分，那么他就赢了该盘比赛。每 6 分球和决胜局结束都要交换场地。

(6) 其他的规则

落在线上的任何球都算作界内球。

除了发球以外，触网和触网后又落入球场正确区域的球均有效。

球员在回击球时，可把球击在网和固定物周围，甚至低于网的最上方。只要球最终着地在对方球场的适当位置，均为好球。

发球时，对方必须在球落地一次后，才能击球。而其他时侯回球时，则可在落地一次或未落地时进行。

在每一盘的奇数局结束后，双方运动员可以进行短暂的休息，然后交换场地继续进行比赛。

(7) 以下几种情况发生时，均会被判失分

①球击中身体；②过网击球；③球员的手或身体的任何一部分触网或过网。

2. 双打

网球单打规则均适用于双打，但网球双打规则也有特殊的规定。

(1) 发球次序

应在每盘开始之前决定发球次序，即每盘第一局开始时，由发球方决定由何人首先发球，对方则同样地在第二局开始时决定由何人首先发球，第三局时由第一局未发球方的球员发球，第四局由第二局未发球的球员发球。以下各局均按此次序轮换发球。

(2) 接球次序

与发球次序一样在每盘开始之前要决定接球次序，即先接球的一方应在第一局开始时，决定何人先接发球，并在这盘单数局继续先接发球。对方同样应在第二局开始时决定何人先接发球，并在这盘双数局继续先接发球。他们的同伴应在每局中轮流接发球。

(3) 发球次序错误与接球次序错误

发球次序错误应在发觉时立即纠正，但已得的分数或已成的失误都有效。如发觉时全局已经终了，此后发球次序就以该局为准轮流发球。

接球次序错误发觉后仍按已错误的次序进行，等到下一接球局再行纠正。

**知识窗**

比赛时，裁判员的判定就是最后的判定。比赛大会设有裁判长时，如运动员对裁判员涉及有关规定问题的判定有异议，可提请裁判长解决，裁判长的判定就是最后的判定。

## 二、网球欣赏

### (一) 网球赛事

1. 四大网球公开赛

温布尔登网球锦标赛、法国网球公开赛、美国网球公开赛和澳大利亚网球公开赛，被称

为世界四大网球公开赛。它们是每年一届的最为重要的世界性网球单项比赛。世界各地选手均把获得四大公开赛的桂冠视为最高荣誉。

2. 戴维斯杯赛

戴维斯杯网球赛是一年一度的世界男子网球团体赛，也是世界网坛层次最高、影响最大的国际性团体赛，由国际网球联合会主办，是除奥林匹克网球比赛外历史最长的网球比赛。

3. 联合会杯网球赛

在女子网球比赛中，联合会杯是一项重要的赛事，它是1963年为庆祝国际网联成立50周年创办的。联合会杯赛是与戴维斯杯网球赛齐名的团体赛事。

4. 大师杯系列赛

职业网联充分考虑了场地、资金和观众等因素，使以下9起赛事能充分展示男子职业网球的各种风格。在选择赛事时，根据场地的不同类型划分为：塑胶场地——利普敦大师赛、印第安纳大师赛；红泥土地——蒙特卡洛大师赛、汉堡大师赛、罗马大师赛；硬地——多伦多大师赛、辛辛那提大师赛；室内地毯场地——斯德格尔摩大师赛、巴黎大师赛，这就是超九赛事，它们是大师杯系列的前身。

5. 中国网球公开赛

中国网球公开赛是国际网球协会批准自2004年每年一届在中国首都北京连续举办14届的大型国际网球比赛。从诞生之日起，中国网球公开赛就拥有ATP、WTA和ITF三个国际组织的赛事。赛事总奖金超过110万美元，比赛场地类型为硬地。

## (二)网球观战指南

1. 世界网球赛事

最著名的单项赛事是四大网球公开赛——澳大利亚公开赛、法国公开赛、英国温布尔登公开赛、美国公开赛。最能代表国家网球整体水平的是男子团体赛戴维斯杯和女子团体联合会杯比赛。另外，还有一些颇具影响力的公开赛，如意大利公开赛、卡塔尔公开赛、日本公开赛、利普顿公开赛、巴黎公开赛、北京公开赛等，再有就是4年一度的奥运会网球赛。

网球比赛共有男子团体、女子团体、男子单打、女子单打、男子双打、女子双打和混合双打7项。

2. 网球比赛的赛制

在单项赛中通常采用单淘汰制，每轮过后淘汰一半选手，直至决出冠军。在每场的比赛中根据组委会的要求采用三盘两胜制或五盘三胜制。

在团体赛中，男子全部采用五盘三胜制，女子采用三盘两胜制。

戴维斯杯赛由四场单打和一场双打组成，顺序为单、单、双、单、单，五场三胜，在一方以3∶0或3∶1领先时，也必须将余下的比赛打完。联合会杯为二单一双，顺序为单、单、双，三场两胜，在某方2∶0领先时，也须将双打打完。

3. 网球比赛的场地

网球场可分为室内、室外两种，但大多数比赛是在室外进行。室外场地一定要南北朝向。球场地质分硬地、土地、草地3种。硬地球场的表面是一种人工合成的涂料，易于保养，相对造价低，受到普遍的欢迎，所以颇为流行。土地球场的表面则由细沙般的泥土构成，最具代表性的就是法国公开赛的主赛场——罗兰加洛斯红土场。草地网球的代表则是历史悠久的，现代网球运动的鼻祖英国，在温布尔顿的优质草地球场上称霸是众多选手心目中的最高荣誉。

4. 网球比赛的计分

网球赛的计分十分复杂，它涉及分、局、盘、场 4 个概念。它们之间简单的逻辑关系是 4 分为一局，6 局为一盘，2 盘或 3 盘为一场。具体的计分方法是：一方胜 4 分球为胜一局，若出现互胜 3 分球，则一方要净胜 2 分球才能结束该局。胜 6 局为胜一盘，若局数出现 5：5 时须净胜两局。若 6：6 时，如在非决胜盘中，则采用决胜局定胜负，也就是我们所说的小分，先得 7 分获胜，若在决胜盘中出现 6：6，须净胜两局才能结束比赛。比赛分三盘两胜或五盘三胜两种赛制。

5. 网球比赛中场地、发球权的交换和休息的安排

当双方运动员所得局数之和为奇数时须交换场地，并且有一分半钟的休息时间，如 3：2、5：4、1：0 等时；若为偶数则不交换场地，不休息。休息与换场地同时进行，但与发球权的交换没有联系。决胜局的比赛中双方比分之和为 6 的倍数时要互换场地，但不休息。

6. 网球比赛中的犯规现象

由于网球是一项文明高雅的体育运动，所以对运动员的管理要求也较严格，它包括场上和场下双重制约。运动员在比赛过程中若出现未经主裁判允许擅自离场；不尽全力比赛、无故中止比赛；无故不参加发奖仪式；做下流动作、口出秽语、受教练临场指导、乱打球、摔球拍或砸设备、打人等有悖体育道德的不良行为时，都将被认为违反行为准则并被罚款。谈到运动员犯规，必须让大家知道“三级罚分制”这一概念。所谓三级罚分制即警告—罚 1 分—取消比赛三个过程，具体如下：若当一名运动员在上述行为规范中违反其中一条时，主裁判可对其进行警告一次，同时要记录他违反规则的内容及时间；若该运动员在此之后再次违反上述规则中的任意一则时，主裁判就应判罚其失 1 分，同时记录；若第三次出现上述情况，主裁判就要与裁判长商量取消其比赛资格，并且下场后主裁判要根据每一次的记录详细填写罚单。这就是“三级罚分制”。

7. 运动员需要上厕所的处理方法

网球赛耗时长，个别比赛可能要 5 小时以上，对于上厕所，规则是这样规定的：经主裁判同意后，男子一次，女子不限。若男选手要求再去，经裁判同意后，可在交换场地时利用一分半的休息时间，超时不归则应按三级罚分制处理。运动员每次去厕所须有人监督，以防他们趁机休息。

8. 网球比赛中的裁判员数量

1 名主裁判，4 个边线裁判，2 个底线裁判，2 个发球中线裁判，2 个发球线裁判。另外还有 6 个球童。场上所有裁判和球童，除主裁判外，每 1 小时要换 1 次，确保其得以休息。准确裁决。具体交换时间是在距 1 小时左右最近的一次交换场地时进行。近些年来，随着球速的提高，有些比赛在边线发球线远端安装了一种电子检测仪，当球出界时，它会发出尖叫声，大大提高了比赛裁决的准确性。

9. “爱司”球

是英文 Ace 的译音，指的是在运动员发球时，令对手未能触到球而得分的球。若接球方触到球而失分的发球称直接得分球。

10. 教练临场指导的相关规定

对于团体赛中的每场比赛，可以允许 1 名教练坐在运动员休息椅旁边，待运动员交换场

地休息时对运动员进行指导。若在比赛进行中给予指导，那么被指导的运动员将受到三级罚分制的处罚。所有单项比赛均不允许教练临场指导。

11. 比赛时备用球的数量

一般较正式的比赛要用6个球，也可根据实际情况采用3或4个。因为球的磨损会影响运动员技术发挥，所以要在比赛过程中更换新球，通常是在4、9局或9、11局后换球，即第一次换球应在双方所得局数和为7或9局之后，以后每次换球在上次换球后双方进行的局数和为9或11局后进行。因为赛前的5分钟练习作为2局计算，所以第一交换球要比以后的换球时间少2局。

12. 过网击球的判断

若某选手用拍子去拦击对方击出的尚未越过网的来球，则应判其失误，即过网击球。若击球位置在本方场地上空，击球后球拍随挥到对方的场地上方，是击球有效。

13. 连击的判断

选手在击球时，由于击球点不准确，造成球两次撞击球拍，此时要看其是否是一个完整的击球动作，若是则不应判失误，若是两次明显的击球动作，则应判失误。

### (三)网球礼仪

网球是一项贵族运动，有自己的文化，你需要了解基本的网球礼仪：

1. 为对手的好球拍手叫好

当对手击出好球时，为其鼓掌。特别是在比赛中，当对手打出了自己很难击出的漂亮的得分球时，尽管懊丧与遗憾，也应如职业高手们那样，用手轻拍球拍，潇洒地表达自己为对手高兴的心情。

2. 比赛后真诚握手

赛后应主动伸出握拍手，眼睛直视对手，持手相握，把自己的握拍手伸向对手意味着友好，并表达自己“我没有伤害你”的意思。

另外，赛后在自己胜的场合，不必为对手挂虑，相反自己负时不必找理由为自己辩解。不论胜负，都不必过于被其所累，应尽量多与对手交流。如此，对手可变得亲切，可成为网球朋友，网球场是个社交场合，这也正是网球的魅力之一。

## 思考题

(1)网球击球的基本动作结构是什么？

(2)什么是好的击球落点？如何提高控制落点能力？

(3)为什么说在网球运动中判断和预测非常重要？判断都有哪些类型，它们各自的特点是什么？

## 研究与实践

举例论述在单打比赛中，通常会出现哪几种比赛情况，在每种情况下应采用哪些战术。

# 第十章

# 乒乓球

## 第一节　乒乓球运动概述

### 一、乒乓球运动的起源

乒乓球，是一种世界流行的球类体育项目，也是我国国球，该运动是一项以技巧性为主，身体体能素质为辅的技能型项目。乒乓球起源于英国，欧洲人至今把乒乓球称为“桌上的网球”，由此可知，乒乓球是由网球发展而来，它的英语官方名称是“table tennis”。19 世纪末的英格兰，欧洲盛行网球运动，一天伦敦两个青年人到一家饭馆去吃饭，在等待侍者送饭时，他们开始讨论一场刚结束的网球比赛，感到无聊，便信手将装雪茄的盒盖拿在手中玩，同时又将酒瓶上的软木塞也拨了下来，两人在餐桌上你来我往，相互打过来打过去，结果，他俩玩得竟入了迷，连吃饭都顾不上了。由此，这项餐桌上的游戏，很快就演变、发展成乒乓球赛，并席卷伦敦，一时形成了一股乒乓球热。

“乒乓球”一名起源于 1900 年，因其打击时发出“ Ping Pang ”的声音而得名，在中国大陆、香港及澳门等地区以“乒乓球”作为它的官方名称。然而，我国台湾地区和日本则称之为“桌球”，意指球桌上的球类运动。1904 年 12 月乒乓球运动从日本传入中国。开始是由上海四马路一家文具店的老板王道平从日本购回 10 套乒乓球器材，并在店内作表演，于是买乒乓球、打乒乓球的人逐渐增多，各大城市也先后推广了这项活动。当时的乒乓球拍是木拍，板面光滑，很难使球旋转，所以打法只有推挡和抽球两种。

1890 年左右，开始使用赛璐珞球，由于当时大部分用的是羊皮纸球拍击到球和台会发出“乒乓”的声音。赛璐珞是一种硝化纤维材质，在生产过程中会产生大量毒性粉尘，像石棉一样易造成肺癌，对生产工人的身体造成很大危害。因此，目前赛璐珞乒乓球在欧洲国家早已停止生产。自 2014 年 7 月 1 日起，包括奥运会乒乓球比赛和世锦赛、世界杯以及国际乒联公开赛及总决赛等都将使用安全环保、以高分子聚合物为原料的新塑料球。从加工技艺看，塑料乒乓球采取“有缝”加工工艺，通过两个半球体胶合的方法，在胶合部位形成接缝。生产厂家力求让塑料乒乓球在球的旋转上，包括落点、声音、牢度和飞行轨迹上与传统乒乓球接近。因为塑料乒乓球还具备不易燃易爆的优点，在储存、运输等环节上减少了企业成本。除了材质上的不同，新塑料球与旧球的最大区别就是标注直径的改变。国际乒联规定，新球的直径标准由原来的 39. 50~40. 50 毫米上调到 40. 00~40. 60 毫米，如此微小的尺寸调整，却足以让乒乓球的旋转、速度与弹性发生明显变化。国际乒联要求新塑料球一律采用“40+”的标注方法，与之前的“40”区分。这意味着乒乓球由此进入了“40+”时代。

### 二、乒乓球运动的发展

20 世纪初，乒乓球运动在欧洲和亚洲蓬勃开展起来。1926 年，在德国柏林举行了国际乒乓球邀请赛，后被追认为第一届世界乒乓球锦标赛，同时成立了国际乒乓球联合会（ITTF, International Table Tennis Federation）。50 多年来，乒乓球运动的发展大约经历了 3 个阶段。初期，运动员使用的球拍虽形状各异，但都是木制的，击出的球的速度慢。力量小，谈不上什么旋转；打法也单调，只是把球推来推去。

1936 年，第 10 届世界乒乓球锦标赛在匈牙利布格拉举行，大赛中出现了令人惊叹的局面。男子团体冠军争夺赛，在罗马尼亚和奥地利进行。比赛从星期天 21 时进行。孰料双方派出 3 名削球手，由于打法相同，双方水平又接近，且都用了蘑菇战术，不肯轻易挑板，而且企图从对手的失误中取胜。比赛进行到 3 时还是 2：2。当地规定，公共场所必须在 3 时关闭，惹来了警察干涉，最终耗时 31 个小时，奥地利才以 5：4 战胜罗马尼亚。1903 年，英国人古德发明了胶皮球拍，有力地促进了乒乓球技术的发展。从 1926 年到 1951 年，世界各国选手大都使用表面有圆柱形颗粒的胶皮拍。击球时增加了弹性和摩擦力，可以使球产生一定的旋转，因而出现了削下旋球的防守型打法。这一打法在欧洲流行长久，不少运动员采用这种打法获得了世界冠军。这一时期乒乓球运动的优势在欧洲，其中匈牙利队成绩最突出，在 117 项次世界冠军中，他们获 57 项次，占欧洲队的一半。但这种球拍只能以制造下旋为主。人人皆此，磨来守去，即使夺得了冠军也毫无意义。

20 世纪 50 年代初，奥地利人发明了海绵球拍，日本运动员道德在世界比赛中使用，并一举夺得第 19 届世界锦标赛的 4 项冠军，打破了欧洲运动员的垄断地位。由于日本运动员利用这种球拍创造的远台长抽进攻型打法，具有正手攻球力量大、速度快、发球抢攻威胁大等优点，因而速度慢、旋转弱、攻击力不强的欧洲防守型打法被逐渐取代，使日本夺得了 50 年代乒乓球运动的优势。1952—1959 年，在 49 项次世界冠军中，日本队夺得 24 次项次，占 47%。这是乒乓球运动水平的第一次大提高。1959 年，中国代表团获得了第二十五届世界乒乓球锦标赛男子单打冠军后，中国运动员开始登上了国际乒坛。逐渐形成了以“快、准、狠、变”为技术风格的直拍近台快攻打法。在 1961 年第二十六届世界锦标赛中，中国队既过了欧洲关，又战胜了远台长抽的秘密武器——“弧圈球”打法的日本选手，第一次夺得了男子团体世界冠军。并连续获得第二十七、二十八届男子团体冠军。中国近台快攻的优点是站位近，速度快，动作灵活，正反手运用自如，比日本远台长抽打法又大大前进了一步。60 年代，中国乒乓球技术水平位于世界最前列，乒乓球运动的优势由日本转移到中国。这是乒乓球运动水平的第二次大提高。在日本、中国乒乓球运动发展的同时，欧洲运动员从失败中总结经验教训，经过近 20 年的努力，终于取日本弧圈球技术和中国近台快攻打法之长，创造出适合于他们的先进打法，即以弧圈球为主结合快攻的打法。代表人物是匈牙利的克兰帕尔和约尼尔。以快攻为主结合弧圈球的打法，是以正反快拨手快攻为主要技术，用反手快拨快攻力争主动，以正手拉弧圈球寻找机会扣杀为得分手段。代表人物是瑞典的本格森、捷克的奥洛夫斯基等。这两种打法的特点是放置较强，速度快，能拉能打，低拉高打，回旋余地较大。乒乓球运动又推进到防制和速度紧密结合的新高度。这是乒乓球运动水平的第三次大提高。

世界乒乓球运动的发展经历了欧洲的全盛时期、日本队称雄、中国队的崛起、欧洲的复兴和欧亚对抗。1988 年，乒乓球被列入奥运会，大大推动了这一运动在世界的发展。

## 三、乒乓球运动的特点和价值

### (一) 乒乓球运动的特点

(1) 乒乓球运动特点是器材设备简单，室内外均可进行活动，运动量可大可小，不受年龄、性别和身体条件的限制，很容易被大众所接受。

(2) 乒乓球速度快、变化多，要求练习者在瞬间对来球有较强的反应能力和应变力。它能提高人体神经系统的灵敏性和协调性。

(3)乒乓球项目设有单项、双打、团体项目。团体项目通过团体来实现，所以乒乓球项目可以培养独立思考、单独作战及集体主义精神。

## (二)乒乓球运动的锻炼价值

1. 可以增强身体素质

长期参加乒乓球运动，随着水平的提高，活动范围的增大，运动量也就相应增加，这就相应地提高了力量素质、速度素质和身体灵敏性、协调性，从而达到使肌肉发达、身体健壮、关节更加稳固的效果。

2. 可以调节和改善神经系统灵活性

由于乒乓球在空中飞行速度比较快，正手攻球只需0.15秒就可到达对方台面。在这短暂的时间内，要求运动员对高速运动的来球方向、落点、旋转、力量等因素进行全面观察并进行判断，及时采取对策，调整击球位置与拍面角度，进行合理还击。经常从事乒乓球运动，可大大提高神经系统的反应速度。

3. 可以改善心血管系统和呼吸系统的功能

经常参加乒乓球运动，可以使心血管系统的结构和机能得到改善，心肌变得发达有力，心容量加大，每搏输出量增多。心搏徐缓和血压降低，提高心脏工作效率，有利于身体的新陈代谢，提高整个身体机能水平。

4. 可以提高心理素质

乒乓球运动是竞技项目，对抗激烈，比分更改速度快，运动员情绪状态非常复杂。经常经受这些变幻莫测、胜负难料的激烈竞争的锻炼，同时在比赛中要对对方战术意图进行揣摩，因此使练习者的心理素质得到了很好的锻炼。

5. 可以促进交流，增进友谊

通过参加乒乓球运动，可以相互交流经验，切磋球技，达到相互学习，共同提高的目的。

此外，乒乓球运动设备简单，不受年龄、性别限制，运动量可大可小，因而深受广大学生的喜爱。乒乓球运动速度快，变化多，富有技巧性和趣味性。特别是在比赛时，注意力高度集中，大脑皮层始终处于兴奋和抑制的交替过程中，强度大而且转换迅速，因而对提高视觉的敏锐性和神经系统的灵敏性有着很大的锻炼价值，尤其是对目前青少年玩电脑和手机等造成的假性近视有很好的缓解作用。

## 四、乒乓球运动在中国的发展

1. 1949年前的乒乓球运动

1904年，王道平开始介绍和表演在日本看到的乒乓球运动。

1916年，上海基督教青年会童子部添置了乒乓球房和球台，并在一些学生中开展这项活动。

1925年，上海举行了乒乓球的各种杯赛。

1927年，中华队赴日本举行访问比赛；同年8月参加了在上海举行的第八届远东运动会中日乒乓球表演赛。

1930年，参加了在动京举行的第九届远东运动会乒乓球的比赛。

1935年，中华全国乒乓球协会成立，发动并组织了中华人民共和国成立前的第一届全国乒乓球比赛。

1935 年 1 月，国际乒联致电邀请中国加入国际乒联和参加第九届世界乒乓球锦标赛，但由于经费不足未能实现。

2. 1949 年后的乒乓球运动

1952 年 10 月在北京举行了第一次全国性乒乓球比赛，六大行政区（中南、华北、东北、西南、西北、华东）和铁路系统体协的 62 名男、女选手参赛，揭开了中华人民共和国乒乓球运动发展史上新的一页。

1952 年，中华全国体育总会乒乓球部加入了国际乒联。

1953 年，中国乒乓球队正式进入世界乒坛——首次参加了在布加勒斯特举行的第二十届世界乒乓球锦标赛。

1956 年，参加了在东京举行的第二十三届世界乒乓球锦标赛；

在我国，乒乓球运动具有广泛的群众基础。近 70 年来，我国乒乓球运动一直保持着世界领先水准，被世界公认是我国的“国球”。乒乓球之所以能够作为我国体育运动的象征，根本原因在于我国已经形成普及—提高—再普及—再提高的良性循环，深受国人的喜爱。从 1900 到 2015 年，乒乓球运动走过了 100 多年的历程。期间，从竞赛规则、器材的使用到运动技术都有较大的变化和改进。近年乒乓球的改革相继出台，40 毫米大球、11 分赛制、无遮挡发球和 40+球的实施对乒乓球运动产生了重大影响。以乒乓球比赛世界最高规格的乒乓球世界锦标赛为例，中国队历届成绩斐然，如表 10-1。

**10-1　历届世界乒乓球（单项）锦标赛中国成绩榜**

| 年份 | 冠军 | 亚军 | 季军 |
|---|---|---|---|
| 男子单打 | | | |
| 1959 | 容国团 | | |
| 1961 | 庄则栋 | 李富荣 | 徐寅生、张燮林 |
| 1963 | 庄则栋 | 李富荣 | 王志良、张燮林 |
| 1965 | 庄则栋 | 李富荣 | 周兰荪 |
| 1971 | | | 郗恩庭 |
| 1973 | 郗恩庭 | | |
| 1977 | | 郭跃华 | 黄亮、梁戈亮 |
| 1979 | | 郭跃华 | 李振恃、梁戈亮 |
| 1981 | 郭跃华 | 蔡振华 | |
| 1983 | 郭跃华 | 蔡振华 | 江嘉良、王会元 |
| 1985 | 江嘉良 | 陈龙灿 | |
| 1987 | 江嘉良 | | 陈新华、滕毅 |
| 1989 | | | 于沈潼 |
| 1991 | | | 马文革 |
| 1995 | 孔令辉 | 刘国梁 | 丁松、王涛 |
| 1997 | | | 孔令辉、闫森 |
| 1999 | 刘国梁 | 马琳 | |
| 2001 | 王励勤 | 孔令辉 | 马琳 |
| 2003 | | | 孔令辉 |

（续）

| 年份 | 冠军 | 亚军 | 季军 |
|---|---|---|---|
| 2005 | 王励勤 | 马琳 | |
| 2007 | 王励勤 | 马琳 | 王皓 |
| 2009 | 王皓 | 王励勤 | 马琳、马龙 |
| 2011 | 张继科 | 王皓 | 马龙 |
| 2013 | 张继科 | 王皓 | 马龙、许昕 |
| 2015 | 马龙 | 方博 | 张继科、樊振东 |
| 2017 | 马龙 | 樊振东 | 许昕 |
| 女子单打 | | | |
| 1959 | | | 邱钟惠 |
| 1961 | 邱钟惠 | | 王健 |
| 1963 | | | 孙梅英 |
| 1965 | | 林慧卿 | 李莉 |
| 1971 | 林慧卿 | 郑敏之 | 李莉 |
| 1973 | 胡玉兰 | | 张立 |
| 1975 | | 张立 | 葛新爱 |
| 1977 | | 张立 | 葛新爱、张德英 |
| 1979 | 葛新爱 | | 童玲、张德英 |
| 1981 | 童玲 | 曹燕华 | 张德英 |
| 1983 | 曹燕华 | | 黄俊群、齐宝香 |
| 1985 | 曹燕华 | 耿丽娟 | 戴丽丽、齐宝香 |
| 1987 | 何智丽 | | 戴丽丽、管建华 |
| 1989 | 乔红 | | 陈静 |
| 1991 | 邓亚萍 | | 乔红 |
| 1993 | | | 高军 |
| 1995 | 邓亚萍 | 乔红 | 刘伟、乔云萍 |
| 1997 | 邓亚萍 | 王楠 | 李菊、邬娜 |
| 1999 | 王楠 | 张怡宁 | 李楠 |
| 2001 | 王楠 | 林菱 | 张怡宁 |
| 2003 | 王楠 | 张怡宁 | 李菊 |
| 2005 | 张怡宁 | 郭焱 | 郭跃 |
| 2007 | 郭跃 | 李晓霞 | 张怡宁、郭焱 |
| 2009 | 张怡宁 | 郭跃 | 李晓霞、刘诗雯 |
| 2011 | 丁宁 | 李晓霞 | 郭跃、刘诗雯 |
| 2013 | 李晓霞 | 刘诗雯 | 丁宁、朱雨玲 |
| 2015 | 丁宁 | 刘诗雯 | 李晓霞、木子 |

（续）

| 年份 | 冠军 | 亚军 | 季军 |
| --- | --- | --- | --- |
| 2017 | 丁宁 | 朱雨玲 | 刘诗雯 |
| 男子双打 | | | |
| 1961 | | | 李富荣/庄则栋、王家声/周兰荪 |
| 1963 | 王志良/张燮林 | 徐寅生/庄则栋 | 李富荣/王家声 |
| 1965 | 徐寅生/庄则栋 | 王志良/张燮林 | 李富荣/王家声、余长春/周兰荪 |
| 1971 | | 梁戈亮/庄则栋 | |
| 1977 | 李振恃/梁戈亮 | 黄亮/陆元盛 | |
| 1979 | | | 梁戈亮/郭跃华、李振恃/王会元 |
| 1981 | 蔡振华/李振恃 | 郭跃华/谢赛克 | |
| 1983 | | 江嘉良/谢赛克 | 王会元/杨玉华 |
| 1985 | | | 江嘉良/蔡振华、范长茂/何志文 |
| 1987 | 陈龙灿/韦晴光 | | |
| 1989 | | | 陈龙灿/韦晴光、惠钧/滕毅 |
| 1991 | | 王涛/吕林 | |
| 1993 | 王涛/吕林 | 马文革/张雷 | 林志刚/刘国梁 |
| 1995 | 王涛/吕林 | | 林志刚/刘国梁 |
| 1997 | 孔令辉/刘国梁 | | |
| 1999 | 孔令辉/刘国梁 | 王励勤/闫森 | |
| 2001 | 王励勤/闫森 | 孔令辉/刘国梁 | |
| 2003 | 王励勤/闫森 | 孔令辉/王皓 | 马琳/秦志戬 |
| 2005 | 孔令辉/王皓 | | 王励勤/闫森、陈玘/马琳 |
| 2007 | 陈玘/马琳 | 王皓/王励勤 | |
| 2009 | 陈玘/王皓 | 马龙/许昕 | 郝帅/张继科 |
| 2011 | 马龙/许昕 | 陈玘/马琳 | 王皓/张继科 |
| 2013 | | 郝帅/马琳 | 王励勤/周雨 |
| 2015 | 张继科/许昕 | 樊振东/周雨 | |
| 2017 | 许昕/樊振东 | | |
| 女子双打 | | | |
| 1959 | | | 邱钟惠/孙梅英 |
| 1961 | | 邱钟惠/孙梅英 | 韩玉珍/梁丽珍、胡克明/王健 |
| 1963 | | | 邱钟惠/王健 |
| 1971 | 林慧卿/郑敏之 | | |
| 1973 | | 林美群/仇宝琴 | |
| 1975 | | 林美群/朱香云 | |
| 1977 | 杨莹 | 魏力捷/朱香云 | 葛新爱/张立 |
| 1979 | 张德英/张立 | 葛新爱/闫桂丽 | |

（续）

| 年份 | 冠军 | 亚军 | 季军 |
|---|---|---|---|
| 1981 | 曹燕华/张德英 | 卜启娟/童玲 | 黄俊群/闫桂丽 |
| 1983 | 戴丽丽/沈剑萍 | 耿丽娟/黄俊群 | 曹燕华/倪夏莲、卜启娟/童玲 |
| 1985 | 戴丽丽/耿丽娟 | 曹燕华/倪夏莲 | 管建华/童玲、焦志敏/齐宝香 |
| 1987 | | 戴丽丽/李惠芬 | 何智丽/焦志敏 |
| 1989 | 邓亚萍/乔红 | 陈静/胡小新 | 丁亚萍/李隽、高军/刘伟 |
| 1991 | 陈子荷/高军 | 邓亚萍/乔红 | 丁亚萍/李隽、胡小新/刘伟 |
| 1993 | 刘伟/乔云萍 | 邓亚萍/乔红 | 陈子荷/高军 |
| 1995 | 邓亚萍/乔红 | 刘伟/乔云萍 | 王晨/邬娜 |
| 1997 | 邓亚萍/杨影 | 李菊/王楠 | 成红霞/王辉、乔云萍 |
| 1999 | 李菊/王楠 | 孙晋/杨影 | 张怡宁/张莹莹 |
| 2001 | 李菊/王楠 | 孙晋/杨影 | 张怡宁/张莹莹 |
| 2003 | 王楠/张怡宁 | 郭跃/牛剑锋 | 李菊/李佳 |
| 2005 | 王楠/张怡宁 | 郭跃/牛剑锋 | 白杨/郭焱 |
| 2007 | 王楠/张怡宁 | 郭跃/李晓霞 | |
| 2009 | 郭跃/李晓霞 | 丁宁/郭焱 | |
| 2011 | 郭跃/李晓霞 | 丁宁/郭焱 | |
| 2013 | 郭跃/李晓霞 | 丁宁/刘诗雯 | 陈梦/朱雨玲 |
| 2015 | 刘诗雯/朱雨玲 | 丁宁/李晓霞 | |
| 2017 | 丁宁/刘诗雯 | 陈梦/朱雨玲 | |
| 混合双打 | | | |
| 1959 | | | 王传耀/孙梅英 |
| 1961 | | 李富荣/韩玉珍 | 王传耀/孙梅英 |
| 1963 | | | 庄则栋/邱钟惠 |
| 1965 | | 张燮林/林慧卿 | 庄则栋/梁丽珍 |
| 1971 | 张燮林/林慧卿 | | |
| 1973 | 梁戈亮/李莉 | | 余长春/郑怀颖 |
| 1975 | | | 梁戈亮/张立 |
| 1977 | | | 李振恃/闫桂丽 |
| 1979 | 梁戈亮/葛新爱 | 李振恃/闫桂丽 | 王会元/张德英 |
| 1981 | 谢赛克/黄俊群 | 陈新华/童玲 | 黄亮/卜启娟 |
| 1983 | 郭跃华/倪夏莲 | 陈新华/童玲 | 蔡振华/曹燕华、谢赛克/黄俊群 |
| 1985 | 蔡振华/曹燕华 | | 陈新华/童玲范、长茂/焦志敏 |
| 1987 | 惠钧/耿丽娟 | 江嘉良/焦志敏 | 王浩/管建华 |
| 1989 | | | 陈龙灿/陈静、陈志斌/高军 |
| 1991 | 王涛/刘伟 | 谢超杰/陈子荷 | |
| 1993 | 王涛/刘伟 | | 马文革/乔云萍 |

（续）

| 年份 | 冠军 | 亚军 | 季军 |
|---|---|---|---|
| 1995 | 王涛/刘伟 | 孔令辉/邓亚萍 | |
| 1997 | 刘国梁/邬娜 | 孔令辉/邓亚萍 | 王励勤/王楠 |
| 1999 | 马琳/张莹莹 | 冯喆/孙晋 | 秦志戬/杨影、王励勤/王楠 |
| 2001 | 秦志戬/杨影 | | 刘国梁/孙晋、詹健/白杨 |
| 2003 | 马琳/王楠 | 刘国正/白杨 | 秦志戬/牛剑锋、王皓/李楠 |
| 2005 | 王励勤/郭跃 | 刘国正/白杨 | 邱贻可/曹臻、闫森/郭焱 |
| 2007 | 王励勤/郭跃 | 马琳/王楠 | 邱贻可/曹臻 |
| 2009 | 李平/曹臻 | 张继科/木子 | 郝帅/常晨晨、张超/姚彦 |
| 2011 | 张超/曹臻 | 郝帅/木子 | |
| 2013 | | | 王励勤/饶静文 |
| 2015 | 许昕 | | |
| 2017 | | | 方博 |
| 2019 | 许昕/刘诗雯 | | |

# 第二节　乒乓球的基本技术、战术与练习方法

## 一、乒乓球基本术语

### （一）站位术语(图 10-1)

近台：站位在离球台端线 50 厘米以内的范围。

近台：站位离球台端线 50~70 厘米之间的范围。

中远台：站位离球台端线 70~100 厘米之间的范围。

远台：站位离球台端线 100 厘米以外的范围。

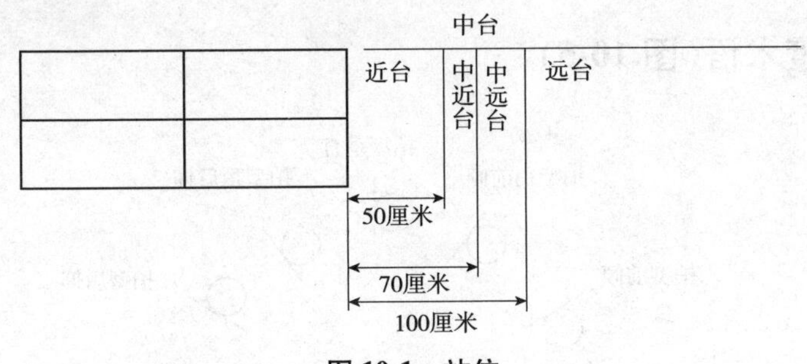


**图 10-1　站住**

### （二）击球时间术语(图 10-2)

上升期：指球从台面反弹上升到接近最高点的这段时间。这段时间还可以分为上升前期和上升后期。

高点期：指球反弹到最高点的这段时间。

下降期：指球从最高点下降至地面的整段时间。这段时间可分为下降前期和下降后期。

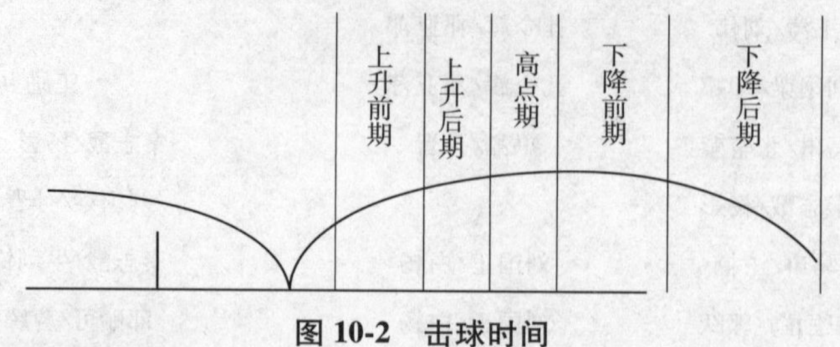


图 10-2 击球时间

### (三)击球部位术语(图 10-3)

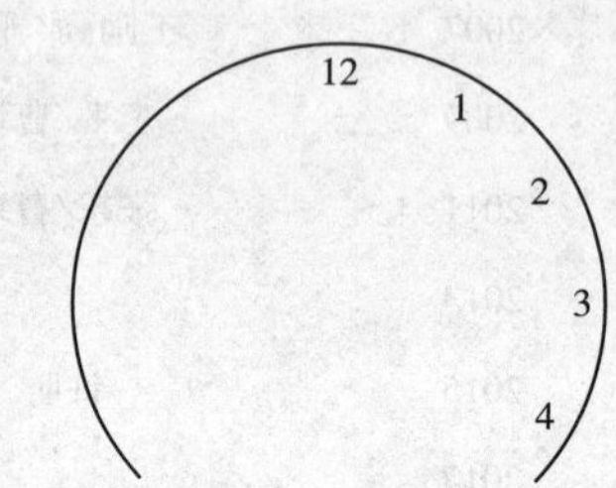


图 10-3 击球部位

为了形象的说明，将球用表盘的刻度来划分。

击球上部：球拍击球在 12~1 点钟的位置。

击球中上部：球拍击球在 1~2 点钟的位置。

击球中部：球拍击球在 3 点钟的位置上。

击球中下步：球拍击球在 4~5 点钟的位置。

击球下部：球拍击球在 6 点钟的位置上。

### (四)击球路线术语(图 10-4)

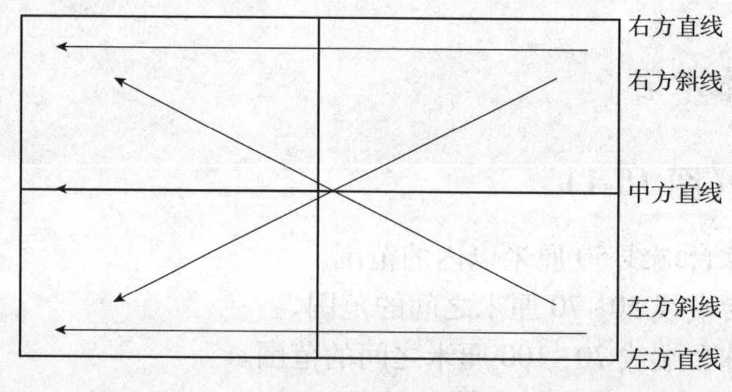


图 10-4 击球路线

### (五)拍型角度术语(图 10-5)

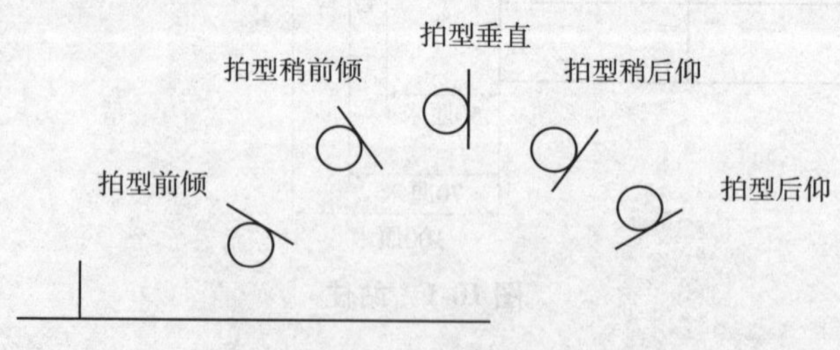


图 10-5 拍型角度

拍面向下：拍面触球接近 12 点时的角度。

拍面前倾：拍面触球接近 1 点时的角度，击球的上中部。

拍面稍前倾：拍面触球接近 2 点时的角度，击球的中上部。

拍面垂直：拍面触球接近 3 点时的角度，击球的中部。

拍面稍后仰：拍面触球接近 4 点时的角度，击球的中下部。

拍面向上：拍面触球接近 6 点时的角度。

## 二、乒乓球的技术与练习方法

### (一) 握拍法

世界上流行的握拍方法主要分为直拍和横拍两种。直拍的握法手指运用较灵活，在发球变化、处理不出台近网球和追身球方面较横握拍容易。横握拍的手指、手掌接触拍柄、拍面的面积比直拍大，所以它的的稳定性比直拍好。

1. 直拍快攻型握法

以食指第二关节和拇指第一关节扣压拍肩部，虎口贴住拍柄，其他三指自然弯曲重叠，中指第一关节顶在拍后中线处(图 10-6)。

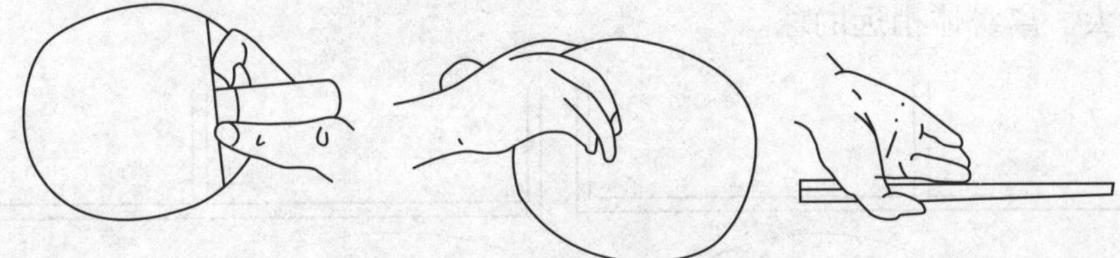

图 10-6　直拍快攻型握法

2. 横拍握法

虎口贴住拍肩，中指、无名指、小指握住拍柄，拇指放在正面，食指自然伸直置于背面(图 10-7)。

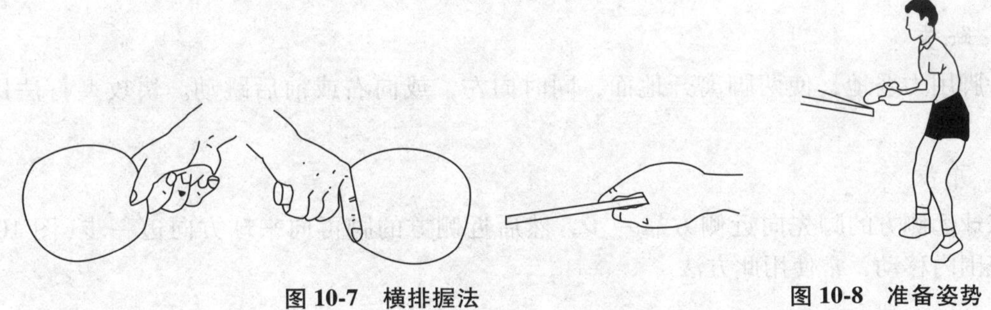

图 10-7　横排握法　　图 10-8　准备姿势

### (二) 准备姿势

两脚平行站立比肩稍宽，两膝微屈稍内扣，前脚掌内侧着地，上体略前倾，收腹、含胸，重心置于两脚之间，两眼注视来球。执拍手臂自然弯曲，置于身体右侧(图 10-8)。

### (三) 步法

由于来球的落点不断变化，要准确地还击每个来球，除必须具备快速的反应和良好的身体素质外，还要靠正确、灵活的步法，及时移动身体到最佳的击球位置。常用的步法有：跨步、跳步、并步、交叉步。

1. 单步

一脚为轴，另一个脚向前、后、左、右不同方向移动，重心随之跟上(图 10-9)。单步具有移步简单、灵活、重心平稳的特点，一般用于离身体不远的小范围移动，如接近网短球等。

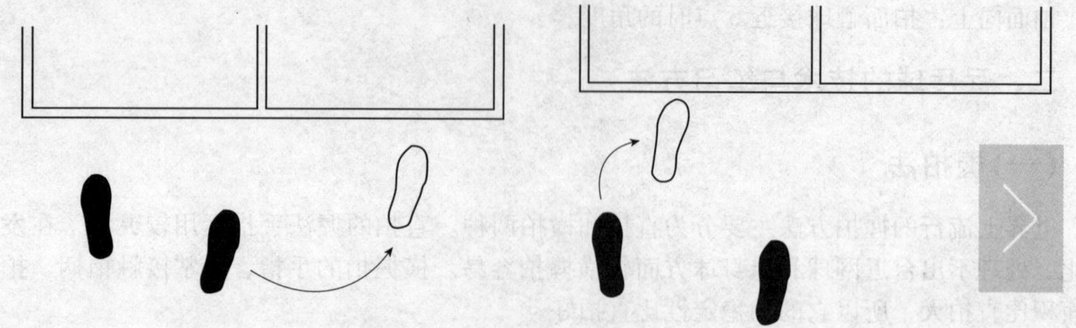

图 10-9 单步

2. 跨步

来球同侧脚先向侧跨一大步，后跟着地，另一脚随即跟进移动(图 10-10)。常用来对付来球急、角度大、离身体稍远的球。

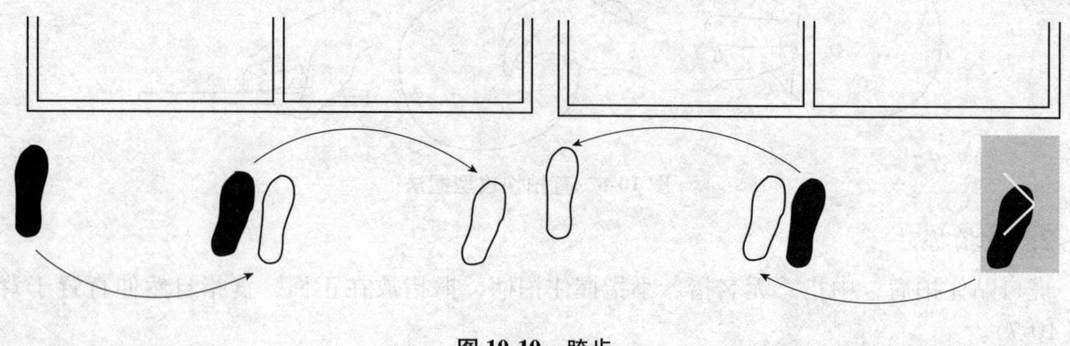

图 10-10 跨步

3. 跳步

一脚用力登地，使两脚离开地面，同时向左，或向右或前后跳动。快攻型打法用它来侧身。

4. 并步

来球远侧方的脚先向近侧方靠一步，然后近侧方的脚再向来球方向迈一步(图 10-11)。在小范围内移动，常使用此方法。

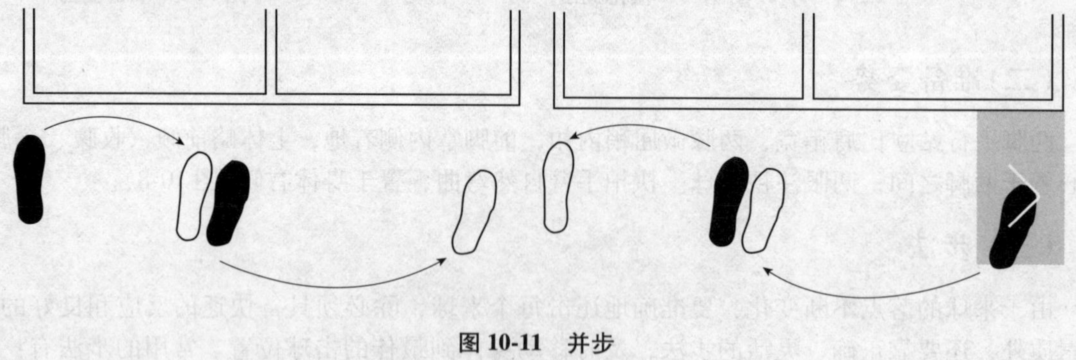

图 10-11 并步

5. 交叉步

来球反方向的脚向来球方向移动一小步，另一脚迅速向来球方向迈一步(图 10-12)。主要用于对付离身体较远的来球，如快攻在侧身进攻后扑空常用此步法。

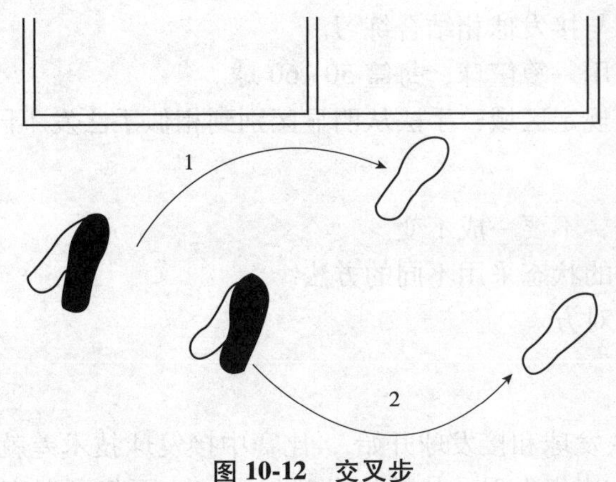


图 10-12　交叉步

6. 小碎步

较高频率的小垫步，主要适用于步法的调节，在步法移动到一定的位置时还没有找到合适的击球点，就要通过小碎步来调整，争取更好的击球点。小碎步是步法中尤为重要的步法，也是衡量一个人步法跑的是否合理、协调的一个重要因素。

**知识窗**

乒乓球运动技术包括手法和步法，两者密切联系、缺一不可。

## (四)发球

发球是唯一不受对方制约的技术，在比赛中力争主动，先发制人，争取胜利的重要环节。发球种类有：高抛、低抛与下蹲；正手、反手与侧身；速度、落点、混合旋转和单一旋转等。

1. 动作要领

(1)正手平击发球

站位中近台，左脚稍前，身体略向右转，左臂曲肘，掌心托球置于体侧。发球开始时，持球手将球向上抛起，同时执牌手臂自然向侧后伸肘引拍，拍面垂直。当球从高点回落至离地 100 厘米处，上臂带动前臂向前快速挥拍，手腕旋内，拍形略向前倾，触球中上部。击球后，手臂随势余摆，球拍收势于左脸前，眼看球拍背面，身体转正。

(2)正手发下旋加转与不转球

发加转下旋球时，左脚在前，左肩侧对球台，持球向上抛球，同时，执拍手臂将拍引至后上方略高，肘部后移，带动手臂旋内，球拍呈横状，拍面垂直，中心后移。当球回落时，肘关节加速运动，前臂带动手腕猛然加力旋外，在胸腹前偏右一前臂距离处，拍型后仰，用球拍下部靠左的部位，触球正后位底部，加大力臂摩擦球体。击球后，随势将重心移至前脚。“切”球越薄，发球越转。

发不转球与发加转下旋球的主要区别在于球拍触球瞬间，突然减慢手臂前进速度，并减小拍型后仰角度，用球拍中部偏左的地方去碰球的中下部，使作用力接近球心，由于力臂小使力矩小，因而旋转就减弱成不转球。

2. 练习方法

(1)模仿发球动作，进行持拍摆臂练习。

(2)抛球和挥拍分解练习。

(3)在球台上进行完整发球练习。

(4)两人对练发球和与接发球相结合练习。

(5)采用多球练习。用一箩筐球，每筐 50~60 球。

(6)落点从不定点到规定区域；手法从明显区别到相似手法发不同旋转性能的球。

3. 专家提示

(1)发球要注意变化，不要一成不变。

(2)发球要根据对方的状态采用不同的方法。

(3)发球要善于迷惑对方。

## (五)接发球

乒乓球比赛首先是从发球和接发球开始，比赛中接发球技术差就会造成被动，导致心理上的紧张和畏惧，引起一连串失误。如果接发球技术好，不仅可以直接得分，也可以破坏和限制对方的抢攻，从而为自己的进攻创造有利的条件。

接发球的手段很多，通常采用搓、推、攻、削、拉、抽和摆短等技术来回击。推、搓、削是用旋转和变化落点去抑制对方攻势，并带有一定的防御性质。拉球和抢攻打法上较积极主动。所以，在接发球时，应根据不同的情况做到采用不同的方法，时搓时拉；忽攻忽守，只有这样才能充分掌握比赛的主动权。

1. 练习方法

(1)接发球的方法基本上由搓、推、攻、削、拉、抽和摆短等各种技术完成。

(2)先用固定技术接单一发球，再用不同技术接不同发球。

2. 学练提示

(1)接发球时一定注意对方发球的站位、手臂动作及球拍移动方向。

(2)接发球时注意来球的弧线、速度、旋转。

## (六) 推挡球

推挡球技术特点是站位近，动作小，击球早，球速快，变化多。推挡包括快推、加力推、减力推等技术。

1. 快推

(1)动作要领

站位离台 30~40 厘米左右，偏左半台 1/3 处。两脚开立，比肩略宽，左脚稍前。击球前，执拍手臂贴身，前臂外旋屈肘呈 100°，后撤引拍呈半横状，拍面垂直。击球时，上臂带动前臂向前稍微向上辅助用力推击，触球瞬间食指前倾，在腹前靠左侧离身约一前臂距离处，在来球上升期击球中部或中上部。击球后，手臂即刻停止向前，顺势收回(图 10-13)。

**图 10-13 快推**

(2)练习方法

①持拍徒手模仿推挡动作。

②用推挡接正手平击发球，并进行左方斜线对推练习，先右脚稍前，再右脚稍后；先慢后快；先轻后重。

③先对推斜线，再对推直线；从一点推两点到推不同落点。

④一人攻球或推挡侧身攻，另一人推挡，二人轮换。

(3)学练提示

①先学习球速慢的挡球，再学习快推、加力推、减力推等技术。

②推挡球时，肘关节要贴近身体。

2. 加力推挡

回球力量重，球速快，有落点变化。比赛中运用加力推挡，常可迫使对方离台后退，陷于被动防守的局面。加力推与减立推配合运用，能更有效地牵制对手，夺得主动。加力推挡适用于对付速度较慢、旋转较弱的上旋球或力量较轻的攻球及推挡(图 10-14)。

图 10-14　加力推挡

(1)击球前前臂必须提起，上臂后收，肘部贴近身体。

(2)在上升后期或高点期击球。

(3)击球时适当运用转腰动作加大手腕发力，并运用中指顶住拍背向前用力。

3. 减力挡

回球弧线低，落点短，力量轻。在对攻相持中，用加力推挡迫使对手离台防御或遇对方回过来力量不大、旋转较弱的球时，使用减力挡变化力量和落点来调动对方，使其前后奔跑，然后伺机用正手或侧身抢攻，易得主动。所以，减力挡一般是在加力推或正手发力攻迫使对方离台后使用。加力推和减力挡的配合运用，是对付中台两面弧圈球打法的有效战术(图 10-15)。

图 10-15　减力挡

(1)击球前不用撤臂引拍，可稍屈前臂使球拍略为提高，拍面稍前倾。

(2)当球在台面弹起时，手臂向前移动，同时身体重心略升高。球拍在上升期触球，整个动作用力很小。

(3)拍触球的刹那间，手臂和手腕要稍向后收。

## (七)攻球

攻球是乒乓球技术中重要的组成部分，是比赛中克敌制胜的重要手段。攻球分为正手攻球、反手攻球、侧身攻球三大部分。现主要学习正手近台快攻。

正手近台快攻具有站位近、动作小、速度快、有一定力量的特点。运用得当，可为扣杀创造机会，也可直接得分。

1. 动作要领

站位离台约 40 厘米左右，左脚稍前，身体与端线约呈 30°左右。击球前，前臂稍内旋向右侧引拍，并与端线平行，大拇指压拍，球拍成横立状，拍面垂直呈 80°前倾，重心偏右。击球时，当球从台面弹起时，前臂快速发力，在右胸正前方一前臂距离处迎击上升期来球，触球中上部，使拍面沿球体作小弧形转动，同时重心通过轻微转腰快速完成从右脚到左脚的转换。击球后，顺势将球拍挥至左额前方，并迅速还原，手臂肌肉放松，准备下一板连续击球(图 10-16)。

图 10-16 攻球

2. 练习方法

(1)徒手模仿练习。

(2)一人发平击球，另一人进行攻球练习，反复多次。

(3)推攻练习。

(4)对攻练习。

3. 学练提示

(1)练习中注意与球台的距离，前臂的挥臂速度是动作的关键。

(2)要反复练习，每课必练。

## (八) 搓球

搓球是近台还击下旋球的一种基本技术，搓球可分为反手搓球和正手搓球；慢搓和快搓；加转搓球和搓不转球等。这里主要练反手加转慢搓。

1. 动作要领

站离球台约 50 厘米，右脚稍前，上体垂直，重心居中。击球前，手臂引拍至左肩处，屈肘呈 80°，手腕内收，拍面稍后仰。击球时，以肘关节为轴，前臂发力带动手腕迅速向前下方挥拍，同时伸肘，前臂略内旋和上翘手腕，往左胸前一臂距离处，迎来球下降后期，击球中下部，并向底部摩擦。击球后，手臂肌肉放松，并随即收回还原，准备下次击球(图 10-17)。

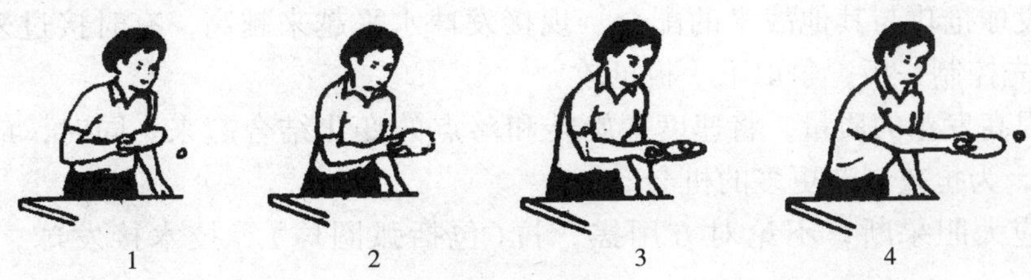

图 10-17　搓球

2. 练习方法

(1)摆臂模仿练习。

(2)接下旋发球。

(3)规定左方斜线对搓。

(4)搓球变直线与正手快拉球衔接。

3. 学练提示

(1)学习按照先学反手，再正手，先慢搓，再快搓的顺序。

(2)搓球动作不宜太大，要充分利用前臂和手腕转动的力量。

## 三、乒乓球的战术与练习方法

### (一)发球抢攻战术

发球抢攻，是我国乒乓球运动员的重要战术之一。近年来，世界各种类型打法的运动员都越来越重视这一战术，并使之有了很大的发展。

1. 正手发转与不转球后抢攻

一般以发至对方中路或右方短球为主，配合左方长球。开始先发短的下旋球为好，以控制对方不能抢攻或抢拉，然后再发不转球抢攻。不转球，一般也先发短的，或发至对方攻势较弱的一面；如果对方吃，还可适当发些长的到其正手。若能发到似出台又未出台的落点，则效果更好。

欧洲拉弧圈球的选手，往往是发不转球到直拍选手的左方或中路近网，配合左长的下旋球。因为直拍选手反手遇强烈下旋多不敢起板，只能以搓回接，欧洲选手正好抢拉弧圈球。

也可有计划地发短球后，先快搓两大角长球，再伺机抢攻或抢拉(冲)。这样，既可避免盲目抢攻，还可打乱对方接发球后就准备防守的战术。

2. 反手发右侧旋后抢攻

此战术尤其适合擅长反手进攻的选手运用。一般多发至对方中右近网或半出台落点，然后用正、反手抢攻对方反手。

亦可发长球至两大角。一般发至对方正手时，对方常会轻拉直线，可用反手抢攻斜线。若发至对方反手拉，还可伺机侧身抢攻。

对横拍削球手，以发至中右半出台为好。因为横握拍用正手接右侧旋球不便发力，控制能力低。

反手发右侧上、下旋球，应强调出手动作要快。对方接发球的一般规律是：你发短球，对方接球也短。发球抢攻者应有这方面的意识。

(1)注意发球与抢攻的配合。发球时，应明确对方都可能怎样接、接到什么位置、自己怎样抢攻等。

(2)注意发球抢攻与其他战术的配合。现接发球水平越来越高，有时接过来的球很难抢攻。此时，可先控制一板，争取下一板抢攻。

(3)注意提高发球的质量，将速度、旋转和落点的变化结合起来。同时，应特别强调发球花样的创新，为抢攻制造更多的机会。

(4)抢攻应大胆果断，不论对方用搓、拉(包括弧圈球)等技术接发球，自己应都能抢攻。

**知识窗**

乒乓球取胜的关键不仅要有非常强的进攻能力，还要有非常好的相持技术和攻防转换的能力。

### (二)对攻战术

两名进攻型选手相遇，形成攻对攻的局面时，常采用下列战术。

1. 压对方反手，伺机正手攻或侧身攻

(1)一般用于对付反手较弱或进攻能力不强的对手，如第三十五届世乒赛时，匈牙利选手就用正、反手弧圈球压住中国选手的反手，趁中国选手挤出较高的球后即发力猛冲。

(2)压对方反手时，可用推挡、反手攻或弧圈球。

(3)压对方反手准备侧身前，应主动制造机会或突然加力一板或攻压一板中路或攻压一板大角度，尽量避免盲目侧身。

2. 压左调右(亦称压反手变正手)

(1)战术要点

①自己反手不如对方反手时，主动变线避实就虚。

②对方侧身攻的意识极强，用变其正手的方法，既可偷袭空当，又可牵制对方的侧身攻。

③对付正手位攻击力不够强的选手。

④自己正手好，主动变对方正手后伺机正手攻。

⑤自己反手攻击力很强，可在变对方正手位时直接得分或取得主动。

⑥左手执拍的选手用此战术较多，因变线的角度大，右手执拍的选手往往被动。

(2)学练提示

①变线的这板球应有质量，如推挡变线应凶一点，这样对方跑过去难于发力，自己侧身抢攻就容易。

②避免习惯性变线，被对方适应，反遭被动。

③应是主动变线，切忌被动变线，否则易给对方提供抢攻的机会。

### (三)搓攻战术

搓攻战术是进攻型打法的辅助战术之一，又是削球打法相互交锋时的主要战术之一。

1. 先搓反手大角，再变直线，伺机进攻

主要用来对付反手不擅进攻的选手。先逼住对方反手大角，视其准备侧身攻或将注意力都放到了反手后，就变线至其正手，伺机抢攻。

2. 搓转与不转球后，伺机反攻

一般以先搓加转球为主，然后用相似的动作搓不转球，对方不适应或一时不慎就会将球搓高，为自己进攻创造机会。在运用旋转变化时，最好能与落点相结合，二者相辅相成。

3. 以快搓(或摆短)短球为主，配合劈两大角长球，伺机进攻

短球，特别是加转短球，对方抢攻的难度比较大，但光是短的对方又容易适应；近年来欧洲选手攻台内短球的技术有很大提高，所以，应注意用两大角长球配合。

对付进攻型选手(尤其是弧圈球选手)时，应特别讲究搓球的速度和落点，并应尽量少搓，树立搓一板即攻的指导思想。

4. 搓中转快攻

(1)对搓中先拉一板弧圈或小上旋，迫使对方打快攻。

(2)搓中突击：直拍正胶快攻选手，在遇到旋转不特别强烈或位置比较合适的搓球时，应大胆运用搓中突击或快点的技术，由此而转入连续进攻。

(3)搓中变推：遇对方搓过来的不转球(包括长胶、防弧圈球拍搓过来的球)，直拍进攻型选手可用推挡对之，由搓变推，转为快攻。

**知识窗**

乒乓球的相持一般分为3种：对攻性相持、被动相持、进攻性相持。

# 第三节　乒乓球比赛与欣赏

## 一、乒乓球比赛

### (一)竞赛方法

1. 团体赛的次序

男女团体赛均采用相同的次序。

即每队可报名3~5人，出场比赛3人。一次比赛为五场三胜制，一场比赛为三局两胜制。

一次比赛开始前，由双方队长抽签决定某一方为A、B、C或X、Y、Z，然后由两队队长将本队运动员排名表交给裁判员。

具体比赛次序为：第一场A对X；第二场B对Y；第三场C对Z；第四场A对Y；第五场B对X。

2. 乒乓球比赛方法

乒乓球比赛的常用方法主要有单循环赛和淘汰赛两种，比赛方法的选用要依据比赛的目的、场地、参加队数(人数)等条件而定。

(1)单循环赛参加比赛的队或运动员之间轮流比赛一次，称为单循环赛。这种方法能使参加比赛的各队或运动员之间都有比赛的机会，并能比较准确地决出参赛队或运动员的名次。但单循环赛的场数多，比赛时间长，需用的场地、器材多，因此参加单循环赛的队数或人数不宜过多。

单循环赛计算名次的方法：国际竞赛规程中规定，胜一场得2分，输一场得1分，未出场比赛或未完成比赛的场次为0分，小组名次根据所获得的场次分段决定，如果小组内有两个或更多的队得分相同，他们有关的名次应按他们相应之间比赛的成绩决定，首先计算他们之间获得的场次分数，再根据需要计算个人比赛场次（团体赛时）、局和分的胜负比率，直至算出名次为止。

（2）单淘汰赛参加比赛的队（或人）按照编排秩序进行比赛，胜者进入下一轮比赛，负者被淘汰，直到决出冠军，称为单淘汰赛。单淘汰赛的场次相对少，有利于在较短的时间内安排较多的选手进行比赛。

## （二）发球

（1）发球开始时，球自然地置于不持拍手的手掌上，手掌张开，保持静止。

（2）发球时，发球员须用手将球几乎垂直地向上抛起，不得使球旋转，并使球在离开不执拍手的手掌之后上升不少于16厘米，球下降到被击出前不能碰到任何物体。

（3）当球从抛起的最高点下降时，发球员方可击球，使球首先触及本方台区，然后越过或绕过球网装置，再触及接发球员的台区。双打中，球应先后触及发球员和接发球员的右半区。

（4）从发球开始，到球被击出，球要始终在台面以上和发球员的端线以外，而且不能被发球员或其双打同伴的身体或衣服的任何部分挡住。

（5）在运动员发球时，球与球拍接触的一瞬间，球与网柱连线所形成的虚拟三角形之内和一定高度的上方不能有任何遮挡物，并且其中一名裁判员要能看清运动员的击球点。

**知识窗**

新球的直径标准由原来的39.50~40.50毫米上调到40.00~40.60毫米，乒乓球的旋转、速度与弹性发生明显变化。国际乒联要求新塑料球一律采用“40+”的标注方法，并使用无毒环保的塑料材质。

## （三）击球

对方发球或还击后，本方运动员必须击球，使球直接越过或绕过球网装置，或触及球刚装置后，再触及对方台区。

## （四）失分

（1）未能合法发球。

（2）未能合法还击。

（3）击球后，该球没有触及对方台区而越过对方端线。

（4）阻挡。

（5）连击。

（6）用不符合规则条款的拍面击球。

（7）运动员或运动员穿戴的任何物件使球台移动。

（8）运动员或运动员穿戴的任何物件触及球网装置。

（9）不执拍手触及比赛台面。

（10）双打运动员击球次序错误。

(11)执行轮换发球法时，发球一方被接发球一方或其双打同伴完成了13次合法还击(包括接发球一击)。

### (五)一局比赛

在一局比赛中，先得11分的一方为胜方；10平后，先多得2分的一方为胜方。

### (六)次序和方位

(1)在获得2分后，接发球方变为发球方，依此类推，直到该局比赛结束，或直至双方比分为10平，或采用轮换发球法时，发球和接发球次序不变，但每人只轮发1分球。

(2)在双打中，每次换发球时，前面的接发球员应成为发球员，前面的发球员的同伴应成为接发球员。

(3)在一局比赛中首先发球的一方，在该场比赛的下一局中应首先接发球，在双打比赛的决胜局中，当一方先得5分后，接发球一方必须交换接发球次序。

(4)一局中，在某一方位比赛的一方，在该场比赛的下一局应换到另一方位。在决胜局中，一方先得5分时，双方应交换方位。

### (七)间歇

(1)在局与局之间，有不超过1分钟的休息。

(2)在一场比赛中，双方各有一次不超过1分钟的暂停。

(3)每局比赛中，每得6分球后，或决胜局交换方位时，有短暂的时间擦汗。

## 二、乒乓球欣赏

乒乓球比赛的奖牌按金、银、铜牌统计，世界乒乓球锦标赛要产生金牌7块，银牌7块，铜牌7块，总计21块奖牌。7块金牌各设一个奖杯，男子团体为斯韦思林杯；女子团体为考比伦杯；男子单打为勃莱德杯；女子单打为盖斯特杯；男子双打为伊朗杯；女子双打为波普杯；混合双打为赫杜赛克杯。球拍按形状分有椭圆型、方型、桃扇型、菜刀型、双握把型、圆握把型等。按性能分有正胶海绵拍、防弧胶皮海绵拍。使用哪种球拍，要因人而异，不同类型的打法要配备相应的球拍。

**知识窗**

乒乓球项目的世界最高水平赛事是乒乓球世界锦标赛，世乒赛上男子团体项目最能反映一个队伍的整体实力。

乒乓球运动是智能、技能、体能三者兼容，以智能为主，隔网对抗的运动项目。运动员挥拍打出的每一个球，都包含有速度、旋转、力量、弧线和落点五个竞技要素。比赛得分是按规则将球击中对方桌面迫使对手回球出界或落网。其特点是球小、速度快、变化多、技巧性强、趣味性高，设备比较简单，不受年龄、性别和身体条件的限制，在室内外都可进行，运动量可大可小，具有广泛的适应性和较高的锻炼价值，比较容易开展和普及。乒乓球运动集健身、竞技、娱乐性于一体。经常打乒乓球能提高视觉的敏锐性和神经系统的灵活性，使人心情舒畅，想象力丰富，利于提高学习和工作效率；能改善人的心血管、脑血管系统的机能，使人的反应加快，身手敏捷，动作协调，四肢灵活、柔韧，形体健美；能提高控制情绪的能力及培养机智果断、勇敢顽强、勇于进取和敢于拼搏的优良品质与作风。此外，生活、工作中产生的不良情绪，也可在打乒乓球锻炼中得到缓解和宣泄，起到积极的心理调节作用，提高社会的适应能力。观赏乒乓球比赛不仅丰富了人们的余暇生活，更使人们从中受到教育。

欣赏乒乓球比赛不仅要关注它的高强度、高对抗，而且要看到其中的门道。这就要从乒乓球的战术入手，只有了解其中的战术后，才能更加深刻地理解乒乓球这项运动。乒乓球战术的定义有好几种，这里选析两个。

所谓乒乓球运动的战术，即乒乓球运动员为争取比赛胜利，综合运用技术、心理和身体素质的方法。

战术是一种方法。什么方法呢？它是综合运用技术、心理和身体素质的方法。运用此法的目的是争取比赛的胜利。

在乒乓球比赛中，心理与身体素质的运用往往是结合到技术之中的，一般较少有单纯运用心理与身体素质的情况。比如，关键时刻对方手软了，根据这种心理状态，大胆地运用压对方正手的战术。所以，有人又把乒乓球战术的定义说成为："根据彼我诸方面的情况，为争取比赛的胜利而合理地运用技术的方法。"这种说法突出了问题的主要矛盾。下面，再将战术与技术的区别和联系作一分析。

技术是指运动员根据竞赛的要求，能充分发挥机体能力的最合理、最有效地完成动作的方法。

如：发球的动作方法，怎样用力更旋转等，是技术问题；而发球至什么落点、怎样配套，属战术问题。

又如：正手攻球的动作方法(站位、拍形、击球时间、触球部位等)，是技术问题；而在比赛中，先攻哪儿、再攻哪儿、什么时候攻等属战术问题。

技术是战术的基础。掌握了全面、实用的技术，才有可能运用多变的战术。同样，在比赛中，只有合理地运用战术，才能使技术得以充分发挥。在训练中，只有带着战术意识去练技术，才能练就真正实用的技术。我们见过一些训练刻苦但成绩并不理想的运动员，其中一个很重要的原因就是他们练习技术时缺乏战术目的，只是一味地练，至于所练技术在比赛中起什么作用、怎样使用，心中不大清楚，这样练就的技术在比赛中并不实用。

技术与战术既有区别又有联系，二者相互制约、相互依存。技术、战术是不断地发展的。一般地说，技术的发展往往走在战术的前面。改进了原有技术，出现了新技术，可能会产生新战术。但是，先进的战术，又可以反过来积极地促进技术的提高与发展。

## 思考题

(1)乒乓球拍和球经历了哪些改进过程？

(2)比赛中是否可以换手接球？

(3)发球时抛球后又将球接住可以吗？

(4)你能说出几种乒乓球拍胶皮？

(5)双打比赛中发球顺序错误怎么办？

## 研究与实践

编排有7支队伍参加的乒乓球比赛，并决出前三名。

# 第十一章

# 羽毛球

## 第一节 羽毛球运动概述

羽毛球运动是深受人们喜爱的球类运动之一，人们常将它与网球、乒乓球合称为三小球。羽毛球是用软木插上羽毛制成。球场用横网隔开，比赛时双方运动员各占半个场区，用球拍在空中来往击球，以把球击落在对方场区或使对方击球失误为胜。

### 一、羽毛球运动的起源与发展

现代羽毛球运动起源于英国。据史料记载，1840 年英国驻印度浦那的军官在酒瓶的软木塞上插入羽毛，用酒瓶打来打去，后成为一种游戏，在驻印度军官中流行起来。19 世纪 60 年代，一些退役军官将这种游戏带回英国。1873 年英国博福特公爵在他的庄园巴德明顿宴请宾客，一些从印度回来的军官做了表演，后逐渐在英国流行。巴德明顿庄园因而成为羽毛球运动的发源地，于是将羽毛球运动命名为 Badminton。

1875 年，第一个军人羽毛球俱乐部在英国成立。1893 年，英国已有 14 个羽毛球俱乐部，他们举行会议，正式成立了英国羽毛球协会。当时，英国羽毛球协会对羽毛球运动的开展、提高和传播起了积极的推动作用。这项运动首先在欧洲传播，然后发展到美洲、亚洲和大洋洲。20 世纪二三十年代，加拿大、丹麦、马来西亚等国也相继成立了羽毛球协会。为了推动世界羽毛球运动的发展，1934 年，由英格兰、法国、爱尔兰、苏格兰、荷兰、加拿大、丹麦、新西兰和威尔士 9 个羽毛球协会共同协商成立了国际羽毛球联合会(简称国际羽联)。第一任主席是汤姆斯，总部设在伦敦。

1978 年，在香港成立了世界羽毛球联合会(简称世界羽联)先后举办了两届世界羽毛球锦标赛，我国共荣获 8 项冠军，表明我国羽毛球运动已达到世界最高水平。为了推动世界羽毛球运动健康、稳步地发展，经过许多国家羽毛球界的共同努力，1981 年，国际羽联和世界羽联正式合并，组成了国际羽毛球联合会(简称国际羽联)，使世界羽毛球运动产生了新的飞跃，出现了欣欣向荣、生机勃勃的景象。目前，国际羽联已有 94 个国家和地区参加。

> **知识窗**
>
> 自 1992 年，国际奥委会把羽毛球比赛列入奥运会正式比赛项目，羽毛球运动飞速发展起来。

自 1992 年起，国际奥委会已把羽毛球比赛列入奥运会的正式比赛项目，羽毛球运动出现了前所未有的最佳发展时机。

到目前为止，国际羽联组织的重大比赛有：全英羽毛球锦标赛、汤姆斯杯赛(世界男子团体锦标赛)、尤伯杯赛(世界女子团体锦标赛)、世界羽毛球锦标赛(世界羽毛球单项锦标赛)、苏迪曼杯赛(世界羽毛球混合团体赛)、世界杯赛(5 个单项比赛)、世界羽毛球系列公开赛等。1992 年列为奥运会正式比赛项目，使世界羽毛球运动又向前迈进了一大步。

## 二、羽毛球运动的特点

### (一)全身的运动项目

无论是进行有规则的羽毛球比赛还是作为一般性的健身活动，都要在场地上不停地进行脚步移动、跳跃、转体、挥拍，合理地运用各种击球技术和步法将球在场上往返对击，从而增大了上肢、下肢和腰部肌肉的力量，加快了锻炼者全身血液循环，增强了心血管系统和呼吸系统的功能。据统计，大强度羽毛球运动者的心率可达到每分钟 160~180 次，中强度心率可达到每分钟 140~150 次，低强度运动心率也可达到每分钟 100~130 次。长期进行羽毛球锻炼，可使心跳强而有力，肺活量加大，耐久力提高。此外，羽毛球运动要求练习者在短时间对瞬息万变的球路作出判断，果断地进行反击，因此，它能提高人体神经系统的灵敏性和协调性。

### (二)可调节运动量

羽毛球运动适合于男女老幼，运动量可根据个人年龄、体质、运动水平和场地环境的特点而定。青少年可作为促进生长发育、提高身体机能的有效手段进行锻炼，运动量宜为中强度，活动时间以 40~50 分钟为宜。适量的羽毛球运动能促进青少年增长身高，能培养青少年自信、勇敢、果断等优良的心理素质。老年人和体弱者可作为保健康复的方法进行锻炼，运动量宜较小，活动时间以 20~30 分钟为宜，达到出出汗、弯弯腰、舒展关节的目的，从而增强心血管和神经系统的功能，预防和治疗老年心血管和神经系统方面的疾病。儿童可作为活动性游戏方法来进行锻炼，让他们在阳光下奔跑跳跃，并要求他们能击到球，培养他们不畏困难、不怕吃苦、不甘落后的品质。

### (三)简便性

1. 不受场地的限制

羽毛球活动对设备的基本要求比较简单，只需两个球拍、一个球和一条绳索即可。正规比赛场地面积仅 65~80 平方米，长 13.40 米，宽 6 米(双打)或 5.18 米(单打)，平时进行羽毛球活动只要有平整的空地就可以了。在风不大的情况下，可以在户外进行活动，只要把球网架起来，就可以在一定长度和宽度的空地上画上几条线，双方对练。因此，它不仅可以在正规的室内运动场进行，也可以在公园、生活小区等处广泛地开展。当它作为户外运动时，还可使锻炼者吸入新鲜空气，受到阳光照射，改善人体的血液循环和新陈代谢，同时感受大自然的美丽，在运动中怡心健体。

2. 集体、个人皆宜

羽毛球运动既可单兵作战(两人对练)，又可集体会战(双打练习或三人对三人对练)。单人对练时，练习者可以随心所欲地打出任何弧线、任何远度、任何力量、速度、任何落点的球来；集体会战则可以使练习者养成协调配合的习惯，培养集体主义精神。

3. 不受年龄、性别的限制

羽毛球运动游戏性较强，运动量可大可小。身强力壮的年轻人可以将球打得又刁又重，拼尽全力扑救任何来球，尽情散发自己的青春气息；年老体弱的练习者可以把球轻轻地击来打去，根据自己的要求来变换击球节奏，从而达到锻炼身体、延年益寿的功效，既活动了身体，又娱乐了心情。不同年龄、不同性别以及不同体质的人都能在羽毛球运动中找到乐趣。

## 三、羽毛球运动的锻炼价值

### (一)娱乐性

1. 自娱性

羽毛球作为一种娱乐活动，参与者在球的对击过程中，通过不停的奔跑和身体的变化，努力地去把球击到对方的场地。每当击球者在击出一个好球或赢得一个球时都能使自己兴奋并达到一种成功的喜悦。同时球的飞翔又有快慢、轻重、高低、远近、狠巧、飘转等变化，使这种运动本身充满了丰富的乐趣。

2. 观赏性

由于羽毛球技术的千变万化，使羽毛球运动有很高的可观赏性。如猛虎下山的上网技术，蛟龙出水一样的跳起击球，身如满弓的扣杀，犀牛望月似的抢扑救球，进攻时似高屋建瓴、势如破竹，防守时的绵绵细雨、固若金汤。一切都在展示着羽毛球运动的力与美，使观赏者像吟读一首动人诗，如浏览一幅悦目的画，令人心旷神怡，流连忘返。

### (二)锻炼性

1. 增强体质

羽毛球运动可以全面增强人的体质。前场、后场快速移动击球，中后场的大力扣杀球，被动时的扑救球，双打的换位击球等都需要练习者有较好的力量素质、速度素质、耐力素质、灵敏素质、柔韧素质以及快速的反应能力。扣杀需要力量；在双方对拉回合的过程中，为了取得主动需要有较快的速度、耐力和速度；在扑救球时(多半是被动情况)，又需要有很好的灵敏和柔韧；双打中，又需要极快的反应与判断能力。因此，经常从事该项体育活动可以发展人体的灵活性，协调性，可以提高人们上下肢及躯干的活动能力，改善呼吸系统和心血管系统的功能，提高有氧供能和无氧供能的能力，调节神经系统并提高其抗乳酸的能力，而且能起到增进健康、抗病防衰、调节精神的作用。

2. 培养意志

羽毛球运动因其竞争性、对抗性、大强度等诸多因素的要求，使意志品质在该项运动中占有非常重要的地位。羽毛球比赛经常遇到这类情况，即运动员出现了“极点”：喘不上来气、身体无力、眼前发黑、感觉自己再也坚持不下去了。这种现象不是一方出现，在势均力敌的情况下往往是双方先后都会出现，甚至几乎是同时出现(如一个球打了很多回合)，这时就看谁能再坚持一下，胜利往往存在于再坚持一下之中。那么靠什么去坚持，就要靠顽强的意志品质和坚定的信念。即使不在比赛中，这项活动也需要较强的意志，否则将不会很好地完成该项练习，使练习中应该产生的愉悦、趣味及锻炼价值荡然无存。

3. 陶冶心理

羽毛球活动包括对对方战术意图的揣摩，对各种战机的把握，对自己运用什么战术的选择等智力因素，因此经常从事该项运动可以使人思维敏捷。同时，由于比赛的紧张、竞争的激烈，使练习者的心理素质得到很好的锻炼。在竞争中，强化进取精神，使人的智、勇、技在竞争与对抗中得到升华。经此磨炼，能够做到临危不乱，泰然处之，既增长了智慧又陶冶了心理，不仅能在羽毛球活动中应付自如，而且能以良好的心态，正确的人生观去面对事业、家庭、荣辱等。

# 第二节 羽毛球的基本技术、战术与练习方法

羽毛球的主要基本技术包括：握拍法、发球法和击球法。击球法中又包括高球、吊球、杀球、放网前球、挑高球、搓球、挡球等。在学习羽毛球基本技术中，应强调技术动作的规范化，特别应重视正手与头顶部位的高球、吊球、杀球技术的结构和相应的步法训练。

## 一、羽毛球的基本技术

### (一) 握拍法

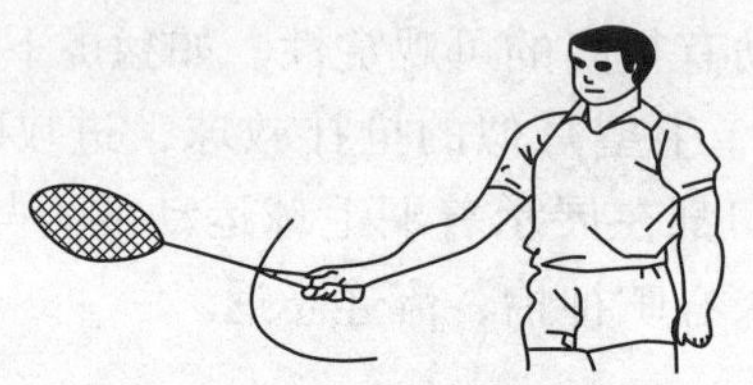

图 11-1 正手握拍

图 11-2 反手握拍

1. 正手握拍

正确的握拍方法是先用左手拿住球拍杆，使拍面与地面垂直，然后张开右手，使手掌下部(小鱼际)靠在球拍握柄底托，虎口对着球拍柄窄的一面，小指、无名指、中指自然地并拢，食指与中指稍稍分开，自然地弯曲并贴在球拍柄上(图 11-1)。

在击球之前，握拍一定要放松、自然，在击球的一刹那才紧握球拍。

2. 反手握拍

一般说来，反手握拍有两种：一种是在正手握拍的基础上，把球拍框往外转，拇指伸直贴在拍柄的宽面上，食指、中指、无名指、小指并拢。另一种是正手握拍把球拍框外转，拇指贴在球拍柄的棱上，食指、中指、无名指、小指并拢。反手握拍时，手心与球柄之间要留有空隙，这样握拍有利于手腕力量和手指力量的灵活运用(图 11-2)。

### (二) 发球

发球是羽毛球基本的重要的技术之一。羽毛球发球虽不能像乒乓球发球那样使球产生各种旋转，但它可以通过不同的发球手法，发出不同弧度、不同落点的球来控制对方，为本方创造进攻得分的机会。因此，羽毛球的发球应引起初学者的充分重视。

发球可分为正手发球和反手发球。一般来说，发网前球、平快球、平高球均可以用正手发球或反手发球的技术来完成，而发高远球，则须采用正手发球。

1. 正手发球

发球站位：单打发球在中线附近，站在离前发球线约 1 米左右。双打发球站位可靠近前发球线。

准备姿势：身体左肩侧对球网，左脚在前，右脚在后，重心在右脚上，右手持拍向右后侧举起，肘部放松微屈，左手拇指、食指和中指夹住球，举在胸腹间。发球时，身体重心由右脚移至左脚。

(1)动作要领

①高远球：球的运行轨迹又高又远、下落时与地面垂直、落点在对方场区底线附近的球叫高远球。单打比赛时，常采用这种发球迫使对方退到最远的底线去接发球。如果发出的高远球质量好，就可在一定程度上限制对方一些进攻技术的发挥，使对方在接高远球时不容易马上组织进攻。在对方体力不支时，发高远球也可以使对方消耗更多的体力。

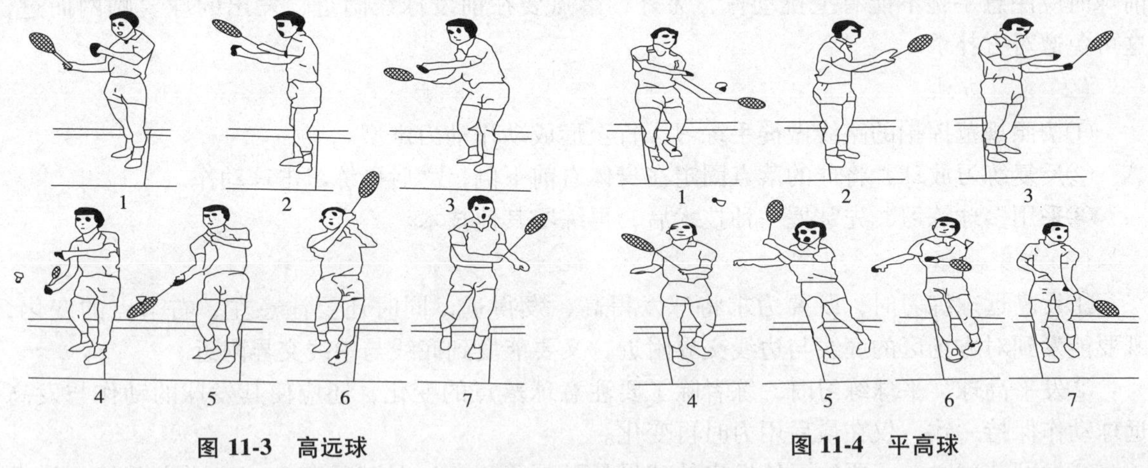

图 11-3　高远球　　图 11-4　平高球

发球时，左手把球举在身体的右前方并自然放下，使球下落，右手同时持拍由大臂带动小臂，从右后方沿着身体向前并向左上方挥动。当球落到右手臂向前下方伸直能触到球的一刹那，握紧球拍，并利用手腕的力量向前上方发力击球。击球之后，球拍顺势向左上方挥动缓冲(图 11-3)。

②平高球：这是一种比高远球低、速度较高远球快、具有一定攻击性的球。

发球的动作过程大致同发高远球，只是在击球的一刹那，小臂加速带动手腕向前上方挥动，拍面要向前上方倾斜，以向前用力为主。发平高球时要注意发出球的弧线以对方接球时伸拍打不着球的高度为宜，并应发到对方场区底线(图 11-4)。

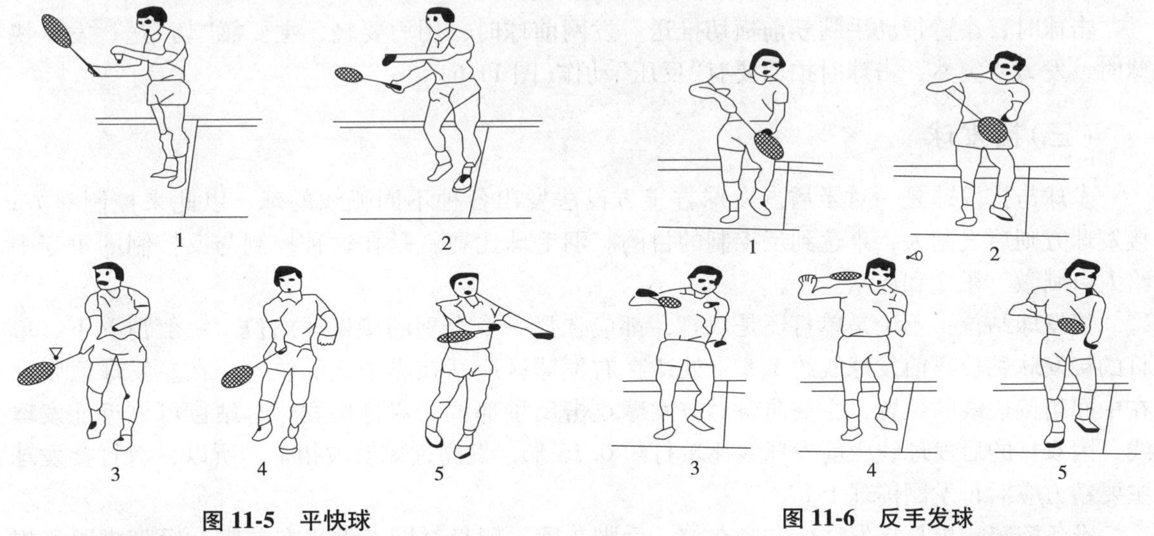

图 11-5　平快球　　图 11-6　反手发球

③平快球：这种球比平高球的弧线还要低、速度还要快。在对方反应较慢、站位较前、动作幅度较大的对手或是初学者时，效果往往很好。

站位比发平高球稍后些(防对方很快回到本方后场)充分利用前臂带动手腕爆发力向前方

用力，球直接从对方的肩稍上高度越过，直攻对方后场。发平快球关键是出手的动作要小而快，但前期动作应和发高远球一致。发平快球时还应注意不要过手、过腰犯规(图 11-5)。

④网前球：发网前球是在双打中主要采用的发球技术。单打比赛时，如发高球，怕遭到对方球速较快的直接攻击时；或为了主动改变发球方式借以调动对方时采用。

击球时，握拍要放松，大臂动作要小，主要靠小臂带动手腕向前切送，用力要轻。发网前球时应注意手腕不能有上挑动作，另外，落点要在前发球线附近，发出的球要贴网而过，这可免遭对方扑杀。

(2)练习方法

①按照规范挥拍的路线做徒手练习，直至形成动作动力定型。

②反复练习放球，将球的落点固定在身体右前下侧，之后再练习击球动作。

③采用多球练习，先掌握一种技术后，再练习其他技术。

(3)专家提示

①发高远球练习时，既要力求将球发得高、发得远，同时还要注意左、右落点的变化，既要能发到对方场区的底线与边线交界附近，又要能发到底线与中线交界附近。

②发平高球、平球练习时，练者除了要注意球落点的变化，还应使其发球的动作与发高远球动作保持一致，仅在最后用力时再变化。

③发网前球时，一要注意使发出的球尽量贴网而过，二是球的落点应在对方前发球线或稍后，且要有变化。另在练发网前球时还可安排对手进行扑球练习，这样可提高发球的质量。

**2. 反手发球**

反手发球的特点是动作小、出球快、对方不易判断。在双打比赛中多采用此发球技术。

发球站位：站在前发球线后 10~50 厘米及发球区中线的附近，也可以站在前发球线及场地边线附近的地方(双打比赛中，从右场区发球时可以看到)。

准备姿势：面向球网，两脚前后站立(左脚或右脚在前均可)，上体稍前倾，身体重心在前脚上。右手反手握拍，左手拇指、食指和中指捏住球的二三根羽毛，球托明显朝下(避免犯规)，球体与拍面平行或球托对准拍面放在拍面前方。

击球时，小臂带动手腕朝前横切推送。发网前球时，用力要轻，主要靠“切”送；发平快球时，发力要突然，击球时拍面要有“反压”动作(图 11-6)。

### (三)接发球

发球与接发球是一对矛盾。发球方想方设法发出各种不同弧线的球，以此来控制对方；接发球方则后发制人，来达到反控制的目的。羽毛球比赛就是在这种控制与反控制的争夺中给人以刺激、乐趣和启示。

接发球站位：不论是单打还是双打，都应选择一个合理的接发球站位。一般情况下，单打的接发球站位离前发球线约 1.5 米处；在右发球区应站在靠中线的位置，在左发球区则站在中间稍偏边线的位置，主要防备对方发球攻击反手部位。双打接发球时站位可靠近前发球线，因双打的后发球线距前发球线比单打短 0.76 米，发高远球易被扣杀。所以，双打接发球主要精力应对付发网前球上。

准备姿势：单打接发球应左脚在前，后脚在后，侧身对网，重心在前脚，后脚脚跟稍提起，收腹含胸，持拍于右身前，两眼注视对方。

双打接发球准备姿势基本同单打，但重心可随意放在任何一只脚上，球拍高举在肩上，注意力要高度集中。

## (四)击球

羽毛球各种击球技术，按其特点进行分类，概括起来可有以下几个方面：后场高空击球技术；前场网上击球技术；下手击球技术；中场击球技术。下面分别加以介绍。

### 1. 后场高空击球技术

图 11-7　正手击高远球

(1)动作要领

①正手击高远球：首先判断来球的方向和落点，侧身后退使球在自己右肩稍前上方的位置，左肩对网，左脚在前，右脚在后，重心在右脚上左臂屈肘，左手自然高举，右手持拍，大小臂自然弯曲，将球拍举在右肩上方，两眼注视来球。击球时，由准备动作开始，大臂后引，随之关节上提明显高于肩部，将球拍后引至头后，自然伸腕(拳心朝上)，然后在后脚蹬地、转体和腰腹的协调用力下，以肩为轴，大臂带动小臂快速向前上方甩动手腕，在手臂伸直的最高点击球。击球后，持拍手臂顺惯性往前下方挥动并收拍至体前。与此同时，左脚后撤，右脚向前迈出，身体重心由后脚移到前脚(图 11-7)。

②反手击高远球：当对方将球击到本方左后场内，以反手将球击回对方底线去的高远球击球法称之反手击高远球。它的特点是节省体力，对步法要求也不高，在被动情况下，可采用反手击高远球过渡，帮助自己重新调整站位。

首先判断准对方来球的方向和落点，迅速将身体转向左后方，步法到位后，右脚前交叉跨到左侧底线，背对网，身体重心在右脚上，使球在身体的右肩上方。击球前，由正手握拍迅速换为反手握拍，并持拍于胸前，拍面朝上。击球时，以大臂带动小臂，通过手腕的闪动、自上而下甩臂将球击出。在最后用力时，要注意拇指的侧压力与甩腕的配合，同时还要利用两腿的蹬地、转体等协调全身用力。

③头顶击高远球：在自己的左后场区，用正手在头顶中间部位或在左肩上方将来球击到对方底线去的高远球击球法称头顶击高远球。这种击球动作是我国运动员对羽毛球技术发展的一项贡献。它较反手击球主动性强，具有更大的攻击性，初学者应努力学好头顶击高远球技术。

击球前的准备姿势以及击球动作同正手击高远球基本一致。不同的是头顶击高远球的击球点在左肩上方(因为球是飞向左后角的)。准备击球时，侧身(左肩对网)稍左后仰。击球时，大臂带动小臂使球绕过头顶，从左上方向前加速挥动，在用力击球时，注意发挥手腕的爆发力和充分利用蹬地以及收腹的力量。击球后，左脚在身后着地并立即回蹬，同时右脚前移，重心移至右脚。

(2)练习方法

①空中悬球练习。用一细绳将球挂在适合于击高球的位置上，反复练习击高球动作，检查击球点以及球拍的接触面是否正确。

②原地对打练习。两人面对面站在各自的场区底线附近对打高远球。一开始先练习直线

对打，然后再练对角线对打。在这一阶段练习中，主要以打高远球为主。

③移动中对打高球练习。

## 2. 前场网上击球技术

网上击球是调动对方、寻找战机的重要手段，并可直接得分。因它的技术动作轻松而细腻，运用力量要求控制适度，所以在学习网上击球时，除了要注意动作规范之外，还应细心体会击球时手腕、手指的细小感觉。

准备姿势：侧身对网，右脚跨步称弓箭步，左脚在后自然拉开，上体略有前倾，右手持拍前伸约与肩平，肘关节微曲。注意握拍要放松。

(1)动作要领

①搓球：击球时，拍面稍前倾，利用手腕和手指的力量向前“切削”球托底部或向后“提拉”，使球击出后旋转或滚动过网。搓球一般在对方来球较靠近网上时运用。正反手搓球除握拍不同外，其他要领相同。

②放网前球：击球时，拍面稍朝前下方倾斜，前臂带动手腕和手指用前送动作球托底部。正反手搓球除握拍不同外，其他要领相同。

③勾对角球：在网前把来球回击到对角线网前叫勾对角球。击球时，拍面斜向对方右(左)网前。正手勾对角线时击球托的右侧，手腕和手指带动球拍向左内勾动；反手勾对角时，击球托的左侧，同时向右内勾动。

④推球：在网上将来球用较平的弧线快速推到对方场区底线叫推球。击球时拍面前倾几乎与网平行。利用前臂带动手腕和手指的快速“闪动”将球击出。正手推球多用食指力量，反手推球多用拇指的力量。

⑤扑球：在网上把高于网的来球迅速扑压下去叫扑球。击球时，拍面前倾，前臂带动手腕和手指的快速闪动发力，击球后立即收拍，以免触网犯规。扑球时要求判断准、上步快、抢点高、动作小。正反手均可。

(2)练习方法

不论是练搓球，还是练勾对角球、扑球、放网前球、平推球等，均宜采用多球练习。

①训练者通过大密度点练习，可充分体会网前击球动作的感觉。

②练习时，两人隔网相立，一人将球一个接一个地抛至练习者另一方网前，练习者用正手或反手技术练习各种网前击球。

(3)专家提示

开始原地练习，待熟练掌握各种网前击球技术后，可结合上网步法进行练习。

## 3. 下手击球技术

下手击球一般是在防守时所采用的击球技术。它虽然不像上手击球那样具有进攻性威胁，但如运用得当，往往也能起到守中有攻的效用。因此，对下手击球技术，不论是有较高水平的运动员还是初学者，都应引起重视。下手击球有：底线抽球、挑球、接杀球。

(1)动作要领

①底线抽球：底线抽球主要是为了对付长杀球、平推球或对方突然回击的平高球使自己较被动地退到底线去接球时采用的一种击球技术。它可以分正手和反手两种抽球。

a. 正手底线抽球：移动时，右脚先向右后场区迈一小步，身体也随之转向右后方，左脚用并步或交叉步向右后场移动一步，右脚再向右后场跨一大步并成弓箭步，重心在右脚上。在移动的同时，持拍臂往右后方拉，拍面稍后仰，击球时，以躯干为竖轴，作半圆式挥拍击球。

b. 反手底线抽球：移动时，右脚先向左脚靠一小步，然后左脚向左后场跨一步，右脚向左后场跨一大步，身体重心在右脚上。击球前背朝网，大臂往左后方拉，击球时利用大臂带动小臂及手腕左后方前上方发力并利用蹬地、转腰的力量将球击出。底线反手抽球多在单打被动时或双打比赛中运用。

②挑球：把对方来的吊球或网前球还击到对方后场去叫挑球。不论是正手挑球还是反手挑球，最后一步应是右脚在前。正手挑球时，以肘关节为轴，伸拍向前并以前臂带动手腕由下向上挥动。反手挑球时，以反手握拍法握拍，击球时，肘关节稍抬高，并以肘关节为轴，前臂带动手腕由下向上挥动。

③接杀球：把对方杀过来的球还击到对方场区去叫接杀球。接杀球看起来很被动，但当对方杀球质量不高时，接杀球如处理得当，就会为本方创造转守为攻的机会或直接还击得分。

a. 接杀近身球：所谓接杀近身球即对方杀球的落点离身体不远，不需移动脚步而在原地即可进行还击。击球时，主要依靠前臂、手腕的发力。用力大小和拍面变化要根据对方杀球的力量大小和己方回击的不同落点而变化。一般来说，回击网前球时，用力要轻，主要依靠对方来球的反弹力，拍面正对网稍后仰，球拍触球时可做“切削”或“提拉”缓冲来球力量；回击后场时，前臂和手腕用力要大些，要有抽击动作；当对方杀球质量较差时，可用推后场还击，其用力以手腕为主向前稍上方“甩”腕。

b. 接杀远身球：接杀远身球即对方杀球的落点离身体较远，需移动脚步进行还击。击球时，两脚急速蹬伸同时转髋，采用两侧移动步法至击球位置，上体侧向击球点，同时右手侧伸，以前臂、手腕的闪动发力击球。接杀远身球回击网前或后场球时的用力及拍面变化相似接杀近身球。

接杀球时应注意：一是击球点在身体前方或侧方附近，不是在身体后方，否则会影响手腕和手指力量的自如发挥；二是击球前的预摆挥拍动作要小，因杀球速度较快，若接杀球动作幅度较大，会造成接球不及，导致失误。

以上两种接杀球技术均可用正手和反手去完成。

(2)练习方法

①一人利用多球连续发至练习者的后场，练习者先原地进行扣杀球练习。

②原地进行扣杀球练习，然后再过渡到移动中点扣杀练习。

③初学者一般先练正手杀球，待熟练后再练头顶或反手杀球。在练习杀球时，亦要注意落点和线路的变化。

(3)专家提示

①在进行多球杀球练习时，可以固定杀球落点，让接杀者连续进行防守，练接杀球技术。

②在练习杀球时，亦要注意落点和线路的变化。

### 4. 中场平击球技术

中场平击球技术主要是对付对方击来的弧线平于或稍低于网，且落点在中场附近的低平球时所采取的回击技术。在双方比赛中多采用这种技术。它的击球点在与肩同高处或在肩腰之间。因为来球的速度较快、弧线较平，所以击出的球速也较快、较平，因而中场平击球也是一种对攻的技术。它有正、反手中场平抽球，半蹲式中场平击球两种。

(1)正、反手中场平抽球

正、反手中场平抽球主要是对付对方来球中离身体较远的平球。人站位于中心附近，两脚左右开立，面对球网，两膝微屈，右手持拍于体前。击球时，判断准来球并向右(左)侧横跨一步，同时挥拍依靠前臂和手腕的闪动发力击球。正手平抽球时，多用食指的力量向前发力；反手平抽球时，多用拇指的反压力朝前发力。此外，不论是正手还是反手中场平抽球，其击球点都应争取在身体侧前方，这更便于手臂的发力。

(2)半蹲式中场平击球

半蹲式中场平击球主要运用在双打比赛中，这是进行对攻的一种击球技术。这种技术是将对方击来的位于肩部或面部附近的球，在半蹲姿势下还击回去。击球时，看准来球，迅速取半蹲姿势，同时举拍在正面或头顶等位置以前臂带动手腕快速挥拍击球。

**知识窗**

羽毛球个人技术分为发球、接发球、击球三大类。

## 二、羽毛球的打法与战术

羽毛球的打法是指根据各个具体人的技术情况、身体素质、思想意志等条件而培养形成的各自不同的打法类型；战术则是指根据对手的技术、打法、体力和思想意志等因素所采取的争取比赛胜利的一种对策。打法与战术虽不能等同，但相互间有着密切的联系。打法和战术的基础是技术，而技术的不断发展，又能促进打法和战术的更新和提高。现简单介绍如下：

### (一)单打打法

压后场底线、打四方球、快拉快吊、后场下压、守中反攻。

1. 压后场底线

这是一种以高球压对方后场底线，迫使对方后退，然后寻找机会以大力扣杀或吊网前空当争取得分的打法。这是初学者必须学会的基本打法。应当注意：压后场时，不论是高远球还是平高球，都要压得狠、压得低，如果压后场软绵无力且达不到底线，则易遭受对方的攻击，致使这种打法失效。

2. 打四方球

以高球或吊球准确地将球击到对方场区的四个场角，调动对方前后左右跑动，打乱其阵脚，对来不及回中心位置或回球质量较差的对手较为有效。

3. 快拉快吊

以平高球快压对方后场两底角，配合快吊网前两角，吸引对方上网。以网前搓球、勾对角球结合推后场底线，迫使对方疲于奔命、被动回球，从而为本方创造中后场大力扣杀或网上扑杀机会。这是一种积极主动、快速进攻的打法。

4. 后场下压

本方在后场扣杀对方击来的高远球，结合吊球，迫使对方被动挡网前球，这时可趁机主动快速上网搓、推球，创造机会，再以重杀或劈杀结束战斗。这是一种全攻型的打法，具有先发制人、快速凶狠等特点。

5. 守中反攻

这种打法是利用拉、吊四方球及防守中的球路变化，调动对方，伺机反攻(扣杀、吊或平抽空当)。

### (二)双打打法

快攻压网、前场打点、后攻前封、抽压底线。

1. 快攻压网

从发球抢攻开始，以左、右分边站位，平抽平打快速杀球为主，压在前场进攻。这种打法要求运动员要有较好的半场平抽打技术和较强的封网意识，力争在前场结束战斗。

2. 前场打点

通过网前搓、勾对角及推半场球或找空隙进攻，打乱对方站位，创造后场进攻机会。它要求运动员有细腻的网前技术。

3. 后攻前封

两运动员基本保持前后站位，后场逢高球就下压，当对方回球到前半场或网前时，即予以致命的扑杀。这种打法要求站在后场的运动员具有连续扣杀的能力，站在前场的运动员具有较强的封网意识和技术。

4. 抽压底线

以快速的平高球或长抽球压住对方底线两角，即使在对方扣杀时也能以平抽反击或挑高球达到对方两底角来调动对手，伺机进攻。它要求运动员具有较强的防守能力和较好的底线平抽球技术。

战术与打法的关系是很密切的。在实战中，战术是根据双方的打法和场上的具体情况而定的。“以己之长，攻彼之短”是一大原则，现简单介绍一些常用的战术如下。

### (三)单打战术

发球抢攻战术、攻后场战术、攻前场战术、打四方球战术、杀吊上网战术、打对角线战术、防守反击战术。

1. 发球抢攻战术

从发球的第一拍起，争取控制对方，以攻杀得分。这种战术，一般为发网前低球结合平快球、平高球，争取第三拍的主动进攻。用这种战术对付应变能力较差的对手，或实施于比赛的关键时刻，效果往往很好。实施这一战术时，应有高质量的发球予以保证，否则很难成功。

2. 攻后场战术

此战术是通过击高球、重复压对方的底线两角，造成对方的被动，然后寻找机会进攻。用它来对付初学者，或后场还击能力较差，或后退步伐较慢以及急于上网的对手是很有效的。

3. 攻前场战术

对网前技术较差的对手，可运用此战术先将其吸引到网前，然后再攻击其后场。采用此战术，自己首先要有较好的网前击球技术。

4. 打四方球战术

若对手步伐较慢、体力较差、技术不全面，可以以快速准确的落点攻击对方场区的四个角落，寻找机会向空当进攻。此战术的主要目的是通过打落点，逼迫对方前后奔跑、被动应付，并在其回球质量下降或露出破绽时乘虚而入而攻之。

5. 杀、吊上网战术

对于对手打来的后场高球，本方先以杀球配合吊球把球下压，落点选在场区的两条边线附近，致使对手被动回球。若对手回网前球时，本方迅速上网搓球、勾对角球或平推球，创造在中场大力扣杀的机会。这种战术必须能很好控制杀、吊球的落点，在使对方被动回球时，才能主动迅速上网。

6. 打对角线战术

对付身体灵活性差、转体较慢的对手，不论是进攻还是防守，均应以打对角线球为主。这样，对方会因移动困难而被动，为我方创造进攻机会。

7. 防守反击战术

在对方主动进攻、我方被动防守时，我方可高质量地接杀挡网；或抓住对方攻杀力量减弱，或落点不好之机会，以平抽底线球还击对方后场，扭转被动局面，并进行反击。

### (四)双打战术

双打比赛不仅仅是竞赛双方在技术、战术、体力上的较量，同时也是双打同伴相互配合程度的较量。因此，在学习双打战术之前，首先要了解两人之间站位形式上的配合。

双打战术：攻人战术、攻中路战术、攻后场战术、后攻前封战术、防守反攻战术。

1. 攻人战术

集中攻击对方中有明显弱点的人，并伺机攻击另一人因疏忽而露出的空当，或对此人偷袭。双打比赛中的配对选手的技术，一般总有一人好，另一人稍差些。即便两人水平相差不多，但若能集中力量攻击其中一人，也可给其造成很大的心理压力，从而使其出现失误。

2. 攻中路战术

当对方分边站位防守时，将球攻击对方两人的中间；当对方前后站位时，可将球下压或平推两边半场。这样可使对方防守时互相争抢或互让而出现失误。

3. 攻后场战术

对方扣杀能力差，本方可采用平高球、推平球、接杀挑底线，把对方一人紧逼在底线两角移动。当对方被动还击时，则抓住机会大力扣杀。如另一对手后退支援时，即可攻网前空当。

4. 后攻前封战术

当本方处于主动进攻前后站位时，站在后场的队员见高球就杀或吊网前球，迫使对方接球挡网前，这为本方前场队员创造了封网扑杀机会。前场队员要积极封锁网前，迫使对方被动挑高球。一旦对手挑高球达不到后场，就为本方创造了再进攻的机会。

5. 防守反攻战术

在防守中寻找反攻的机会，以便摆脱困境，转被动为主动。例如挑底线高球，即不论对方从哪里进攻，本方都应设法把球跳到进攻者的另一边底线。如对方正手后场攻直线，就挑对角线，如对方攻对角就挑直线。这是一种较容易争得主动的防守战术，在女子双打中运用更为有效。时机有利，即可运用反抽或挡网前回击对方的杀球，从守中反攻，争得主动权。运用此战术时，要注意挑高球一定要挑到底线，否则将会出现对方连续攻杀而本方无力反击的局面。

# 第三节 羽毛球比赛与欣赏

## 一、羽毛球比赛

### (一)羽毛球场地、器材

1. 场地

羽毛球场呈长方形(图 11-8)，各条线宽均为 4 厘米，场地上空 12 米以内和四周 4 米以内不应有障碍物。整个球场上空空间最低为 9 米，在这个高度以内，不得有任何横梁或其他障碍物，球场四周 2 米以内不得有任何障碍物。任何并列的两个球场之间，最少应有 2 米的距离。球场四周的墙壁最好为深色，不能有风。

羽毛球网柱高 1.55 米安放在双打边线的中点上，球场中央网高 1.524 米，长度为 13.40 米，双打场地宽为 6.10 米，单打场地宽为 5.18 米。球场上各条线宽均为 4 厘米，丈量时要从线的外沿算起。球场界限最好用白色、黄色或其他易于识别的颜色画出。

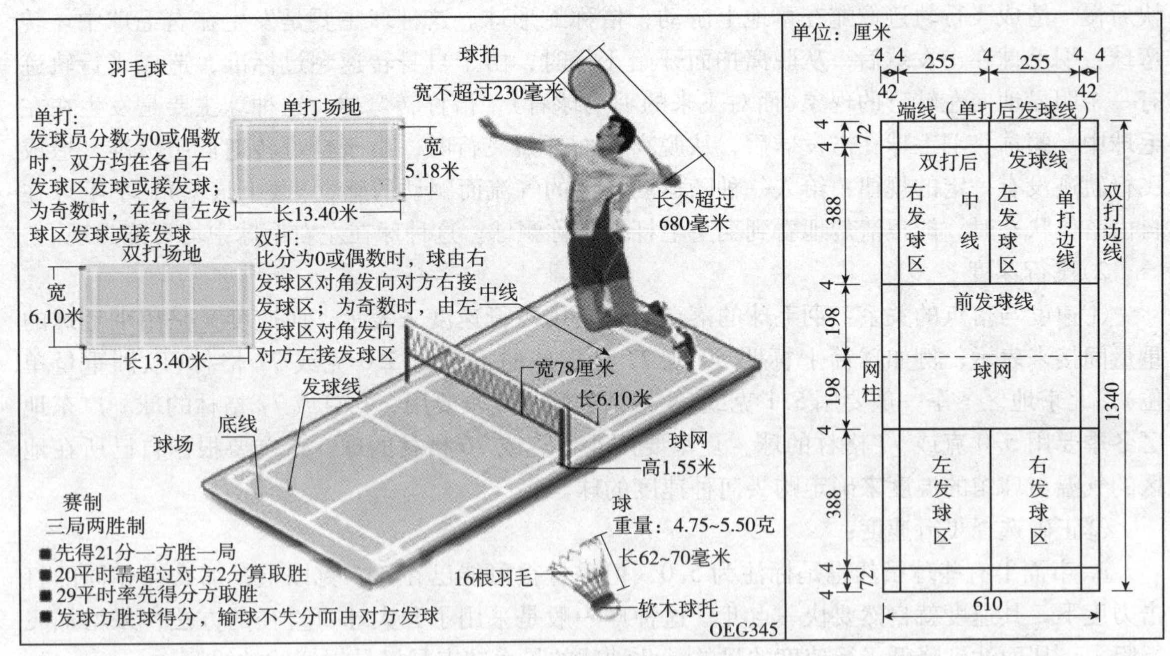


**图 11-8　羽毛球场地和规则**

羽毛球网长 6.10 米、宽 76 厘米，为优质深色的天然或人造纤维制成，网孔大小在 15~20 毫米之间，网的上沿应缝有 75 毫米宽的双层白布(对折而成)，并用细钢丝绳或尼龙绳从夹层穿过，牢固地张挂在两网柱之间。标准球网应为黄褐色或草绿色。网柱高 1.55 米，无论是单打或双打，两根网柱都应分别立在双打场地边线的中点上。正式比赛时，球网中部上沿离地面必须为 1.524 米高，球网两端高为 1.55 米。球网的两端必须与网柱系紧，它们之间不应该有缺缝。

## 2. 器材

羽毛球重 4.74~5.5 克，由 16 根羽毛插在半球形软木托上。

### (1)羽毛球

#### 1)飞行稳定性

飞行稳定性的定义是羽毛球实际飞行轨迹与理论轨迹的偏差，简称稳定性。羽毛球在飞行状态下自身摇摆的程度分为四个级别(四档)。

A 级飞行：是羽毛球在飞行状态下，自身完全没有摇摆(晃动)；飞行轨迹是一条标准的直线(俯视平面看)；羽毛球自身转速达到 350 转/分左右，直到飞行处于自由落体阶段时，仍不能十分清楚地看到羽毛球的毛杆部分。

B 级飞行：是羽毛球在飞行状态下，自身只有微小程度的摇摆(小晃动)，飞行轨迹基本是一条标准的直线(俯视平面看)，羽毛球自身转速达到 350 转/分左右，直到飞行处于自由落体阶段时，仍不能十分清楚地看到羽毛球的毛杆部分。

C 级飞行：是羽毛球在飞行状态下，自身会有小摇摆(较明显地晃动)；飞行轨迹基本是一条直线(俯视平面看)；羽毛球自身转速达到 300 转/分左右，直到飞行处于自由落体阶段时，可能会较清楚地看到羽毛球的毛杆部分。

D 级飞行：是羽毛球在飞行状态下，自身会有明显地摇摆(明显的晃动)；飞行轨迹不定(从俯视平面看)；羽毛球自身转速有快有慢。不能达到上述三种飞行标准的均属于 D 级飞行球。蛇形球：羽毛球在击发球后，从脱离拍面开始飞行时，由于自身转速超过标准，球速先快后慢，造成飞行轨迹像蛇在草地上游动，俗称蛇形球。这种球主要是发生在右毛球中。转弯球：羽毛球在击发球后，从脱离拍面开始飞行时，由于自身转速超过标准，造成飞行轨迹有一个明显地向左转弯的现象(面对飞来的羽毛球看)，俗称转弯球。这种球主要是发生在左毛球中。飘球：羽毛球在击发球后，从脱离拍面开始飞行时，由于自身转速低于标准，造成飞行轨迹没有一定的规律，给人一种随运动场馆的气流而飘动的感觉(微小感觉)，羽毛球在自由落体状态时，能很清楚地看到羽毛毛杆。俗称飘球。这种球在左右毛球中均可能出现。

2)飞行速度

①速度与落点的关系：羽毛球的落点通常是用飞行速度来表示，而速度又是用羽毛球的重量间接来表示，例如球筒上标明 50 或 77 是指球的重量为 5.0 克或 77 格林(欧洲重量单位)。北京地区冬季一般要用 5.1 克或 78 格林的球，夏季要用 5.0 克或 77 格林的球。广东地区冬季要用 5.0 克或 77 格林的球，夏季要用 4.9 克或 76 格林的球。球友要根据自已所在地区的气温与球馆的温度来确定购买何种速度的球。

②正确选择飞行速度：

a. 市面上有些球虽然也是标注为 5.0，但重量很可能已在 5.1 克以上，那么在相同的打击力度下，其速度就自然要快一点儿。这种球一般是采用了开大球口直径的方法，来增加飞行阻力，从而达到降低飞行速度的目的。此种球的最大缺点是极易损坏球拍线。

b. 由于厂家的工艺性不好，有时一筒球中会有 4.8~5.4 克的球出现，这对球友来说，是很难掌握其飞行速度的。

c. 羽毛球自身转速过高，会造成飞行速度偏慢，羽毛球自身没有转速，又会造成飞行速度过快。考虑何种品牌球的工艺性比较好，有一个办法——看看一打球的重量是否一致，基本就可以确定球的工艺水准了(12 只球一个重量，误差仅为 0.1 克)。

3)耐打度

羽毛球是个“昂贵”的运动。所以羽毛球的耐打度是一个非常重要的质量指标。对于耐打性，一般来说从以下几个方面来考虑：

①正常双打情况下，不小心打在毛叶上，羽毛不会立即断掉。

②双打比赛一般情况下一只球可以很顺利地打完一局球，单打比赛一般可以打完两局球(用球不是很挑剔)。

③大力杀球的情况下，只要不是劈杀球(球拍面与羽毛球侧面接触)，一般情况下要能抵挡业余球手 20 拍以上的杀球，要能抵挡专业球手 12 拍以上的杀球。此时球的飞行稳定性应该还没有很大的改变，球还能继续使用一段时间。

④羽毛球两道线圈的胶水含量如何用肉眼判断呢？一般来说，眼睛直观地看上去，线圈的线迹基本被胶水补满(量化一下，就是胶水固含量 0.55~0.60 克)，就可认为是较好的球，如果仍能看到勾线的痕迹，就证明胶水很少，以至于耐打度下降。

⑤羽毛球在使用的过程中一般情况下不能很快变形。中高档球由于在选料与制作工艺方面比较严格，因此耐打度一定会好于低档球，训练球的耐打度一般会比低档球差一点点。

(2)羽毛球拍

①球拍框总长度不超过68厘米，宽不超过23厘米，拍弦面长不超过28厘米，宽不超过22厘米。

②羽毛球拍质地主要分为钛金属、全碳素、铝碳纤维一体、铝合金和纯铁、纯铝的。其中材质最好的是钛金属，往后依次为全碳素、铝碳纤维一体、铝合金和纯铁、纯铝。

③羽毛球拍长：羽毛球拍加长型，标准羽拍的长度为664毫米，而所谓加长形羽拍的是比标准长度一般加长10毫米。加长的最主要部分为拍杆，有一些型号的拍头也有些许加长。加长型球拍击球点比较高一些，对提高进攻是有一定的帮助。

④拍杆大小：一般用G用来表示羽球拍柄粗细，G1最粗，G5最细。一般常用G4、G5，G4适合手大的人用。

⑤羽毛球拍重量：一般的羽球拍在说明资料里都会用U来表示重量，具体的重量是U——95~100克、2U——90~94克、3U——85~89克、4U——80~84克。

⑥羽毛球拍平衡点：球拍的平衡点一般在285毫米，高于该参数说明拍头较重，属进攻型；低于该参数说明拍头较轻，属防守型；等于该参数就是攻防兼备型。

⑦羽毛球拍硬度：在球员力量相同的情况下，拍杆越软，在击球前的挥拍过程中越容易弯曲，弯曲幅度也更大，从而带动拍头以更大的角速度移动，产生更大的击球力量。拍杆越硬，则击球时能传递给球的力量就越少，但更能降低击球震动的传递。

对于框而言，拍框的硬度越大接触球时就越不易发生变形和扭动，越能把更多的力量传给球，同时传递的震动也越少。

⑧羽毛球拍拍形：主要分为椭圆形和方头形两种。椭圆形面积小，但是空气的阻力也小；方头形击球面积大，但是空气阻力也大。当然也有在此基础上的其他形状，不再逐一介绍。

⑨羽毛球拍磅数：拍头的承受力。拍线的磅数一般为：双打——横24磅、竖22磅；单打——横22磅、竖20磅(女子可减1~2磅)。

⑩拍弦：拍弦也是有讲究的。好的拍弦在仪器下观察能发现中间的截断面像光缆纤维一样一束束的，质次的拍弦则是单一一股，看不出有很多束来。遗憾的是选购拍弦的时候，没有仪器鉴别，只能通过拍弦的价格来区分。一般20~30元的拍弦就是不错的了，最好的拍弦一副80~90元。绷弦需要专用工具。男士用拍的松紧度要控制在22~25磅之间，女士用拍要控制在21~24磅之间，过松的拍子弹不回球来，过紧的拍子打球的时候很费力气。

## (二)羽毛球比赛方法及主要规则简介

1. 比赛的项目

男子单打、女子单打、男子双打、女子双打、混合双打、男子团体、女子团体。

2. 比赛规则

**知识窗**

国际羽联于2006年2月1日起取消发球得分制，将所有单项的每局获胜分数统一定为21分。

(1)单打

①每场比赛采取三局两胜制；②率先得到21分的一方赢得当局比赛；③如果双方比分打成20∶20，获胜一方需超过对手2分才算取胜；④如果双方比分打成29∶29，则率先得到第

30分的一方取胜；⑤首局获胜一方在接下来的一局比赛中率先发球；⑥当一方在比赛中得到11分后，双方队员将休息1分钟，两局比赛之间的休息时间为2分钟。

(2)双打

①改革双发球权为单发球权；②后发球线保留，现行规则适用；③比赛开始前，双方通过投掷硬币方式确定由哪一方来选择是先发球或后发球。

(3)交换场区

①以下情况运动员应交换场区：第一局结束；b. 第三局开始；c. 第三局中或只进行一局的比赛进行至一方达到11分时。

②运动员未按以上规则交换场区，已经发现立即交换，已得分数有效。

(4)合法发球

①发球时任何一方都不允许非法延误发球。

②发球员和接发球员都必须站在斜对角线发球区内发球和接发球，脚不能触及发球区的界限；两脚必须都有一部分与地面接触，不得移动，直至将球发出。

③发球员的球拍必须先击中球托，与此同时整个球必须低于发球员的腰部。

④击球瞬间球拍杆应指向下方，从而使整个球拍头明显低于发球员的整个握拍手部。

⑤发球开始后，发球员的球拍必须连续向前挥动，直至将球发出。

⑥发出的球必须向上飞行过网，如果不受拦截，应落入接发球员的发球区。

(5)羽毛球的违例

①发球不合法违例。

②发球员发球时未击中球。

③发球时，球过网后挂在网上或停在网顶。

④比赛时：

a. 球落在球场边线外；

b. 球从网孔或从网下穿过；

c. 球不过网；

d. 球碰屋顶、天花板或四周墙壁；

e. 球碰到运动员的身体或衣服；

f. 球碰到场地外其他人或物体(由于建筑物的结构问题，必要时地方羽毛球组织可以制定羽毛球触及建筑物的临时规定，但其国家组织有否决权)。

⑤比赛时，球拍或球的最初接触点不在击球者网的这一方(击球者击球后，球拍可以随球过网)。

⑥比赛进行中：

a. 运动员球拍、身体或衣服触及网或网的支持物；

b. 运动员的球拍或身体，以任何程度侵入对方场区；

c. 妨碍对手，如阻挡对方紧靠球网的合法击球。

⑦比赛时，运动员故意分散对方注意力的任何举动，如喊叫、故作姿态等。

⑧比赛时：

a. 击球时，球夹在或停滞在拍上紧接着又被拖带；

b. 同一运动员两次挥拍连续击中球两次；

c. 同一方两名运动员连续各击中球一次；

d. 球碰球拍继续向后场飞行。

⑨运动员违反比赛连续性的规定。

⑩运动员行为不端。

(6)重发球

①遇不能预见或意外的情况，应重发球。

②除发球外，球挂在网上或停在网顶，应重发球。

③发球时，发球员和接发球员同时违例，应重发球。

④发球员在接发球员未做好准备时发球，应重发球。

⑤比赛进行中，球托与球的其他部分完全分离，应重发球。

⑥司线员未看清球的落点，裁判员也不能做出决定时，应重发球。

⑦重发球时，最后一次发球无效，原发球员重发球。

(7)死球

①球撞网并挂在网上，或停在网顶上。

②球撞网或网柱后开始在击球这一方落向地面。

③球触及地面。

④违例或重发球。

(8)发球区错误

①发球顺序错误。

②从错误的发球区发球。

③在错误的发球区准备接发球，且对方球已发出。

(9)发球区错误的裁判方法

①如果错误在下一次发球击出前发现，应重发球；只有一方错误并输了这一回合，则错误不予纠正。

②如果错误在下一次发球击出前未被发现，则错误不予纠正。

③如果因发球区错误而“重发球”，则该回合无效，纠正错误重发球。

④如果发球区错误未被纠正，比赛也应继续进行，并且不改变运动员的新发球区和新发球顺序。

## 二、羽毛球欣赏

如果说乒乓球是中国的“国球”，那么，羽毛球则可以称为是中国的半个“国球”。这不仅因为羽毛球运动在中国也有着广泛、雄厚的群众基础，而且中国羽毛球运动在世界羽坛大赛中的成就和成绩也可以与“国球”相媲美，在众多攀登世界高峰的体育竞赛项目中，羽毛球运动则是当之无愧的先锋。

羽毛球比赛既有激烈高速的对抗，又不像拳击那样血腥、长跑那样单调；既有优雅灵动的姿态，又不像芭蕾那样舒缓、体操那样孤傲。观看羽毛球比赛，你可以看到人体所蕴藏力量的爆发、跳跃的高度、眼花缭乱和目不暇接的球路、隔网相对的选手互相之间在对抗瞬间的阴谋和诡计，以及全力以赴、筋疲力尽的对抗之后对手之间的礼节、尊重和友谊。

欣赏羽毛球比赛前要了解到羽毛球比赛的比赛规则才能知其然；欣赏羽毛球比赛的时候，欣赏选手的动作要领(发球、接球、杀球、抽球……)，欣赏双方如何攻守和救球，特别是留心欣赏选手竞赛过程心理变化和表现出的个人品质。看的过程研究起双方运动员的战术和擅长的打法与球路也是挺有意思的。如果喜欢打羽毛球的就顺便模仿与自己相似或者是自己想学的技术类型，形成自己的打法。也可以根据自己的程度，关注的领域不同区欣赏球赛。比如说你是一个高手的话，然而制约你继续进步的问题是步伐，看比赛时就可以多多关注运动员在跑不同位置时脚步的移动情况。再比如说你的基本功都很好，就有必要多多关注运动员的战术，对同一种球，不同的球路处理方法。这些都因人而异。只要能根据自己的情况在观看中找到乐趣，从中进步，就是一场值得珍惜的球赛。

## 三、羽毛球赛事

### 1. 汤姆斯杯

即世界男子团体羽毛球锦标赛，1948 年举行首届比赛，现为两年一届，在偶数年举行。比赛由三场单打，两场双打组成。历史上夺得汤姆斯杯冠军最多的国家是印度尼西亚队，共 13 次。

### 2. 尤伯杯

即世界女子团体羽毛球锦标赛，1956 年举行首届比赛，两年一届，在偶数年举行。比赛由三场单打，两场双打组成。历史上夺得尤伯杯冠军最多的国家是中国队，共 12 次。

### 3. 世界羽毛球锦标赛

即世界羽毛球单项锦标赛。设有男、女单打、双打和混合双打 5 个比赛项目。1977 年起为三年一届，1983 年改为两年一届，在奇数年进行。2005 年改为每年一届，但奥运年不举办。

### 4. 苏迪曼杯

即世界羽毛球混合团体比赛。1989 年开始举办，两年一届，在奇数年举行，比赛由 5 个单项组成。

### 5. 世界杯羽毛球赛

属于邀请性比赛，由国际羽联邀请当年成绩优异的选手参加。创办于 1981 年，连续办了 17 届，1997 年停办，2005 年再次恢复举办，由中国益阳承办。益阳市承办最后两届世界杯，2006 年，世界杯羽毛球赛正式停办。

### 6. 全英羽毛球锦标赛

由英格兰羽毛球协会于 1899 年创办，是世界历史上最悠久的羽毛球赛事。最初由英国和英联邦国家选手参加，现在已成为全球性的羽坛大会战。

### 7. 奥运会羽毛球比赛

羽毛球 1992 年成为奥运会正式比赛项目，只设 4 个单项比赛，无混双比赛。1996 年亚特兰大奥运会起增设混双项目，奥运会羽毛球赛冠军是世界羽坛的至高荣誉。

### 8. 世界羽联超级系列赛

世界羽联参照世界网球大奖赛办法组织的。始于 1983 年。由在全年不同时间和在不同国家举办的 6 个级别的系列赛组成，主要包括超级赛和大奖赛。2011 年提出 5 站超级顶级大满贯赛，在 12 站超级赛中获得积分最高的前 8 名/对选手参加年终举办的世界羽联超级系列赛总决赛，但在任一单项比赛中，每个下属协会最多每队两名选手报名参加。

## 四、发球规则详解

单打：得到发球权的一方，分数如果是 0 或者偶数，在右边发球区发球；分数是单数，则在左边发球区发球。接发球方在与发球方对角的发球区接发球。每球得分。

双打：得到发球权的一方，分数如果是 0 或者偶数，由右边的球员发球；分数是单数则由左边的球员发球，接发球方不换位。有发球权的一方得分后，分数变成偶数时，则发球员换到右边发球；分数变成奇数时，则发球员换到左边发球。接发球方不换位。每球得分。

详细解释：

A 和 B 对 C 和 D 的双打比赛。A 和 B 赢了挑边并选择了发球。

（A 发球，C 接发球。A 为首先发球员，而 C 则为首先接发球员。）

0-0 从右发球区发球 A 发球，C 接发球

（A 和 B 得 1 分。A 和 B 交换发球区，A 从左发球区再次发球。C 和 D 在原发球区接发球）

1-0 从左发球区发球 A 发球，D 接发球

（C 和 D 得 1 分，并获得发球权。两人均不改变各自原发球区）

1-1 从左发球区发球 D 发球，A 接发球

（A 和 B 得 1 分，并获得发球权。两人均不改变各自原发球区）

2-1 从右发球区发球 B 发球，C 接发球

（C 和 D 得 1 分，并获得发球权。两人均不改变其各自原发球区）

2-2 从右发球区发球 C 发球，B 接发球

（C 和 D 得 1 分。C 和 D 交换发球区，C 从左发球区发球。A 和 B 不改变其各自原发球区）

3-2 从左发球区发球 C 发球，A 接发球

（A 和 B 得 1 分，并获得发球权。两人均不改变各自原发球区）

3-3 从左发球区发球 A 发球，C 接发球

（A 和 B 得 1 分。A 和 B 交换发球区，A 从右发球区再次发球。C 和 D 不改变其各自原发球区）

4-3 从右发球区发球 A 发球，D 接发球

## 思考题

(1)在比赛过程中，球托与羽毛完全脱落时，应该如何判？

(2)控制羽毛球击球质量的五大要素是什么？

(3)羽毛球双打比赛的防守站位有哪三种情况？

## 研究与实践

单打比赛，尝试做该场比赛的裁判员，并撰写实践报告。

# 第十二章

# 棒（垒）球

## 第一节 棒(垒)球运动概述

棒球运动起源于英国，是从一种被称作板球的游戏演变过来的。后来传入美国，到18、19世纪，这种球类运动在美国已经非常盛行。1839年美国人窦布戴伊组织了第一场与现代棒球运动非常相似的棒球比赛。1845年美国人卡特赖特设计出了棒球场地，并制定了有史以来第一部棒球比赛规则，并正式采用棒球这一名称。1976年国际业余棒球联合会成立。1986年国际奥委会决定，将棒球列为第二十五届奥运会正式比赛项目。1920年美国总统塔夫特签署法令，将棒球定为美国国球，这极大促进了棒球在美国的普及与发展，同时对增强人民体质，提高生活质量起到了巨大的推动作用。随着美国综合国力的增强和对外扩张的加剧，棒球也传到世界各地，并快速发展起来。

垒球运动是从棒球运动中演变过来的，1933年在芝加哥举行了全美垒球锦标赛，1952年国际垒球联合会宣告成立。1962年在美国奇卡特州的斯特拉福特市举办了第一次非正式的“世界垒球锦标赛”。垒球运动的历史虽较棒球约晚50年，但是由于垒球具有便于在群众中开展的特点，所以发展速度超过了棒球。1950年就成为国际项目。1977年被列为奥运会的正式比赛项目。1965年开始，国际垒联每四年举行一届世界女子垒球锦标赛。1966年世界男子垒球锦标赛也开展起来。1996年垒球列入夏季奥运会比赛项目。

棒球、垒球相比较，二者比赛场地一样都是一个直角扇形，使用的护具和手套基本相同，比赛方式、基本技术、基本战术非常相似。只是场地大小、球和棒的大小及重量以及投球(离垒的)方法有所不同。

**知识窗**

美国职业棒球大联盟(Major League Baseball，MLB)现有球队30支，分为国家联盟和美国联盟，其中国家联盟(National League，NL)有16支球队，美国联盟(American League，AL)14支，而两个联盟下又各分为东部赛区、中部赛区和西部赛区3个赛区。职棒大联盟的全部30支球队中，有2支来自邻国加拿大(蒙特利尔博览会队和多伦多蓝鸟队)，其余28支悉数为本土球队。

棒球运动在我国的演变和发展可以追溯到19世纪末，距今已有100多年的历史。最早是由美国“传教士”传入的，他们在一些教会学校和基督教青年会开展各项现代体育运动，其中包括棒球、垒球。1871年，在美国的耶鲁大学，留美学者、著名的铁路工程师詹天佑组织成立了华人留学生组成的中华棒球队，这是我国最早的一支球队。詹天佑因此被棒球界誉为“中国棒球之父”。中华人民共和国成立后，棒球、垒球运动得到了广泛开展。1959年，中国有30多个部队、省及城市的球队参加了首届“中华人民共和国棒球锦标赛”。尤其到20世纪80年代末至90年代初，我国棒球运动水平提高幅度较大，1988年中华人民共和国举办了第一次正式的棒球锦标赛——北京世界锦标赛(少年)，参加者年龄均为十一二岁的男孩，少儿棒球队也进入世界前 3 名；青年棒球队首次获得 1994 年亚洲锦标赛第四名；成年棒球队取得 1992 年世界 B 组棒球冠军并首次领到了参加世界棒球锦标赛的入场券。目前，我国有省市级专业棒球队十多支，全国区县级别和大学层次的业余棒球队不足百支，棒球运动员和裁判员人数很有限，正规的训练和比赛场地不多。1949 年前中国已经开展了垒球运动，是全国运动会的比赛项目。中华人民共和国成立后，第一、三、四、六、七、八、九、十届全运会都有垒球项目。2001 年垒球列入全国城市运动会比赛项目。目前中国有北京、天津、上海、辽宁、江苏、广东、河南、湖南、四川、甘肃及解放军 11 个单位开展垒球运动。总的来看，中国棒、垒球运动与世界水平相比，差距仍然很大，需要在各个方面更加努力。

## 第二节　棒球的技术、战术与练习方法

### 一、棒球技术与练习方法

棒球技术是棒球运动中所需要的专门动作和方法的总称。它包括：进攻技术、防守技术。

#### (一) 棒球进攻技术

1. 击球技术（以右打者为例）

(1) 动作要点

①选棒和握棒：比赛用的球棒其形状、质量、粗细等有具体规定，每个击球员应根据自己的体能、形态、专项素质和习惯，选用得心应手，挥动自如的球棒。

握棒方法包括：长握法、短握法、标准握法(图 12-1)。

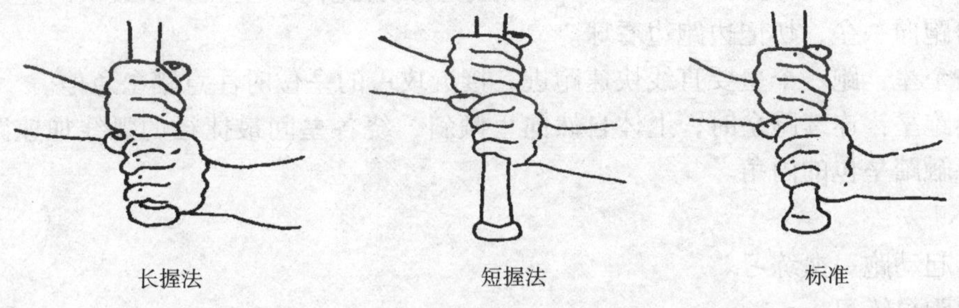


图 12-1

②准备姿势：击球区双手握棒，正对本垒板平行站立，侧对投手，两膝微屈，两脚开立与肩同宽。两手握棒立于右肩前，左臂横放胸前，头部转向投手，全身放松，两眼通过左肩观察投手投球动作(图 12-2)。

③击球：击球是身体由下肢经躯干到上肢依次协调用力的完整过程。包括判断球、引棒伸踏、挥棒击球和随挥动作 4 个环节。

a. 判断球：保持注意力集中，两眼正视投手的投球动作，击球员两眼要紧紧盯住球到球被击出或被接手接住。在球到达本垒半程前作出好球或坏球和下棒或放过的判断。

b. 引棒伸踏：以后脚(靠近本垒一侧的脚)支撑体重，转腰充分后引棒，手握棒不要过紧。头部保持不动，注意投手动作。前脚(靠近投手一侧的脚)横向迈出约 15 厘米，脚尖与本垒保持垂直位置，重心仍然在后脚上。

c. 挥棒击球：向前伸踏的同时，右腿用力伸蹬，髋部急剧左转带动肩部开始起棒。当两臂伸直，球棒挥摆至本垒板前沿上空时，用爆发力量快速抽击球。

图 12-2

d. 随挥：随挥是击球员击中球后的后续动作。棒击中球后双手手腕继续向前顶，在顶的过程中将右腕翻过左腕，把棒收在身后。

(2) 练习方法

①一般性辅助练习：徒手或利用轻器械。

②专项辅助练习，用各种不同重量的棍棒进行练习。

③挥空棒的练习。

④击固定目标的练习。

⑤击抛球练习：击直抛球和击斜抛球。

⑥轻击球练习。

⑦击投手球的练习。

⑧自抛自击的练习。

⑨触击球的练习。

**知识窗**

棒球运动重点器材是球、球棒、手套、护具、服装、钉鞋。

(3) 学练提示

①击球时要强调眼睛盯球的重要性。

②要学会用下肢、腰的力量带动上肢去击球。

2. 跑垒

(1) 动作要点

①击球后跑垒：击球员把球击出后即成为跑垒员，跑向一垒。要以最快的速度沿跑垒限制线内全力跑向一垒，切记边跑边看球。

②跑一个垒：跑一个垒要直线快速跑进，接近攻占的垒位时注意踏垒急停。

③连续跑垒：连续跑垒时，上体自然向里倾斜，绕各垒间最捷径的弧线加速跑进，每到各垒之前要触踏垒包的内角。

(2) 练习方法

①挥棒起动跑一垒练习。

②连续跑垒练习。

③离垒、返垒和准备进垒练习。

④起动、急停、转身的练习。

(3) 学练提示

①跑垒时强调击完球马上起跑。

②跑垒员跑垒时要随时观察场上的情况，随机应变。

3. 滑垒

(1) 动作要点

①扑垒：是以头部在前面进行的滑垒方式。要求双腿弯曲上体前倾，身体向垒包方向鱼跃扑出，以胸部和腹部着地，双手向前伸出，以靠近垒包一侧的手触及垒包(图 12-3)。

②滑垒：滑垒时，从垒前 3 米处开始屈膝降低身体重心，依次以脚背外侧、小腿外侧、臀部着地，呈坐姿向垒包滑进，未触地一侧脚抬起触及垒包(图 12-4)。

图 12-3

图 12-4

(2)练习方法

①原地分解动作练习。

②戴护膝、护腿等保护物，选择地面松软的地方练习滑垒。

③多人手挽手跑至垒前 3 米左右时，中间的练习者做滑垒动作的练习。

④在绳子或松紧带等限制物下进行滑行触垒动作练习。

(3)学练提示

①滑垒练习一定要循序渐进，切勿急于求成。

②要反复练习滑垒的动作要领。

## (二)棒球防守技术与练习方法

1. 传、接球

(1)动作要点

①握球：食指、中指分开在球的顶部，拇指和无名指放在球体下部的两侧。握球时球与虎口留有一定空隙(图 12-5)。

②传球(右手传球为例)：两脚左右分开，膝关节微屈，双手持球于体前，向右转体，左肩对传球方向，右脚蹬地，脚伸踏，左臂前伸，右臂后摆，重心前移，身体左转，左臂屈肘后收，右臂完成提球动作，右臂继续向身体左下方摆动，上身自然下压，右脚向前跟进一步，呈接球的准备姿势。

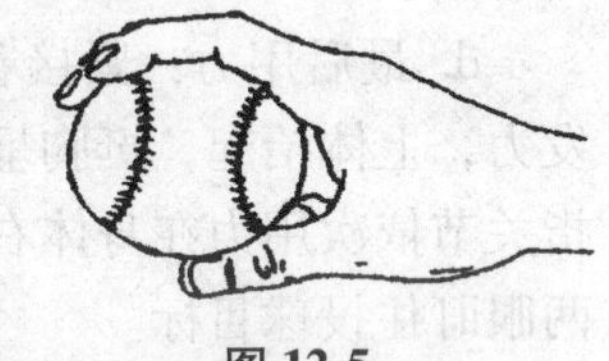
图 12-5

③接球：

a. 接平直球：接球前，正对传球方向，两脚开立与肩同宽，两膝微屈，重心降低稍向前移，肘关节微屈自然下垂，合手将手套置于胸前，手指向上，眼盯来球。接球时，手臂自然前伸，手套的掌心对球，将球接在手套的虎口与掌心之间。

b. 接地滚球：正面迎球，两脚左右分开，屈膝下蹲，上身前俯，头部稍前倾，双眼正视来球；双臂前伸置于两脚前偏左脚处，手套张开，手指部位贴地，掌心向前上方，当球弹到最高点或刚着地时，双手接球，右手覆盖手套后引，并伸入手套拿球，准备传球。

c. 接腾空球：接球前先要准确地判断球飞行的方向，判断球的落点，并迅速移动到球的落点处，两脚开立与肩同宽，两膝微屈，两手放松置于身前，身体保持平衡。然后，手臂上举置于额头前上方，手指向上，掌心向前，两眼盯住来球。当来球接近手套瞬时，两手要主动前伸迎球，在额头的右前上方将球接住，同时两臂顺势后引缓冲，准备做传球动作。

(2)练习方法

**知识窗**

棒球比赛的防守位置有：投手、接手、一垒手、二垒手、三垒手、游击手、左外场员、中外场员、右外场员。

①原地徒手传、接球练习。

②自抛自接练习。

③对墙传、接球练习。

④接各种球练习。

(3) 学练提示

①注意传、接球练习时，上下肢动作协调。

②结合进攻技术练习。

2. 投球

(1) 动作要点

①正面投球：

a. 准备姿势：投手持球面向击球员站立，两肩与一、三垒对角线平行，轴心脚(右脚)踏在投手板上或踏触投手板的前沿，另一脚可以自由站立，但两只脚均不能踏出投手板侧。两臂自然分开置于体侧，也可合手持球放在体前或头部的前上方并保持静止，两眼注视击球员或观察场上四周的情况。

b. 提腿转体：双手举至头上后，以轴心脚支撑身体重心，自由脚提起，上体以腰部为中心向右后转体。上体稍微后仰，整个动作自然放松，保持身体平衡，两眼注视击球员。

c. 摆臂伸踏：提腿转体动作完成后，接着分手，投球臂向下后方摆伸至体侧，手背朝上屈腕，同时前导臂前伸，重心前移送髋，自由脚向投球方向伸踏，脚尖指向本垒，脚掌内侧先着地。

d. 最后用力：紧接着摆臂伸踏动作后，投球臂迅速向前摆动，当小臂摆至肩上方时转髋发力，上体抬起，挺胸呈背弓，肘关节外展，随后轴心脚用力后蹬板，投球臂的肩、肘、腕、指关节依次用力在身体右侧斜上 45°将球投出，同时前导臂后收贴近左肩，以维持身体平衡，两眼盯住投球目标。

e. 球出手：球从食指和中指的指尖出手时，手臂和手腕开始用力。食指和中指压球，使球产生强烈的旋转。出手的方向和时间取决于战术的要求。

f. 随摆：球出手后，手臂自然摆至躯干的左侧，即自由腿的膝部附近，眼睛盯住击球员的击球，准备防守。

②侧面投球：

a. 准备姿势：身体侧对接手，两脚左右开立，左脚在前，右脚踏在投手板上，并保持身体静止。

b. 球出手：投球出手与投球臂随挥的技术动作与正面投球相似。

(2) 练习方法

**知识窗**

棒球赛带“杀”字术语封杀、触杀、双杀、选杀、接杀、夹杀、投杀、三杀。

①徒手练习。

②对墙投球练习。

③投点练习。

④投手、接手配合练习。

⑤与击球员配合练习。

(3)学练提示

①总结投球技术、规则，尽量减少投坏球。

②注意投球后及时防守。

3. 触、封杀技术

(1)动作要点

①触杀：接球前有两种预备姿势。一是两脚开立，站在垒位一侧，将跑垒路线置于体侧。二是两脚分别站在垒垫的两侧，将跑垒路线置于胯下。准备接球时身体重心下降，眼睛盯住来球，接球后用手套背顺势向垒垫前沿推出，触及跑垒员或击跑员伸向垒垫的脚或手。要求触杀的动作连贯、幅度小、力量轻(图 12-6)。

②封杀：准备接球前两脚站立的位置应以有利于踏触垒垫为基准。身体姿势与接球的准备姿势相同，面对来球方向，眼盯来球。接球瞬时用一脚的前脚掌踏触垒垫，另一脚朝来球方向迈出一大步，同时将球牢固地接住(图 12-7)。

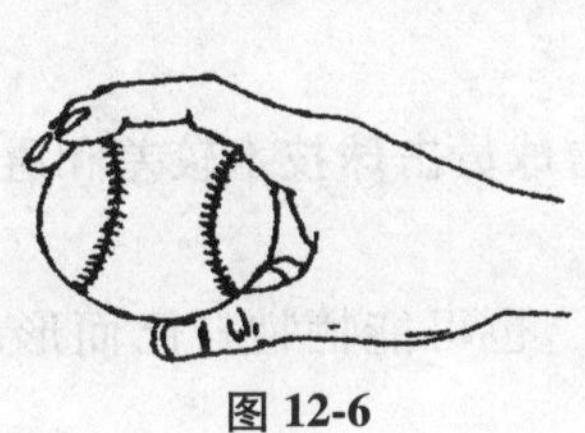

图 12-6

图 12-7

(2)练习方法

①徒手练习。

②接球进行触、封杀练习。

③有跑垒员的练习。

(3)学练提示

尽量结合传球、滑垒进行练习。

## 二、棒球战术

棒球战术是比赛中队员个人技术的合理运用和队员之间相互协调配合的组织形式。它包括：进攻战术、防守战术。

### (一)棒球进攻战术

1. 击球次序编排

球队队员的各种进攻能力是有差异的，各自擅长的技、战术也不同，如果击球次序排列得当，就可以扬长避短或以长补短，否则容易出现被动局面。一般应选择上垒率高的队员作为第一棒。下面的击球次序编排可根据战术要求而定。

2. 偷垒战术

它包括：单偷垒战术、双偷垒战术。

(1)单偷垒战术

垒上跑垒员在投手投球离手瞬间抢进前面一个垒叫作“偷垒”。

战术条件：①接手不善于传杀或接球技术差。②下一击球员击球能力较差。③跑垒员在垒上随时都做好偷垒的准备，并与击球员密切配合。

(2)双偷垒战术

是跑垒员之间相互配合的偷垒战术，比单偷垒战术复杂，但也比较容易成功。两个跑垒员前呼后应，都向各自前面的一个垒位偷进，使对方顾此失彼，以达到两人都能进垒的目的。

战术条件：①通常在一、三垒有跑垒员时采用。一般由一垒跑垒员首先发动。如果进攻是争取一垒跑垒员安全上二垒，那么三垒跑垒员首先发动。②同单偷垒战术条件。

3. 触击球战术

它包括：上垒触击球战术、牺牲触击球战术、抢分触击球战术。

(1)上垒触击球战术

是击球员自己能上到一垒，而采用的把球击向一垒或三垒沿垒线方向滚动的触击球战术。

战术条件：①对方防守站位较后。②对方思想上和布防上没有防触击的准备。③投手投出的球球速较慢。④内场手不善于处理触击球。⑤队员之间的配合意识较差。⑥击球员触击球技术好并且跑动速度快。

(2)牺牲触击球战术

是准备牺牲自已而掩护跑垒员进垒的一种进攻战术。

战术条件：比赛双方势均力敌，跑垒员不易偷垒，击球员击球技术较差和避免双杀。

(3)抢分触击球战术

是为配合三垒跑垒员抢回本垒得分，自己争取进垒，也可能牺牲自己而形成“抢分牺牲触击”的一种进攻战术。

战术条件：①比赛接近后几局，双方打成平局或落后 1 分，进攻队为夺取关键的 1 分时采用。②强调配合，用暗号同三垒跑垒员取得默契，并约定好哪次投球时触击。约好之后，彼此就要严格执行，不能改变。

## (二)棒球防守战术

1. 防守阵型

垒球比赛中，场上防守的 9 名队员的分工和防守位置基本固定，在防守布阵时要根据队员的能力而安排不同的防守位置，每个队员各分守一部分场区，但不是并排站立，也不能前后重叠，而是各区之间互有交叉，纵横交错，全场防守队员随场上变化而有机地协调移动(图 12-8)。

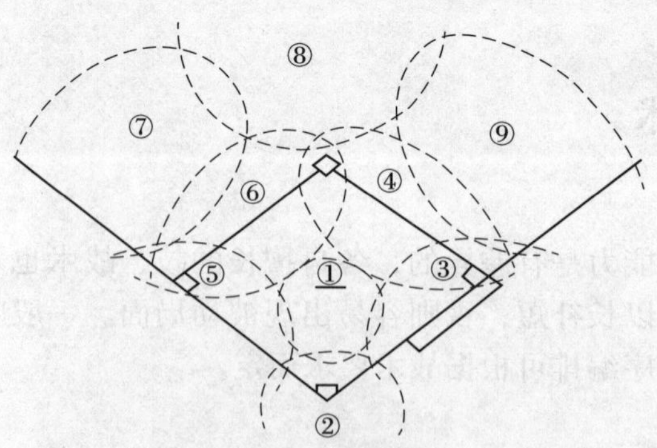


图 12-8 防守阵型

2. 偷垒战术

防偷垒战术是阻止跑垒员偷进下一垒的一种防守战术。

战术条件：一垒有跑垒员或一、三垒有跑垒员。

3. 防触击球战术

是重点防守牺牲触击球或抢分触击球的一种防守战术。

战术条件：2 人出局前，一垒有跑垒员或一、二垒有跑垒员，或者无人出局，二、三垒有跑垒员且防守队领先 1 分。

## 第三节　棒(垒)球比赛与欣赏

### 一、棒(垒)球比赛

#### (一)比赛人数

每队必须有 9 名队员才可以开始或继续比赛，反之则判弃权。

#### (二)好球区

本垒板上方空间任何一部分，高度应以击球员击球时自然站立的姿势为标准。整个球体要低于击球员的腋部，高于击球员膝部上沿，为“好球区”。

#### (三)封杀

在跑垒员尚未进入必须进入的垒位前，守垒员已经持球触垒。

#### (四)触杀

守垒员以持球手的手套触及跑垒员身体的有效部位。

#### (五)三击

击球员击球时，三次击球不中即为三击，这时判罚击球员出局。

#### (六)四坏球

投手投出的球通过本垒板上空，高度在击球员自然击球时的腋下、膝以上为好球，判一击；反之则为坏球，判一球。投手投出四个坏球以后，判罚击球员上一垒。

#### (七)跑垒员

有下列情况之一时，判跑垒员出局。

(1)未按顺序触踏一、二、三垒及本垒。

(2)2 名跑垒员同时占一个垒位，后位跑垒员在返回原占垒位前被防守队触杀。

(3)跑垒员因漏踏垒、腾空球被接、离垒过早，在回垒之前而被防守队申诉。

(4)后位跑垒员超越前位跑垒员，判后位跑垒员出局。

#### (八)“击”

凡投手合法投球，遇下列情况之一时，判击球员一“击”。

(1)击球未中；

(2)好球未击；

(3)两“击”前挥击成界外球；
(4)击球未中而球碰触身体；
(5)擦棒球；
(6)被通过好球区的球击中身体；
(7)触击成界外球。

### (九)“球”

投手投球遇下列情况之一时，判为一“球”。
(1)投手投坏球(击球员未击)；
(2)不合法投球或投手犯规；
(3)垒上没有跑垒员而投手持球20秒而不投球。
(4)垒上没有跑垒员而接手接球后传球给守垒员有意拖延比赛时间。

## 二、棒(垒)球欣赏

棒球比赛除了自身的竞技性以外，它有很强的趣味性与游戏性、休闲性与娱乐性。欣赏棒球比赛，可以愉悦身心，陶冶情操。

棒球比赛的球场呈直角扇形，有4个垒位，分两队比赛，每队9人，两队轮流攻守。攻队队员在本垒依次用棒击守队投手投来的球，并乘机跑垒，能依次踏过一、二、三垒并安全回到本垒者得1分。守队截接攻队击出之球后可以持续碰触攻队跑垒员或持球踏垒以“封杀”跑垒员。攻队3人被“杀”出局时，双方即互换攻守。两队各攻守一次为一局，正式比赛为9局，以得分多者获胜。守队队员按其防守位置及职责规定名称如下：投手，捕手，一垒手，二垒手，三垒手，游击手，左外野手，中外野手，右外野手。攻队入场击球的队员叫击球员。合法击出界内球时，该击球员应即跑垒，称为击跑员。击跑员安全进入1垒后，即称为跑垒员。

正式比赛需至少4名裁判员，1人为主审(又称为司球裁判)，其余3人为司垒裁判。主裁判位于本垒及接手身后，主要职责为宣判投手的“好”或“坏”球；宣布击球员的“击”和“球”数；判定攻方是得分抑或出局；判定“界内球”“界外球”或“擦球棒”处理，宣判双方违反规则的行动；宣布比赛结果。司垒裁判负责一、二、三垒位附近的裁判工作；宣判跑垒员是安全还是出局；是否有阻挡，妨碍对方或其他犯规行为；处理踏漏垒及其他问题，并协助主裁判执行规则，使比赛顺利进行。此外，还有2~3名记录员负责记录和技术统计。也有的正式比赛再增加2名外场司线裁判员，其职责为判定落在外野远处的球是界内还是界外球，外野手是否合法接杀，是否击出全垒打等。

棒球运动是一项在室外场地进行攻守对抗的球类运动，比赛双方的目标是赢得比对方更多的得分。观众在看比赛之前，最好先了解一下棒球比赛的基本规则，这样才能看出趣味和精彩之处。

与其他激烈的球类比赛一样，看棒球比赛时观众可能相当狂热，但是一定要把自己的热情控制在理智的范畴之内。观众可以组织拉拉队为自己喜爱的球队鼓劲加油，但是要控制好节奏感，最好不要一味狂呼乱喊。投球和击球的时刻是最让人紧张的，这时候运动员集中了全部的注意力，所以此时最好不要发出声响，球击出之后，就可以尽情喝彩。高涨的观众情绪将有助于感染运动员，让他们发挥最佳水平。如果场上出现精彩的本垒打，欢呼声将达到顶点。

观赛时禁止吸烟，手机要关机或设置在振动、静音状态。

## 思考题

(1)简述击球技术，并说明它的技术关键。
(2)什么叫滑垒，它的练习方法是什么?
(3)触杀、封杀技术有何区别?
(4)什么是触击球战术，并说明其中的牺牲触击球战术的战术条件?

## 研究与实践

查阅资料论述棒球和垒球的异同点。

# 第十三章

# 武术

## 第一节　武术运动概述

### 一、武术运动的起源和发展

武术是我国劳动人民经过长期的生活经验和实践探索，在文化发展不断系统化和完善化的时代步伐中创建并发展的，由最初相对简单的格斗、扑杀等技能形式逐步发展演变成“体用兼备”的武术运动体系，而今已发展成为我国独具民族风格的体育运动项目。武术是以技击为目的，通过套路、格斗等运动形式来实现防身健体、培养意志的民族传统体育项目。武术文化作为中华民族优秀传统文化的重要组成部分，拥有着悠久而厚重的历史。在原始社会时期，人们出于生存和竞争压力，不得不进行防身和自卫，进而在狩猎搏斗和部落斗争等冲突中，逐渐演化出徒手和使用简单工具的格斗等防御技能，这便是武术运动的雏形。随着社会阶级的产生，这种相对简单的格斗和扑杀技能已逐渐由低级向高级阶段发展。在封建社会时期，武术已然成为阶级斗争的主要手段，军事武艺不仅是阶级斗争的主要形式，而且促进了武术流派以及武术文化的形成和发展。唐朝“武举制”的创立不仅促进了武术在民间的发展和壮大，而且也促进了学校武术课程的形成。

武术运动不仅具有丰厚的文化价值，同时它的健身功能在近代得到了重视和发展。伴随人类社会的不断进步，人们对健康的要求也越来越具体，武术不仅具有防身自卫的作用，而且能够达到强健筋骨、消除疾病的效果。如今，武术已逐渐走入大、中、小学的体育课堂，成为学校体育教育的重要组成部分。此外，人们在各地区自发地组织和参与武术健身活动，这不仅体现着武术的教育以及健身价值，也是对中华民族优秀传统文化的继承。

武术运动在不同的历史发展时期体现着不同的特征和时代演变特点。武术运动本身没有阶级性，但是在封建社会时期以及近现代社会的发展与演变过程中体现着统治阶级的利益和特点。清末民初时期，封建统治者把武术运动作为压迫人民和对外侵略的工具，武术运动被蒙上了一层神秘玄虚的色彩，譬如利用武术形式宣扬封建迷信、利用武术不同流派的特点制造民间武术界的分裂、制造宗派门户、挑拨离间等。虽然武术运动在一定的历史时期被统治者作为阶级统治的工具，但是也不得否认其在一定程度上促进了武术运动以及武术理论的完善与发展。除了作为统治阶级的有力工具之外，武术在民间的壮大与发展同样具有重要的时代意义，在劳动人民反侵略反压迫的革命斗争中发挥了应有的作用，例如，历史上许多农民战争以及农民起义，都曾以武术运动作为斗争的手段，历代劳动人民则把武术看作强筋壮骨、防身抗暴、保家卫国的法宝。

中华人民共和国成立后，国家设置了专门的武术运动领导机构，组织相关专家对武术运动的发展等相关史料进行整理、发掘和研究，并将武术运动列为全国竞赛项目之一，制定了武术比赛套路和竞赛规则，号召各省、自治区、直辖市成立了武术运动队。各体育院校也设置了武术专业，培养武术运动的专业人才。目前，武术运动被全国大、中、小学的体育课作为普及体育运动项目之一列入为体育教学内容，大大地促进了我国武术运动和学校体育教学的发展。

武术运动诞生并发展于中国，它的博大精深也在影响着世界文化的发展，故而，武术运动走向世界成为必然的趋势。世界各国对中国优秀的传统文化也颇感兴趣，我国武术代表团曾多次受邀出国进行表演、访问，将武术文化传播于五大洲，并颇有影响。近年来，我国还派遣了多位武术专家赴国外进行讲学和担任教练，使武术得以在世界各地更快地传播和开展。1985 年在西安举办了首届国际武术邀请赛，并成立了国际武术联合会筹委会，这是武术发展中一次历史性的突破，欧洲、南美、非洲的武术联合会也相继成立。1987 年在日本横滨举行的第一届武术锦标赛，标志着武术首先在亚洲扎下根基。武术运动已走进亚运会，成为正式比赛项目之一，伴随武术运动的发展，如今武术运动已跨入世界体坛，实现了把“武术运动推向世界”的雄伟目标。“中国武术”以它奇特的功力、精湛的技艺风靡世界各国。

## 二、武术运动的特点

### (一) 技击性

武术运动是由自卫防身技术发展而来的，技击则成为其技术上最本质、最核心的特点，并且形成了独特的技术体系，根据这一特点将武术运动的演练形式分为套路和散打。伴随武术运动竞技化的发展，武术套路的技击性特点有所淡化，但是技击性仍然是武术运动发展的主导。在诸多拳理中，也非常注重技击理论的建立与发展。

### (二) 民族性与文化性

武术运动诞生并发展于中国，深受中国传统文化的影响，在不同的历史发展阶段，均形成了不同的文化特征，具体表现在：中华民族传统文化的特征决定着武术的演练形式的多样，中国武术文化注重“天人合一、阴阳互补”的哲学观，并整合出“形神合一、理气合一”的演练精髓，即注重形神兼备、内外兼修。另外，在核心价值观的形成与发展过程中，武术运动的文化发展也促进了和谐的价值原则和整体的思维方式的形成。

## 三、武术运动的功能与价值

武术运动在长期的历史演变和时代的发展，逐渐形成了自己独特的演练规律，它以变化多样的技术风格和多方面的社会功能享誉于世。武术具有健身健体、防身自卫、修身养性、娱乐观赏等多方面的功能，是人们增强体质、振奋精神的良好手段。

### (一) 武术运动的功能

#### 1. 改善和增强体质

武术具有强体健身的功能，它不仅是形体上的锻炼，而且使人体身心得到更全面的锻炼。对外能利关节、强筋骨、壮体魄；对内能调脏腑、通经脉、提精神，尤其在武术诸多功法中注意调息行气和意念活动，对调节内环境的平衡、调养气血、改善人体机能以及增强体质是十分有益的。

#### 2. 防身自卫

武术具有技击性的特点，通过习练武术，不仅可以掌握各种踢打摔拿等方法，提高身体的灵活性和反应能力，通过持之以恒地练功，不仅可以增长劲力，抗击摔打，克敌制胜，还可以具备防身自卫的能力。

#### 3. 磨炼意志、培养道德情操

习练武术，要有吃苦耐劳的精神以及长年不懈、持之以恒的意志。武术不仅能培养坚韧不拔、勇敢无畏的意志品质，也是一种修身养性的良好手段。武德在武术的发展和传播过程中具有重要的地位和作用，尊师重道、讲礼守信、见义勇为、不凌弱逞强等高尚的道德情操即是武德的良好体现。“未曾学艺先学礼，未曾习武先习德”，皆是培养武德的良好传统。

4. 娱乐观赏，丰富文化生活

武术运动具有很高的观赏价值，赛场上无论是两人斗智较勇的对抗性搏斗，还是显现武术演练，都会引人入胜，给人以美的享受，丰富人们的文化生活。此外，群众性的武术活动，可以成为人们切磋技艺、交流思想、增进友谊的良好形式。随着武术在世界上广泛传播，武术将会在与世界各国人民的友好交往中发挥更大的作用。

### (二) 武术运动的价值

1. 军事价值

传统武术运动是一种价值多元化的文化体现，其中最本质、最基本的是其攻防格斗的价值。在古代社会，武术运动一方面是社会成员和个体用来防身自卫的有效手段，另一方面，它更广泛地被用作战争的有效工具。然而进入近代以后，随着火器的大量输入以及冷兵器时代的结束，武术运动的军事价值被大大地弱化了。伴随着反帝反封建斗争的爆发，传统武术运动成为民间底层民众反抗压迫的有力武器，在相当长的一段时间里，发挥着举足轻重的作用，武术常常被用来作为组织发动起义的工具和战场杀伤敌人的重要手段。

2. 教育价值

武术运动是在古老的中华文明哺育下成长起来的，它必然印刻着中华民族的精神特质，如趋义避利、锐身自任的入世精神；不畏强暴、追求自由的反抗精神以及同仇敌忾、抗敌御侮的爱国主义精神等，这使得武术具备了文化教育价值，对于继承和发扬中华民族优秀的传统文化以及增进民族情感具有非常重要的现实意义。

3. 健身价值

“民之手足体力”关系到“一国富强”之效。人们对健康的需求逐渐唤起了人们对体育锻炼价值上的认识，人们开始意识到一个民族体质的强弱与这个民族的存亡兴衰有着莫大的关系。武术作为深深扎根于中华民族文化土壤之中的民族传统体育项目之一，它所具备的独特的强身健体功能受到了人们的关注。习武健身、继承和发扬中华民族优秀传统文化成为了社会上提倡武术的巨大推动力。

4. 观赏价值

武术运动不仅具有强身健体、防身自卫等功能，同时也具备了观赏价值。伴随现代体育发展的多元化趋势，武术运动的发展不仅充分体现在运动过程本身，其观赏性及观赏价值也在受到越来越多的关注。人们在追求武术运动的健身以及教育等功能的同时，也对武术运动的欣赏及观赏价值也有了更加多元的需求，例如太极柔力球、舞龙舞狮等。

## 四、习练武术的须知及注意事项

### (一) 以德为先，加强思想品质修养，明确锻炼目的

古人说“拳以德立”，即要求习武者讲究拳德、拳风。切实做到“尊师友，明拳理，莫逞能”。力戒好勇斗狠，恃强凌弱。克服各种不良的思想，树立正确的锻炼目的，持之以恒地长期坚持练习。

### (二) 动作规范，一丝不苟

掌握一个正确的动作，要经过多次反复，及时纠正，不断改进，在实践中巩固提高。如

果开始就不注重动作的正确性，形成错误动作定型，想提高技术是很困难的，只有对自己严格要求动作质量，做到部位准、路线对、方法清、发力顺，对错误动作和方法一定不厌其烦地进行纠正，正确动作才能逐渐建立起来。

### (三)从易到难、从简到繁，循序渐进

套路和攻防实用技术由初练到娴熟，由娴熟到精巧再到运用自如，必须经过基本功、基本手法、步法、腿法、摔法、拿法，从单一动作到整套动作，从单手动作到上下联手动作的攻防技术练习，逐步地提高技术水平，练习初期切不可操之过急，必须循序渐进，科学地进行锻炼，才能受益。

### (四)必须加强练功，提高身体素质

武术运动历来注重练功。武术家常说："练功先站桩，大鼎增力量，腰要柔，腿要活，拳脚舞动赛流星，裆要站，鼎要拿，劲力稳牢托泰山"。练功的目的意义就在于此。如果学生脚下无根，站立不稳，手无缚鸡之力，柔韧性差，体无抗击打的能力，则很难学好武术。

### (五)预防伤害事故

无论是套路练习，还是攻防实用技术练习，必须把安全放在首位，严格遵守规则，杜绝伤害事故的发生。在练习前必须充分做好准备活动，活动开各个关节，压腿要逐渐用力。在散手配合模拟练习以及实战练习时，要注意用力分寸，不得用蛮力，更不能情绪冲动地施暴力，练习要精神集中，认真练习每个动作，避免器械伤害事故。

**知识窗**

**抱拳礼**

行礼方法：

并步站立，右手成拳，左手四指并拢伸直成掌，拇指屈拢，左掌心掩贴右拳面(左指根线与右拳棱相齐)，左指尖与下颏平齐，右拳眼正对胸窝，置于胸前屈臂成圆，肘尖略下垂，拳掌与胸相距20~30厘米。头正、身直、目视受礼者，面容举止大方。

抱拳礼的涵义：

左掌表示德、智、体、美"四育"齐备，屈拇指表示不自大，右拳表示勇武顽强，左掌掩右拳，表示"勇不滋事""武不犯禁"；左掌右拳拢屈，两臂环抱成圆，表示五湖四海，天下武林是一家，以武会友；左掌为文，右拳为武，表示文武兼备。

## 第二节 初级长拳

中华人民共和国成立后，前国家体委把在群众中流传广泛的查、华、炮、洪等拳种，根据其风格特点，综合整理创编了长拳。长拳是近30年发展起来的新拳种，它是以套路为主的拳法，既适合武术基础训练，又适合竞赛和竞技观赏。

长拳具有动作舒展、大方、快速有力、节奏分明，并多起伏转折等演练特点，其常用手型主要包括拳、掌、勾3种，基本步型有弓、马、仆、虚、歇5种，在长拳套路中涉及一定数量的拳法、掌法、肘法和屈伸、直摆、扫转等不同组别的腿法以及平衡、跳跃、跌仆、滚翻等动作。在习练长拳的过程中，要注意以下8个要素，即"姿势正确、方法清晰，身法灵活，手眼相

随，精神饱满，劲力顺达，呼吸得法，节奏鲜明”等。这 8 项要素相辅相成，相互影响。

初级长拳(第三路)套路动作名称如下：

**预备动作**

预备势
一 虚步亮掌 1~4
二 并步对拳 5~8

**第一段**

一 弓步冲拳 9~10
二 弹腿冲拳 11
三 马步冲拳 12
四 弓步冲拳 13~14
五 弹腿冲拳 15
六 大跃步前穿 16~18
七 弓步击掌 19~20
八 马步架掌 21~22

**第二段**

一 虚步栽拳 23~34
二 提膝穿掌 25~26
三 仆步穿掌 27
四 虚步挑掌 28~29
五 马步击掌 30~31
六 叉步双摆撑 32~33
七 弓步击掌 34~35
八 转身踢腿马步盘肘 36~40

**第三段**

一 歇步轮砸拳 41~43
二 仆步亮掌 44~46
三 弓步劈拳 47~49
四 换跳步弓步冲拳 50~53
五 马步冲拳 54
六 弓步下冲拳 55
七 叉步亮掌侧踹腿 56~58
八 虚步挑拳 59~61

**第四段**

一 弓步顶肘 62~66
二 转身左拍脚 67~68
三 右拍脚 69~70
四 腾空飞脚 71~73
五 歇步下冲拳 74~75
六 仆步抡劈拳 76~78
七 提膝挑撑 79~80
八 提膝劈掌弓步冲拳 81~83

**结束动作**

一 虚步亮掌 84~86
二 并步对拳 87~89
还原

初级长拳(第三路)套路动作图例(图 13-1)如下：

16
17
18
19
20
21
第二段
22
23
24
25
26
27
28
29
30
31
32
33
34
35
36
37
38
39
第三段
40
41
42
43
44

45
46
47
48
49
50
51
52
53
54
55
56
57
58
59
60
61
第四段
62
63
64
65
66
67
68
69
70
71
72

图 13-1　初级长拳套路动作

**知识窗**

“长拳”即传统北派武术中一部分拳术。查拳、华拳、炮捶、红拳均属长拳之列。古代也有专称长拳的拳种。现代新编国标武术长拳是中华人民共和国建立后发展起来的一个拳种，在武术运动中影响较大，有广泛的群众基础。国标武术长拳吸取了查、花、炮、红诸拳种之长，把长拳类型的手法、手型、步型、步法、腿法、平衡、跳跃等动作规格化，按照长拳运动方法编成各种拳械套路。它的特点是姿势舒展大方，动作灵活快速，出手长，跳得高，蹦得远，刚柔相济，快慢相间，动迅静定，节奏分明。是全国武术表演和比赛项目之一。长拳适合于青少年练习。从编排上看，它既有适合于基础训练的一面，又有适合于竞赛、提高的一面。它的内容包括拳、掌、勾 3 种手型，弓、马、仆、虚、歇 5 种步型，还有一定数量的拳法、掌法、肘法和伸屈、直摆、扫转、击响等不同组别的腿法及平衡、跳跃、跌仆、滚翻动作。

## 第三节　初级剑术

中华人民共和国成立后，剑术被列为武术竞赛项目之一。剑术中的主要剑法有刺、点、劈、崩、撩、挂、抹、穿、截、斩、云、绞等，运动形式分为站剑、行剑、长穗剑、短穗剑及单剑、双剑等演练形式。剑术的运动特点是轻快洒脱、身法矫健、刚柔相兼、富有韵律。

初级剑术套路动作名称如下：

**预备式** 1～9

**第一段**

一　弓步直刺　10

二　回身后劈　11

三　弓步平抹　12

四　弓步左撩　13～14

五　提膝平斩　15

六　回身下刺　16

七　挂剑直刺　17～19

八　虚步架剑　20～21

**第二段**

一　虚步平劈　22

二　弓步下劈　23

三　带剑前点　24～25

四　提膝下截　26～27

五　提膝直刺　28～29

六　回身平崩　30～31

七　歇步下劈　32

八　提膝下点　33～34

**第三段**

一　并步直刺　35～36

二　弓步上挑　37

三　歇步下劈　38

四　右截腕　39

五　左截腕　40

六　跃步上挑　41～42

七　仆步下压　43～44

八　提膝直刺　45

**第四段**

一　弓步平劈　46

二　回身后撩　47

三　歇步上崩　48～49

四　弓步斜削　50～51

五　进步左撩　52～53

六　进步右撩　54～55

七　坐盘反撩　56

八　转身云剑　57～58

**结束动作** 59～60

初级剑术套路动作图例(图 13-2)如下：

12
13
14
15
16
17
18
19
20
21
第二段
22
23
24
25
26
27
28
29
30
31

第三段
第四段
32
33
34
35
36
37
38
39
40
41
42
43
44
45
46
47
48
49
50

**图 13-2 初级剑术套路动作**

**知识窗**

“剑术”是指以剑进行格斗的技术，其特点是轻快敏捷、潇洒、飘逸，有“剑走美式”“剑如飞风”之说。虽然很早就有使用剑的历史，但剑术作为一门战斗技巧被整理和流传下来却很晚。《吴越春秋·卷九》和《庄子·说剑篇》都记述了古代击剑的技术和战术，明代茅元仪《武备志》中更是记载了剑的用法，有跨左击、跨右击、翼左击、逆鳞刺、坦腹刺、双明刺、旋风格、御车格、风头洗等；剑的击法有劈、刺、点、撩、崩、截、抹、穿、挑、提、绞、扫等。中华人民共和国成立以后，剑术成了剑的演练套路的代称，被列为全国武术比赛项目，增加了各种花法、平衡、翻腾、造型等动作，有了很大发展。

## 第四节 二十四式太极拳

二十四式太极拳的演练内容选自传统杨式太极拳，动作柔和均匀，姿势中正平稳，老幼咸宜，人人可练，易于推广。全套共 24 个动作，练习时间为 4~6 分钟，内容精炼，约为传统套路的 1/4~1/3。二十四式太极拳保留了传统太极拳的主要技术内容及基本规格要领，同时又避免了传统套路中半数以上为重复动作的现象，其内容编排突破了固有程序，按照由简到繁、由易到难的原则，开始安排直进动作，其次安排后退和侧行动作，最后穿插蹬脚、下势、独立和复杂转折动作，体现由浅入深、循序渐进的教学原则。重点动作增加了左右势对称练习，避免了传统套路中只有左下势、右揽雀尾的偏重现象，使学者便于收到全面锻炼效果。

二十四式太极拳动作名称如下：

| 组别 | 序号 | 动作名称 | 图号 | 组别 | 序号 | 动作名称 | 图号 |
|---|---|---|---|---|---|---|---|
| **第一组** | 一 | 起势 | 1~4 | **第五组** | 十三 | 右蹬脚 | 109~114 |
| | 二 | 左右野马分鬃 | 5~19 | | 十四 | 双峰贯耳 | 115~118 |
| | 三 | 白鹤亮翅 | 20~22 | | 十五 | 转身左蹬脚 | 119~124 |
| **第二组** | 四 | 左右楼膝拗步 | 23~37 | **第六组** | 十六 | 左下势独立 | 125~131 |
| | 五 | 手挥琵琶 | 38~40 | | 十七 | 右下势独立 | 132~138 |
| | 六 | 左右倒卷肱 | 41~53 | | 十八 | 左右穿梭 | 139~149 |
| **第三组** | 七 | 左揽雀尾 | 54~66 | **第七组** | 十九 | 海底针 | 150~151 |
| | 八 | 右揽雀尾 | 67~80 | | 二十 | 闪通臂 | 152~154 |
| | 九 | 单鞭 | 81~86 | | 二十一 | 转身搬拦捶 | 155~161 |
| **第四组** | 十 | 云手 | 87~102 | **第八组** | 二十二 | 如封似闭 | 162~167 |
| | 十一 | 单鞭 | 103~106 | | 二十三 | 十字手 | 168~171 |
| | 十二 | 高探马 | 107~108 | | 二十四 | 收势 | 172~174 |

二十四式太极拳图例(图 13-3)如下：

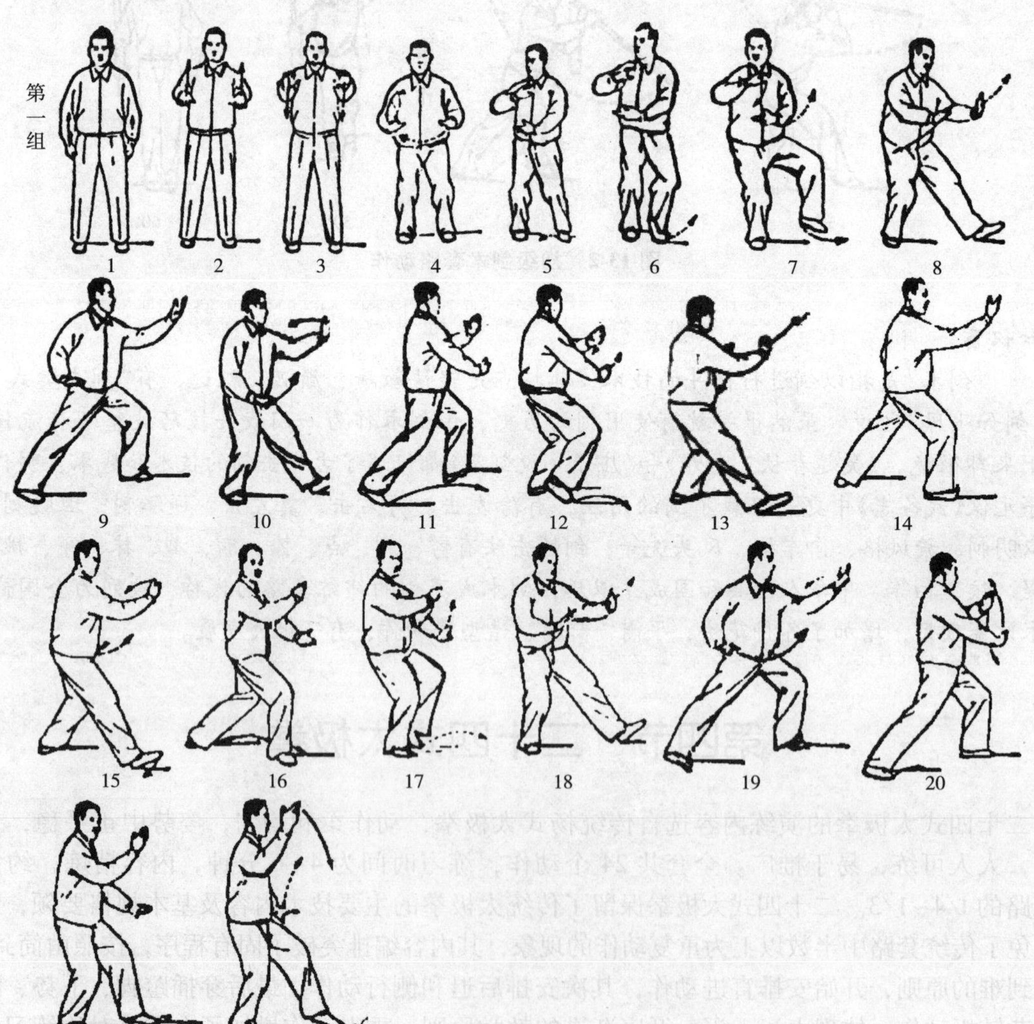

第二组
23
24
25
26
27
28
29
30
31
32
33
34
35
36
37
38
39
40
41
42
43
44
45
46
47
48
49

50
51
52
53
第三组
54
55
56
57
58
59
60
61
62
63
64
65
66
67
68
69
70
71
72
73
74
75
76
77
78
79
80

第四组
81
82
83
84
85
86
87
88
89
90
91
92
93
94
95
96
97
98
99
100
101
102
103
104
105
106
第五组
107
108
109
110
111
112
113

114
115
116
117
118
119
120
121
122
123
124
第六组
125
126
127
128
129
130
131
132
133
134
135
136
137
138
第七组
139
140
141
142
143
144
145

图 13-3　二十四式太极拳

知识窗

**太极拳的理论思想**

(1)把拳术与易学的阴阳五行之变化相结合。人体是一个不断运动着的有机整体，易学认为，自然界一切事物的运动，无一不是阴阳的对立统一。人的生命运动，其本身就是阴阳对立双方，在不断的矛盾运动中取得统一的过程。

(2)把拳术与中医学中的导引、吐纳等理论相结合，将气功运用于拳术之中。中医学中的导引是中国古代医学家们发明的一种养生术。主要是通过呼吸、仰俯，手足屈伸的形体运动，使人体各部血液精气流通无阻，从而促进身体的健康。

(3)把拳术与中医学中的经络学说相结合。中国古代中医经络学说主要是论述人体经络系统的生理功能、病理变化，以及经络与脏腑之间的相互关系的学说，是中国古代医学理论体系的重要组成部分。

(4)综合百家拳术之长，独树一帜。

# 第五节　武术比赛与欣赏

## 一、武术比赛

随着社会的演变以及武术运动自身的发展，如今，武术不仅成为我国发展较为健全的体育运动竞赛项目之一，而且成为亚运会的正式竞赛项目，从而促使了武术竞赛的组织和裁判机制向更加正规化、科学化的方向发展。

### (一)场地和时间

武术竞赛对于比赛的场地以及时间有着严格的规定。对于自选或规定套路比赛来说，场地通长采用长度为 14 米，宽度为 8 米的长方形场地，而且长方形场地外至少有 1.5~2 米的无障碍空间。在国际比赛或国家级非儿童组比赛中，套路演练时间时间不得少于 1 分 20 秒，儿童组比赛不得少于 1 分钟，太极拳不得少于 5~6 分钟。

### (二)武术竞赛组织

武术竞赛的组织工作主要包括：制定竞赛规程、成立竞赛组织机构、落实各竞赛事宜以及组织裁判队伍等。

1. 制定竞赛规程

竞赛规程是整个竞赛工作的依据，是对竞赛者和参加者的指导性文件。竞赛规程一般包括下列内容：竞赛的主办单位和承办单位、竞赛的日期和地点、参加单位、参加办法、竞赛的性质、办法、项目、报名与报到、录取名次与奖励办法、裁判员和仲裁委员会等。

2. 组织裁判队伍

裁判人员一般由主办单位确定，裁判队伍通常设总裁判长 1 人，副总裁判长 1~3 人。每个裁判组设组长 1 人，裁判员 5~7 人(含副裁判长、计分员、计时员)。编排记录长 1 人，编排记录员 2~3 人。检录长 1 人，检录员 2~3 人，报告员 2 人。

3. 裁判评分方法

裁判评分可概括为以下四个方面的内容：

①对动作规格的评分；②对劲力、协调的评分；③对精神、节奏、内容、结构、风格、布局的评分；④其他错误的扣分。

## 二、武术欣赏

中华武术是经过千百年文化熏陶的独特的人体文化之一，它是以中国传统哲理和伦理为思想基础，以传统兵学和中医学为科学基础，以内外兼修、术道并重为鲜明特点的一项内容极为丰富的运动形式。

武术自古以来就与美有不解之缘。随着历史的推移，特别是随着冷兵器时代的结束，武术的作用也由“两军对垒，兵刃相见”的搏斗格杀为主，演变成今天为满足现代人多层次的需要，逐渐向高级多样化的方向发展，如今已具备了审美在内的诸多新的功能。武术套路是将单个攻防动作或具有攻防含义的动作，按照一定的格式和运动规律编组而成的成套练习，它既是一种掌握技术、提高技能和体能的方法，也是一种可供欣赏的表现形式。武术既有“武”，也有“舞”。“武”是主体，指的是进攻、防守的技击动作；“舞”是辅助部分，由这部分把技击动作串联起来而形成套路。武术的特点是无论在“武”或是在“舞”的方面，都对“美”有精心的设计和严格的要求。寓攻防于表演中形成武术独特的美学。当今，我们对武术的欣赏，不仅是从视觉上对其进行美的欣赏，同时更应认识其文化，明其拳理，悟其哲理，从而完成对人生境界的净化和升华，从身、心、社会三方面来认识武术的美的价值。

### (一)名称美

即武术技术动作的命名之美。武术技术动作的命名概括力强，生动形象，名实相符，贴切而富有诗意，给人以美的感受。如苍鹰捕食、大鹏展翅，给人一种威猛雄健的感觉，体现了雄鹰气吞千里、力负千钧的雄伟气魄和坚忍不拔的英雄气概。力劈华山、崩断昆仑、倚天拔剑，好像是擎天巨人背倚天穹拔剑出鞘，气势磅礴、威风八面，不禁令人胸廓顿开，心旷神怡，仿佛感受到了武术技术动作那神秘而又浓郁的文学色彩，也从一个侧面印证了武术和文化的亲缘关系，武术动作的名称不仅体现着动作本身的特点，同时也展现出武术文化的特色。

### (二)礼仪美

中华民族被誉为礼仪之邦，一向是重视礼仪的民族。武术的礼仪方式亦多种多样，且寓意深远，如抱拳礼、注目礼、抱刀礼、持剑礼、持棍礼、持枪礼、递刀礼、递剑礼、递棍礼、递枪礼、接刀礼、接剑礼、接棍礼、接枪礼等。同时，每一种礼仪都有特定的方法与内涵，从形式到内涵诸方面均体现出中华武术的礼仪之美。例如抱拳礼，其行礼方法是：并步站立，左手四指并拢伸直，拇指屈拢，右手成拳，左掌心掩贴右掌面，左指尖与上颌平齐。右拳眼斜对胸窝，置于胸前屈臂成圆，肘尖略下垂，拳掌与胸相距20~30厘米。头正身直，目视受礼者，举止大方。其具体涵义是：左掌表示德、智、体、美“四育”齐备，象征高尚情操。拇指屈拢表示不自大，不骄傲，不以“老大”自居。右拳表示勇猛习武，左掌掩右拳相抱，表示“勇不滋乱”“武不犯禁”，以此来约束、节制勇武的意思；左掌右拳拢屈，两臂屈圆，表示五湖四海(泛指五洲四洋)，天下武林是一家，谦虚团结，以武会友；左掌为文，右武，文武兼学，虚心、渴望求知，恭候师友、前辈指教。看似简单的一个动作，却蕴含着深厚的哲理，礼仪之美，乃武术精髓。

### （三）造型美

即武术运动的动力定型美。武术套路中动作形象完整，力度恰到好处，或撑拔张展，或勾扣翘绷，都匀称工整，清晰顺达，表现出健美之姿。武术的造型美可分为动造型和静造型，二者相互联系，相互转化，不可分割。如动造型“旋子落地”动作翩若惊鸿，有如凤凰旋涡之风采，怡然自得；而静造型“朝天一炷香”则动作刚劲挺拔，有威武不屈之气概，其造型艺术之美可见一斑。再如长拳的“起如猿、落如鹊、立如鸡、缓如鹰”，华拳的“苍鹰搏兔扣双环”，少林拳的“黑虎掏心”，八卦拳的“白蛇吐信”等仿生造型动作，从其结构、身姿、神采、意境等都达到了健与美高度统一，给人一种扑面清新的美感情趣，令人感受到既抽象又精微，既宽泛又细腻的心灵领悟，展示出东方传统文化审美意识的神奇魅力。

### （四）劲力美

即武术技术动作中力的表现美。区别于形体美学中所讲的力度和方法，武术的劲力均从“发劲”和招式着眼。如长拳中讲“劲力顺达”，富有“寸劲”而出手含蓄，要求“起于腿，发于腰，顺于肩，摧于肘，达于手”，协调顺畅，力点清晰；南拳步稳势猛，多短拳，擅标手，动作紧削而刚劲有力，常以发声吐气助发力、助拳势，很能表现运动员的力量素质，展示南拳运动的“阳刚之美”。再如太极推手柔中寓刚，绵里藏针，它以掤，捋、挤、按、采、挒、肘、靠等方法，双方粘连粘随，通过肌肉的感觉来判断对方的用劲，并借劲发力将对方推出，达到使对方失去平衡或倒地的目的，以此决定胜负。哪怕是朴素无华的形意拳，那整齐简练而又充实的劲力，也使人的心潮澎湃、筋肉随之铿锵而动，均寓劲力美于劲健之中。

### （五）结构美

即整套动作的衔接与编排。这一特征尤其表现在武术套路中，因为它是按照攻守进退、动静疾徐、刚柔虚实等矛盾运动的变化规律编排而成的，由手、眼、身、法、步诸动作要素在同一时空中运作而成，像现代武术演练套路是按照拳种流派自身规律，对其动作精华、节奏、难度技巧等运动艺术加以设计选择，使之配套，犹如一首乐章，起、承、转、合都经过精心构思，反复推敲，同时注意使动作顺畅又符合技击规律，注重虚实、高低、轻重、开合等变化。布局上注重往返穿插、迂回转折，不偏重任何一侧，更不散乱无章。如猴拳的编排，将猴子出洞、窥望、攀登、偷桃、惊窜、人洞等一系列典型情节串起来，佐以仿生技击动作，使动静相间、虚实相生、起落翻转、纵横回旋，井然有序，加上动作衔接巧妙又符合技击规律，表现出特定环境中的精神、风格、气势与韵味，其动态情节之美跃然显现，引人入胜，回味无穷。

### （六）节奏美

武术中的节奏要求“动如涛，静如岳，起如猿，落如鹊，立如鸡，站如松，转如轮，折如弓，轻如叶，重如铁”，在动静、起落、快慢、轻重、高低、刚柔的对立转化中表现鲜明的节奏感。刚柔相济而发生变化是武术中最根本、最重要的节奏特点，再如进退、往来、开合、终始、消长、虚实、俯仰、起落、屈伸、蓄发、吞吐等都是阴阳转化中的具体化。武术对于美和艺术密切相关的生命节奏有着极为深刻的理解和领悟。阴阳刚柔对立的两极相互作用，发生多样的变化，但又始终保持均衡和谐的状态，它是美的状态，也是武术追求的最高境界。武术运动中对节奏的理解并不仅仅停留在运动周期性上，还体现在运动的连续性，它不仅表现为始与终的连续不可分，还表现在各种对立的运动形态的相互转化上，从而使武术呈现出一种奋发向上、生生不息的节奏感，给人以美感。

### （七）神形美

中华武术历来注重神形兼备，内外合一。如长拳中的八法，“手、眼、身、法、步、精、神、气、力、功”；南拳中的内练“心、神、气、胆”，外练“手、眼、身、腰、马”；形意拳的内三合“心与意合，意与气合，气与力合”，外三合“手与足合，肘与膝合，肩与胯合”。尽管各拳种对神形兼备和谐美的提法不尽相同，但是却有共同的立足点，即注重内外合一，遵循生命运行规律的自由和谐运动，使内部意气的流动和外部神气鼓荡在运动中趋于和谐。同时，神是形的内蕴和灵魂，离开了神，就失去了中华武术特有的韵味，就不能称其为中华武术。而神则主要指习武者的内在精神世界，如高尚的情操，美好的道德，完美的个性，乐观的人生态度，强烈的攻防意识等。人们通过观赏和习练武术，能够体验到生命的生生不息，从而引起审美的愉悦。

### （八）意境美

意境美凝结着节奏与和谐的统一，同时体现着自我欣赏和被欣赏的价值。武术的意境美使得武术艺术本质及价值不仅仅显示技术上的熟练，而且使得身心处在一种新的体验之中。一套技术高超、精彩传神的武术表演，从招式之中、眉宇之间以及动作的腾挪跌宕的变幻之中，都体现出创造坚韧、机警、勇敢、顽强的形象，体现武术侧重于心灵的“自我”表现特点。意境美是武术演练中实用性与艺术性的结合，它融节奏、和谐、阴柔、阳刚、形神、技击等具体美的要素于一炉，使人们感受到武术不同于其他艺术形式或运动项目的美感。意境美展示了武术运动自身的风格，从而揭示出了武术的创造特征。整体的意境美使武术的本质融于一套套行云流水般的套路演练中，以势夺人，以形娱人，以神感人，以气贯穿始终，如一首首优美的抒情诗或奔放的进行曲，使人们在刀光剑影中享受美，品味着醇厚的武术文化。

### （九）阳刚、阴柔美

武术的阳刚之美、阴柔之美同中国的文论、画论的美学思想存在着一脉相承的关系。像太极拳名家陈鑫论述阳刚之美、阴柔之美与气的运化关系时说：“太极拳者，刚柔兼至，而浑无迹谓也。……气形诸外，而内持静重，刚势也；气屯于内而外现轻和，柔势也。用刚不可无柔，用柔不可无刚。”此论述包含三层意思：太极拳是阳刚之美与阴柔之美的完满统一；阳刚美与阴柔美是相互转化的，与运动形式及“气”密切相关；刚柔、阴阳虽有偏重，但并非截然两分，而是相互转换、渗透以至于无痕迹的。陈鑫的论述不仅适用于太极拳，也同样适用于其他拳种，只不过是侧重不同而已。从空间感来看，动作在空间层次、方向、位移上千变万化，层出不穷，上、中、下错落有致，高如鹰击长空，低似鱼翔浅底。就劲力而言，刚劲有力，快、猛、狠，发力短促，快速多变，而阴柔美与武术中的静态密切相关，静态美指动作与动作之间相对静止的定势美。静态的气势有高低之分，俯仰之别，阴柔之美大都指柔劲、化劲、螺旋劲、黏劲、绵劲等。

**知识窗**

**武术套路竞赛**

一、竞赛类型：（一）个人赛；（二）团体赛；（三）个人及团体赛

二、按年龄分：（一）成年赛；（二）青少年赛；（三）儿童赛

三、按内容分：（一）各拳种单练拳术和器械的个人项目比赛；（二）对练项目比赛；（三）集体项目比赛；（四）综合项目比赛。

## 思考题

(1)举例简述武术运动的价值。

(2)习练初级三路长拳需要具备哪些身体素质?

(3)简述二十四式太极拳的练习要点。

(4)初级剑术有哪些动作特点?

## 研究与实践

结合生活实际，从武术的角度分析武术运动的社会价值。

# 第十四章 跆拳道

## 第一节 跆拳道运动概述

### 一、跆拳道运动的起源与发展

跆拳道古称跆跟、花郎道，是起源于古代朝鲜的民间武艺。早在公元688年，新罗王国统一了朝鲜，经济繁荣，百业兴旺，建立了一种“花郎制度”。到真兴王时，便创立了“花郎道”。公元935年，勇敢善战的高句丽军队推翻了新罗王朝，建立了高句丽王朝。士兵们的战斗力来自平日的训练和对跆拳道的喜爱。他们到宫廷表演手搏技艺，使跆拳道声望大震。1392年，高丽王朝被李朝取代，武功及跆拳道没有得到足够的重视，但在民间，这一活动却始终没有停止。1790年汇编成书的《武艺图谱通志》中收录了“手搏”“跆跟”等武艺的技术与方法，以及动作图解和一些器械的使用方法，并将很多技击性很强的武术技艺融会到跆拳道的技法之中。1910年日本侵占朝鲜后，建立起殖民政府，一度下令禁止所有的文化活动，跆拳道自然在劫难逃，在朝鲜境内销声匿迹。一些不甘寂寞或被生活逼迫的人远离国土，到中国或日本谋生，更为重要的是将其与中国武术和日本武道交融与结合，孕育了新的技术体系。第二次世界大战后，自卫术再度兴起，从异国他乡回归故土的朝鲜人也将各国的武道技艺带回本国，逐渐与跆拳道融为一体，形成了现在的跆拳道体系。1955年，正式称朝鲜的自卫术为“跆拳道”。

1961年9月，韩国成立了唐手道协会，后更名为跆拳道协会，并成为全国运动会正式竞赛项目。1966年第一个国际组织——国际跆拳道联盟成立。

1973年5月，在汉城成立了世界跆拳道联合会。同年，世界跆拳道协会成立。有美国、日本、马来西亚、新加坡、朝鲜、菲律宾、沙巴、柬埔寨、澳大利亚、象牙海岸、乌干达、英国、法国、加拿大、埃及、奥地利、墨西哥等20多个国家和地区加入，目前会员仍在不断增加。

1975年，世界跆拳道联合会”（简称世界跆联）被国际体育联合会接纳为正式会员。1980年，国际奥委会正式承认世界跆联。

1988年，跆拳道在韩国汉城奥运会首次亮相后，为了适应国际重大比赛，跆拳道的技术在不断地变革和发展。世界跆拳道联盟的总部中有一特别技术委员会，其主要任务就是改进现今的跆拳道技术。

目前，跆拳道运动以及成为完全独立的国际体育组织和正规的比赛项目，竞技跆拳道的成功入奥，极大地促进了跆拳道项目的发展，跆拳道的国际传播达到了一个高峰。韩国成立了国技院专门的研究与推广跆拳道技术，它研究建立的竞技跆拳道体系在世界上广为流传。跆拳道这项运动得到了迅猛发展，目前世界上约有150多个国家和地区3000万人爱好者练习。

### 二、跆拳道运动的特点

跆拳道的动作相对简单易学，而且能够达到强身健体、防身自卫的作用，因此受到大众广泛的关注和喜爱。伴随这项运动在世界范围内的不断推广、发展和普及，跆拳道基本上在沿着两个方向发展和进化，一是国际跆拳道联盟倡导的跆拳道品势的演练，所谓品势，就是将不同于格斗技术创编成各种组合固定的套路，如太极八章、一如、高丽等；二是实战演练为主的对抗形式，即成为奥运会上正式的比赛项目的竞技跆拳道。本章对竞技跆拳道的特点做梳理和总结。

### (一)以腿法为主，拳脚并用

由于竞赛的需要以及跆拳道规则的限制，使得跆拳道技术主要以脚法为主，进攻时力求腿的击打效果和力度。在竞技比赛中，虽然也有拳法得分，但是拳法往往起到防守以及格挡的作用。腿法常常攻击的部位有对方头部(除后脑)以及有护具保护的胸腹部等部位。

### (二)以击破为检测功力手段和方式

在跆拳道的推广以及传播过程中，通常以击破方式向外界展示其功力，具体方法为：用拳、掌或者脚分别击碎木板、砖瓦等。这不仅是展示跆拳道功力的有效方式，同时也是跆拳道技术晋级考核以及表演展示的主要内容。

### (三)发声扬威

无论是竞技跆拳道还是跆拳道品势，都要求在气势上达到一定的程度来显示自己的威力，尤其体现在竞技跆拳道比赛中，双方运动员在比赛规则允许的情况下用发声来提高自己的气势，也是一种自我鼓励。跆拳道运动会也会进行专门的发声练习。

### (四)忠于礼节，培养良好的道德品质

跆拳道强调“礼始礼终”，即训练比赛均以礼开始，以礼结束。另外，通过行礼的方式向长辈、教练、老师以及队友鞠躬行礼，在道德修养方面不断提高自己，以培养运动员友好忍让、坚忍不拔的品质。

### (五)以刚克刚

在跆拳道比赛中，运动员是以身体接触为主，通常采用的进攻方式多为直线进攻，并以快速连贯的动作击打对手，在防守过程中，也多以直线格挡为主，即以刚制刚。

## 三、跆拳道运动的应用价值和作用

### (一)跆拳道的应用价值

1. 健身价值

跆拳道是一项需要全身的肌肉和关节共同起作用的运动，它能很好地促进人体的力量、速度、耐力、灵敏以及协调性等全面身体素质的发展，提高身体机能，起到强身健体的作用。另外，通过跆拳道训练，能够增强人体大难中枢神经的功能，提高大脑灵活性和思维能力，使人体的体力和智力保持良好的状态。

2. 教育价值

跆拳道拥有着深厚的文化底蕴以及严格的礼数，通过习练跆拳道，不仅强健体魄，还可以磨砺人的坚忍不拔、积极向上的品格，使其养成谦虚坚忍、顽强拼搏的奋斗精神，促使其形成健康、健全的人格。

3. 观赏价值

跆拳道的魅力不仅仅体现在挑战身体极限的对抗过程中，还表现在其拥有独特的动作风格和气势，跆拳道运动的观赏价值即在于此。在功力展示以及对抗竞赛中，练习者轻松击破木板和砖瓦或者对抗选手双方激烈的对抗过程，其功力均令人惊叹。

4. 文化价值

跆拳道起源于朝鲜半岛，我国的传统历史文化对朝鲜文化有着深厚的影响，跆拳道运动也不例外。从跆拳道项目本身可以看出，跆拳道运动的精神实质内涵与我国传统文化有着很大的相融性。譬如，跆拳道运动中体现着我国道家思想和儒家思想中的“体”“用”思想，显示出了强大的生命力，拥有深厚的文化价值。

### （二）跆拳道的作用

1. 增强体质

跆拳道运动能促进人体的力量、速度、灵敏、耐力、协调等全面身体素质的发展，具有强身健体的作用。由于练习者在平时和训练比赛中要面临诸多应变战术，如快速进攻、主动后撤再反击、腾空劈腿以及后踢接后旋踢等，这些动作对于提高神经中枢的灵活性和提高身体器官的机能起着良好的作用。

2. 防身自卫

跆拳道是武技中的一项。通过跆拳道练习，可以掌握各种踢法和拳法，提高身体的灵活能力和反应能力，并可以通过长时间训练后形成相对稳定的动作技能，从而具备了一定的防身自卫的能力。

3. 磨炼意志

跆拳道推崇“礼始礼终”的尚武精神，其宗旨是礼义廉耻，忍耐克己，百折不挠。其目的是促使练习者从初期便养成谦虚、宽容、礼让的高尚品德和尊师重道、讲礼守信、见义勇为的情操。另外，在习练跆拳道的过程中，还可以磨砺吃苦耐劳、勇于拼搏的精神，培养其坚强的意志。

4. 娱乐观赏

跆拳道是一项具有观赏性的运动项目。例如，在功力展示中，练习者轻松击破木板和砖瓦，其功力令人惊叹。在竞技跆拳道双方选手激烈的格斗对抗过程中，常常涉及腾空飞腿和组合腿法等技术，诸如此类的技巧动作不仅具有高效的技击性，而且具有极高的观赏价值。

## 第二节 跆拳道基本技术与练习方法

### 一、准备姿势

准备姿势也称实战姿势或预备姿势，是竞技跆拳道中双方开始比赛时的基本站立姿势。准备姿势应便于进攻和防守反击以及步法的移动。

1. 动作要领

（1）两脚开立与肩同宽，两臂垂于体侧。

（2）左脚或右脚向另一脚的前方迈出，两脚相距一步距离前后站立，使身体侧对对方，同时两手半握拳，沉肩、两臂屈肘自然垂放。

(3)重心落在两脚之间，膝部略弯曲，眼睛平视对方面部，下颚微收(图 14-1)。

2. 技术要点

(1)两臂所放位置不是固定的，也可以一臂垂下或两臂都垂下(图 14-2)。

(2)两脚之间的距离和重心的高低可根据具体情况进行调整，原则上是在移动时能最快调整好身体重心。

(3)若重心下降，大小腿之间的夹角几乎等于 90°，则为低位准备姿势(图 14-3)。

图 14-1　准备姿势

a　b

图 14-2　准备姿势(两臂)

图 14-3　准备姿势(腿部)

3. 练习方法

准备姿势要前手低于后手，两臂夹住肋骨两侧，前后脚开步宽度与肩同宽或略宽于肩，眼睛目视前方，下颚微收。

4. 常见错误

前手高于后手，两臂松弛未夹紧两侧，空隙较大，前后脚距离偏大，目视地面或下颚上抬等。

5. 专家提示

准备姿势需两臂放松，夹住身体两侧，控制前后脚的距离，注意力集中。

## 二、基本步法

准备姿势的基本步法，是指在准备姿势站立后，向不同方向移动的方法。

### (一)上步

1. 动作要领

右架站立，右脚向前上一步，成为左架。反之左架亦然(图 14-4)。

2. 技术要点

(1)上步时通过向左拧腰转胯完成，两臂在体侧自然上下移动，重心不要上下起伏过大；

(2)上步时，常用于逼迫对方后撤，或引诱对方进攻，而当对手使用上步时，自己可以立即使用进攻技术攻击对方。

a　b

图 14-4　上步

3. 练习方法

练习右架上步，练习左架上步。例如，听口令练习，1 为上右步，2 为上左步。

4. 常见错误

步伐过大或者过小，前后脚站成一条线，身体重心上下起伏过大等。

5. 专家提示

应控制上步的距离，不能过大或者过小，身体重心应根据自身习惯，避免起伏较大。

## (二)后撤步

1. 动作要领

右架站立，左脚向后撤一步，成为左架，反之亦然(图 14-5)。

图 14-5 后撤步

2. 技术要点

(1)后撤步时重心保持平稳的移动，通过向左拧腰转胯完成，两臂在体侧自然上下移动；

(2)后撤步时，常用在对方使用前横踢或当对方准备继续进攻时，可使用前腿的侧踢或鞭踢或劈腿阻击对方。

3. 练习方法

(1)右架后撤步。

(2)左架后撤步。

(3)练习上步接后撤步。

(4)练习后撤步接上步。

4. 常见错误

前后脚站成一条线，步幅偏大或偏小，身体重心起伏较大等。

5. 专家提示

上步或者后撤步时，保持身体重心稳定平衡，通过左右拧髋完成上步或后撤步动作，两臂在身体两侧自然上下移动。

## (三)前跃步

1. 动作要领

右架站立，前脚先抬起，后脚蹬地向前滑步，两脚同时落地，保持右架准备姿势，反之亦然(图 14-6)。

2. 技术要点

向前跃进时，重心不宜起伏过大，尽量使重心平稳移动，两脚稍离地即可。

图 14-6　前跃步

3. 练习方法

(1)练习右架前跃步。

(2)练习左架前跃步。

(3)练习前跃步接后撤步。

4. 常见错误

前跃步节奏偏快，造成重心偏移。

5. 专家提示

前跃步时，常使用在快速接近对方以使用横踢或劈腿等进攻动作；当对方前跃步时，可用前腿的劈腿或后踢或后旋等进攻动作。但是有时对方使用前跃步是为了引诱自己反击后要调整重心时再进攻得点，因此，此时自己可随之后撤一步不被对方所利用。

## (四)后跃步

1. 动作要领

右架站立，后脚先抬起，前脚蹬地，两脚同时落地，保持右架准备姿势，反之左架亦然(图 14-7)。

图 14-7　后跃步

2. 技术要点

向后回撤时，重心不宜起伏过大，尽量使重心平稳移动，两脚稍离地即可。

3. 练习方法

(1)练习右架后跃步。

(2)练习左架后跃步。

(3)练习前跃步接后跃步。

4. 常见错误

跃步过程中，跳起高度偏大，身体重心偏离。

5. 专家提示

后跃步常使用在对方进攻，自己需要快速与对方拉开距离时，此时由于自己有一个向后撤的惯性，再用进攻的动作就有一定的难度，一般是使用迎击动作后踢或后旋等。因此若对方使用后跃步时，自己要防止对方的阻击动作；如果自己使用组合动作，在对方跃步时，自己一般使用侧踢、推踢或外摆劈腿等动作。

## (五)原地换步

1. 动作要领

右架站立，两脚原地前后交换，由右架换成左架，反之左架亦然(图 14-8)。

**图 14-8　原地换步**

2. 技术要点

重心不宜起伏过大，尽量使重心平稳移动，两脚稍离地即可。

3. 练习方法

练习左右换架。

4. 常见错误

重心起伏过大，两臂过度松弛或过度紧张。

5. 专家提示

原地换步常用在对方与自己是闭式站位，自己为了与对方形成开式站位以便有利于击打对方胸腹时，或是为了不让对方的优势腿发挥威力，使对方感到别扭。而当对方原地换步时，可利用此时机抢攻得分。

## (六)侧移步

1. 动作要领

第一种步法是以前脚为轴，后脚向左(右)侧方向移动，用以改变与对手的站位方向(图 14-9)；第二种步法是右架站立，右脚先向右(或向左)侧移动一步，随之左脚也迅速向右(或向左)侧移动一步(图 14-10)。

图 14-9　侧移步　　　图 14-10　侧移步

2. 技术要点

主动进攻时，对方反应速度快，则使用向一侧移动侧移步，诱使对方来不及调整身体重心而不能很好的反击。或是当对方进攻，自己不向后撤，而使用侧移步与对方贴近使用进攻动作。

3. 练习方法

(1)练习右架侧移步。

(2)练习左架侧移步。

4. 常见错误

身体重心偏后，后腿进攻相对被动。

5. 专家提示

一般是将身体重心移向前脚，以利于后腿进攻。

## (七)垫步

1. 动作要领

右架站立，左脚向右脚内侧上步，同时右腿迅速抬起以便进攻和防守(图 14-11)。

图 14-11　垫步

2. 技术要点

右脚垫步时，左脚要迅速提起，重心落在右腿上，右膝微屈。

3. 练习方法

(1)练习右架垫步。

(2)练习左架垫步。

4. 常见错误

垫步步幅偏大，导致后腿进攻效果不佳。

5. 专家提示

使用垫步，主要是在主动进攻时用前腿攻击对方。

## 三、跆拳道进攻技术

跆拳道以其丰富多变、优美潇洒的腿法著称于世，被称为是一门踢的艺术。跆拳道的腿法讲究技巧，对柔韧性、稳定性和灵敏性要求很高。腿法是最主要的得分手段，在比赛中腿法的使用率和得分率均占到了70%以上。

### (一) 前踢

1. 动作要领

实战姿势的基本姿势开始。右脚蹬地髋关节向左旋转，双手握拳置于体侧；同时，右腿以髋关节为轴屈膝上提。当大腿抬至水平或稍高时，关节向前送，向前顶，小腿以膝关节为轴快速向前上方踢出，力达脚尖，整条腿踹直。踢击后迅速放松，右腿沿原路线弹回，将右脚放置在左脚前面仍呈实战姿势(图 14-12)。

图 14-12 前踢

2. 技术要点

膝关节夹紧，小腿放松，要有弹性；往前送，高踢时往上送；小腿回收与前踢的速度一样快。主要攻击部位有面部、下颏、腹部、裆部。前踢亦可用于防守。将前踢发力部位由脚尖改换为脚跟时，前踢动作就变为前蹬动作，动作方法与前踢相同，只是脚的形状发生了变化。

3. 练习方法

(1)采用分解法，先练提后腿，同时向前送髋。

(2)再练弹出小腿。

(3)完整练习前踢动作，并能熟练使用。

(4)左右架交替练习。

4. 常见错误

小腿出击后没有折叠收回，导致给对方带来进攻机会。

5. 专家提示

髋部向前送；击打时脚面要绷直；提膝时直线出腿。支撑腿要积极配合髋部的转动。小腿弹出后，在弹直的一刹那，有一个制动的过程，要快打快收地折叠小腿。

### (二)侧踢

1. 动作要领

实战的基本姿势开始；右脚蹬地右腿以髋关节为轴屈膝提起，两手握拳置于体侧；随即左脚以前脚掌为轴外旋 180°，髋关节向左旋转，右腿以膝关节为轴向前蹬伸，右脚快速向右前上方直线踢出，力点在脚跟。发力后沿起腿路线收腿，放松，重心落下(原处或向前均可)，再次回到实战姿势(图 14-13)。

图 14-13 侧踢

2. 技术要点

起腿时大小腿，膝关节夹紧；踢出发力时头肩、腰、髋、膝、腿和踝呈一直线；大小腿直线踢出，原路线收回。侧踢动作的主要攻击部位有膝部、腹部、肋部、胸部和头面部。

3. 练习方法

(1)先练习提腿转髋。

(2)再练习平蹬腿。

(3)完整练习侧踢。

(4)练习前腿的侧踢。

(5)练习侧踢击头。

4. 常见错误

侧踢时支撑腿没有及时配合扭转，导致侧踢不充分。

5. 专家提示

击打对方时，髋部应展开，加大击打力度；大小腿要折叠，加快蹬出的速度。

## (三)后踢

1. 动作要领

实战姿势开始，转身后腿后撤背对对方。重心后移至左脚，右脚蹬地后屈膝提起，右脚贴近左大腿，两手握拳置于胸前；随即左脚蹬地伸直，右脚自左大腿内侧向后方直线踢出，力达脚跟。踢击后右脚沿原路线快速收回，呈实战姿势(图 14-14)。

图 14-14 后踢

2. 技术要点

起腿后上体和大小腿折叠收紧；后踢时动作延伸要长，用力延伸；转身，提腿，出脚动作连续一次性完成，不能停顿；击打目标在正后偏右。后踢动作的主要攻击部位有膝部、腹部、裆部、胸部和头面部。

3. 练习方法

(1)开始练习时可手扶支撑物，体会后蹬的感觉。

(2)练习转身的同时提膝。

(3)平伸后蹬。

(4)左架右架都可以同时练习。

(5)练习反击后蹬。

(6)用沙袋进行后踢的练习。

4. 常见错误

后踢动作结束后还原速度慢，给对方带来进攻机会。

5. 专家提示

身体转到背朝对方时需制动，身体继续转动，腿是直线向后踢出；在提起右腿时，右腿要“擦”着左腿起腿；身体转动时，头部配合同向转动，肩和上体应跟着转动，否则容易被对方反击；转身与后蹬要同时进行，动作连贯；左腿积极配合髋部转动。

## (四)下劈

1. 动作要领

实战姿势开始。右脚蹬地，重心前移至左脚。同时，右腿以髋关节为轴屈膝上提，两手握拳置于胸前；随即充分送髋，上提膝关节至胸部，右小腿以膝关节为轴向上伸直，将右腿伸直举于体前，右脚过头。然后放松向下以右脚后跟(或脚掌)为力点劈击，一直到地面，呈实战姿势(图 14-15)。

图 14-15　下劈

2. 技术要点

腿尽量往高、往头后举，要向上送髋，重心往高起；脚放松往前落，落地要有控制；起腿要快速、果断；踝关节要放松。劈腿的主要攻击部位有头顶、脸部和锁骨。

3. 练习方法

(1)开始练习时可扶物先练提腿提膝和上举腿。

(2)练习下劈腿的动作。

(3)完成练习下劈腿动作。

(4)练习外摆和内摆腿的动作。

(5)左架右架都可以同时练习。

4. 常见错误

支撑腿没有配合好身体的向前移动而失去重心。注意劈腿位置不准确，劈腿主要攻击对方头部，要选择合适的进攻时机。

5. 专家提示

起腿高度不够，支撑腿要积极配合身体向上和向前移动；下劈时，没有控制好身体重心，而使重心过于前压；上体过于后仰，使得下劈力量不足。

## (五)勾踢

1. 动作要领

实战姿势开始。右脚蹬地重心前移，右腿以髋关节为轴屈膝上提，两手握拳置于体侧；左脚以前脚掌为轴外旋 180°，右腿以膝关节为轴继续向前上方伸成直线，顺势右脚的脚掌用力向右侧屈膝鞭打，顺鞭打之势上体右转，右腿屈膝回收，右脚落回原处，呈实战姿势。

2. 技术要点

提膝，伸直，右侧屈膝鞭打动作要连贯快速，没有停顿；击打点在体前偏右侧，以脚掌为击打点；左脚旋转支撑在保持平衡，踹击后迅速将腿收回。摆踢攻击的主要部位是头面部和腹胸部。

## (六)后旋踢

1. 动作要领

实战姿势开始。两脚以两脚掌为轴均内旋约 180°，身体随之右转约 90°，两拳置于胸前。上体右转，与双腿拧成一定角度。右脚蹬地将蹬地的力量与上体拧转的力量合在一起，右腿继续向右后旋摆鞭打，同时上体向右转，带动右腿弧形摆至身体右侧，右腿屈膝回收；右脚落到右后呈实战姿势(图 14-16)。

图 14-16　后旋踢

2. 技术要点

转身旋转，踢腿连贯进行，一气呵成，中间没有停顿；击打点应在正前方，呈水平弧线；屈膝起腿的旋转速度要快；重心在原地旋转 360°。后旋踢攻击的主要部位有面额和胸部。

3. 练习方法

(1)先练习身体原地转动360°，右脚开始摆动时不要求高度，熟悉后再逐渐升高摆动高度。

(2)进行完整练习的后旋踢动作练习。

(3)熟练后可练习左架的后旋踢。

(4)用脚靶进行后旋踢固定靶和反应靶的练习。

4. 常见错误

左腿没有积极配合髋部的转动，在完成整个动作之前，左脚重心没有始终落于前脚掌。

5. 专家提示

(1)右腿抡圆了去划弧，在开始时没有一个向斜后方向蹬伸的动作。

(2)身体向右后方向转动时，提起右腿的速度过慢；身体转动时，头部应配合同向转动。

(3)小腿在开始时没有放松而完全绷紧。

(4)右脚鞭打对方头部后，身体没有继续旋转，右脚直接斜下方向落地，不能用脚掌呈水平弧线鞭打，造成过早翻转身体面使重心过于偏后。

## (七)鞭踢

1. 动作要领

右架站立，重心移至左腿，以左腿前脚掌为轴脚跟内旋，身体向左侧前方转动，同时向前提右大腿，头部向左转动，右腿膝关节向左内扣，右小腿由外向内有一定的弧度摆动并伸小腿，突然屈膝，用脚掌向右横着鞭打攻击对方面部，完成击打后，右脚自然下落，还原成准备姿势。

2. 技术要点

击打时，小腿和足尽量横向鞭打，身体转动时，头部要配合同时转动，调整好身体重心。

3. 练习方法

(1)开始练习时可手扶支撑物，体会蹬腿的感觉。

(2)练习小腿鞭打。

(3)两人配合用脚靶练习鞭打动作。

4. 常见错误

髋部转动幅度较小，小腿鞭打动作僵硬，击打效果不明显。

5. 专家提示

鞭打时，支撑腿要积极配合髋部的转动，保持好身体重心。在动作开始时，小腿要自然放松。在即将接触对方头部时脚面紧绷，力点在脚掌。

## (八)横踢

1. 动作要领

实战姿势开始。右脚蹬地，重心前移至左脚，右脚屈膝上提，两拳置于胸前；左脚前脚掌碾地外旋，髋关节左转，左膝内扣；随即左脚掌继续外旋至180°，右腿膝关节向前抬至水平状态，小腿快速向左前横向踢出；击打目标后迅速放松收回小腿。右腿落回原地，呈实战姿势(图14-17)。

图 14-17 横踢

2. 技术要点

膝关节夹紧，向前提膝，尽量走直线；支撑脚外旋 180°；髋关节往前顺，身体与大小腿呈直线；严格注意击打的力点在正脚背；踝关节放松，击打的感觉是“面团”“鞭梢”。横踢攻击的主要部位有头部、胸部、腹部和肋部。

3. 练习方法

按步骤练习：

(1)先练前踢，熟练后再练横踢。

(2)提后腿，同时转髋。

(3)弹出小腿。

(4)熟练后练习横踢击打头部(高横踢)。

(5)左右架交替练习。

(6)脚靶配合练习，与高横踢交替练习。

(7)两人一组交替练习。

(8)结合步法练习，如前进、后撤、侧向移动等。

4. 常见错误

横踢时后支撑脚没有积极配合向前移动，导致横踢力度减小。

5. 专家提示

右腿上提时应直线向前上方提膝；躯干要稍后倾，使腿的长度充分利用；大小腿折叠回收不够，击打脚面要绷直。小腿弹出后，在弹直的一刹那，要有一个制动的过程，使脚面产生鞭打效果。

## (九)双飞踢

1. 动作要领

右架站立，重心移至左腿，提起右大腿使用横踢，然后在右脚未下落时，立即提左腿使用横踢，也就是连续使用两个横踢动作攻击对方，击打后。两脚自然下落，还原成左架准备姿势。

2. 技术要点

击打第一个横踢时，身体可稍后倾，两腿交换之间，髋部要快速扭转，小腿弹出后，在弹直的一刹那，要有一个制动的过程，使之产生鞭打的效果。

3. 练习方法

(1)熟悉左架横踢和右架横踢动作。

(2)利用交叉脚靶完整学习双飞踢动作。

(3)利用护具练习双飞踢动作，配合者原地快速换位。

(4)熟练双飞踢后还可以练习第二个横踢击打头部，即高横踢。

4. 常见错误

小腿鞭打动作不明显，两腿横踢后不能快速还原为准备姿势。

5. 专家提示

一般是在中远距离时使用双飞踢的时机较好，双横踢中的第一个横踢常常是为了找到合适的距离或破坏对方的进攻，以利于第二个横踢得分。

### (十)旋风踢

1. 动作要领

甲乙双方闭式站立，甲右架站立，以左前脚掌为轴，脚后跟外旋，重心移至后腿，身体右后转约一周，右腿顺势转动，身体稍后仰，右腿下落的同时，左脚蹬地用左腿横踢击打，击打后，两腿自然呈右架姿势。

2. 技术要点

保持身体重心，身体稍向后仰，提起右腿向后转动时，右腿围绕着左腿转动，两大腿内侧间的距离不应过大。

3. 练习方法

(1)先练横踢，技术成熟后再练旋风踢。

(2)练习原地转身，右腿主动配合转动。

(3)完整练习旋风踢动作。

(4)左右架动作交替练习。

(5)脚靶配合练习。

(6)结合步法练习旋风踢，如前进、后撤、侧向移动等。

4. 常见错误

身体重心不稳定，击打时踝关节过于紧张。

5. 专家提示

旋风踢主要在中远距离击打对方时使用，击打时脚面绷直，踝关节放松。

## 四、跆拳道防守技术

在跆拳道技术体系中，防守技术是不可缺少的内容，从得分和失分的角度来看，它与进攻技术同样重要。跆拳道防守技术主要有三种：一是利用闪躲、贴近等方法，通过脚步的移动，使对方的进攻落空；二是利用进攻的方法化解对方的进攻；三是利用手臂的格档阻截对方的进攻。

### (一)利用闪躲、贴近进行防守

躲闪就是当对方进攻时通过脚步的移动，向左右两侧或向后躲闪，从而使对方的进攻落空。而贴近就是当对方进攻时快速上步与对方靠贴在一起，使对手由于距离过近而无法发挥进攻的威力。如当乙方使用后腿劈腿技术进攻甲方时，甲方向左侧或右侧移动身体，避开对方的劈腿进攻。

### (二)利用格挡进行防守

按照防守方向划分，格挡可分为向上、向(左右)斜下、向(左右)斜上三种。一般情况多用此技术：

(1)对方进攻速度较快，来不及躲闪等。

(2)已预测对方所采用的技术后，有针对性地运用格挡技术是为了快速做出反击动作，使格挡成为攻防转化的连接技术。

注意：在防守过程中，不提倡将手臂贴放在身体的有效得分部位，以减少对方的击打力度效果。若对方击打力度较大，即使没有得点，因为没有缓冲的余地，容易造成手臂甚至身体内部的伤害而影响反击动作。

### (三)利用进攻动作进行防守

在对方进攻的同时，防守者也使用进攻的动作，即以攻代守。当对方进攻时，其身体重心发生了移动，当进攻者调整身体重心时，防守者应抓住时机实施进攻动作，迫使进攻者无法迅速回撤身体而陷于失分或被动的状态。此防守者的进攻属于后发制人的动作，与平常使用的进攻动作在移动方向或身体姿势上有一定的差异。

**知识窗**

**跆拳道与空手道**

所谓跆拳道，跆(TAE)，意为以脚踢、摔撞；拳(KWON)，以拳头打击；道(DO)，是一种艺术方法。跆拳道是一种利用拳和脚的艺术方法。它是以脚法为主的功夫，其脚法占70%。跆拳道的套路共有24套；另外还有兵器、擒拿、摔锁、对拆自卫术及10余种基本功夫等。跆拳道是经过东亚文化发展的一项朝鲜武术，以东方心灵为土壤，承继长久传统，以“始于礼，终礼”的武道精神为基础。

空手道，是由距今500年前的古老格斗术和中国传入日本的拳法揉合而成的。那时，在硫球上层阶级间，暗中参考中国的拳法创出了独特的唐手，即最初的“空手道”。而在“唐手”之前，已有“那里手”和“首里手”两种名称是根据地域划分的，成为现今空手道各流派的渊源。

## 第三节　跆拳道实战

实战，又称为实际格斗。这是两个人按照一定的规定，使用腿法、手法、拳法等技法，进行斗智、角力等来战胜对方的竞技项目。实战从概念上可以分为两种结构：一种是完全实战，即不受规则或其他限制，完全类似于真正格斗；另一种是安全实战，即按一定的规则限制进行实战，以保证练习者的身体和生命安全。大多数练习者都有这样一种愿望，就是实战练习既要真打又要安全，这一愿望本身就是自我矛盾的。

### 一、跆拳道实战姿势

标准实战姿势：左脚在前叫左势，右脚在前叫右势。两脚前后开立与肩同宽，前脚尖

45°斜向右前方，后脚跟抬起，膝关节微弯屈，重心在两脚之间；上身自然直立，45°斜向右前方，双手握拳，拳心相对；两臂弯曲置于胸前；头部直立向前，目视正前方。身体肌肉放松，膝关节松而不懈，富有弹性。

## 二、跆拳道专项技术训练

### 1. 慢速、快速重复练习

慢速重复练习适用于练习者学习新的跆拳道技术动作，慢速练习过程中，要注意动作的规格，如身体姿势、重心高低、步法移动、手臂位置等。在学习动作之后，不要立即开始快速的技术练习，不能过分要求力量、速度，要充分掌握动作的发力点、路线等，注重动作质量并不断重复。

快速重复练习则适用于练习者练习“绝招”技术。当技战术已达到自动化的程度时，一般要根据自身特点，选择几种在比赛中常用的绝招技术并反复进行强化，此时则需要运动员以最快速度进行重复练习。

### 2. 结合身法和步法练习

经过慢速重复性练习并基本学会动作后，则根据实战的需要结合相应的身法和步法进行练习，使技术与实战紧密联系。如练习横踢技术时，可以练习向前进一步后再进行横踢的练习，或是后撤一步再练习横踢，或是要求先用身体晃动引动对方。这样可以使运动员避免枯燥的单纯的步法练习，又可以较快地和实战结合起来。

### 3. 想象实战练习

在运动员掌握了一些基本的技战术后，可假设双方在对抗实战中。对手采用各种战术和技术进攻自己，或防守自己的各种进攻技术。自己则从实战出发，选择几组进攻和防守反击的方法进行练习。此练习法可在每次训练课的准备活动的后半部分或实战前，或者提高训练强度时采用。

### 4. 互不接触的攻防练习

由于跆拳道是两人的直接对抗，为减少不必要的受伤情况的发生，在训练中要求两人一组，一方主动进攻，另一方防守反击，或是两人按照比赛的要求进行互不接触的实战，也就是常说的点到为止。这种练习方法可以消除初学者的害怕心理和预防运动损伤。但在进行时，应要求：

(1)练习者学会保持适当的距离，不要太远或太近；

(2)要求练习者在运动中做出动作；

(3)由于不能真正击打，练习者往往会敢于进攻，而容易忽视实际的攻防转换，因此要防止胡踢乱踢，要仔细揣摩步法和抓住击打时机并借鉴对方的长处。

### 5. 击打固定靶练习

这是利用沙袋、大脚靶、多层护具等器材作为击打目标的练习。练习目的不同，方法亦不同。如要求提高动作速度和击打力度，练习者要一定时间内快速完成某一动作；若只要求提高练习者的动作频率和耐力，则应规定时间和组、次数的要求。另外，按照比赛中常用的组合技术布置几组固定组合靶的练习，如3~5名同伴手持不同高度、不同放置角度的脚靶站立在一条直线上或不同方向上，由练习者依次踢靶。

### 6. 配合“喂招”击打练习

跆拳道训练非常重视并经常采用脚靶、护具的喂招练习。要求配合者手待脚靶，配合练习者进行技术练习。如将脚靶放置与胸齐平，让练习者横踢；将脚靶放置与头部齐平，让练习者练习高位踢击头部的动作。护具喂招则是配合者身穿护具，用身体的移动配合练习者的进攻和防守，如配合者上步欲要用横踢进攻，练习者则向后踢反击。这种练习不但能够有效地提高练习者进攻和防守反击的动作质量，还可以提高练习者击打的准确性、步法的灵活性和良好的距离感等。练习中，还可要求配合者变换喂招的方式，如快速出靶或连续出靶，这样既可以提高练习者的反应速度，又可以使练习者逐步熟练动作之间的连接，从而与实战较快地结合起来。下面即为配合者使用脚靶连续喂招的方法之一：左脚横踢—右脚劈腿—左脚高横踢—右脚后踢—两脚交叉双飞—右脚向前伸反击横踢—左脚后旋踢。

### 7. 限制条件下的实战练习

即对实战提出具体要求，限制一些因素进行实战的一种方法。这种练习方法经常在跆拳道训练中被采用。如要求双方队员在一个回合中只能用横踢进攻和横踢反攻；一方只能用前横踢和劈腿进攻，而另一方只能用后踢和劈腿反击，不准主动进攻等。这种方法的优点是针对性强，能有效地训练和提高运动员的某一方面的能力，经常用在实战的初级阶段和战术训练中。限制条件下的实战练习一般包括以下几个方面：

(1)在同伴配合下，创造时机和姿势以便进攻者完成进攻战术的练习。

(2)在同伴配合下，创造时机和姿势以便进攻者完成防守战术的练习。

(3)在同伴配合下，创造时机和姿势以便进攻者完成防守反击战术。

(4)在同伴配合下，创造时机和完成技术的便利姿势，以便进攻者用自己的行动创造机会完成进攻战术或防守战术或防守反击战术。

(5)双方练习者进行实战练习，限制一方练习者的进攻战术。

(6)双方练习者进行实战练习，限制一方练习者的防守战术。

(7)双方练习者进行实战练习，限制一方练习者的防守进攻战术。

(8)双方练习者进行实战练习，限制双方练习者的进攻战术。

(9)双方练习者进行实战练习，限制双方练习者的防守战术或防守进攻战术。

(10)增加难度，与实力高于自己的同伴进行实战练习。

### 8. 实战练习

运动员掌握并熟练了跆拳道的战术后，要按照规则进行不断的实战，逐步提高技战术的应用能力。要在对抗中，在与比赛要求一致的情况下，将技战术使用出来，这样才能在实际比赛中达到利用技战术和其他方面的因素战胜对手，获取比赛的胜利。实战的时间可以根据训练的目的进行安排，如30秒钟实战，则主要让双方运动员在短时间内学会抓住时机尽可能地多进攻并得分；5分钟三局实战，则主要使双方运动员在超过正式比赛的时间内，学会在非常疲劳的情况下使用动作战胜对手，并达到培养坚强意志品质的目的。

## 三、跆拳道的战术训练种类

### 1. 直接式进攻战术

充分发挥自己的技术特长，使用确有把握的特长技术直接进攻对方，运用这种战术的较好时机是：

(1)对方的各项速度没自己的快时。
(2)对方动作不够熟练时。
(3)对方体力不足时。
(4)当对方防守姿势出现空隙时。
(5)当与对方的距离适合有效攻击时。

### 2. 压迫式强攻战术

压迫式进攻也称为猛攻，是一种先发制人的主动进攻，是有计划有准备的战术行动，这种战术的优点是直接掌握主动权，迫使对方只能防守，没有反攻的机会，在短时间内取得绝对胜利，缺点则是自己的体力也消耗得较快，容易暴露破绽，易引起对手以逸待劳的战术消耗自己的体力。一般在具备以下条件时可运用此战术：

(1)自己的力量、速度、耐力一定要强于对手。
(2)在技术或经验不如对方时。
(3)对方近战能力差时。
(4)对方耐力或心理素质差时。

### 3. 引诱式进攻战术

这种战术是跆拳道中最常用的基本战术之一，也是充分发挥假动作与真动作联合的较好手段。随着跆拳道运动员技术水平的日益提高，特别是当对手动作反应快，防守能力强时，直接进攻很容易被对手反击，经验丰富的选手常常使用假动作，“声东击西”“指上打下”，有时也会故意露出破绽，引诱对方进攻，使用假动作的目的是促使对方对自己的虚假动作产生某种反应，而改变正确的防守姿势，或使其失去平衡，然后加以利用并进行攻击。在使用引诱式进攻时，自己的动作一定要快于对手，否则不易成功。

### 4. 防守躲闪式和反击战术

当对方正面猛烈进攻时，适当的移动步法，既可避其锋芒，又可以制造战机，还可趁对手进攻时，在防守的过程中反击对方。

### 5. 克长战术

一般来说，每个运动员都有自己擅长的技术，在比赛中要能及时发现对方擅长使用的方法，然后及时调整自己的战术，采用相应的方法，克制对方的技术专长，使其不能正常发挥。此战术常用方法有：

(1)抑制善于打贴身战的对手，可始终与其拉开距离，如用侧踢蹬击等技术。
(2)抑制擅长防守反击的对手，可引诱对方主动进攻，自己进攻时使用不易被反击的技术。
(3)抑制擅长主动进攻的对手，可以采用自己先进攻、迫使对方防守的战术。
(4)抑制善于打远距离的对手，可使用躲闪技术与对方贴在一起后再使用相关技术。

### 6. 打短战术

几乎每个运动员都有自己的弱点和短处，应当在比赛中进行观察，对对手的弱点迅速做出判断，及时调整自己的战术，集中精力专门攻击对方的弱点。同时，自己也要不断地变换方法，以免被对手察觉自己的战术意图后故意引诱自己进攻，使对方反击成功。

7. 利用习惯性动作的抢攻战术

许多运动员在比赛中都存在着一些无意识的习惯性动作，针对对手自然产生的习惯动作，应当善于观察和及时捕捉这些战机，准备好，一旦对方出现习惯动作，则立刻发动进攻。如在即将进攻前，习惯身体晃动几次等。

8. 边线进攻和防守战术

当对方故意越出边界线时，主裁判应当判罚对方警告一次。这时应当利用跆拳道规则，逼迫对手出界的战术。一种方法是利用主动进攻，有目的地将对方逼迫出界。另一种方法是自己被对手逼迫到边线，要及时用贴身转动，使对手来不及调整而被迫出界，还有一种方法是自己将对方引诱至边线，运用贴身转动，将对手逼迫出界。

9. 体力战术

跆拳道比赛体力消耗大，采用体力战术，就是合理分配体力，每一局用多少体力要根据对手而定。如果对方技术较弱，那就保持体力以技术获胜；如果对方技术好，可以采用消耗体力的打法取胜；如果对方实力相当，还应有打持久战的准备；如果对方耐力差，应连续进攻，不给对手喘息之机，迫使对方体力迅速下降，以此取胜。

竞技跆拳道的各项战术是互相矛盾互相克制的，正如每个进攻方法都有反攻一样，由于跆拳道比赛过程情况复杂，变化多端，对手多种多样，运动员应根据比赛中随时变化的情况，灵活机动的运用一种或多种以及综合战术，从而达到预定的比赛目的。

## 第四节　跆拳道比赛与欣赏

### 一、跆拳道比赛

跆拳道比赛采用三回合制，每个回合 3 分钟，回合之间休息 1 分钟，运动员比赛时必须穿戴护头、护身、护裆、护臂和护腿。以拳的正面、踝关节以下部位进攻对手髋骨以上、锁骨以下被护具保护的躯干部位，以及以两耳为基准的头部和颈部的前面部分。以得分判定名次，得分多者名次列前。按体重分级别进行比赛。

1. 竞赛

跆拳道比赛包括两方——“Chung”(蓝)和”Hong”(红)，双方以脚踢打对手的头和身体或用拳击打对方的身体而得分。比赛分 3 个回合，每回合 3 分钟，两回合之间休息 1 分钟。选手可通过下述方法获胜：将对方击出场外，得分最高，使对手被罚分达到 3 分，或对手被剥夺比赛资格。

比赛开始前，裁判分别发出“cha-ryeot”和”kyeong-rye”指令后，双方立正并相互鞠躬，然后裁判喊“Shi-jak”！宣布比赛开始。

2. 得分

每个合理的攻击将得分，下述为合理的攻击：

(1)击打对手的得分部位，除了头外，得分部位包括腹部及身体两侧，这三个部位标于对手的护具上。禁止击打对方小腹以下部位。

(2)用规则允许的身体部位击打对手。须用正确紧握的拳头的食指和中指的前部或脚踝关节以下的部位击打对方。

若三位裁判中的至少两位对击打进行了认定并记录，则得分有效。

3. 犯规

犯规是跆拳道比赛中的一个重要因素，不仅仅因为被罚 3 分在高水平比赛中极为罕见，而且意味着自动失败。仅仅 1 个罚分就可左右比赛的胜负。跆拳道犯规分两种：Kyong-go 和 gam-jeom。

最常见的一种犯规 Kyong-go 或警告意味着罚 0.5 分，但是若仅有一次这种犯规则不计入罚分，除非再次犯规而累计罚 1 分。若选手抓、抱、推对方，逃避性地背对对方，假装受伤等时，则判 Kyong-go。

另一种更为严重的犯规称为 gam-jeom，将被罚 1 分。典型的犯规行为包括在格斗中在对手双脚离地时故意将其放倒、故意攻击对手后背、用手猛击对手的脸部等。

若同时出现的犯规在一种以上，则裁判以处罚较重的犯规为准。若双方均被击倒且读秒至 10 后无法恢复，则击倒前得分高者获胜。若选手得分后立即犯规，则其所获分数可判为无效，如故意摔倒(一种避免受击打的战术)。头部被击中倒地的选手在 30 秒内不得参加比赛。

4. 击倒

在跆拳道比赛中一方由于对手发力而使其脚底以外的其他任何部位触地则判为被击倒。裁判也可在选手无意或无法继续比赛时开始读秒。一旦出现击倒，则裁判喊“kal-yeo”意为“暂停”，指示另一方退后，裁判开始用韩语读秒从 1 至 10。即使被击倒的选手站起来欲继续比赛，他或她必须等待裁判继续读秒至 8 或“yeo-dul”，然后裁判判定该选手是否能继续比赛。若其无法继续比赛，则另一方以击倒获胜。

5. 胜方

在除了决赛以外的其他比赛若以平局结束，则分数高的一方获胜。若双方仍旧平分秋色，则由裁判根据比赛中双方表现的主动性来决定在 3 回合各 3 分钟的比赛中哪一方占优势。若为争夺金牌的决赛，则双方进行第四回合的较量，率先得分者获胜，若无人得分，则裁判通过判断谁在该回合中占优势而决定最后的胜方。

6. 重量级划分

在世界跆拳道锦标赛中男女各分为传统的 8 个级别，而其首次作为正式比赛项目出现在 2000 年悉尼奥运会上时，男女各分为四个级别：男子、女子：58 公斤以下、49 公斤以下、58~68 公斤、49~57 公斤、68~80 公斤、57~67 公斤、80 公斤以上、67 公斤以上。

7. 竞赛形式

竞赛可分为锦标赛、冠军赛、段位赛、精英赛、大奖赛、巡回赛、邀请赛、擂台赛等以及俱乐部、道馆学校之间的各类形式不同的比赛。竞赛规模根据各种情况分为国际、国内、省际以及队际之间的比赛，但原则上应符合竞赛规则的要求。跆拳道竞赛主要分为团体赛和个人赛，通常采用单败淘汰赛制或循环赛。

8. 比赛场地

比赛场地为大小为 12 米×12 米水平的、无障碍物的正方形场地，建于高于地面约 50~60 厘米的平台上，上面铺有弹性的垫子。为安全起见，场地外两侧平台的侧面略微向地面倾斜。

比赛场地最外边向内有 1 米宽的不同颜色地带，提膝运动员不要越出界限，比赛场地最外边的线称为边界线。

9. 护具

跆拳道是一项身体全面接触的运动，要求参赛选手穿防护服，头部、身上、前臂、胫骨、腹股沟佩带护具。另外，需佩戴护齿。比赛前所有参赛选手将接受检查，以确保其穿上所要求的护具。

## 二、跆拳道欣赏

跆拳道的美是享受击打艺术的美感。在比赛或实战时，双方腿法技术在对抗高来低往上表现得淋漓尽致，不仅给人以美的享受，还能激发人的斗志，让身体爆发出前所未有的活力，在跆拳道的光环照耀下闪耀出健美之光！观赏竞技，鼓舞人奋发向上的精神，陶冶人的道德情操。跆拳道使人在欣赏的同时潜移默化地受到良好的意志品质教育。

1. 体会跆拳道的文化底蕴——“以礼始、以礼终”、谦虚礼让、尚武崇德

跆拳道之所以给人们留下了深刻的印象，最根本的在于运动员不论是在比赛还是在训练，都强调“以礼始、以礼终”，充分体现出跆拳道运动的精神内涵。

在每场比赛的开始与结束运动员总是在不停地重复着敬礼动作。这种形式与其他项目有着本质的区别。因为跆拳道练习者始终把“礼”作为训练内容，强调“以礼始、以礼终”，即训练比赛都要以礼开始，以礼结束。跆拳道练习者在练习技术的同时，在道德修养方面也要不断提高自己，跆拳道练习者通过练习行礼可以养成恭敬谦虚、友好忍让的态度和互相学习的作风，并培养其坚韧不拔的意识品质，可以说跆拳道是培养与教育人的一种良好的手段和方法，可以达到内外兼修的效果，并有助于增强民族凝聚力和激发爱国主义精神。

2. 倾听跆拳道的震天一吼——发声扬威，提高斗志

很多项目在比赛中都不允许运动员发出声音，而跆拳道则提倡和鼓励发声。无论传统跆拳道还是竞技跆拳道，在训练和比赛中都要求在气势上给人以威严，多以发出洪亮并带有威慑力的声音来显示自己的威力，运动员每完成一个动作，都伴随着大声的叫喊，即使双方处于对峙状态时也是如此。

也有人说真正的跆拳道比赛并不是从双方的踢打动作开始的，而是从运动员的发声开始的，先较量心理再较量技术。首先，大喊能使自己兴奋起来，使自己的大脑运动中枢振奋起来，刺激自己的肌体迅速进入兴奋状态；其次，大喊能分散对方的注意力，提高自己的注意力，增加自己的自信心，起到凝神壮胆的作用；最后，大喊能起到干扰对方情绪、刺激对方心理、降低对方自信的作用，使对方的心理不稳定。据有关研究资料证明，人在发声的同时屏住呼吸，内脏器官的阻力减小，可以使肌肉收缩速度提高 9%，使动作产生更大的威力。通过发声，场上可以提高战斗力，场下可以培养运动员努力拼搏的精神。所以新学员在进行学习时首先要经过专门的发声练习后，才能学习技术动作。

3. 见识跆拳道的高超腿法——攻防转换节奏快，正面交手变化多

跆拳道不仅是一项具有较强攻击力的体育项目，也是一种精美的形体艺术展。跆拳道以脚法为主，脚法使用率高达 90%以上，从而体现出舒展、美观、快速、准确、有力。

新的竞赛规则改变了过去无论怎样合理击打只得1分的概念，现在新规则规定合理击打头部可以得3分，如果出现强有力击打则再追加1分，有力地提高了比赛的对抗强度与精彩程度。双方运动员在比赛中不仅较力、斗勇，而且更讲究斗智，尤其是跆拳道精妙高超的腿法，给人以美的享受，具有极高的观赏值。比赛场面精彩不断，使人有赏心悦目的感觉。充分展示了搏击性和人的腿部、躯干的生理特点。

4. 感受跆拳道的赛场气氛——眼花缭乱的技术动作，精彩激烈的对抗比赛

在比赛时，双方运动员的进攻方法都是十分简洁而实效的，都是直接接触，以刚制刚，用简练硬朗的方法直接击打对方，远距离则用腿法击打，近距离或拳或腿，速度快、变化多。防守的动作多是以直接的格挡为主，很少使用躲闪防守法，随即是连续的反击动作。尽可能保持或缩短双方间的距离，以增加击打的有效性。比如甲方运动员先进攻，乙方运动员防守后迅速反击然后转为进攻，甲方运动员则变为防守方，双方攻防节奏变化较快，观众的情绪也会随之高涨，为运动员喝彩加油，赛场气氛非常热烈。

5. 惊叹跆拳道的速度魅力——比分显示在一秒之内，输赢胜败在顷刻之间

跆拳道比赛的速度之快不仅仅体现在运动员技术动作的使用，从裁判员身上也能体现出来。主裁判要步法灵活，快速移动，边裁要根据运动员使用何种动作击打什么部位，是否给分或给几分都要求在1秒钟之内做出判断，力求准确无误并及时按动手中的记分器，在1秒钟之内比分就会显示出来，也就是规则规定的“1秒钟原则”。有时一方连续得分，有时双方同时得分，显示器在不停地闪动，观众、教练员、运动员都可以看到双方的比分。

有时会出现一方将另一方K.O的现象，造成比赛立刻结束。例如：雅典奥运会男子80公斤以上级决赛中，韩国运动员文大成与东道主希腊运动员尼古拉迪斯在决赛中相遇。文大成就以一记非常漂亮的腾空后旋将其击倒，在读秒后确认尼古拉迪斯无法继续比赛时，主裁判立即终止了比赛，宣布文大成以K.O方式轻松获胜。有时一方比分落后且比赛时间所剩无几，但通过合理运用战术连续得分或击打对方头部很快就会把比分追上甚至于反超而赢得比赛，所以，不到比赛终止的那一刻，谁都不敢掉以轻心也绝不轻言放弃。

## 三、跆拳道礼仪

跆拳道运动推崇“以礼始，以礼终”的尚武精神，练习中要以“礼义廉耻，百折不屈”为宗旨，因此跆拳道中的“礼仪”是跆拳道基本精神的具体体现。

礼仪不只是一种表现形式，它是在长期练习和比赛的过程逐渐将礼节形式转化为心理动力的过程。最常用的礼节表示方式是向教练、同伴敬礼。

敬礼动作的具体要求是：面向对方直体站立，向前屈15°，头部前屈45°，此时两手紧靠两腿，两脚跟并拢。训练时，进入体育馆后，以端正姿势向国旗敬礼，然后按馆长、教练和长辈的顺序依次向他们敬礼。在体育馆内始终在肃静气氛中行动；妥善保管好自己的服装及其他物品；运动过程中服装松开时，停止运动，转身向国旗、会旗和教练同伴整理，整理方向好后再转回原来方向。

1. 训练时的礼节

(1)练习者进入场地时，首先向老师敬礼；

(2)练习前双方应相互敬礼，练习结束后再次相互敬礼。

2. 比赛开始前的礼节

(1)运动员依照主裁判“立正”“敬礼”令，立正向陪审席行标准礼，标准礼为鞠躬的自然姿势，腰部前倾15°，头部下倾45°，两手握拳贴于双腿两侧；

(2)运动员依主裁判“向左向右转”的口令，内转相对，立正站好，再依“敬礼”的口令，相互敬礼。

3. 比赛结束后的礼节

(1)比赛结束时，运动员在各自的位置相对站立；

(2)运动员依主裁判“立正”“敬礼”的口令，相互敬礼；

(3)运动员依主裁判“向左向右转”及“敬礼”的口令转向监督官，向监督官行标准礼。

**知识窗**

**跆拳道的有效得分与犯规判罚**

每个合理的攻击将得分，下述为合理的攻击：

(1)击打对手的得分部位，除了头外，得分部位包括腹部及身体两侧，这三个部位标于对手的护具上．禁止击打对方小腹以下部位。

(2)用规则允许的身体部位击打对手，须用正确紧握的拳头的食指和中指的前部或脚踝关节以下的部位击打对方。

若三位裁判中的至少两位对击打进行了认定并记录，则得分有效。

犯规是跆拳道比赛中的一个重要因素，不仅仅因为被罚3分。这在高水平比赛中极为罕见，意味着自动失败。仅仅1个罚分就可左右比赛的胜负。跆拳道犯规分两种：Kyong-go和gam-jeom。最常见的一种犯规Kyong-go或警告意味着罚0.5分，但是若仅有一次这种犯规则不计入罚分，除非再次犯规而累计罚1分。若选手抓、抱、推对方，逃避性地背对对方，假装受伤等时，则判Kyong-go。

另一种更为严重的犯规称为gam-jeom，将被罚1分。典型的犯规行为包括扔对手，在格斗中在对手双脚离地时故意将其放倒，故意攻击对手后背，用手猛击对手的脸部。

## 思考题

(1)通过观看跆拳道比赛(或录像)，能够准确判断有效得分与犯规动作。

(2)跆拳道的十大基本技术有哪些？并比较不同腿法技术的运用特点。

(3)举例说明常用的跆拳道战术。

(4)跆拳道礼仪与武术礼节有何异同？

## 研究与实践

组织或参加一次跆拳道比赛，阐述跆拳道礼仪的文化含义。

# 第十五章 安全教育与自卫防身

## 第一节 安全教育与自卫防身概述

### 一、安全教育与自卫防身教育发展简介

自卫防身的行为始于动物世界。动物界的残杀使得所有的动物都发展出自己独特的自卫机制以求在自然界中生存。例如，章鱼在遇到攻击时放出墨汁以掩护自己逃跑；兔子的三窟与奔跑能力使其免于或逃脱攻击；变色龙把自己隐藏起来使对手找不到目标；河狸在河中心筑窝以避开凶兽；黄鼠狼放臭以逐退对手；刺猬用利刺使攻击者无处下口。动物界的这些本能对人类的自卫防身有很大的启迪。

人类的自卫本能也在人类开始时就有了，但有意识地利用各种手段保护自己这一观念，大约在几百年前才开始。如中国明清时代的习武防身的流行。西方在这方面的讨论大约是在300多年前开始的，比较简单，只是提出一些如何保护生命财产的简单作法，但这正是自卫防身学的开端。1880年前后，美国出现了有关自卫与法律的讨论。1905年美国出版了第一本自卫防身书籍，但只是教人们如何用拳击自卫。1940年有几本相关书籍问世，主要教妇女如何防犯暴力犯罪及学习柔道、柔术以自卫。在1960年至1970年间，自卫防身的书籍开始多了起来，但大部分都是教人们用各种拳术自卫。20世纪80年代，自卫防身就不仅仅限于格斗技术了，而是加上如何防范及脱逃。自卫防身学课程也在美国各大学逐渐推广开来，其内容基本上是简单防范方法及格斗方法。从20世纪90年代开始，自卫防身的书籍开始多样化，有的教妇女、儿童或老人；有的教防范强奸；有的教技术；有的教策略。这些努力在不同程度上推动了自卫防身学的形成。2002年北京大学开设了安全教育与自卫防身课程，受到广大学生的欢迎。

安全教育与自卫防身是一门实用性科学，它综合了犯罪学的原理与知识，司法系统与警方的犯罪统计数据与案例，综合了世界各种拳术中的实用格斗部分，遇险的紧急自救和救护，而形成一套独立的安全教育与自卫防身体系。

**知识窗**

**你了解安全教育和自卫防身与拳术的关系吗?**

1. 一般拳术都包括三部分：一是理论体系，如起源、发展、礼仪、哲学与原则等；二是技术动作的套路化与健身应用。这两部分都与自卫防身没有关系。三是格斗技术及在比赛中或自卫中的应用，或踢打，或摔拿，或综合。

2. 安全教育与自卫防身分为三部分。①理论与应用：分析敌我、预防在先、临场设计、脱逃等；②格斗部分，包括踢、打、摔、拿、地战、解脱、对刀、对枪等；③各种非正规化的格斗技术与应用，其中包括抠眼、顶裆、扯耳、咬等。

3. 自卫防身与拳术在理论方面共同之处相对较少，而在格斗方面，两者则相似而不相同。

## 二、安全教育与自卫防身的理论基础

美国著名心理学家马斯洛于 20 世纪 70 年代提出了令世人瞩目的人类需求金字塔理论。马斯洛认为人类有各种不同需求，在满足了低层次的需求，如吃、喝、睡后，才能追求高层次的需求，如事业及自我实现等。马斯洛的理论为世界所公认。

对安全即自卫防身以防犯罪分子攻击的需求，出现在马斯洛模式的第二层次上。说明学习如何保护自己的安全是人生最重要的一部分。马斯洛的模式为自卫防身教育打下了最坚实的基础。可惜 30 年来这一重要的理论对自卫防身及其教育的重大意义并未被人类所认识。人们并未把自卫防身当回事儿。中国的教育体制中从来就没有这方面的课程或内容。人们现在应该认识到，没有生命安全就没有一切。人类固然需要数学、语言、计算机、外语等知识与技能以谋生存，但同时亦应有自卫防身的知识与能力来保护自己，不可将其视作一种可有可无的雕虫小技。自卫防身学是对人类生命安全最有用的一门科学。

## 三、安全教育与自卫防身的现实基础

(1) 中国正面临 1983 年第一个犯罪高峰以来的第四个犯罪高峰。

(2) 犯罪形式趋向国际化，同步性越来越强；犯罪手段趋向暴力化，恶性度越来越高；犯罪领域趋向高科技，智能化越来越强。

(3) 警民比例：进入 21 世纪，中国警察与所被保护的民众比例全国总体是达到 1.3∶1000，北京市、上海市、天津市等几个大城市警民的比例为 3∶1000，中国的中西部边远地区警民的比例是 0.2∶1000。

## 四、安全教育与自卫防身的特点和作用

### (一) 特点

1. 预防为主

罪犯—受害者—犯罪时间—犯罪地点，这四个环节像一条链，抽出任何一个环节，犯罪都不可能成立。当我们了解这一切的时候，我们就掌握了主动，罪犯对有准备和有防范能力的人实施犯罪是比较困难的。

2. 针对性强

针对不同犯罪类型提出相应对策，根据不同的受害人群制定不同应对策略。

3. 实用性强

①理论与应用：分析敌我、预防在先、临场设计、脱逃等；②格斗部分，包括踢、打、摔、拿、地战、解脱、对刀、对枪等；③各种非正规化的格斗技术与应用，包括抠眼、掏裆、扯耳、咬等。

### (二) 作用

1. 具有锻炼身体，增强体质的作用

经常参加安全教育与自卫防身学习，不仅能改善人体的心血管、循环系统和呼吸系统的机能状态，而且还能增强人体肌肉力量和关节灵活性，从而起到锻炼身体、增强体质的作用。

2. 具有促进心理健康的作用

在进行安全教育与自卫防身教育时，通过案例分析进行情商教育，使之在提高智商的同时提高情商，通过模拟犯罪现场，提高其应变能力和心理素质、处理问题的能力。

3. 具有促进社会健康发展的作用

通过安全教育与自卫防身教育，使其提高自身素质，提高解决冲突或矛盾的能力，有助于整个社会的和谐健康发展。

## 第二节　安全教育与自卫防身的技术与练习方法

本节介绍的自卫防身格斗技术，是根据对自卫防身格斗性质与诸多实际案例所作系统分析而独创的方法来分类的，以便于读者学习掌握。作为自卫防身的两大组成部分之一，格斗技术主要用于在遭受歹徒攻击的情况下保护自己。全面而熟练的格斗技术会增强自卫者应付紧急情况的自信心和能力，也会增加自卫者控制搏斗主动权的能力。由于篇幅的限制，本节只对格斗技术及其练习方法进行简要概述，并举例说明采用何种技术对付歹徒的进攻。如果需要进一步全面学习与掌握格斗技术可以参考《安全教育与自卫防身》北京体育大学出版社。

### 一、远战格斗技术

远战指的是自卫者与歹徒之间保持两臂以上的距离，主要的格斗方式是运用移动、躲闪、格挡、长拳及长踢等技术动作进行攻防，类似于空手道或跆拳道比赛的方式。远战的主要目的是使自卫者能在格斗中与歹徒保持一定的安全距离，以使歹徒抓不到或打不到自卫者，因此这种格斗方式对自卫者相对安全一些。自卫者有一定的时间和距离以对歹徒的攻击意图或动作作出及时反应。自卫者远战格斗的主要武器是拳脚，当然也可以用其他武器。攻击的目标是歹徒的软弱和致命部位，最主要的打击目标是头、裆及膝，攻击这三个部位可严重击伤歹徒以削弱其进攻能力。次要打击的目标是肋与下腹，也可给歹徒造成一定程度的伤害。同时，自卫者在远战格斗时对自己的这些致命部位也应严加防范，因为这些部分也是歹徒的主要攻击目标。

#### （一）远战格斗基本姿势（图 15-1、图 15-2）

**图 15-1　侧面基本姿势**

**图 15-2　正面基本姿势**

与歹徒保持两臂距离，两脚如肩宽，重心在前脚掌上，两膝弯曲，身体半右转，两肩向内拢，头稍向下缩，注视歹徒，左拳约下巴高，置敌我之间，主要护头与肋，右拳在胸前，护肋及裆。

## （二）远战进攻技术

进攻技术作用有三：①是用来阻挡歹徒靠近自己。②是击伤歹徒以使其失去或削弱其攻击能力。③是阻吓歹徒以使歹徒知难而退。譬如：

1. 前手直拳（图 15-3）

快速向右转体，左肩前送发力，左拳击歹徒鼻梁。

2. 侧踹脚

侧踹与前踹技术相近，但脚尖向侧。用脚跟及脚外侧攻击歹徒的膝或下腹。侧踹脚左右腿都可以用图 15-4 或图 15-5。

图 15-3　前手直拳

图 15-4　脚尖向侧

图 15-5　脚跟及脚外侧攻击

前腿向侧提膝，脚尖向侧。用脚外侧踹歹徒膝。

3. 组合技术

在实际自卫防身格斗时很难靠一招一式就把歹徒击倒，尤其是敌我双方都拉开格斗架式时。这时运用组合拳就比较有效，因为组合拳的功能在于使歹徒防不胜防，总是被动挨打。其原理是在格斗中，歹徒对自卫者的每个进攻动作都要作出反应，但防守速度永远跟不上进攻速度，而且防一个部位往往会露出另一个部位。组合拳一般是两三个动作的组合运用。由于此节介绍的只是几项基本实用技术，因此组合的种类极少。虽然组合拳有一些基本套路，但用起来却无定式，全靠临场应用及个人习惯。另外，所学的基本技术越多，组合拳也会越多。读者在学会几项基本技术并能熟练应用后，应努力学会更多技术发展组合拳及应用能力。此节只介绍一种简单的远战组合拳（图 15-6～图 15-8）。

图 15-6，前脚侧蹬歹徒膝；图 15-7，前手直拳打歹徒脸；图 15-8，后手重拳击歹徒肋。

图 15-6　前脚侧蹬膝

图 15-7　前手直拳打脸

图 15-8　后手重拳击肋

### （三）远战防守技术

在真正的自卫远战格斗中，自卫者不仅要会以攻为守，也要会在歹徒踢打时格挡及闪避。自卫远战格斗攻守转换频繁，攻中有守，守中亦有攻，自卫者要熟悉并灵活转换这两种角色以增加胜算。在防拳技术中，我们可以采用躲闪技术，躲闪属防拳的中级技术。基本躲闪技术有三种：后闪（图 15-9）、下闪（图 15-10）和侧闪（图 15-11）。

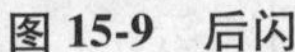

**图 15-9　后闪**

**图 15-10　下闪**

**图 15-11　侧闪**

## 二、近战格斗技术

这种格斗方式主要用于自卫者与歹徒距离较近（一臂之内）时。主要技术包括用肘、膝、短踢及短拳来打击歹徒，并同时防备歹徒使用这些招数。如在进攻技术中可采用膝撞技术、肘击技术等；防守技术中的贴身近身摔技术等。

1. 膝撞技术

膝是近战格斗中力量最大的、最有威胁的武器。主要用来打击歹徒裆及下腹（图 15-12 ）。

抓住歹徒双肩或双手，快速提膝前顶歹徒裆部。

2. 肘击技术

肘也是近战中威力强大的武器，武林中有“宁挨十拳不挨一肘”之说。肘击主要用来打击歹徒头、肋及下腹。肘击可击前击后，打高打低。下面是几种基本肘击技术。

（1）前顶肘

这项技术主要用来打击歹徒肋及下腹，尤其是歹徒身材比较高时（图 15-13）。

重心下降，后腿前蹬，后手顶住前手加力；身体左转加力，以肘尖击歹徒肋部。

（2）后横肘

这项技术主要用来打击背后的歹徒，尤其是当歹徒个子不高时（图 15-14）。

身体迅速侧转，同时以肩带肘，以肘及上臂击歹徒头部。

**图 15-12　膝撞下腹**

**图 15-13　前顶肘**

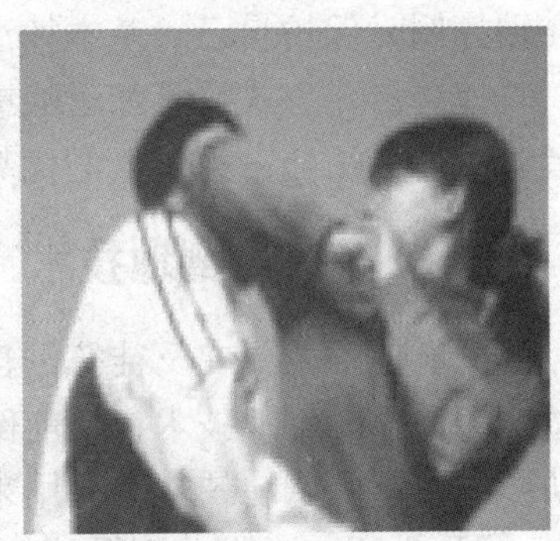

**图 15-14　后横肘**

3. 综合运用

由于歹徒一般会比自卫者稍壮一些，而且距离又近，歹徒容易抓到或打到自卫者。混战中双方都有可能受伤，对自卫者很不利。因而在近战中自卫者要勇猛凶狠，以攻为守，连续使用膝、肘、拳、脚、头、肩连续不断地攻击歹徒，以求速战速决地瓦解或解除歹徒的攻击力或吓退歹徒。不能给歹徒一点喘息时间。

提高近战技术的方法与远战相似，亦需要大量的练习来提高技术动作的质量和应用能力。实战性的训练尤其重要，同时亦应培养敢打敢拼命的劲头。自卫者在学会了上述基本技术之后，可进一步学一两种拳术，以不断增强自己的近战能力。学习拳击可增强短拳及其防守能力，学习泰拳则可增强膝肘攻击及防守能力，学习咏春拳可增强近距离控制歹徒的能力。

4. 贴紧近身摔

这一防守方法以软对硬。先粘住对手以使其无法发力攻击，紧接着以摔法摆脱对方(图 15-15~图 15-17)。若歹徒不是很强壮或自卫者摔技较好时，比较适用此法。

图 15-15，以手、腿贴近歹徒使其无法发力；图 15-16，以腿别住歹徒腿；图 15-17，以腿勾住歹徒腿，同时猛推歹徒。

**图 15-15　贴紧近身摔 1**

**图 15-16　贴紧近身摔 2**

**图 15-17　贴紧近身摔 3**

## 三、摔法格斗技术

当歹徒企图抓住或已经抓住自卫者的肩膀而试图将其摔倒在地时，自卫者必须使用摔法来对付歹徒。这种格斗主要包括下面的内容：防抓肩，在肩膀被抓时解脱，保护身体平衡，在被摔倒时保护自己，基本摔法及对付歹徒用摔法的进攻。

摔法格斗方式远不如远战或近战方式安全。因为歹徒一般都强壮一些，所以在抓住自卫者时歹徒往往会占力量上的优势。

### (一)保护性倒地技术

倒地技术主要在歹徒摔倒自卫者时，自卫者用来保护自己以避免受伤，并进一步与歹徒做地面格斗。倒地技术包括前倒、后倒、侧倒、前滚和后滚五种。现举例说明前倒地技术的动作要领：前倒地技术主要用来在向前倒时保护脸部及胸部(图 15-18)。

图 15-18，一脚前迈缓冲，双手准备接地；图 15-19，两掌与前臂接地，头与身体离地；图 15-20，迅速转身，身体正对歹徒。

图 15-18　保护性前倒地 1

图 15-19　保护性前倒地 2

图 15-20　保护性后倒地 3

## (二)摔技及破解摔技

摔技及破解技术主要用来在格斗中伺机摔倒对方以求解脱，并在歹徒运用摔技时能破解其技。摔法多种多样，有中国式、西方式、柔道式。这里介绍一种比较容易的摔技，抱腿摔和破解抱腿摔(图 15-21~图 15-24)。

1. 抱腿摔

图 15-21，保持平衡；图 15-22，双手从内下压解脱；图 15-23，双手搂歹徒膝，右肩顶其肋腹；图 15-24，用力使歹徒后倒。

图 15-21　抱腿摔 1

图 15-22　抱腿摔 2

图 15-23　抱腿摔 3

图 15-24　抱腿摔 4

2. 破解抱腿摔

图 15-25 ，歹徒欲行抱腿摔；图 15-26、图 15-27，双手推歹徒头，同时后跳撤出。

图 15-25　破解抱腿摔 1

图 15-26　破解抱腿摔 2

图 15-27　破解抱腿摔 3

**知识窗**

**如何成为摔法高手**

提高技术的质量及应用能力是提高摔技的首要一步；与其他格斗方式综合运用则是第二步；第三步就是找一门拳术学习更多的技术及其应用，使自己成为摔法专家。能帮助提高摔技的拳术有柔道、中西式摔跤、柔术、相朴。

## 四、地面战格斗

地面战格斗也是自卫防身学不可缺少的格斗形式。对很多案例的统计表明，在遭到突然袭击时，自卫者尤其是女性往往在五六秒之内就被歹徒摔倒在地而处于劣势。自卫者安全脱身的机会比远战近战大为减少。如自卫者能正确使用倒地技术，并应用地面战技术，则仍有机会脱险。现介绍一下跪姿摔跤加拳击技术要领及地面解脱技术。

### （一）跪姿摔跤加拳击

图 15-28，姿势似站立拳击，动作靠腰肩发力；图 15-29、图 15-30，抓住歹徒以保持平衡，用前推或侧拉来拖倒歹徒。

图 15-28　前推

图 15-29　侧拉

图 15-30　拖倒

### （二）地面解脱技术

1. 体上卡喉解脱

此法用于歹徒压在自卫者身上并以双手卡喉时（图 15-31～图 15-32）。

图 15-31，歹徒上压卡喉，自卫者拳击面；图 15-32，自卫者双手于歹徒腋窝处；图 15-33、图 15-34，自卫者双手侧前方推其体，同时大腿前顶歹徒腿部，使歹徒倒向侧前方；图 15-35、图 15-36，自卫者迅速起身，采用侧踹反击歹徒。

图 15-31　体上卡喉解脱 1

图 15-32　体上卡喉解脱 2

图 15-33　体上卡喉解脱 3

图 15-34　体上卡喉解脱 4

图 15-35　侧踹反击 1

图 15-36　侧踹反击 2

2. 骑背锁喉解脱

此法用于歹徒骑在背上并以其臂锁喉时，下面的抓臂滚翻法是方法之一。图 15-37，歹徒骑背锁喉，自卫者抓住歹徒手臂以缓其力；图 15-38，内拉歹徒手臂，左腿蹬地，身体向右肩滚动；图 15-39、图 15-40，击其裆，咬其臂。

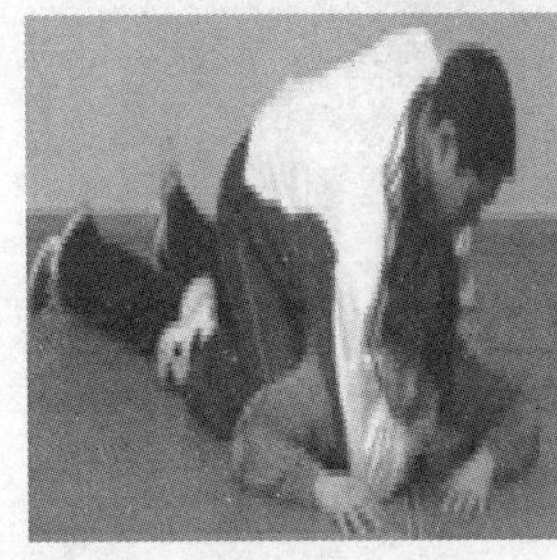
图 15-37 骑背锁喉解脱 1

图 15-38 骑背锁喉解脱 2

图 15-39 骑背锁喉解脱 3

图 15-40 骑背锁喉解脱 4

知识窗

如何提高地战能力

提高地战技术，首先要提高单个动作质量并增强肌肉力量。但最重要的是能够在几个人轮番以各种方式攻击的情况下快速作出反应与相应动作。四对一、五对一的练习是提高反应与应变能力的最好办法。在学会基本技术之后欲再进一步提高地战能力，可选择柔术、柔道、合气道及武术中的地躺拳。

## 五、擒拿格斗

擒拿主要靠加力控制歹徒身体的薄弱关节或穴位，来损伤歹徒关节或造成关节剧痛，使歹徒害怕关节被折断或被击中穴位，而放弃继续攻击自卫者。主要是运用擒拿技术必须乘歹徒不备时才可奏效。如果歹徒发现自卫者的意图而使肌肉紧张起来，则擒拿的成功率很低。擒拿包括两类技术：一类是反关节，一类是点穴。该节介绍几种反关节技术。

1. 锁肘

图 15-41，歹徒单手欲卡喉；图 15-42、图 15-43，自卫者右手抓其腕，左手卡其肘，左脚上步左肘顶其肩；图 15-44，下压其肘同时上抬其腕对肘施压，将歹徒牢牢压在地上，用膝压住其肩；如若歹徒强壮，可用腋下夹压其肘，用身体的力量与重量制服歹徒；图 15-45，右手抓其腕，左腋压住其肘同时右手上抬。

图 15-41 锁肘 1

图 15-42 锁肘 2

图 15-43 锁肘 3

图 15-44 锁肘 4

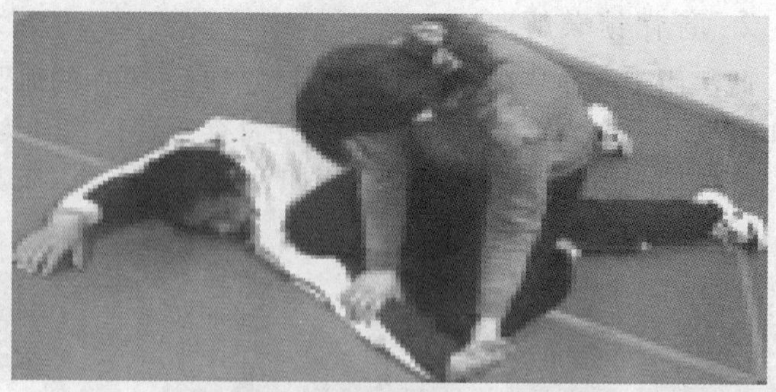

图 15-45 锁肘 5

2. 卷腕

图 15-46，双手抓住歹徒一只手并使其掌面向上；图 15-47，向歹徒掌骨上端加力将其腕卷向其前臂；图 15-48，保持卷腕角度同时向外扭其腕并撤右腿回拖歹徒向下，以防歹徒打脸；图 15-49，自卫者可以将歹徒摔倒在地。

图 15-46 卷腕 1

图 15-47 卷腕 2

图 15-48 卷腕 3

图 15-49 卷腕 4

提高擒拿技术不仅要提高技术的熟练性与准确性，而且要增强判断力和时机感。动作的速度与手指、手臂的力量亦是重要因素。能够与其他技术互相转换、结合应用更是成功的条件之一。

世界上有几种拳术专门研究训练反关节技术，从这些拳术中可学到更多、更深、更专的技术，并且会在高水平模拟训练中提高运用能力。这些拳术以中国武术中的擒拿、日本的柔术和合气道为首，其他的还有韩国的合气道、公安人员的训练及特种部队的军事训练。研究得比较系统的，当属柔术和合气道。

## 六、解脱格斗技术

歹徒在攻击受害者时往往采用突然袭击的方式来控制其要害部分，以期将受害者迅速制服。自卫者在遭到突然袭击的情况下往往没有时间来考虑对策，更难以保持安全距离，因而只能被动地根据受攻击的方式和部位来采取一些解脱方法。采用这种格斗方式，其成功率要比其他方式如远战、近战低。解脱格斗所对付的攻击行为也分四大类，其中包括抓臂、抓发、锁喉和抱腰，现举例说明技术要领：

### (一) 上抓臂解脱技术

图 15-50，自卫者用后手抓住自己被抓手同时进一步靠近；图 15-51，手下压，肘上抬压住对方手腕；图 15-52，侧转身加力，合力抢出。

图 15-50　上抓臂解脱 1

图 15-51　上抓臂解脱 2

图 15-52　上抓臂解脱 3

### (二) 卡喉、锁喉解脱

锁喉解脱的过程一般是先抓住歹徒手臂，以保护脖颈并保证呼吸，然后使用适当攻击技术以迫使歹徒松手。譬如：前卡喉、双手前卡喉。

图 15-53、图 15-54，双臂抓住歹徒双臂并下压；图 15-55，以膝顶裆；图 15-56，采用拌摔将其摔倒在地。

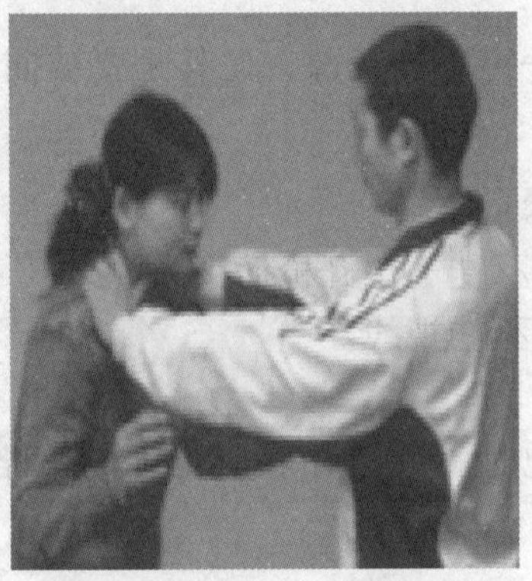
图 15-53　卡喉、锁喉解脱 1

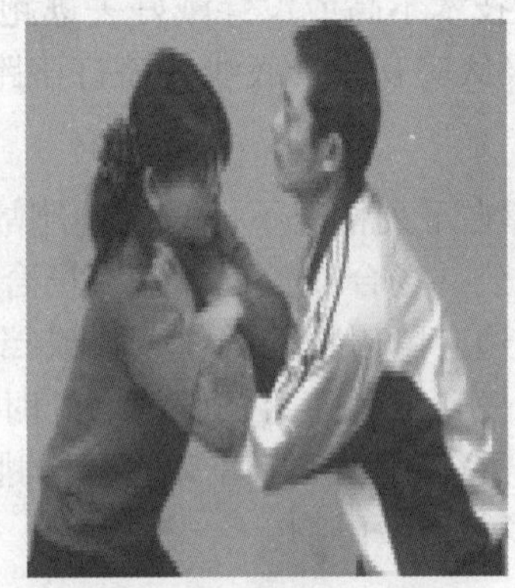
图 15-54　卡喉、锁喉解脱 2

图 15-55　卡喉、锁喉解脱 3

图 15-56　卡喉、锁喉解脱 4

在学会了基本的解脱技术之后，要先把每个动作都做得正确并快速；然后以一对众，在轮番大战的训练中增强识别能力和动作的自动化水平。接下来就是在解脱后连接其他格斗形式，以使自己能够应付各种情况；最后一步是学习更多的和水准更高的技术。

## 七、特殊格斗技术

特殊格斗是指在敌我实力相差较大的情况下的自卫防身，如对付两个或更多的歹徒，或对付持刀或持枪的歹徒。

## （一）对付持枪歹徒

专家们一般推荐三种作法来对付持枪歹徒：一是听命于歹徒，以期歹徒不会进一步伤害自己；二是立即逃跑，以免被歹徒劫到僻静之处再下手；三是以格斗击伤或控制住歹徒，以创造逃脱机会。这三种办法各有利弊，运用时机亦不相同。

1. 服从

专家们建议在以下情况下服从歹徒，保持冷静，等待时机，万万不可轻举妄动。

（1）当自卫者被紧紧抓住并且枪口抵住头、胸，逃跑或格斗的机会不大，而服从成为唯一的选择时。

（2）当歹徒很紧张，自卫者的每个动作都会引发歹徒扣扳机时。

（3）当歹徒已经开枪射击敢于反抗或逃跑（如在抢劫银行时）的其他受害者时。

（4）当歹徒只是要钱要物时。

（5）当歹徒劫持人质，自卫者的逃跑或反抗会引起歹徒杀害人质时。

（6）当自卫者技术不高或没穿戴好去逃跑时。

专家认为，服从应有一个底线，该打该跑一定不能犹豫，尤其是要被捆绑起来或带走时。

2. 逃跑

专家一般推荐在下列情况下应采用逃跑战术：

（1）自卫者在公共场合或较近于公共场合，歹徒不想开枪而引人注意。

（2）逃跑时身边有障碍物能挡住子弹或挡住歹徒视线。

（3）当歹徒迫使自卫者随其去僻静之处时。

（4）自卫者离歹徒稍远且穿着又适合于逃跑时。逃跑并躲避枪弹的策略是跑折线、变向突然、弯腰，并多利用障碍物。

3. 格斗

专家一般认为在下列的情况下应该果断格斗：

（1）当歹徒欲把自卫者牢牢捆起使其彻底失去反抗能力时。

（2）自卫者对未来形势估计危险时。

（3）当歹徒走神或歹徒看起来不那么熟练或不太强壮，而自卫者有一定技术时。

（4）当歹徒已射杀其他受害者，而未来得及调转枪口，不打就要被射杀时。

枪口上的格斗适用于一臂之内的距离，这样自卫者一伸手就够得上歹徒的持枪手。实验表明，若自卫者的速度很快，则可避开枪手的第一枪，但必须在避开第一枪后迅速控制歹徒持枪的手以防第二枪。若歹徒较远，则走为上策。最难的是两三米以上至五六米之间，自卫者想格斗又够不着，跑又太近。譬如当枪口指头时，我们可以采用如下方式：

**图 15-57　反关节制服 1**

**图 15-58　反关节制服 2**

**图 15-59　反关节制服 3**

**图 15-60　反关节制服 4**

如图 15-57～图 15-60 所示，自卫者迅速低头并以手上推枪口。左手锁其臂，右手锁其喉，以膝顶裆。枪口格斗要注意几点：①要表现出服从，以麻痹歹徒，使其松懈，不要暴露出任何想反抗的迹象；②第一格挡动作应似闪电一样快，以避开第一枪；③贴近歹徒以手及身体粘住对方持枪手，并不给对手抽枪的空间，然后再行制服。

## (二)对付持刀歹徒

专家们认为对付持刀歹徒与对付持枪歹徒相似，一是服从，以避免伤害并寻找机会；二是逃跑，以脱离险境；三是徒手或使用其他器械与歹徒格斗。

1. 服从

当歹徒紧紧抓住自卫者并且用刀尖对准胸、喉时；当自卫者无法逃跑又无法格斗时；当自卫者自知技术或力量都占下风时；当歹徒明确表明只要钱财时，自卫者应采用服从的战术。希望歹徒拿了钱就走而不会进一步伤人，或等待有利时机逃跑或格斗。但在服从时亦应注意歹徒举动，并随时准备逃跑或格斗。最好能与歹徒有点距离。目前尚未有关于刀尖上服从的结果研究，但多数有关案例表明，尤其在遭遇抢劫时服从歹徒的效果比较好。

2. 逃跑

在刀尖上逃跑的机会：①在歹徒尚未开始攻击时，自卫者转身就跑；②当离公共场合较近，歹徒胁迫自卫者去僻静之处时；③自卫者格斗技术经验不足没有把握时；④自卫者能跑且穿着适宜时。在逃跑时亦应作好随时回身格斗的准备。

3. 格斗

与对付持枪歹徒相似，以格斗对付持刀歹徒容易激怒和威胁歹徒，而使其全力攻击自卫者。一旦动起手来自卫者便没有退路，但也有一些主动权来控制并扭转局势。在其他招数都不灵的情况下，格斗便成为唯一的手段，尤其是在歹徒铁了心要置自卫者于死地时，或胁迫其去僻静处而自卫者又无法逃跑时，或自卫者技术力量占优势时。

歹徒持刀威胁自卫者：①遭歹徒锁喉并以刀尖相对；②歹徒尚未抓住自卫者但乱刀捅来；③歹徒未抓住自卫者但以刀尖指向胸腹或背。

譬如擒拿对短刀：擒拿对短刀有两种基本手法，即锁肘和卷腕。

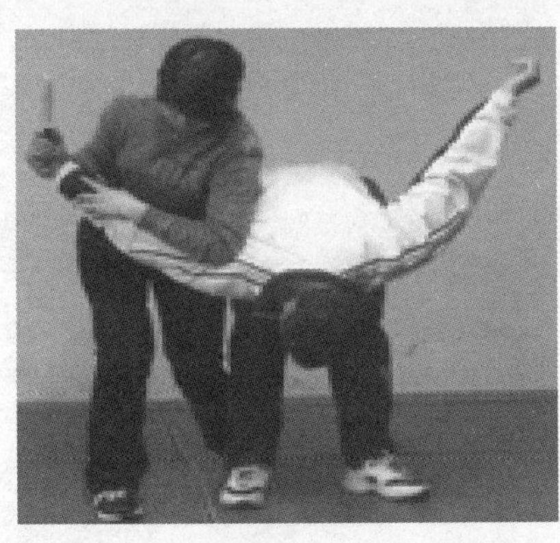

**图 15-61　锁肘**

**图 15-62　卷腕**

如图 15-61 所示，歹徒进刀时抓住其持刀手臂，锁住其肘或打断其肘。

如图 15-62 所示，卷腕对短刀，卷腕使其松开刀柄。

4. 以少对多

以少对多的格斗原则：①要不断移动以避开对方接近或形成包围圈；②要打跑结合，有逃跑机会就逃跑，没有逃跑机会就打，以创造逃跑机会；③使用任何武器以增加战斗力；④诈一方而战另一方。

## 思考题

(1) 安全教育与自卫防身的特点与作用是什么？
(2) 防范暴力犯罪的原则是什么？
(3) 如何提高格斗能力？

## 研究与实践

举例说明安全教育与自卫防身与拳术之间的异同。

# 第十六章

# 传统民间体育

## 第一节　导引养生功十二法

健身气功·导引养生功十二法是国家体育总局健身气功管理中心组织编创的新功法之一，是北京体育大学张广德教授于 1974 年起编创推广的 50 余套导引养生功功法中的 12 式，是一套以祖国医学中脏腑经络学说、阴阳五行学说、气血理论为指导，把导引与养生、肢体锻炼与精神修养融为一体的功法，集修身、养性、娱乐、观赏于一体，动作优美，衔接流畅，简单易学，安全可靠，适合于不同人群习练，具有祛病强身、延年益寿的功效。

### 一、预备势

1. 动作要领

八字脚站立，周身放松。

2. 技术要点

不分男女，两掌均左手在里叠于丹田，默念练功口诀。

3. 常见错误

腰背过于紧张，并步站立。

4. 专家提示

通过呼吸调整紧张状态，身心放松。

### 二、12 式

#### (一)乾元启运

1. 动作要领

两臂侧举，目视左(右)手时右(左)手偏低，掌心向后下方。纠正方法，两臂侧平举看左(右)手时，注意右(左)手平举。

2. 技术要点

两掌拇指稍用力内旋，使掌心完全向后方。开步并步时，纠正立法。开步时，先屈膝降低重心，再缓慢开步，重心平移。收脚并步时，先向支撑腿平移重心，重心完全移到支撑腿后，再慢慢收脚并步。

3. 常见错误

屈膝下蹲两掌下按时，身体前倾，膝关节超过脚尖。动作过快，身体晃动过大。

4. 专家提示

屈膝按掌时，保持身体正直。背有靠意，端正下坐，膝关节不超过脚尖。

### (二)双鱼悬阁

1. 动作要领

上步时，先降低重心，迈出脚脚尖贴地绷脚前伸。到位后，脚尖上翘落地，随重心前移脚尖再下落。左式为例，向左前方上步时，要向右前方出手，使手脚有对拉拔长之意。同时也有利于稳定重心，使出脚动作更平稳。

2. 技术要点

左式为例，两掌由切脉变合掌时，重心后移，左脚尖上翘，同时左臂内旋，右臂外旋，两掌摆动不超过左侧正方向，保持上体正直不后仰，随即右掌指捻太渊穴，横掌相合。

3. 常见错误

上步时未绷脚，落地时未跷脚。两掌由切脉变合掌时，摆掌幅度过大，身体后仰。合掌胸前时，两肘不平，距胸过近。

4. 专家提示

合掌胸前时，劳宫穴相对，两肘端平与肩同高，微向前撑，手距胸约 20 厘米，使两臂呈弧形。两掌撑按时，两臂要充分内旋，肘部微屈，两掌坐腕，上下撑按，肘微屈向两侧外撑，使手臂呈弧形，指尖均向内。

### (三)老骥伏枥

1. 动作要领

两掌握拳屈肘于胸前时，肘尖下垂，小臂并齐，大臂贴胸，拳面与下颏齐平，目平视前方。

2. 技术要点

两腿下蹲成马步，拇指捏于食指第一指节，其余三指屈于掌心，两手坐腕成勾手，直臂从体侧向身后勾挂，努力屈腕，勾尖向上。

3. 常见错误

两掌握拳屈肘于胸前时，两肘分开，小臂呈八字，马步后勾手时，身体前倾，勾手手型不对。

4. 专家提示

上身中正，开胸夹脊，收颏，头水平侧转，目平视侧后方。

### (四)纪昌贯虱

1. 动作要领

侧转身拉弓时，两拳握紧，中指点抠劳宫穴，拉弓手屈肘与肩水平向后拉，使两拳、后肘与肩保持水平。

2. 技术要点

开步前，先降低重心，并使重心完全平移到支撑腿，然后再缓慢平稳地开步。并步时，重心不升起，先平移重心到支撑腿后，再慢慢收脚并步。

3. 常见错误

侧转身成弓步时，前脚掌碾动，后脚跟提起，膝关节弯屈。

4. 专家提示

侧转身成弓步时，前脚不动，膝关节弯屈内合，保持膝关节与脚尖上下相对，向正前(即起势方向)方向。后脚以脚掌为轴，脚跟贴地向外碾动侧蹬，脚跟不可离地，膝关节伸直。

## (五)躬身掸靴

1. 动作要领

以左式为例，向左转身要大于45°，同时左拳变掌内旋按于左胯侧，随之直腕伸臂，小指侧向上拎起，从左侧后约45°左肩侧前方向上举，上体保持直立，微抬头目视左手举至左肩上方。

2. 技术要点

接着，身体右转，左掌随左臂外旋转摆至身体右前上方。这段动作关键有二，一是左转身要大于45°，二是手臂上举时，要从肩侧前方上举，不能从肩侧或侧后方上举。

3. 常见错误

掌从侧后方直臂上举时，上体倾斜。掸靴时屈膝，低头，手未触及脚面。

4. 专家提示

身体侧屈时保持直膝手向下摩运，同时要微抬头。手要摸着脚面从右(左)转到左(右)。一时直膝摸不着脚面，也不要屈膝，可坚持习练，逐步达标。掸靴后握拳，先提拳到膝高，再边起身边提拳到腰间。

## (六)犀牛望月

1. 动作要领

左脚开步时，先屈膝下蹲，大腿与地面约45°，重心平移到右腿后，左再脚向左侧开一大步，即两脚内侧距离约为自己两个半到三个脚长。开步时两手要坐腕后撑。

2. 技术要点

转腰举臂望月时，上体保持正直，举臂时，先勾腕，用手背领起，手过头后，再抖腕亮掌，两臂呈弧形，两手两肩均保持同高。

3. 常见错误

开步过小，两手未坐腕后撑。转腰举臂望月时，身体歪斜，两手一高一低，两臂未成呈弧形，未抖腕亮掌。

4. 专家提示

转腰举臂望月时，要做到两个45°，即腰要转到使身体面向侧后约45°方向。两臂要上举到使手臂与水平夹角约45°。

## (七)芙蓉出水

1. 动作要领

盘根步下蹲时，两臂充分内旋，屈肘翘腕，前方拳拳眼向下，拳与胸同高，拳距胸约30厘米。侧方拳拳眼向后，拳与胯同高，拳距胯约30厘米。

2. 技术要点

以右盘根步为例，右脚向左脚左后方插步，右脚尖距左脚跟前后约自己半脚远，左右约自己一脚宽为宜。下蹲时，大腿绞紧，左脚全脚着地，右脚前脚掌着地。

3. 常见错误

盘根步下蹲时，两臂内旋不充分，前方拳过高，侧方拳过近。侧后方插步位置不当，盘根步不稳。

4. 专家提示

盘根步，两掌收于胸前，掌根相靠，十指撑开，翘腕外撑呈莲花状。

## (八)金鸡报晓

1. 动作要领

提跟提勾时，两手五指撮拢，呈六井相合勾，转头看着一只手，意念想着另一只手，使两手同时提至与肩平。

2. 技术要点

独立勾手前上举时，百会上顶，挺身呈反躬形，眼平视前方。

3. 常见错误

提跟提勾时，两手不平，看不见的勾手低于肩。

4. 专家提示

独立勾手前上举时，展胯挺腹，后抬腿膝关节在独立腿侧后方，弯屈约 90°，脚面绷平，脚心向上。

## (九)平沙落雁

1. 动作要领

两臂侧平举，两掌坐腕侧推。

2. 技术要点

盘根步稳健，转头时两肩齐平。

3. 常见错误

侧后方插步位置不当，盘根步不稳。两臂侧平举，两掌坐腕侧推时，两臂未与肩平。

4. 专家提示

转头看一侧时，同时注意看不见的后手，使前后两臂保持与肩水平。

## (十)云端白鹤

1. 动作要领

吸气提腕合谷向上摩运时，脚趾上翘，脚掌不离地。

2. 技术要点

叠腕卷指分掌时，两膝相靠，屈膝蹲坐，上体直立，头正颈直，百会上顶，背有靠意。

3. 常见错误

吸气提腕合谷向上摩运时，未翘脚趾。叠腕卷指分掌时，身体前倾，两膝未相靠。

4. 专家提示

抖腕亮掌时，百会上顶，脚跟提起，肘腕微屈，两臂呈圆弧形。

### (十一)凤凰来仪

1. 动作要领

凤凰来仪的勾手手型是双手逐渐成勾手，向身后勾挂(与老骥伏枥勾手手型相同)。

2. 技术要点

上步时绷脚，落地时翘脚。

3. 常见错误

手型不正确，勾尖未向上。

4. 专家提示

向身后勾挂时，要挺身顶悬，直臂屈腕，勾尖向上，同时两肩后展夹脊。

### (十二)气息归元

1. 动作要领

两掌摆至体侧时，臂与上体夹角约 60°。

2. 技术要点

两掌内收回抱，采日月精华之气时，以肘领手，肘先合至比肩微宽，再合小臂和手，使气路由宽变窄，气流逐渐加速，收入关元。

3. 常见错误

两掌内收回抱时，手的位置高过肚脐。

## 三、收势

1. 动作要领

赤龙搅海时，唇轻合，上下齿分开。

2. 技术要点

舌头在牙齿内右上左下转 3 圈，再左上右下转 3 圈。舌头转动幅度宜大，以利多生津液。

3. 常见错误

舌头转动幅度过小，口生津液太少。

4. 专家提示

将两手要叠于丹田，男性左手在里，女性右手在里。

# 第二节　五禽戏

五禽戏是中国汉代名医华佗根据古代导引术，模仿虎、鹿、熊、猿、鸟五种动物的形体特点，而创编的一种具有强身保健作用的锻炼方法。坚持作“五禽戏”，能够促进血液循环，增强肢体灵活性，保持体态均匀。

知识窗

练虎戏

缓解腰背痛：如果你有腰背疼痛的症状，练虎戏能增强挟背穴和督脉的功能，能缓解颈肩背痛、坐骨神经痛、腰痛等症状。

习练五禽戏分三个步骤，一是肢体动作模仿五禽形象；二是心意会悟而效其良能，就是深刻体会五禽之动作姿势和这些动作的优良功能；三是存神(意)养气，在入静后，思想集中于守气，先练气，然后用“意”想已学会的每一禽兽的姿势动作，肢体便随之自发地运动起来。本法要求习练时宜尽力而为，以出汗为度。

## (一)虎戏

1. 动作要领

自然站式，俯身，两手按地，用力使身躯前耸并配合吸气。当前耸至极后稍停，然后身躯后缩并呼气，如此 3 次。继而两手先左后右向前挪动，同时两脚向后退移，以极力拉伸腰身，接着抬头面朝天，再低头向前平视。最后，如虎行般以四肢前爬七步，后退七步。

2. 技术要点

(1)虎举

掌心朝下，十指张开，弯曲，由小指起依次屈指握拳，向上提起，高与胸平时，拳慢慢松开、上举、撑拳，再屈指握拳，下拉至胸前，再变掌下按。两掌上举时要充分向上拉长身体，提胸收腹，扶托举重，下落含胸松腹，如下拉双环，气沉丹田；两掌上举时，吸入氧气，下按时呼出浊气，可以提高呼吸机能；屈指握拳，能增强掌指微循环功能。

(2)虎扑

两手经体侧上提，前伸，上体前俯，变虎爪，再下按至膝部两侧，经体侧上提，向前下扑；换做右势，两手前伸时上体前扑，下按上提时，膝部先前顶，再髋部前送，身体后仰，形成躯干的蠕动。虎扑要注意手型的变化，上提时握空拳，前伸、下按时变成虎爪，上提时再变成空拳，下扑时又成虎爪，速度由慢到快，劲力由柔缓刚。

3. 常见错误

两手前伸时容易弓腰、低头、膝部弯曲。

4. 专家提示

抬头前伸，臀部后顶，踏腰伸膝，对拉拔长腰部。虎扑动作注意下扑时配合呼气，以气推力，力贯指尖，虎扑使脊柱伸展折叠，锻炼了脊柱各关节的柔韧性和伸展度，起到疏通经络，活跃气血的作用。

虎戏结束，两手自前上提，内合下按，做一次调息。

知识窗

练鹿戏

缩减腰围：很多上班族长期久坐、缺乏运动、生活不规律，导致腰围增大，习练五禽戏的鹿戏是个不错的缩减腰围的好方法。因为鹿戏主要是针对肾脏的保健来设计，它的各个动作都是围绕腰部来做运动，在练习的过程中，自然而然地使我们腰部的脂肪大量消耗，并重新分配，有益于缩减腰围，保持苗条身材。

## (二)鹿戏

### 1. 动作要领

接上四肢着地势，吸气，头颈向左转、双目向右侧后视，当左转至极后稍停，呼气、头颈回转，当转至朝地时再吸气，并继续向右转，一如前法。如此左转3次，右转2次，最后回复如起势。然后，抬左腿向后挺伸，稍停后放下左腿，抬右腿如法挺伸。如此左腿后伸3次，右腿2次。

### 2. 技术要点

(1)鹿抵

练习时以腰部转动，来带动上下肢动作，配合协调。先练习上肢动作，握空拳，两臂向右侧摆起，与肩等高时，拳变鹿角，随身体左转，两手向左后方伸出；再练习下肢动作，两腿微屈，重心右移，左脚提起向左前方着地，屈膝，右腿蹬直，收回。

(2)鹿奔

左脚向前迈步，两臂前伸，收腹弓背，重心前移，左脚收回。注意换脚，在五禽戏的左右势动作转换中，只有鹿奔才有这个小换步。注意腕部动作，两手握空拳向前划弧，最后屈腕，重心后坐时，两手变鹿角，内旋前伸，手背相对，还要含胸低头，使肩背部形成横弓，同时尾闾前扣，收腹，腰背部形成竖弓，重心前移成弓步，两手下落，换右势，注意小换步，收左脚，脚掌着地时，右脚跟提起，向前迈步，重心后坐，再前挤。鹿奔动作使肩关节充分内旋，伸展背部肌肉，运动了脊柱关节。鹿戏结束，两手侧前上举，内合下按，做一次调息。

### 3. 常见错误

落步时脚尖朝前，没有外展，身体侧屈不够，未能注视右脚后跟。

> **知识窗**
>
> **练熊戏**
>
> 调理脾：人出现滞食、消化不良、食欲不振等症状，不妨练练五禽戏中的熊戏。练熊戏时要在沉稳中寓于轻灵，将其剽悍之性表现出来，习练熊戏有健脾胃、助消化、消食滞、活关节等功效。

### 4. 专家提示

落步时脚尖外展，接近90°，身体稍前倾，左肘压紧腰侧，右手充分后伸，展开右腰侧，增加腰部旋转，使眼睛通过左肩上方看到右脚后跟。

提腿迈步，两手划弧，转腰下势，收回。

## (三)熊戏

### 1. 动作要领

仰卧式，两腿屈膝拱起，两脚离床面，两手抱膝下，头颈用力向上，使肩背离开床面，略停，先以左肩侧滚落床面，当左肩一触床面立即复头颈用力向上，肩离床面，略停后再以右肩侧滚落，复起。如此左右交替各7次，然后起身，两脚着床面成蹲式，两手分按同侧脚旁，接着如熊行走般，抬左脚和右手掌离床面。当左脚、右手掌回落后即抬起右脚和左手掌。如此左右交替，身躯亦随之左右摆动，片刻而止。

2. 技术要点

(1) 熊运

两手呈熊掌状，置于腹下，上体前俯，随身体顺时针划弧，向右、向上、向左、向下，再逆时针划弧，向左、向上、向右、向下，开始练习时要体会腰腹部的压紧和放松。

(2) 熊晃

提髋落步，屈腿后坐，前靠，换做右势，提髋屈腿，落步后坐，前靠，上下肢动作要配合协调。初学时，提髋动作可以单独原地练习，两肩不动，收紧腰侧，以髋带腿，左右交替，私利练习。

3. 常见错误

容易犯的错误之一是手在胸腹部主动挪转，之二是腰部绕水平转动。

4. 专家提示

两腿保持不动，固定腰胯，开始练习时，手下垂放松，肢体随腰腹部立圆摇转，待熟练后再带动两手在腹前绕立圆，动作配合要协调自然。

**知识窗**

**练猿戏**

增强心肺功能：习惯于乘坐电梯的上班族如果爬上几层楼梯，不少人都会累得气喘吁吁，这其实在提醒你，你的心肺功能需要加强了。猿戏中的猿提动作遵循“提吸落呼”的呼吸方式，身体上提时吸气，放松回落时呼气。上提时吸气缩胸，全身团紧；下落时放松呼气，舒展胸廓，这组动作有助于增强心肺功能，缓解气短、气喘等症状，感兴趣的朋友不妨试试。

熊运动作可以配合呼吸，手上提时吸气，向下时呼气，再逆时针摇转。熊运可以调理脾胃，促进消化功能，对腰背部也有锻炼作用。

## (四) 猿戏

1. 动作要领

择一牢固横竿，略高于自身，站立手指可触及高度，如猿攀物般以双手抓握横竿，使两脚悬空，作引体向上 7 次。接着先以左脚背勾住横竿、放下两手，头身随之向下倒悬，略停后换右脚如法勾竿倒悬，如此左右交替各 7 次。

2. 技术要点

猿提：两手置于体前，十指撑开，快速捏拢成猿钩，肩上耸，缩脖，手上提，收腹提肛，脚跟提起，头向左转，头转回，肩放松，脚跟着地，两手变掌，下按至腹前；再做右势。注意动作步骤，重心上提时，先提肩，再收腹提肛，脚跟提起，重心下落时，先松肩，再松腹落肛，脚跟着地，以掸宗穴为中心，含胸收腹，缩脖提肛，两臂内夹，形成上下左右的向内合力，然后再放松还原。

猿摘：退步划弧，丁步下按，上步摘果。猿摘模拟猿猴攀树摘果，手形和眼神的变化较多，眼先随左手，当手摆到头右侧时，转头看右前上方，意想发现树上有颗桃，然后下蹲向前跃步，攀树摘果，变钩手要快，落步收回，变掌捧桃，左手下托；下肢动作是左脚左后方退步，右脚收回点地，右脚前跨步，重心上移，再收回变丁步。

3. 常见错误

重心上提时，身体易失去重心。

4. 专家提示

重心上提时，要保持身体平衡，意念头顶百合处，身体随之向上，猿提可以起到按摩上交内脏，提高心肺功能的作用。猿戏结束，两手侧前上提，内合下按，做一次调息。

知识窗

**练鸟戏**

预防关节炎：关节炎是冬季的常见多发病，但是近几年来，炎炎夏日，在医院的骨伤科，也会遇到不少肩周炎、关节炎患者因犯病而求医。主要原因就是这些患者使用空调不当，或者长时间吹电扇，导致关节疾病的发作。练鸟戏时，动作轻翔舒展，可调达气血，疏通经络，祛风散寒，活动筋骨关节，可预防夏季关节炎的发生，而且还能增强机体免疫力。

### (五)鸟戏

1. 动作要领

自然站式。吸气时跷起左腿，两臂侧平举，扬起眉毛，鼓足气力，如鸟展翅欲飞状。呼气时，左腿回落地面，两臂回落腿侧。接着跷右腿如法操作。如此左右交替各 7 次，然后坐下。屈右腿，两手抱膝下，拉腿膝近胸，稍停后两手换抱左膝下如法操作，如此左右交替也七次。最后，两臂如鸟理翅般伸缩各 7 次。

2. 技术要点

鸟伸：两手上举时，耸肩缩顶，尾闾上翘，手部水平，下按时身体放松，重心右移后，再后伸左腿，展开上体，两手腹前相叠，上举至头前上方，手掌水平，身体稍前倾，两手下按至腹前，再向后成人字形分开后伸，两膝伸直，保持身体稳定。

鸟飞：两手在腹前相合，侧平举，提腿独立，立腿下落，再上举提腿，下落。换做右势。挺举时，手腕比肩略高，下落时掌心相对，上举时手背相对，形成一个向上的喇叭口。可以单独练习上肢动作，先沉肩，再起肘，最后提腕，下落时先松肩，再沉肘，按掌，使肩部手臂形成一个波浪蠕动，有利于气血运行。再练习下肢动作，一腿提膝时，支撑腿伸直，下落时支撑腿随之弯曲，脚尖点地，再提膝。

3. 常见错误

练习鸟飞时要上下肢不协调，平衡能力有限。

4. 专家提示

鸟伸动作借住两臂上举、下按，身体松紧腰际，起到吐故纳新，疏通任都二脉精气的作用。

## 第三节　八段锦

八段锦从宋代流传至今，已有上千年的历史。八段锦是由八节动作组成的一种健身运动方法。现代研究也已证实，这套功法能改善神经体液调节机能和加强血液循环，对腹腔脏器有柔和的按摩作用，对神经系统、心血管系统、消化系统、呼吸系统及运动器官都有良好的调节作用，是一种较好的体育运动。

预备姿势：直立垂臂，全身放松，舌抵上腭，两目平视。

### (一) 第一段：两手托天理三焦

1. 动作要领

两手心朝上，两臂从体侧缓缓上举至头顶上方，手指相交叉，内旋翻掌朝上撑起。同时两脚跟尽量上提，仰头，眼看手背。然后，两掌外旋翻转手心向下，屈肘松肩，分手垂臂。同时脚跟下落着地。还原成直立预备势。

2. 技术要点

上撑动作要有“托天”之意，两手向上相交叉时吸气，翻拿上托时呼气；叉手下降至头顶时吸气，分手下垂还原时呼气。如此反复练习数遍。

3. 常见错误

两掌上托时抬头不够，上举时松懈断劲。

4. 专家提示

两掌上托，舒胸展体，缓慢用力，下颌先向上注力，再内收，配合两掌上撑，力有掌根。根据中医说法，脐以下为下焦，胸格至脐为中焦，胸格以上为上焦。这一式动作，通过两手交叉上举，缓慢用力，保持身拉，可使三焦通畅，气血调和。通过拉长躯干与上肢各关节周围的肌肉与韧带，下关节软组织，对提高关节的灵活性，防治肩骨颈椎疾患，颈椎病具有良好的作用。

### (二) 第二段：左右开弓似射雕

1. 动作要领

左脚向左松开一步、屈膝呈马步，同时两臂屈肘抬起，右外左内在胸前交叉，眼看左手。左手拇食二指撑开呈八字，其余三指屈曲扣回，内旋塌腕呈掌心向外，向左侧平推。同时右手松握拳，向右平拉，势如开弓。眼仍注视左手，此谓“左开弓”。然后，两手回复于胸前交叉，左手在外右手在内，眼看右手，再做“右开弓”，动作同于“左开弓”，唯左右方向相反。

2. 技术要点

要模仿拉弓射箭的姿势，开弓时两手用力缓缓撑拉，回收时亦似撑着弓弦缓缓放松。以吸气配合开弓，以呼气配合收回，如此左右反复数遍，回复至预备势。

3. 常见错误

端臂，弓腰，八字脚。

4. 专家提示

沉肩坠肘，上体直撑，两脚跟外撑。展肩扩胸，可刺激督脉背部俞穴，同时调节手太阴，肺经等经脉之所。它能有效发展下肢的肌肉，提高平衡和协调能力，同时增加前臂和手部肌肉的力量，提高手腕关节及指关 节的灵活性，并有利于矫正驼背、肩内收等不良姿势，很好地预防肩、颈疾病。

### (三) 第三段：调理脾胃单举手

1. 动作要领

并步直立，两手屈肘抬至胸前，手心向下，左手内旋上举至头顶上方，手心向下，眼看上举之手；同时右手下按至右胯侧，手心向下，此谓“左举手”。然后，左手落下，右手抬起，双手平至胸前，再右手上举至头顶上方，左手下按至左胯侧，做“右举手”。

2. 技术要点

以呼气配合上举下按，以吸气配合两手平至胸前，如此反复数遍，回复至预备势。

3. 常见错误

两掌手指方向不正，肘关节没有弯曲度，上体不够舒展。

4. 专家提示

注意两掌放平，指尖摆正，力在掌根，肘关节稍屈，对拉拔长。通过左右上肢，一松一紧上下对拉，可以牵拉腹腔，对中焦脾胃起到按摩的作用，同时，可以刺激胸部的相关经络，以及背部输血等。具有调理脏腹经络的作用。该式动作，可使脊柱内各锥骨间的小关节及小肌肉得到锻炼，从而增强脊柱的灵活性与稳定性，有利于预防和治疗肩、颈疾病。

### (四)第四段：五劳七伤往后瞧

1. 动作要领

身体站立不动，唯头部慢慢向左、向后转动，眼看左后方，称谓“左后瞧”。然后，收回至原位，稍停片刻，再慢慢向右、向后转动，眼看右后方，称谓“右后瞧”。

2. 技术要点

头部转动时，保持两足趾抓地，头微上顶，肢体正直不动。以呼气配合转头后瞧，以吸气配合转头复原，如此左右转动往后瞧，反复数遍。

3. 常见错误

上体后仰，转头又转体，转头与悬臂不充分。

4. 专家提示

下颌内收，转头悬臂弧度应该大一些。五劳，是指心、肝、脾、肺、肾等五劳损伤，七伤指喜、怒、悲、忧、恐、惊、思七情伤害。这个动作通过上肢伸直，外旋扭转的劲力牵张作用，可以扩张牵拉胸腔，腹腔多脏腑，往好瞧的转头动作，可以刺激颈部大锥穴，以及背部五脏六腑的输血，达到防治五劳七伤的目的。这一动作，还能能加颈部及肩关节周围能与运动的肌群的收缩力，增加颈部运动幅度，活动眼肌，改善眼肌疲劳的及肩颈等背部疾患，改善颈部及脑部血液循环，有助于解除中枢神经系统的疲劳。

### (五)第五段：摇头摆尾去心火

1. 动作要领

左脚向左横开一步呈马步，两手扶按于膝上，拇指向后外。头部向左下方摆，臀部向右上方摆，两臂随之左屈右伸，此谓“左摆”；然后，头再向右下方摆，臀部向左上方摆，两臂随之右屈左伸，称谓“右摆”。最后，俯身使头和躯干由右向前、向左、向后呈弧形摇动一圈，此谓“左摇”；再使头和躯干由左向前、向右、向后呈弧形摇动一圈、称谓“右摇”。

2. 技术要点

摆摇之时，两足趾抓地，脚掌踏实，勿上下起伏。初学或老年体弱者、摆摇幅度可小些，速度可慢些。以呼气配合摆动，以吸气配合直身过渡动作；前俯摇动时呼气，后仰摇动时吸气。先做左右摆动各数遍，接做左右摇动各数遍，再回收至预备势。

3. 常见错误

摇转时颈部僵直，尾间摇动不灵活，弧度小。

4. 专家提示

上体右倾，尾间斜摆，上体前俯，尾间向后画圆，上体不低于水平，使尾间与颈部对拉拔长，加大旋转弧度，上体侧倾，和向下俯身时，下颌部有意内收或上仰，颈椎与肌肉尽量放松伸长。属阳热内剩的疾病，该式动作两脚下蹲，摇动尾间，可刺激督脉等，通过摇头可刺激大椎穴，从而达到舒经泄热的目的，有助于去除心火。在摇头摆尾过程中，脊柱、腰段、颈段。大弧度侧屈，反转及回旋，可使整个脊柱的头、颈段，腰腹及臀骨部肌群参与收缩，既增加了颈、腰、髋关节的灵活性，也发展该部位的肌力。

## (六)第六段：两手攀足固肾腰

1. 动作要领

上身后仰，同时两手手心自然贴身后移。上身再慢慢前屈弯腰，同时两手张开朝下，手心贴大腿后侧随弯腰动作而下移至足跟(或移至本人所能达到的极限)，抓握住保持片刻，再起身直立垂臂。

2. 技术要点

动作要缓慢，全身要放松，攀足时必须要直膝，以吸气配合后仰，以呼气配合前屈弯腰，反复数遍，回复至预备势。

3. 常见错误

两手向下摩运时，膝关节弯曲，低头，向上起身时，起身在前，举臂在后。

4. 专家提示

两手向下摩运时，不要低头，膝关节伸直，向上起身时，要以臂带身。大弧度前屈后伸，可刺激脊柱，督脉，以及阳关、委中等穴，有助于防治生殖泌尿系统的一些慢性病，达到固肾壮腰的目的。通过几度大弧度前屈好伸，可有效发展躯干，前后伸屈几度肌群的力量与伸展性，同时对于腰部的肾、肾上腺、输尿管等器官有良好的牵拉按摩作用，可以改善其功能，刺激其活动。

## (七)第七段：攒拳怒目增气力

1. 动作要领

两手握拳抱于腰间腹部两例，掌心向上。同时两脚蹬地跳开成马步。两目向前怒视。左拳向前缓缓用力冲出，同时内旋小臂成拳心向下，呼吸 7 次，每呼气时，用意紧拳。左拳变掌，外旋成掌心向上，抓提成拳，再缓缓收抱于腰间腹侧，此谓“左前冲拳”。然后，换右掌向前缓缓用劲冲出，做“右前冲拳”，同于“左前冲拳”，左右方向相反。再交替做左右侧冲拳，动作同于前冲拳，唯向左右侧方冲出。再做双冲拳，即两拳同时向前和向左右两侧同时冲出。最后，两脚蹬地跳起，落成并步，同时两拳变掌垂下，还原成预备势。

2. 技术要点

练习时做到头、肩、臂、膝、脚平正，动作刚劲矫健。年老体弱者蹬跳不便，可用左脚向左横开一步呈马步。

3. 常见错误

冲拳时上体前俯，端肩，掀肘，回收时旋腕时不明显，抓握无力。

4. 专家提示

冲拳时，小臂贴内前送，头向上顶，上体立直，肩部松沉，肘关节微屈，力达全面，回收时，先五指伸直，充分旋腕，再屈指用力抓握。该式动作的怒目瞪眼，可刺激肝经，使肝血充盈，肝气输泄。该式动作，两腿下蹲，脚趾抓地，双手转拳，旋腕，手指足节强力抓握等动作，可刺激手足、三阳、三阴经脉和督脉，同时，可使全身肌肉、经脉受到劲力牵张刺激，长期锻炼可使肌肉结实有力，气力增加。

### (八)第八段：背后七颠百病消

1. 动作要领

两手左里右外，交叠置于背后，手心向后。两足跟尽量上提，头上顶，足跟轻轻落下，接近地面而不着地，如此连续起落多次。

2. 技术要点

以吸气配合提脚跟，以呼气配合落脚跟，颠动身体，使全身放松，最后脚跟落地，直立垂臂收功。

3. 常见错误

上提时端肩，身体重心不稳。

4. 专家提示

脚趾抓住地面，两脚并拢，提杠收腹，肩向下沉，百会穴上顶。脚十趾抓地，可刺激足部有关经脉，调节相应脏腑功能，同时掂足可刺激脊柱与上督脉，使全身，脏腑经络，气血通畅，阴阳平衡，掂足而立，可发展小脚后群肌力，拉长主体肌肉韧带，提高人体的平衡能力，落地振动可轻度刺激下肢与几度各关节内外结构，全身肌肉得到了很好的放松、复位，有助解除肌肉紧张。

**知识窗**

**八段锦之名**

最早出现在南宋洪迈所著《夷坚志》中。一般有八节，锦者，誉其似锦之柔和优美。正如明朝高濂在其所著《遵生八笺》中“八段锦导引法”所讲：“子后午前做，造化合乾坤。循环次第转，八卦是良因。”“锦”字，是由“金”“帛”组成，以表示其精美华贵。除此之外，“锦”字还可理解为单个导引术式的汇集，如丝锦那样连绵不断，是一套完整的健身方法。

## 第四节　舞龙舞狮

### 一、舞龙

龙是中华民族神圣、祥瑞的象征。自古以来，华夏民族对龙的朝拜，旨在求得风调雨顺、丰衣足食、平安吉祥。

舞龙俗称舞龙灯，是我国独具特色的民间舞蹈和娱乐活动。舞龙之俗由来已久，据记载距今已有两千多年历史。有史料考证：舞龙祈雨早在先秦时期开始流行，到了汉代已具有相当规模，且各地风格各异、独具特色，形式也十分讲究。

在近代，随着华人的迁移，舞龙之俗又传播到世界各地。而今凡有华人聚居的地方，每到庆典和佳节均有舞龙助兴。舞龙作为中华民族的文化，也逐渐为世界各国所接受，进而演变为颇具特色的舞龙运动。由于舞龙运动不仅场面壮观，具有很强观赏性，而且对锻炼身体的协调性、灵活性、力量、耐力等素质有很大益处。所以，近几十年来，东南亚许多国家和地区将舞龙发展成为一项竞赛活动。国际性的舞龙比赛也日益增多。

在我国，自1995年起，每年都组织全国比赛，随着中国龙狮协会的成立，舞龙被发展为竞技舞龙。2001年国际龙狮总会制定并推出了国际舞龙竞赛规则和裁判法，推动了世界各国舞龙运动的蓬勃发展，并使舞龙运动在保持传统风格的基础上，走上了规范化、科学化和国际化的轨道。

**知识窗**

人们在喜庆日子里用舞龙来祈祷龙的保佑，以求得风调雨顺，五谷丰登。舞龙的主要道具是“龙”。龙用草、竹、布等扎制而成，龙的节数以单数为吉利，多见九节龙、十一节龙、十三节龙，多者可达二十九节。“火龙”，用竹篾编成圆筒，形成笼子，糊上透明、漂亮的龙衣，内燃蜡烛或油灯，夜间表演十分壮观。

舞龙是由龙珠、龙头、龙身、龙尾10个人在音乐伴奏下以大幅度的舞动来表现龙的各种腾跃加滚翻。珠引龙走，龙跟珠行，节节相随，快慢有序，组成各种巨龙腾跃的优美形态。

## (一)舞龙的基本技术

### 1. 基本握法

(1)正常位

①动作要领：双手持把，左(或右)臂轴微弯曲，手握于把位末端与胸同高，右(或左)臂伸直，手握于把的上端。

②技术要点：挺胸，塌腰，手握把要平稳，把位离胸距离为一拳。

(2)滑把

①动作要领：一手握把端不动，另一手握把上下滑动。

②技术要点：滑动要连贯均匀。

(3)换把

①动作要领：结合滑把动作，在滑动手接近固定手位，双手转换，滑动手握把成固定手位，固定手位变成滑动手位。

②技术要点：换把手位时，要保持平稳，并随龙体轨迹运行。

### 2. 基本步型和步法

(1)步型

1)正步

①动作要领：两脚靠拢，脚尖对前方，重心在双脚上。

②技术要点：挺胸，立腰，眼平视前方。

2)小八字步

①动作要领：两脚跟并拢，脚尖分开，对左、右前角。

②技术要点：挺胸，立腰，眼平视前方。

3)大八字步

①动作要领：两脚跟间相距一脚半，其他同小八字步。

②技术要点：挺胸，立腰，眼平视前方。

4)丁字步

①动作要领：右(左)脚跟靠拢左(右)脚足弓处，脚尖方向同小八字步。

②技术要点：挺胸，立腰，膝挺直，眼平视前方。

5)虚丁步

①动作要领：(前点步)站丁字步，右(或左)脚顺脚尖方向伸出，绷脚点，大腿外旋。

②技术要点：挺胸，立腰，虚实分明。

6)虚步

①动作要领：两脚前后开立，右脚外展45°，屈膝半蹲，左脚脚跟离地，脚面绷平，脚稍内扣，虚点地面，膝微屈，重心落于后腿上。两眼向前平视。左脚在前为左虚步；右脚在前为右虚步。

②技术要点：挺胸，塌腰，虚实分明。

7)弓箭步

①动作要领：右脚(或左脚)向前迈出，屈膝，小腿垂直，脚尖朝前，左腿(或右腿)挺直，脚尖稍内扣。重心在两腿中间，上身与右(或左)脚尖同一方向。

②技术要点：挺胸，塌腰，沉髋；前腿弓，后腿绷，前脚同后脚成一直线。

8)横弓步

①动作要领：当弓步的上身左(或右)转与左(或右)脚尖同一方向。

②技术要点：挺胸、塌腰、沉髋。

(2)步法

1)圆场步

①动作要领：沿圆线行进，左脚上一步，脚跟靠在右脚尖前，脚跟先着地，再移至前脚掌，同时右脚跟提起。右脚做法同左脚，两脚动作保持在一条线上。

②技术要点：上腿部分相互靠拢，膝微屈放松，快与慢走时都要求身体平稳。

2)矮步

①动作要领：两腿半屈，勾脚尖迅速连续地以脚跟到脚尖滚动向前行进。每步大小约与本人的一个脚长。

②技术要点：挺胸，塌腰，身型正直。身体重心要平稳，不要有上下起伏现象。落步时，由脚跟迅速过渡到全脚掌，并注意步幅。

3)弧行步

①动作要领：两腿微屈，两脚迅速连续向前行进。每步大小略比肩宽，走弧形路线。眼注视龙体。

②技术要点：挺胸、塌腰，身体重心要平稳，并随龙体上下运行起伏行进。落步时，由脚跟迅速过渡到全脚掌，并注意方向转换、转腰。

4)单碾步

①动作要领：预备势脚站小八字步，手握把位上举姿势，右脚以脚掌为轴，脚跟微提起，左脚以脚跟为轴，脚掌微提起，两脚同时向右旁碾动，由正小八字步碾成反小八字步，然后右脚以脚跟为轴，左脚以脚掌为轴，同时向右旁碾动，成正小八字步，反复按此进行。

②技术要点：碾动时膝放松，动作连贯，碾动时保持身体平稳。

5）双碾步

①动作要领：预备势站正步，以双跟为轴，双脚尖同时向右（或左）碾动，然后再以双脚尖为轴，双脚跟同时向右（或左）碾动，反复按此进行。

②技术要点：重心在双脚上，必须同时碾动，膝放松，动作连贯，碾动时保持身体平稳。

（3）跳跃翻腾

1）腾空箭弹

①动作要领：右脚向前上步，膝关节伸直，以脚后跟着地；左臂前摆，持龙珠后摆；眼视前方。接着，右脚踏实蹬地向上跳起，左脚随之向前、向上摆起，同时右脚蹬地向上跳起，使身体腾起；右腿迅速挺膝向前上方弹踢，脚面绷平，左腿屈膝回收。

②技术要点：a. 起跳腿要充分蹬伸，上体后倾要伴随向前送髋，同时注意提气、立腰，向上顶头。b. 在空中要收髋、收腹、上体稍前倾。落地时，要用前脚掌先着地，然后过渡到全脚，随之屈膝、屈髋加以缓冲。

2）旋风脚

①动作要领：左脚向左上步，同时左手向前、向上摆起，右臂持龙珠伸直向后、向侧摆动。右腿随即上步，脚尖内扣，准备蹬地踏跳。左臂向下摆动并屈肘收至右胸前，同时左臂向上、向前抡摆，上体向左转前俯。中心右移，右腿屈膝蹲地跳起，左腿提起向左上方摆体旋转一周，右腿做里合腿，左手在面前迎击右掌，左腿自然下垂。

②技术要点：a. 右腿做里合腿时，要贴近身体；摆动时，膝挺直，由外向里呈扇形。b. 击响点要靠近面前。左腿外摆要舒展，并在击响的一刹那离地腾空。初学时，左腿可自然下垂。当能够较熟练地完成腾空动作时，左腿逐渐高摆，屈膝或直腿收控于身体左侧。c. 抡臂、踏跳、转体、里合右腿等环节要协调一致，身体的旋转不少于270°。

3）踺子

①动作要领：经助跑，趋步后，上体侧转前压，两手体前依次撑地，随即两腿依次向后上蹬、摆。经倒立部位后，推地，并腿后踹。当前脚掌蹬地后，急速带臂，梗头向外转体90°跳起。

②技术要点：a. 两脚摆过倒立部位后，用力推地，两腿快速向后下（压）使身体与地面呈45°~55°之间夹角。b. 跳起时急速立腰，并梗头，含胸，提气，两臂配合向前上方带。

4）后手翻

①动作要领："绷跳小翻"由两臂前举站立开始，体稍前屈，直膝，臀部后移，当失去重心时两脚蹬地，倒肩，两臂后甩，抬头挺胸，体后屈翻转。撑地经手倒立后，顶肩推手，屈髋，插腿，立腰起立。用于连续接做后手翻。"绷跳小翻"，开始时两腿弯曲，在向后甩臂的同时，两脚蹬跳。在经过手倒立后，迅速顶肩，推手，提腰，屈髋，两腿迅速下压。落地后，领臂跳起。用于连接空翻。

②技术要点：a. 甩臂，上体后倒，用力蹬地，挑腰，顶髋，后屈翻转。b. 手前伸撑地，经倒立顶肩，推手，提腰，屈髋，至站立抬上体。

5）后空翻

①动作要领：站立开始，两臂预先后摆，然后经下向前上方领，配合两腿屈膝后蹬地跳起。腾空后提膝团身，抱腿向后翻转，至3/4周时，两臂上举，展体落地成站立。

②技术要点：a. 两臂积极向上带起，提肩，梗头，含胸，立腰。b. 在跳起接近最高点时两臂立即制动，迅速提膝，勒紧小腿，团身翻臀。c. 至胸朝下时，迅速撤腿伸展抬上体。

6)侧空翻

①动作要领：左脚向前上步蹬地伸展髋、膝、踝关节，右腿向后上摆起，同时上体向左侧倾，利用摆腿惯力使身体在空中向左侧翻转，然后右脚、左脚相继落地。

②技术要点：两腿伸直，翻转要快，落地要轻。

7)旋子

①动作要领：两脚并步站立。身体右转，左脚向左迈步；两手向右平摆。接着，上体前俯并向左后上方拧转左腿屈膝，两臂随身体平摆。同时，右腿向后上方摆起，左腿蹬地伸直相继向后上方摆起，使身体在空中平旋一周。随后，右、左脚依次落地。

②技术要点：蹬地、转头、甩腰，摆臂以及摆腿协调配合，身体在空中俯身水平旋转，两腿高于水平。

8)抢背

①动作要领：右脚在前，左脚在后，两脚交错站位。左脚从后向上摆起，右脚蹬地跳起，团身向前滚翻，两腿屈膝。

②技术要点：肩、背、腰、臀要依次着地，滚翻要圆、快，立起要迅速。

9)鲤鱼打挺

①动作要领：身体仰卧。两腿伸直向上举起；两掌扶于两大腿上。接着，借助两手推力，两腿向前上方快速摆动，同时挺胸、挺腹、头顶地。随两腿摆动的惯性使身体腾空跃起。然后，两脚同时落地站立。

②技术要点：两腿摆动与挺腹要协调一致，两腿分开一般不超过两肩的宽度。

(4)舞龙单个动作技术分类

1)按动作的易难分类

①A 级难度动作：是指舞龙的基本动作和技术较为简单的舞龙技巧动作。每个动作分值 0.1 分。

②B 级难度动作：是指在舞龙基本动作上有所发展，有所提高，具有一定难度，必须经过严格的训练才能完成的舞龙技巧动作。每个动作分值 0.3 分。

③C 级难度动作：是指必须具备较高的身体专项素质和技能才能完成的高难度舞龙技巧动作，高难度的舞龙组合动作，并有较高的锻炼和审美价值。每个动作分值 0.5 分。

2)按定向动作，形态特征分类

①“8”字舞龙动作类：运动员将龙体在人体左右两侧交替作“8”字形环绕的舞龙动作，可快可慢，可原地、可行走，也可利用人体组成多种姿态，多种方法作“8”字形状舞动。

②游龙动作类：运动员较大幅度奔跑游走，通过龙体快慢有致、高低、左右起伏进行，展现婉转回旋，左右盘翻，屈伸绵延龙的动态特征。

③穿腾动作类：龙体运动路线呈纵横交叉形式，龙珠、龙头、龙节依次在龙身下穿过，称“穿越”。龙珠、龙头、龙节依次在龙身上越过称“腾越”。

④翻滚动作类：龙体呈立圆或斜圆状运动。展现龙的腾跃、缠绞的动势。龙体作立圆或斜圆状连续运动，当龙身运动到舞龙者脚下时．舞龙者迅速向上腾起依次跳过龙身，称“跳龙动作”。龙体同时或依次作 360°翻转，运动员利用滚翻、手翻等方法越过龙身，称“翻滚动作”。

⑤组图造型动作类：龙体在运动中组成活动的图案和相对静止的龙体造型。

知识窗

时至今日，舞龙经过不断发展和改进，经常成为一种具有观赏性的竞赛运动。舞龙的动作千变万化，九节以内的侧重于花样技巧，较常见的动作有蛟龙漫游、龙头钻档子、头尾齐钻、龙摆尾和蛇蜕皮等。十一节、十三节的龙，侧重于动作表演，金龙追逐宝珠，飞腾跳跃，时而飞；直冲云端，时而入海破浪。再配合龙珠及鼓乐衬托，成为一种集武术、鼓乐、戏曲与龙艺于一身的艺术。

## (二)舞龙比赛

1. 比赛

舞龙比赛按竞赛类型可分为单项赛、全能赛；按性别可分为男子组、女子组；按年龄可分为成年组(18 周岁以上，含 l8 周岁)、少年组(12~17 周岁，含 12 周岁)、儿童组(不满 12 周岁)；按竞赛项目可分为规定套路、自选套路、传统套路、技能项目和其他项目。舞龙比赛套路的时间为 7~10 分钟。

2. 场地

竞赛场地为边长 20 米的正方形场地(特殊情况，最小面积不得小于边长 18 米的正方形)，要求地面平整、清洁。场地边线宽 0. 05 米，边线内为比赛场地。边线周围至少有 1 米宽的无障碍区。

3. 器材

(1)龙珠。球体直径不少于 0. 33 米，杆高(含珠)不低于 1. 7 米。

(2)龙头。龙头重量不得少于 2. 5 千克。龙头外形尺寸，宽不少于 0. 36 米，高不少于 0. 6 米，长不少于 0. 8 米，杆高不低于 1. 25 米，杆高不低于 1. 85 米(含龙头高)。

(3)龙身。以九节龙参赛。龙身为封闭式圆筒形，直径不少于 0. 33 米，全长不少于 18 米，龙身杆高(含龙身直径)不低于 1. 6 米，两杆之间距离大致相等。

(4)夜光舞龙以九节夜光龙参赛。夜光舞龙要求龙尾外形尺寸长 0.75 米，高度不少于 0.55 米。

(5)龙体、龙尾、龙珠的重量不限制。夜光舞龙要求龙体、龙尾、龙珠有夜光效果(杆除外)。

(6)凡器材不符合规定者，不准参加比赛。

(7)传统项目以及少年组、儿童组竞赛器材由主办单位在竞赛规程中规定。

4. 服饰

(1)比赛时，舞龙和龙珠的运动员要求穿戴整洁，服饰与鞋袜不得有夜光效果。

(2)鼓乐人员服饰可以与舞龙者服饰不同。

(3)运动员上场比赛须自备佩戴有夜光效果的号码布，执龙珠者为“0”号，执龙头者为“1”号，其余依次顺延。替换队员、伴奏队员均须佩戴号码。

5. 布置

(1) 比赛时，允许运动员在场地内简易装饰布置，以增强现场气氛、突出主题，装饰物须运用得当，装拆方便，必须与竞赛内容相吻合。

(2)装饰物不能阻挡评分裁判员视线，不得使用烟幕、烟火、闪光灯等饰物；不得张挂与比赛无关的内容。

(3)布置人员进场装饰时间不得超过 3 分钟，拆除时间不得超过 2 分钟，逾时按超时扣分。

6. 音乐

舞龙比赛可用音乐伴奏，也可选用鼓乐、吹打乐等多种形式。

7. 评分标准与方法

自选套路和规定套路满分为10分。5名裁判评分时，取中间3个有效分的平均值，7或9名裁判评分时，取中间5个有效分的平均值，为该运动队的应得分。

舞龙运动大部分是大行进动态中完成“龙”的游弋、起伏、翻滚、腾越、缠绞、穿插等动作。利用人体多种姿态将力度、幅度、速度、耐力揉于舞龙技巧之中，或动或静，组成优美的龙的形象，展现龙的精气神韵。

## 二、舞狮

舞狮有南狮和北狮，本章内容以北狮内容为例，作为重点介绍和学习内容。北狮相传是在1500年前北魏时代由胡人从西域传到中原。北狮的狮身为全身覆盖型，扮狮的队员衣裤应为狮子的肢体(即狮子的前后腿)，服饰要与狮子的颜色、狮毛一致，鞋为狮爪型面覆盖。舞狮时，由两人合作扮狮，一般为四人扮两头狮，另一人手持彩球，并在配以京鼓、京钹、京锣等乐器配合狮子起舞。北狮的舞狮动作主要包括上肩、上腿、飞跃、回转、翻滚、倒立，接抛球，双狮配合造型，引师员的翻、腾、滚、跃等动作。其中以梅花桩上站肩，狮头、狮尾双单足；飞跃3.5米以上接上腿；狮上坛子、引狮员上狮身旋转360°；高台、梅花桩上倒立；高台、梅花桩接抛球为难度最大。

**知识窗**

舞狮是中国优秀的民间艺术，每逢元宵佳节或集会庆典，民间都以狮舞前来助兴。这一习俗起源于三国时期，南北朝时开始流行，至今已有1000多年的历史。据传说，它最早是从西域传入的，狮子是文殊菩萨的坐骑，随着佛教传入中国，舞狮子的活动也输入中国。狮子是汉武帝派张骞出使西域后，和孔雀等一同带回的贡品。而狮舞的技艺却是引自西凉的“假面戏”，也有人认为狮舞是5世纪时产生于刘宋的军队，后来传入民间的。两种说法都各有依据，今天已很难判断其是非。

不过，唐代时狮舞已成为盛行于宫廷、军旅、民间的一项活动。在1000多年的发展过程中，狮舞形成了南北两种表演风格。

### (一)北狮的基本技术

1. 狮头、狮尾的基本握法

(1)狮头握法

动作要领：两手紧握头圈嘴巴下摆的关节处，以便于控制嘴巴张合。

(2)狮尾握法

1)双手扶位

动作要领：狮尾队员双手虎口朝上，大拇指插入狮头腰带，四指并拢，握住扶拉狮头队员腰带。

2)单手扶位

动作要领：狮尾队员单手扶拉狮头队员腰带，另一手扶拉狮被。

3)脱手扶位

动作要领：狮尾队员双手松开狮头队员腰带，扶拉狮被两侧下摆。

### 2. 狮头基本手法

(1) 摇

动作要领：双手扶头圈，双手交替向前、向上、向后、向下做回旋动作。手的运动路线呈立圆。

(2) 点

动作要领：双手扶头圈，身体向右侧回旋，与地面的倾角呈45°，左右手的运动路线为上下交替运动，左侧动作与右侧动作相同，方向相反。

(3) 摆

动作要领：双手扶头圈，上左步时狮头摆至左侧，重心放置左腿；行走时右侧动作与左侧动作相同，方向相反。

(4) 错

动作要领：双手扶头圈，然后双手拉至狮头向右侧做预摆动作，右手与右腰侧同时腰、臂齐发力，摆至于身体左侧，呈半马步，重心放置右腿。右侧动作与左侧动作相同，方向相反。

(5) 叼

动作要领：一手扶头圈，另一手用小臂托头圈，手伸至狮嘴中央处拿绣球。

### 3. 舞狮基本步法

(1) 行步

①动作要领：狮头、狮尾队员重心微蹲，迈步时狮头队员先迈左脚，狮尾队员同时迈右脚，节奏一致。

②技术要点：重心要平稳，不可上下起伏。

(2) 跑步

要求同行步相同，节奏要快。

(3) 盖步

①动作要领：狮头队员向右盖步，左脚经右脚前先向右跳扣步，同时右脚向右跳半步亮相，狮尾队员与狮头队员动作相同；向左盖步，动作相同方向相反。

②技术要点：狮头与狮尾起跳动作要协调一致，同时到位。

(4) 错步

①动作要领：狮头狮尾队员同时向身后45°斜后方向先左脚后右脚同时退步。

②技术要点：转体、转头与退步要协调一致。

(5) 碎步

①动作要领：狮头狮尾队员同时向左(或右)小步平移，节奏快速、一致。

②技术要点：移步步幅要小、密、节奏快；狮头、狮尾要配合协调。

(6) 颠步

①动作要领：狮头狮尾队员按顺(或逆)时针方向跳步行进，狮头队员迈左脚时，狮尾队员迈右脚，步法协调一致。

②技术要点：狮头与狮尾协调配合。

### 4. 引狮员的基本动作

(1) 静态动作

是指引狮员的静止造型动作。如弓步抱球、马步探球、仆步戏球、高虚步亮球、提膝亮球等。

1) 弓步抱球

①动作要领：并步上举引狮球，左脚(或右脚)向左(或右)迈出一步，左脚(或右脚)屈膝，大腿接近水平，右脚(或左脚)挺膝伸直，脚尖稍内扣，上体稍向右转，双手(或单手)托住引狮球于身体左(或右)侧，稍高于头。目视前方。

②技术要点：挺胸、直腰。弓步抱球造型与转头亮相同时完成，协调一致。

2) 马步探球

①动作要领：并步上举引狮球，左脚(或右脚)向左前方(或右前方)迈出呈半马步状，左手(或右手)拿引狮球向左、向下、向右抡臂至左侧，手腕做小绕环动作，右手(或左手)做相应的配合动作，目视引狮球。

②技术要点：半马步大腿接近水平，挺胸、塌腰、沉髋。

3) 仆步戏球

①动作要领：并步上举引狮球，左脚(或右脚)向左侧(或右侧)迈出呈左仆步状(或右仆步)，右手(或左手)拿引狮球向下、向右划弧至右侧，手腕做小绕环动作，左手(或右手)做相应的配合动作，目视引狮球。

②技术要点：仆步要求挺胸、塌腰、沉髋。

4) 高虚步亮球

①动作要领：并步上举引狮球，身体稍右转，右脚向右后侧撤一小步站直挺膝，同时左脚脚尖前点，右手拿引狮球上举于右侧，左手按于左胯处，上体保持正直，目视狮子。

②技术要点：a. 挺胸、立腰，支撑腿伸直。b. 上举球、高虚步与转头一气呵成。

5) 提膝亮球

①动作要领：并步上举引狮球，身体稍右转，右脚向右侧撤一小步震脚站直挺膝。同时，左脚脚尖绷直上提膝至胸前。右手拿引狮球经下、上举于右侧头上方，左手按于左胯处。上体保持正直，目视狮子。

②技术要点：a. 上体挺胸、立腰。b. 右膝挺直，左膝上提至胸前，脚尖绷直。c. 提膝与举球、转头一气呵成。

*(2) 动态动作*

是指引狮员行进间动作或跳跃动作。如圆场步、旋风脚、踺子、后空翻、鱼跃等。

1) 圆场步

①动作要领：两腿略屈，两脚迅速连续向侧前方行步。每步大小略比肩宽，走弧形路线。目视引狮球。最后接弓步亮球定势。

②技术要点：挺胸、塌腰，保持半蹲姿势，身体重心要平稳，不要有起伏现象。落地时，由脚跟迅速过渡到全脚掌，并注意转腰。

2) 旋风脚

①动作要领：左脚向左上步，同时左手向前、向上摆起，右臂伸直向后、向下摆动。右腿随即上步，脚尖内扣，准备蹬地踏跳。左臂向下摆动并屈肘收至右胸前，同时左臂向上、向前抡摆，上体向左转前俯。中心右移，右腿屈膝蹲地跳起，左腿提起向左上方摆体旋转一周，右腿做里合腿，左手在面前迎击右掌，左腿自然下垂。下落接弓步探球。

②技术要点：a. 右腿做里合腿时，要贴近身体；摆动时，膝挺直，由外向里成扇形。b. 击响点要靠近面前。左腿外摆要舒展，并在击响的一刹那离地腾空。初学时，左腿可自然下垂。当能够较熟练地完成腾空动作时，左腿逐渐高摆，屈膝或直腿收控于身体左侧。c. 抡臂、踏跳、转体、里合右腿等环节要协调一致，身体的旋转不少于 270°。

3）踺子

①动作要领：经助跑，趋步后，上体侧转前压，两手体前依次撑地，随即两腿依次向后上蹬、摆。经倒立动作后，推地，并腿后踹。当前脚掌蹬地后，急速带臂，梗头向外转体90度跳起。下落接弓步按掌。

②技术要点：a. 两脚摆过倒立动作后，用力推地，两腿快速向后下压，使身体与地面呈45°~55°之间夹角。b. 跳起时急速立腰并仰头、含胸、提气，两臂配合向前上方带。

4）后手翻

①动作要领："绷跳小翻"由两臂前举站立开始，体稍前屈，直膝，臀部后移。当失去重心时两脚蹬地，倒肩，两臂后甩，抬头挺胸，体后屈翻转。撑地经手倒立后，顶肩推手，屈髋，插腿，立腰起立。用于连续接做后手翻。"绷跳小翻"，开始时两腿弯曲，在向后甩臂的同时，两脚蹬跳。在经过手倒立后，迅速顶肩，推手，提腰，屈髋，两腿迅速下压。落地后，领臂跳起，用于连接空翻。

②技术要点：a. 甩臂，上体后倒，用力蹬地，挑腰，顶宽，后屈翻转。b. 手前伸撑地，经倒立顶肩，推手，提腰，屈髋，至站立抬上体。

5）后空翻

①动作要领：站立开始，两臂预先后摆，然后经下向前上方顶，配合两腿屈膝后蹬地跳起。

②技术要点：腾空后提膝团身，抱腿向后翻转，至3/4周时，两臂上举，展体落地成站立，接弓步按掌。

6）鱼跃

①动作要领：助跑开始，以单跳双落蹬地向前上方跃起，展体腾空后，撑地屈体前滚至背着地时，顺势屈膝抱腿，成蹲立。接弓步亮掌。

②技术要点：a. 跃起时，两臂须经前摆后向侧上方制动，并经展胸上抬，紧腰两腿后摆。b. 下潜时，两臂积极向前下伸并控紧腰腿。c. 撑地后屈臂缓冲，顺势向前滚翻。

### 5. 北狮形态和神态动作

(1）形态动作

1）亮相

①动作要领：狮头队员呈偏右（或左）马步，使狮头由右（或左）下向上、向左（或右）下摆头；同时狮尾队员做左（或右）仆步配合。

②技术要点：动作整齐一致。

2）卧势

①动作要领：狮头队员两腿开放夹角呈90°坐势，大小腿夹角呈130°，吸气时使狮头由左下向右上、向前摆转；同时狮尾队员右手支撑地、左手一手拉扶狮头队员腰带呈侧倒姿势，随吸气动作左手肘关慢慢向上抬起，使狮肚呈球状，呼气时狮头队员使狮头由右向上、向下、向左摆转；同时狮尾队员左手肘关节慢慢放下。

②技术要点：呼气与吸气时，狮头队员与狮尾队员动作要缓慢一致。

3）高举（转体90°、180°）

①动作要领：狮头队员原地震脚给信号，上跳，头稍向后领，躯干与下肢在空中呈"V"字形，两脚面绷平；狮尾队员在狮头队员原地上跳时借力上举，两臂伸直，向左或右转体90°或180°。下落时狮尾队员后撤步使狮头队员垂直下落，向左或向右摆头亮相。

②技术要点：头尾发力配合协调，动作舒展。

4）侧滚翻

①动作要领：狮头队员原地震脚给信号，狮头和狮尾队员同时向左（或向右）滚翻，狮头队员要先转狮头再滚翻，狮尾队员滚翻时单手抓囊。

②技术要点：狮头队员原地震脚时，震左脚则向左翻，震右脚则向右翻，头尾滚翻配合协调、整齐。

5）金狮直立

①动作要领：狮头队员原地上跳、提膝，脚尖外展，同时狮尾队员借力上提，使狮头队员脚尖外侧顺两肋下滑至大腿上，呈马步支撑。

②技术要点：起跳、上提要协调一致，马步支撑要稳定。

6）金狮独立转体 180°

①动作要领：金狮直立动作后，狮头队员在狮尾队员腿上做单腿提膝动作，同时狮头左右上下晃动。狮头队员动作保持不变，狮尾队员以支撑腿脚跟为轴，带动狮头队员原地转体 180°。

②技术要点：a. 提膝脚面要平，马步支撑要稳定。b. 狮头队员动作要稳定，狮尾队员旋转要平稳、单腿支撑要稳固。

7）舔

①动作要领：狮头队员半马步亮相，使狮头道具张嘴向前脚小腿、大腿、肋部三处自上而下分 3 次舔出；狮尾队员配合节奏左右晃动尾部。

②技术要点：每次舔出时，要使狮头先低头向里、再向下、向前弧舔出。

8）啃

①动作要领：狮头队员半马步亮相，做完舔的动作后，把狮头自前腿甩至后腿方向，重心前移成仆步，然后顺后退脚面向上经大腿、肋部左右抖动 6~8 次上拉；狮尾队员同时也变仆步配合节奏左右晃动尾部。

②技术要点：狮头队员做啃时，向上抖动幅度要小，节奏要快。

9）挠

①动作要领：狮头队员做完舔尾动作后，拧腰转头使狮头后脑向斜下方，等狮尾队员抬起一只脚放在脑后时，同时摇头晃脚 4~6 次。

②技术要点：头尾要协调一致。

10）甩尾

①动作要领：狮头正对低条案一角亮相（左脚在前），狮头队员右后回摆狮头，然后向左后甩头，接右里合腿扣至左腿外侧，落地后转腰拧胯带动狮尾队员左腿上步、起跳腾空落至狮头队员身后，亮相。

②技术要点：头尾用力衔接要协调一致。

（2）神态动作

1）楞相

①动作要领：双手扶于头圈，拉狮头面向身体左侧做轻微预摆，然后由斜上 45°方向摆至身体左侧。

②技术要点：动作幅度要小。

2）美相

①动作要领：双手扶于头圈，使狮头做上下回旋，做开心愉快神态。

②技术要点：身体要协调配合。

3）惊相

①动作要领：双手扶于头圈，右手先拉狮头于右肩侧，做受惊吓神态。

②技术要点：顺势向左下摆头亮相。

4）怕相

①动作要领：双手扶于头圈，两手腕内收、提至狮嘴下，做害怕神态，边后退边向下做轻微回旋动作。

②技术要点：由下至上将狮头慢慢抬起。

5）急相

①动作要领：双手扶于头圈，做前后交替回拉动作，随之双脚与狮尾队员随时做急速振脚动作。

②技术要点：做得不到引狮球而生气着急神态。

## （二）舞狮比赛

1. 比赛

舞狮比赛按竞赛类型可分为单项赛、全能赛；按性别可分为男子组、女子组；按竞赛项目可分为南狮[单狮（2 人），桩阵上比赛有采青]和北狮[单狮（4 人）加引狮员（1 人），地面、高台或桩上比赛]的规定套路、自选套路、传统套路、技能套路。比赛套路时间为 10～15 分钟。

2. 场地

（1）竞赛场地为边长 20 米的正方形场地（特殊情况，最小面积不得小于边长 18 米的正方形），要求地面平整、清洁，场地边线宽为 0.05 米，边线内沿以内为比赛场地。边线周围至少有 1 米宽的无障碍区。

（2）比赛场地应是木板或铺设地毯。

（3）竞赛场地上空从地面量起，至少有 8 米的无障碍空间。

3. 器材

（1）狮头、狮被：狮头正面宽不小于 0.55 米，高不小于 0.5 米，长不小于 0.7 米。

要求：大小匀称、协调。

（2）桩阵：桩阵的高度最高不得超过 3 米，最低不低于 0.5 米．其中半数桩柱高度必须达到 2 米，桩顶脚踏圆盘直径不超过 0.38 米（含保护圈垫），桩阵长度不得超过 15 米，最短不小于 10 米（含曲线计算），宽度不得超过 1.5 米，不能小于 0.5 米。

（3）大会提供公用比赛器材，也可以在规定的公用器材中更换一组自备的器材，但必须保证安全并符合规则的要求，经大会批准后使用。

（4）传统项目的器材应简易，高度不得超过 2 米，长度不得超过 10 米；任何陶瓷、瓷器不得特制；不许以任何危险易燃物品、生禽动物作为器材摆设。另传统项目以及少年组、儿童组竞赛器材可由主办单位在竞赛规程中规定。

4. 鼓乐

舞狮鼓乐以打击和演奏为主，并可采用吹打等。

5. 服饰

运动员应穿具有民族特色的比赛服装。

6. 评分标准与方法

套路评分满分为 10 分。5 名裁判评分，取中间 3 个数值平均值；7 或 9 名裁判评分时，取中间 5 个分值的平均值为该运动员的应得分。

# 第五节　毽球

毽球是由踢毽子的个人技艺演变、发展而来的一项体育运动项目。它集羽毛球的场地、排球的规则、足球的踢法、踢毽子的技巧以及健身、娱乐为一体，对发展和培养人们的判断、反应、快速移动能力及灵活性、柔韧性等身体素质具有特殊的作用。毽球体积小、重量轻、携带方便、活动时不受场地、器材、气候的影响，深受男女老幼的欢迎。尤其适合在青少年中开展。

1985 年全国第一届毽球锦标赛在苏州市举行，至今已举行过八届。全国已有 30 个省市自治区和 8 个行业体协开展毽球运动，北京等地还将毽球列为大、中、小学生体育课选学内容。

中国的毽球运动已引起了不少国家的关注，国际交往也越来越多。1993 年，首届国际毽球邀请赛在重庆举行，有越南、德国、日本、韩国等国家和香港、台北地区参加。相信，随着中国毽球运动的普及和发展，将会为人类的健康做出更大的贡献。

## 一、毽球的基本技术

### (一)准备姿势与移动

1. 准备姿势

1)动作要领

①两脚左右开立，略比髋宽，脚跟稍提起，脚掌内侧着地，两膝微曲、内扣，重心稍降，上体放松前倾，两臂自然屈于体侧，两脚保持动态，眼睛看着来球。

②两脚前后开立，一般支撑脚在前，踢球脚在后，其动作同两脚左右开立。

2)技术要点

准备姿势是移动的开始，正确的身体准备姿势，为迅速移动提供了条件。毽球比赛时的身体准备姿势一般有两种。

2. 移动

(1)动作要领

移动就是根据来球的距离远近、球速的快慢，采用各种不同的步法，使身体接近球的落点，以便能准确及时地触击球。

(2)技术要点

①上步向前移动时，后脚用力蹬地向前跨一步。向侧移动时，侧面脚用力蹬地向侧跨一步。

②向后撤步时，前脚用力蹬离地面，移到后脚的斜后方，重心的移动要保持快而稳。

③上两步移动主要是在身体离球落点较远的地方时采用。移动时，后脚用力蹬地并向前跨出一步，前脚也随即向前跨出一步呈原准备姿势。向后移动则相反。

④交叉步移动时，如向左，则左脚前掌先向左侧外展，右脚用力蹬地经左脚前落在左脚外侧。然后左脚随后向左跨一步。向右移动时则相反。

### (二)踢球

踢球是毽球的最基本技术。在进攻、防守以及攻防的转换中，根据不同的情况，采用不同的脚法就能踢出不同作用的球。

1. 脚内侧踢球

这是运用最多的踢法。踢球时，要以髋为轴，膝关节外展，小腿向上摆，击球一刹那踝关节内屈端平，用脚弓内侧把球向上踢起。

2. 脚外侧踢球

常用于接身体侧面的来球。踢球时膝关节内收，小腿向体侧上摆，击球一刹那勾足尖，踝关节外屈端平，用脚背外侧把球向上踢起。

3. 脚背踢球

踢球时，大腿带动小腿，击球刹那，脚背绷直，踝关节用力，小腿快速把球踢起。

脚背踢球根据不同作用，又可分为正脚背踢球、正脚背体侧凌空踢球、脚尖挑踢。它们主要分别用于发球、进攻、接球。

4. 脚前掌身后踢球

主要用于救险球。当来球落在紧靠身体后面时，一腿微屈站立，踢球腿屈膝，小腿向后方摆起，使脚前掌对准来球，同时身体稍转向来球一侧，踢球一刹那，脚踝绷直用力，用脚前掌将球踢起。

5. 倒勾踢球

和足球中的倒勾踢球类似，具有较好的隐蔽性、突然性，踢出的球速度快、力量大。背向网两脚平行站立，如右脚蹬地起跳，则左腿屈膝上摆，上摆到空中最高点时，左腿迅速下落，同时右腿屈膝大腿带动小腿用力上摆，击球的一刹那，脚腕抖屈，以脚趾或趾跟部位踢球，随后左右脚先后落地，并保持身体平衡。

6. 凌空踢球

这是一种技术较高、难度较大的进攻性很强的踢球技术。类似倒勾踢球技术，所不同的是踢凌空球时，摆动腿要向外侧上摆，在击球一刹那，身体后仰左转，踝关节自然绷直。

7. 脚踏踢球

用脚掌的前半部分击球过网，是一种进攻技术。面向网站立，左脚向前迈出一步支撑身体，右脚大腿带动小腿迅速上摆，当摆到距球 10 厘米左右时，以展髋、展膝、伸腿、摆脚，将球击过网。

### （三）触球

触球是毽球的接球方法之一，有点像足球中的停球，主要是为了缓冲来球的力量和为下一个踢球动作（如进攻或传球）作过渡调整。是比较容易掌握的一项毽球技术。触球的方法也很多，这里仅举几例供参考。

1. 大腿触球

当来球下落到略低于髋部时，用大腿的前半部分（靠膝部）触球。

2. 胸触球

当来球传到胸前 10 厘米处时，两臂自然微屈，两肩稍用力向后拉挺胸，同时，两脚蹬地，挺胸迎球。

3. 腹触球

对准来球屈膝略向后蹲，稍含胸收腹，当腹部触球一刹那挺腹，使球轻轻弹出。

4. 头触球

当来球传到头前 10 厘米时，两脚蹬地。同时，颈部稍紧张向前摆头，用前额触球。

5. 肩触球

当来球传到肩前 10 厘米处时，肩稍后拉前摆，用肩部击球。

### (四) 胸拦网

拦网是毽球比赛在防守反击时最重要的技术，是防守中的第一道防线。

胸部拦网分单人或双人或三人拦网。拦网前的准备姿势是面对球网，双脚平行站立，与肩同宽，双膝微屈，自然收腹、上体稍向前倾，两臂自然弯屈置于体侧，目视球的动向。当对方攻球时，迅速判断移动到起跳位置，两脚用力蹬地跳起，两臂垂直于体侧后摆，提腰收腹挺胸，用胸部拦击球。击球后，身体自然下落，双脚前脚掌先着地，屈膝缓冲。

## 二、毽球的基本战术

毽球比赛的战术，主要是通过个人技术的巧妙运用和两三个人的有效配合，充分发扬自身长处，攻击对方的弱点，而争取比赛的优势。战术的合理运用，能使比赛精彩纷呈，更具有迷人的魅力。这里简易介绍毽球比赛在发球、传球、攻球以及进攻和防守配备等基本战术，供选择练习和实践运用。

### (一) 发球

发球是进攻的开始，和排球一样发球成功可以直接得分，也可以破坏对方一传，为防守和反击创造有利条件。

(1) 每局开始时，要多发攻击性强的球，以创造直接得分的机会。

(2) 发对方不适应的球，以造成对方没信心接好球而产生急躁与失误。一旦对方适应了，即刻改变发球方式。

(3) 在比分接近的情况下，应发把握性较大、准确性较高的球，以保证发球不失误。

(4) 发多样化的球，这也是必须具备的战术。如长短结合的吊角球、网前球、后场角球等。

### (二) 二传球

第二人次接球为二传球，它是个人进攻战术之一，也是全队组织进攻的桥梁。

(1) 传球要有一定高度、角度，而且要避开对方的拦网，为同伴采用头球进攻和倒勾球进攻创造条件。

(2) 二传球应具有隐蔽性，传球人最好背对球网，使对方看不清传球动作、方向和战术意图。传球人有自传倒勾直接攻击对方的能力，其攻击力则更强。

(3) 二传球队员位置一般在 2 号位稍偏场中，要具有调整一传球不到位的能力。

### (三) 头攻球

头攻球在比赛中虽采用不多，但仍是一种个人进攻战术。

(1) 自传自顶，即将来球自己传起，然后原地或跳起用头的前额正面或侧面将球顶入对方场区。

(2) 接传球头顶，即接二传队员传来的球，用头顶技术将球顶入对方场区。

(3) 掩护头顶，即在同伴的掩护下，用头顶技术将球顶入对方场区。

### (四) 脚攻球

脚攻球是毽球比赛中最具有攻击性的技术。其战术运用主要有：

(1) 自传或接二传球脚背倒勾，即自己将来球传起或接二传队员传来的球，用正脚背倒勾踢球方法将球击入对方场区。

(2) 脚踏攻球，即将对方击过网的网前高球或本方传向网前的高球用脚前掌踏拍的方法，将球直接击入对方场区。

### (五)进攻阵容配备

一个队的阵容配备，应考虑到队员的身高、技术特长、意志品质以及全队的进攻和防守的能力，拟定最佳组合，排出最佳阵容。进攻阵容的配备一般有以下几种：

1.“一·二”配备

这是一种最基本的阵容配备。上场队员中，1 名攻手和 2 名二传手。如果队员脚下功夫好，也能打出高水平的战术。

2.“二·一”配备

这种阵容适合于有倒勾攻球、脚踏攻球 2 名攻击力较强的攻手和 1 名水平较高的二传手。这种阵式攻球变化多，至少有两个攻击点，是被普遍采用的阵式。

3.“全能”配备

上场 3 名队员要个个是攻击手和二传手，技术全面，基本功扎实，头脑灵活，战术变化能力强。这是一个很理想的阵容配备，目前只有少数高水平队采用。

### (六)防守阵式

比赛时，选好恰当的防守阵式是打好防守反击的基础，能变被动为主动，进而达到战胜对手的目的。

1.“弧形”防守

场上 3 名队员在中场成弧形站位防守。这种防守阵式是在本方无高大拦网队员或对方进攻力量不太强的情况下采用。

2.“一·二”防守

场上 3 名队员，有一名队员在网前拦网，两名队员在其身后两侧分区防守，又称“一拦二防”。这种阵式是针对对方攻球者有较强的近网攻击能力和打吊变化的能力而设防的。

3.“二·一”防守

场上 3 名队员，有两名队员站在网前拦，另一名队员站在中间侧后方防守，又称“二拦一防”防守。这种阵式是针对对方有一名能打出 3 条以上线路变化，而且力量大又凶狠的强攻型攻手时采用。

4.“一·一·一”防守

场上 3 名队员，有一个站在网前拦网，一人在侧面堵击，另一人站在中、后场防守，又称“拦、堵、防”防守。这种防守阵式是专门用以对付对方善于打多条线路变化的球，并能左右开弓，能打出打吊结合、轻重结合、远近结合、快慢结合等全方位、攻击性十分强的球时采用的。

一场比赛中，采用的攻防阵式并不是一成不变的。根据对方攻防特点和变化，在一场比赛中可以采用几种攻防阵式，要随机应变，灵活运用。

## 三、毽球的比赛方法

### (一)毽球比赛场地、器材

1. 场地

毽球比赛场地长为 12 米，宽 6 米，一条中线将场地分为两个半场。中线两侧 2 米各有一条平行于中线的线，叫限制线。两端线中点的两侧 1 米处向外画一条 20 厘米与端线垂直的短线，叫发球区线。发球区线向后无限延长的区域叫发球区(图 23-31)。

2. 球网

毽球网长 7 米，宽 76 厘米，为深绿色(可用羽毛球网)。网柱距中线外 50 厘米，球网距地面高度：男子为 1.60 米，女子为 1.50 米。两端高度与中间的高度相差不得超过 2 厘米。正式比赛时，还要像排球比赛那样在球网的两端，垂直于边线和中线交接处系上一条标志带和连接标志带外侧的两根标志杆。标志带宽 4 厘米，长 76 厘米。标志杆长 1.20 米，直径 1 厘米。

3. 毽球

比赛用的毽球是由毽毛、毽垫等构成。毽毛为 4 支鹅翎成十字形插在毛管内。毽垫有上下两层，均用橡胶制作。上垫和下垫中间有 3 层以上的垫圈。毽球垫高度为 1.3~1.5 厘米，重量为 13~15 克。平时练习的毽球只要在橡胶垫套管里插上五六根鸡毛即可。

## (二)主要竞赛规则与比赛方法

(1)比赛队由 6 人组成，上场队员 3 人，其中 1 人为队长(应佩带明显标志)。靠近网的两个队员，从左至右分别为 3 号位和 2 号位队员。靠近端线的队员为 1 号位队员。发球时，发球一方 2、3 号位队员一定要在发球队员的前方，彼此之间相距不得少于 2 米。球发出后，双方队员位置可以在本方场区内任意交换。每局比赛结束前，队员的轮转顺序不得调换。

发球时，发球队员必须站在发球区内，用手持球，抛起后用脚将球踢向对方场区。球发出后，发球队员才能进入场区。发球时，2、3 号位队员不得有任何掩护动作，否则判由对方发球。

某队取得发球权时，应先按顺时针方向轮转一个位置，即由 1 号位队员到 3 号位，3 号位队员到 2 号位，2 号位队员到 1 号位去执行发球。

(2)比赛中，每队将球踢入对方场区前，在本方场区最多只能有 3 人次共击球 4 次。每个队员可以连续踢球两次或触球两次。不得用手、臂触球。球不得明显地停留在队员身体的任何部位，否则判为持球违例，由对方发球或得 1 分。

(3)队员用头攻球时，必须在限制线外起跳，但落地时两脚可以落在限制线内。

(4)比赛中，队员身体任何部位触及两标志杆以内的球网，均为触网违例。过网击球为犯规。在比赛中，除脚以外，身体任何部位不可触及中线。脚不得完全越过中线。

(5)比赛成死球时，教练员或队长可以向裁判员要求暂停和换人。每局比赛每队可以要求暂停两次，每次不得超过 30 秒。每局比赛每队换人最多不得超过 3 人次，每次不得超过 15 秒。

(6)接发球失误，应判对方得 1 分。发球失误，则判对方发球。某队得 15 分并至少比对方多得 2 分时，则为胜一局。例如比分是 14∶14 时，比赛应继续进行，直至某队领先 2 分方为胜一局。比赛采用三局两胜制，每次比赛应有正、副裁判员，记录、记分员各 1 人和司线员 2 人。

平时学习、工作之余所进行的集娱乐与健身于一体的毽球竞赛活动，不必拘泥于正式比赛所规定的一切，可根据自己所处的环境、条件、年龄而因地制宜、灵活运用。比赛的场地可大可小，参加的人数可多可少，比赛的时间可长可短；毽球可以用纸毽子、布毽子、鸡毛毽子；可以有网、无网或以绳代网，一切视环境而定。经常参加毽球活动，能活跃身心、陶冶情操、增加感情、丰富生活。因此，平时口袋内、书包或手包里放着一只毽球，学习、工作余暇踢上三五分钟，可自娱或和朋友们同乐，都是十分有益的。

**知识窗**

踢毽子，是我国一项流传很广，有着悠久历史的民族体育活动。在古都北京，踢毽子还有个富有诗意的名字——翔翎。

据历史文献和出土文物证明，踢毽子起源于我国汉代，盛行于六朝、隋、唐。唐《高僧传》中记载：有一个叫跋陀的人到洛阳去，在路上遇到了12岁的惠光，在天街井栏上反踢毽子，连续踢了500次，观众赞叹不已。跋陀是河南嵩山少林寺的祖师，他非常喜欢惠光，并将他收为弟子，惠光便成了少林寺的小和尚。

# 第六节　跳绳运动

跳绳在中国已有数千年的历史，唐宋明清都有记载。唐朝称跳绳为“透索”、宋称“跳索”、明称“白索”、清称“绳飞”，民国以后才称“跳绳”。陕西是跳绳的故乡，多次掀起跳绳热。1957年西安高中创编了“跳绳舞”；1959年，陕西师大举办了中国第一个“跳绳培训班”；1981年4月3日，中国体育报发表了胡安民老师“论跳绳”的部分内容《跳绳的分类和方法》，随之全国各地响应国家体委号召，开展了“三跳”比赛，1992年5月2日，举办了“西安首届跳绳大赛”；1993年12月27日，在西安师范成立了全国第一家“跳绳协会”；1999年8月1日，在西安师范成立了世界上第一所“跳绳艺术学校”。

跳绳是一项极佳的健体运动，能有效训练个人的反应和耐力，有助保持个人体态健美和协调性，从而达到强身健体的目的。跳绳运动的配备十分简单，只需一条绳、轻便衣服及一对适当的运动鞋便可；此外，跳绳所需的地方也不大，无需租借特别场地，而且参与人数不限，可单独一人或多人进行。中华医学会心血管病分会副主任胡大一教授曾为青少年的健身提供了一道良方，他呼吁在青少年中开展跳绳运动，因为它是对付肥胖、预防血脂异常、高血压最切实可行的方式，也是一个很好的锻炼耐力的有氧代谢运动。无需再强调，跳绳的功效是怎么样的卓著，这种运动，男女老少皆宜，只等着大家去实行了。而且跳绳就像游泳和骑脚踏车一样，一旦学会了，一辈子都不会忘记。跳绳花样繁多，可简可繁，随时可做，一学就会，因此成为现今在全世界流行的健身方法，加上越来越多的娱乐明星也把跳绳作为自己保持身材和锻炼身体的方法，更使得跳绳这一普普通通的活动成为了大众健身的明星。跳绳每小时消耗体内热量约1000卡路里，并且使人心律维持在与慢跑大致相同的水平，不过它却可以避免因跑步而产生的膝、踝关节疼痛的困扰。由此可见，跳绳是一种非常有效的有氧运动。

## 一、基本技术介绍

### 1. 简单跳绳法

(1) 动作要领

准备动作时双脚并拢，进行弹跳练习2~3分钟(弹跳高度为3~5厘米)。

(2) 技术要点

开始跳绳，注意手腕做弧形摆动。初学者先跳10~20次，休息1分钟后，重复跳10~20次。非初学者可先跳30次，休息1分钟后，再跳30次。

### 2. 侧身斜跳

(1) 动作要领

两人一前一后站在跳绳的左右两侧，先侧身单脚跃绳向前跳，然后斜身跳回原位。

(2) 技术要点

这个动作能训练耐久力，增强外展肌和内收肌。跳跃时应注意用力摆动双臂。跳1分钟跳绳后休息10秒钟，重复练习2次。

3. 单脚屈膝跳

(1) 动作要领

右腿屈膝，向前抬起。踮起脚尖，单脚跳 10~15 次，换左腿重复上述动作。

(2) 技术要点

注意身体重心的控制。

4. 分腿合腿跳

(1) 动作要领

跳跃时双脚叉开，着地时双脚并拢。

(2) 技术要点

先做跳绳准备运动，然后跳绳，重复动作 15 次。

5. 双臂交叉跳

(1) 动作要领

先做跳绳准备运动，然后双臂交叉跳绳。

(2) 技术要点

当绳子在空中时，交叉双臂，当跳过交叉的绳子之后，双臂反向恢复原状。

6. 双人跳绳

(1) 动作要领

采取并排站立的姿势。每人用外侧的一只手握住绳柄。先开始练习简易跳绳法，两人同时用双脚跳绳，然后练习同时用单脚跳绳。

(2) 技术要点

采取一前一后的站立姿势。身高者站在后面，并挥动跳绳。

7. 绕旋跳

(1) 动作要领

两人跳绳练习：一人叉开两腿蹲下，甩动绳子使跳绳在地上画弧线，另一人则不断地从甩动的绳子上跳过去。

(2) 技术要点

速度由慢逐渐加快，1 分钟后两人交替。

8. 侧脚跳

(1) 动作要领

先从简易跳绳法开始，然后用双手手腕挥动跳绳，右脚跳绳，不着地的左脚则斜向一侧，跳 15 次。换另一只脚跳 15 次。

(2) 技术要点

非初学者可练习快速跳绳，即绳子从脚下滑过时连跳 2 次。练习时，应注意脚不要抬得过高、过慢，否则容易被绳子绊住。

## 二、基本方法介绍

1. 跳绳方法

(1) 动作要领

是用前脚掌起跳和落地，切记不可用全脚或脚跟落地，以免脑部受到震动，当跃起在空中时，不要极度弯曲身体，而成为自然弯曲的姿势。

(2)技术要点

跳时，呼吸要自然有节奏。

2. 握绳

(1)动作要领

两手分别握住绳两端的把手，通常情况下以一脚踩住绳子中间，两臂屈肘将小臂抬平。

(2)技术要点

绳子被拉直即为适合的长度。

3. 摇绳

(1)动作要领

向前摇时，大臂靠近身体两侧，肘稍外展，上臂近似水平，用手腕发力作外展内旋运动，使两手在体侧做画圆动作。

(2)技术要点

每摇动一次，绳子从地经身后向上向下，回旋一周，绳子转动的速度和手摇绳的速度成正比，摇动越快，则绳子回旋越快。

4. 停绳

(1)动作要领

向前摇时，一脚伸出，前脚掌离地，脚跟着地使绳停在脚掌下；向后摇时，则一脚后出，脚跟离地，脚掌着地，使绳停在脚底。

(2)技术要点

双手用力均匀，可避免绳速快发生意外。

## 三、跳绳的注意事项

跳绳运动是一种极安全的运动，绝少有运动伤害的发生，即使跳跃失败或停顿，也不会有坠落、跌倒、冲突或备用具所伤的危险。况且跳绳者又能随自己的身体状况、体力及技术度来自由调节跳绳的速度及次数，因此大家可安心地来练习。以下几点是大家练习跳绳时应注意的事项：

(1)选择适当的场地。灰尘多或有沙砾的场地及凹凸不平的水泥地应避免，最好选择铺木板的室内体育馆或具弹性的 PU 场地。

(2)穿着适当的服装。跳绳时，最好穿运动服或轻便服装，穿软底布鞋或运动鞋，这样活动起来会使你感到轻松舒适，也比较不会受伤。

(3)充分做好准备活动。跳绳是一项比较激烈的运动，练习前一定要作好身体各部位的准备活动。

(4)注意采用正确的跳绳方法。

(5)要循序渐进练习。开始练习跳绳时，动作要慢到快，由易到难。先学单人跳绳的各种动作，然后再学较复杂的多人跳或团体跳绳动作。

(6)活动时间。跳绳的时间，一般不受任何限制，但要避免引起身体不适，饭前和饭后半小时内不要跳绳。学校学生可利用课间操或下课时间或课外活动时间练习。

## 四、竞赛通则

### (一)竞赛分组

(1)按性别分为男子组、女子组和男女混合组。

(2)按年龄分为儿童组、青少年组、成人组。

### (二)竞赛项目

1. 计数赛

(1) 30 秒单摇跳绳。

(2) 30 秒双摇跳绳。

(3) 3 分钟单摇跳绳。

**知识窗**

**跳百索**

明朝时帝京景物略中说:“二童子引索略地，如白光轮，一童子跳光中，曰:‘跳白索’。”——“跳白索”又称“跳百索”;幽州风土吟书中说:“太平鼓，声冬冬，白光如轮舞索童，一童舞索一童歌，一童跳入白光中。”——这就是现在跳中的母子跳。

(4) 4×30 秒单双摇接力跳绳。

(5) 4×45 秒双绳交互摇接力跳绳。

(6) 3 分钟 10 人“8”字跳绳。

(7) 连续三摇跳绳。

2. 花样赛

(1) 个人花样跳绳。

(2) 2 人花样跳绳。

(3) 4 人花样跳绳。

(4) 4 人双绳交互摇花样跳绳。

3. 表演赛(5~14 人)

## 第七节　陀螺

陀螺游戏历史悠久，是一项深受各族少年儿童欢迎的传统体育项目。它是一项全身性的对抗性强的运动，活动强度大，趣味性强，技巧性高，具有综合性的全面健身价值的体育活动。现在经民族传统体育工作者的改造和推广，陀螺已在各民族间广泛开展，成为民族地区学校体育和群众文化娱乐的重要内容。1995 年第五届全国民族运动会上，陀螺被列为正式比赛项目。

### 一、基本技术与练习

陀螺技术可分为放陀技术和攻陀技术两种。放陀技术属于防守技术，攻陀技术属于进攻技术。

### (一)放陀技术

1. 缠陀

(1)动作要领(以右手持鞭为例)

以左手大拇指、食指和中指抓紧陀螺的柱体下部，无名指屈指贴附于陀螺锥体部位，陀螺底锥朝手掌将陀螺握稳;右手将鞭绳按顺时针方向从陀螺柱体上部开始逐渐向中部缠绕陀螺，至鞭绳缠完或留 20~30 厘米为止。

(2) 技术要点

缠绕用力要适当。

2. 握陀

(1) 动作要领

缠好陀后，左手大拇指与食指、中指握住陀螺柱体，无名指、中指贴于锥体部，将陀握稳。

(2) 技术要点

手指协调配合，保持陀的稳定性。

3. 持陀持鞭

(1) 动作要领

左手握好陀后，右手握住鞭杆把段。

(2) 技术要点

这时由于鞭与陀连成一体，双手、双肩活动方向及幅度要一致，左臂向左侧前方自然伸出，右臂屈肘随之左摆，将陀和鞭持于身体左侧前方胸腹之间。

4. 预备姿势

(1) 动作要领

放陀前，右肩侧对旋放区，两脚左右开立，稍宽于肩，右脚与旋放区中心的距离以鞭绳长度减去 1. 25±0. 05 米为宜。两膝微屈，上体前倾，重心落在两脚之间(或稍偏左脚)。

(2) 技术要点

左手持陀于左侧前方，右手持鞭于腹前，眼睛注视旋放区中心。

5. 掷陀

(1) 动作要领

掷陀是放陀技术的主要环节。在引臂瞄准或预摆结束后，利用左腿蹬地向右转体的力量，带动左臂向前摆动，左手不做任何屈腕和拨指动作，全身力量通过手臂和手指作用于陀螺。

(2) 技术要点

注意控制陀螺的出手方向和路线，使陀螺头朝上锥体朝下向旋放区飞出。

6. 拉陀

(1) 动作要领

左手将陀螺掷出后，右手持鞭顺势前摆。陀螺再向前飞行过程中，由于受到鞭绳的拉动，产生顺时针方向的旋转，当陀螺飞到旋放区上方距地面 20 厘米左右，右腿用力蹬地向左转体，右手持鞭向左猛力拉回，使陀螺的旋转获得更大的动力。

(2) 技术要点

将飞出的陀螺受回拉而平稳地落于旋转区内。拉陀后持鞭迅速退出比赛场区。

(3) 练习方法

①单手、双手放陀模仿练习。

②单手、双手放陀练习。

③场内进行完整放陀技术练习。

④与攻陀相结合进行陀螺比赛。

### (二)攻陀技术

攻陀技术与放陀技术在缠陀、持鞭和持陀的方法上相同。由于攻陀要掷的距离更远，准确性要求更高，因此在准备姿势、掷陀和拉陀的技术环节上与放陀有明显不同。

1. 准备姿势

(1)动作要领(以右手持陀的侧面高姿势为例)

攻陀前，左脚站在攻击线后，右脚右后开立稍宽于肩，右腿屈膝，上体侧后仰，斜侧面向守方陀螺，重心偏向右脚。

(2)技术要点

右手持陀向右侧后上方引臂，左臂屈肘持鞭于右胸前，眼睛注视守方陀螺。

2. 掷陀

(1)动作要领

掷陀是攻陀技术的关键环节。瞄准好手方陀螺后，利用右脚蹬地身体左转的协调力量，带动右臂向前快速挥摆，至肘关节伸直时将陀螺掷出手，使陀螺平头朝上锥体朝下对准守方陀螺飞出。

(2)技术要点

陀螺出手后，右臂随势向左斜下摆动，腿屈膝维持身体平衡。

3. 拉陀

(1)动作要领

右手将陀螺掷出手后，左手随即持鞭顺势左摆，用力拉动鞭绳，使陀螺在快速飞行的同时在鞭绳的带动下产生顺时针方向的旋转，当缠绕的鞭绳完全拉完后，陀螺即沿鞭绳拉力结束时的即时速度方向、角度飞向守方陀螺。

(2)技术要点

鞭绳拉完后迅速收回鞭，防止鞭绳触及守方陀螺和鞭杆触及比赛场区。

(3)练习方法

①攻陀螺技术模仿练习。

②短绳攻陀螺练习(2 米左右)。

③长绳(4~6 米)攻陀螺练习。

④场内进行完整攻陀技术练习。

⑤与放陀相结合进行陀螺比赛。

## 二、比赛规则

### (一)场地器材

1. 场地

比赛场地包括比赛场区和无障碍区。

①比赛地面：陀螺比赛在长 25 米、宽 15 米，其四周应由 2 米以上无障碍区的平整无障碍物的地面上进行。

②死陀放置点：由底线中点并垂直于中点，向场内 9 米处划一半径 0. 05 米的圆点，作为死陀置放点。

③旋放区：以死陀放置点中心为圆点，划一半径为 0. 8 米的圆，作为旋放区。

④场地险段：场地所有线宽为 5 厘米，均以外沿计算(各条线段均包括在比赛场区、旋放区、进攻区面积之内)。

2. 比赛器材

(1)陀螺

比赛一般采用木质平头脱落。陀螺不得上颜色，除锥尖可装置直径不超过 4 毫米的铁钉外，不得填充或装饰金属或其他材料。陀螺的直径为 9~10 厘米，高度(不含铁钉高度)为 10~20 厘米，质量不得超过 900 克。

(2)鞭

鞭有鞭杆(无鞭杆也可)、鞭绳组成，鞭绳不得用金属材料制作，其粗细不限，长度不得少于 2 米。

## (二)比赛设项

男子个人赛、女子个人赛、男子双打赛、女子双打赛、男女混合双打赛、男子团体赛、女子团体赛。

## (三)比赛规则

1. 有效进攻

同时满足下列四种情况方为有效进攻。

(1)用鞭绳将陀螺缠绕好。

(2)直接将陀螺投入旋放区内或直接击中守方陀螺(第一落点)。

(3)击中守方陀螺(间接或直接均可)。

(4)裁判员发出信号 5 秒内完成的进攻。

2. 无效进攻

(1)未用鞭绳将陀螺缠绕好。

(2)未直接将陀螺投入旋放区内或未直接击中守方陀螺(第一落点)。

(3)直接将陀螺投入旋放区内后，未间接击中守方陀螺。

(4)裁判员发出攻击信号后 5 秒内未完成的进攻。

(5)鞭绳触及防守陀螺。

(6)裁判员未发出进攻信号且守方陀螺未被判为死陀时即实施的进攻(无论击中与否)。

3. 停转

(1)陀螺整体停止。

(2)陀螺呈非锥尖向下的转动。

(3)陀螺呈非锥尖为轴心的转动。

4. 死陀

下列情况判为死陀：

(1)在裁判员明确发出放陀信号后，未用鞭绳将陀螺缠好。

(2)在裁判员明确发出放陀信号后，器材脱手或松绳掉陀。

(3)陀螺旋放在旋放区外。

(4)陀螺虽已旋放在旋放区内，但在守方队员未退出场外前停转或旋出旋放区。

(5)陀螺虽已旋放在旋放区内，但在裁判员发出信号后攻方未实施进攻的有效进攻时间内，守方陀螺停转或旋出旋放区。

5. 暂停

团体比赛中每局允许请求1次暂停。双打比赛每场允许请求2次暂停。暂停时间为1分钟。

6. 比赛方法

(1)团体比赛

①每队可报4名队员，3名队员上场比赛。

②比赛中，守方队员按下列号码顺序轮换放陀：每一轮为1，2，3；第二轮为2，3，1；第三轮为3，1，2。攻方队员按1，2，3顺序轮流进攻，格伦攻击顺序不变。

③攻方进攻3次，守方放陀3次为一轮，三轮为一节，两节为一局，两局为一场。

④每节比赛结束后，双方互换攻守。

⑤第一局结束后，按赛前抽签决定的攻守顺序两队互换。

⑥局间休息3分钟。

(2)男女混合双打比赛

①每队限报男女各2名队员，男女各1名队员上场比赛。

②比赛中，守方队员按位置表号码顺序轮换放陀，攻方队员按位置表号码顺序各连续进行两次攻击。然后双方攻守互换，直至每人完成攻守各6次。

(3)男、女双打比赛

①每队每项限报2名队员参加比赛。

②比赛中，守方队员按位置表号码顺序轮换放陀，攻方队员按位置表号码顺序各连续进行两次攻击。然后双方攻守互换，直至每人完成攻守各6次。

(4)个人比赛

按抽签顺序攻守。每场比赛每名队员攻守各6次(3次后攻守互换)。

7. 得分

比赛只计攻方得分。打停得4分；旋胜得3分；旋平得2分；旋负的1分。

**知识窗**

千千

陀螺的起源，因年代久远，较无详细可进一步参酌的资料记载。在宋朝时就有一种类似陀螺游戏的小玩艺儿，名字叫做千千，类似今日的手捻陀螺造型。它是象牙所作成，以一个直径约4寸的圆盘，中央插上一支铁针为轴心，是古代宫女为打发时间所玩的一种贵族游戏，其玩法是将一个长约3公分的针状物体，放在象牙制的圆盘中，用手捻使其旋转。等到快停时再用衣袖拂动它，让它继续旋转。最后，比比看谁的千千转得最久，谁就是获胜者。

## 第八节　抖空竹

空竹，是中国民族文化苑中一株灿烂的花朵。空竹古称“胡敲”，也叫“地铃”“空钟”“风葫芦”，济南俗称“老牛”。抖空竹亦称“抖嗡”“抖地铃”“扯铃”。汉族民间游艺活动。流行于全国各地，天津、北京及辽宁、吉林、黑龙江等地尤为盛行。

抖空竹在我国有着悠久的历史。早在三国时期，曹植写过一首诗《空竹赋》。《水浒传》中，宋江写过一首七言四句诗：“一声低来一声高，嘹亮声音透碧宵，空有许多雄气力，无人提携漫徒劳。”到清代，抖空竹已发展成为受人欢迎的杂技节目。天津是最早发明制作空竹的地方地，所产的“刘海牌”“寿星牌”空竹驰名国内外。

抖空竹原是庭院游戏，后经加工提高，有了竞技性质，并成为传统的杂技项目，当代人已经将其发展为体育运动项目。分双轴、单轴；轴，轮和轮面用木制成，轮圈用竹制成，竹盒中空，有哨孔，旋转发声，中柱腰细，可缠绳抖动产生旋转。玩的人双手各拿两根两尺长的小竹棍，顶端都系一根长约五尺的棉线绳，绕线轴一圈或两圈 ，一手提一手送，不断抖动，加速旋转时，铃便发出鸣声。抖动时姿势多变，绳索翻花，表演出串绕、抡高、对扔、过桥等动作，称作“鸡上架”“仙人跳”“满天飞”“放捻转”等。也有用壶盖、酒瓶等器具代替空竹的。

## 一、基本技术与练习

### (一)空竹的起动方法

要练习抖空竹的基本功，必须首先练习空竹的起动，这是必须掌握的最基本的手法。

1. 双轮空竹的起动

可按以下两种方法练习：

(1)直接起动法

1)动作要领

将线绳从空竹下放入承线槽内，并交叉半个扣。一般左线外右线内，左线长右线短，双手握杆将线拉直。右手向右拉动，使空竹向右沿地滚动，随着滚动加快将空竹提起。右手用力向上提拉，左手紧随而线不松，反复抖拉则空竹转速加快。

2)技术要点

将空竹置于地上，使其轴垂直于身体。

(2)捻转起动法

1)动作要领

左手握双杆，右手将空竹放在线绳上并顺时针翻转。

2)技术要点

右手捏住空竹轮片顺时针捻动旋转后，右手及时将右杆接回，右手用力向上提拉，左手紧随而线不松，反复进行。

2. 单轮空竹的起动方法

单轮空竹由于其不对称性，故其起动方法亦不相同。单轮空竹可按以下三种方法起动。

(1)绕线起动法

1)动作要领

空竹转向显于地上，右手杆用右线端部一段，顺时针绕轴旋转两圈。右手提杆则空竹沿线向左滚动并自行解扣。随着转速增快，右手用力向上提拉，左手紧随而线不松，反复进行。

2)技术要点

在提拉抖动过程中，必须不断向左转体，使空竹的轴始终对着右腿，随着转速增快，嗡嗡作响。

(2)捻转起动法

1)动作要领

左手握双杆，右手将空竹放在线绳上并顺时针翻转一周，使线交叉。右手捏住空竹轴把，顺时针捻动使其旋转，右手及时将右杆接回。右手用力向上提拉，左手紧随而线不松，反复进行。

2) 技术要点

同样要注意左转体的配合。

(3) 脚蹬起动法

1) 动作要领

将空竹搭线后横置地上，左线外右线内，交叉半个扣，双手握杆将线拉直。以右脚踩空竹轴把向前蹬，使空竹顺时针旋转，同时将空竹提起。右手用力向上提拉，左手紧随而线不松，反复进行，并注意左转体配合。

2) 技术要点

济南地区抖空竹绝大部分采用右旋空竹，前面所介绍的起动方法亦指对右旋空竹而言。如果采用左旋空竹，其起动方法则又不相同。譬如，绕线起动法就得将线按逆时针方向绕轴两圈，提起后在抖拉过程中，就得以右转体配合，才能抖起来，这里不做过细介绍。

## (二) 空竹的旋转脱扣

空竹起动后，在抖拉过程中，常常需要解扣或是调整内外线的位置，如果不能及时脱扣，抖空竹则很难持续进行。下面介绍三种脱扣方法。

1. 转体脱扣法

1) 动作要领

身体要随着空竹的抖拉及时连续左转体，则可以及时脱扣。

2) 技术要点

在空竹起动之初，就需要做转体配合。

2. 倒杆脱扣法

1) 动作要领

在抖空竹过程中，将右手杆从左手线后绕过或是将左手杆从右手线后绕过谓之倒杆。

2) 技术要点

通过倒杆可以调整内外线的位置，如右手线在外，通过右倒杆可以将线调到内；左手线在外，通过左倒杆可以将线调到内。

3. 甩绕脱扣法

1) 动作要领

由下而上顺时针左甩，则右手线由外到内。反之，由下而上逆时针右甩，则右手线由内到外。

2) 技术要点

双手握杆将空竹甩绕一周，同样可以调整内外线的位置。

## (三) 抖空竹的基本功

抖空竹有三大基本功，即“抖”“捞”“盘”，分别介绍如下：

1. 抖空竹

一般来说抖空竹有两种姿势，一是上下抖动，二是横向抖动。

(1) 上下抖动

1) 动作要领

空竹的上下抖动，主要手法是右拉左送，要做到轻拉慢抖线不松。右手用力，要用大臂带动小臂，以小臂带动手腕，要把空竹抖得平稳，要把空竹抖得嗡嗡直响，空竹在身前上下浮动。

2)技术要点

当空竹出现两头不等高时，要会调整，其方法就是加大两线交角，以右线在抖拉过程中压高的一端。

(2)横向抖动

1)动作要领

空竹的横向抖动，是在抖的过程中，空竹在身前左右移动。

2)技术要点

抖时右手用力向右上方抖拉，左手紧随，空竹右移。右手松线时，左手向左下回拉。以保持线不弯，空竹向左回落。

2. 捞月

1)动作要领

捞月也称水中捞月，基本手法是在抖空竹的基础上，右转身解扣，右手上提使空竹离线，左手线从空竹头部脱扣，在空竹下落时右手线从空竹外侧搭线接住，再向上提拉，反复进行。空竹始终作上下运功。

2)技术要点

在捞月过程中，初学者容易捞不住或是越捞越歪，以致不能连续进行。除了加强练习外，有两点必须注意，一是捞月时线与空竹的轴必须垂直。二是在右手线接空竹时，左手要上举，将线拉直并保持竖直状态，这样通过练习，很快就会掌握。

3. 盘丝

盘丝亦称金蛛盘丝，它是捞月的延伸和变种。它分为竖向盘丝和横向盘丝。

(1)竖向盘丝

1)动作要领

竖向盘丝的基本手法是：在抖空竹的基础上，通过右手的甩动把空竹从右前方盘到左后方。右手在右前方搭线甩出，左手在左后方脱扣，空竹以水平状态在身前按右、下、左、上的顺序竖直绕大圈旋转，而在整个过程中空竹不离线。

2)技术要点

此动作反复进行谓之盘丝。这中间须注意两点，一是盘丝以右手为动力，而左手辅助，右手动作幅度大而左手应尽量减少摆动；二是在盘丝过程中，要不断做左转体配合，这样才能连续进行。

(2)横向盘丝

1)动作要领

横向盘丝的基本手法是：在竖向盘丝的基础上，右手有意识向前甩绕，从而使空竹在盘丝过程中慢慢立起，随着身体的不断左转把空竹盘平。使空竹在站立状态下，在身前按右、前、左、后的顺序水平绕大圈旋转。此过程十分圆顺均匀，空竹在自身旋转的同时，又始终在线的控制下水平绕大圈旋转。

2)技术要点

注意两点，一是左右线的交角不能过大，否则空竹易于脱线；二是转体要快，配合要及时。

### （四）抖空竹的花样技巧

一切花样技巧都是由基本功演变而来，在练习好基本功的前提下，再学习一些花样技巧也就比较容易了。抖空竹的花样技巧很多，据不完全统计就有近百种。我们见到一些抖空竹的高手表演，玩起来空竹忽左忽右、忽高忽低、时而身前、时而身后。舒缓时如行云流水，连绵不断，胜似闲庭信步。急重时似流星闪电，瞬息万变，酷若舞枪弄棒。令观者眼花缭乱、目不暇接，不失为一种艺术享受。

所有花样技巧均由基本功演变而来，下面结合抖空竹的基本功，罗列部分与其相关的花样技巧。

1. 由抖空竹演变出的花样

二郎担山、二龙戏珠、鲤鱼跳龙门、纺花织布、回头望月、哪吒蹬轮、鲁班拉锯、金猴翻杆等。

2. 由捞月演变出的花样

左右捞月、背后捞月、胯下忍辱、张飞骗马、直上云霄、凤凰点头、倒挂金钟等。

3. 由盘丝演变出的花样

流星赶月、盘丝跳绳、双跳空竹、蜻蜓点水、出水芙蓉、横空出世、天女散花、大盘丝等。

## 二、竞赛规则

### （一）分组

比赛根据赛制可按年龄分为老、中、青等组。

### （二）赛制

分为每局 15 分（男子）和 11 分（女子）两种赛制。男、女混合可任选一种。

### （三）比赛方法

（1）比赛采用每次得分制。

（2）发空竹为每方发两次，左、右两区各发一次。

（3）局点平局时，发空竹为每人一次，双方轮发。

（4）连续得两分一方获胜。

### （四）比赛规则

（1）比赛选手发空竹时，加速 3~6 次先右后左。接空竹的一方，在接空竹时，可以攻击对方场地的任何一点。

（2）发空竹时擦网，若落在有效区域重发。落入无效区域，判为失分。

（3）比赛中空竹擦网，落在有效区域为得分，否则为失分。

（4）空竹落在边界线上为界内（得分）。

（5）比赛中接空竹一方，接住后加速一次，即将空竹抛向对方。加速一次以上，被判失分。比赛中，空竹落地、碰地弹起、缠线、断线、断杆均为失分。

（6）比赛进入决胜局时，中局双方交换场地比赛（15 分制到 8 分，11 分制到 6 分）。

（7）一局结束后，双方按顺时针，沿边线交换场地。

# 第九节 丢沙包

丢沙包是中国大陆经典的集体游戏之一。20 世纪 80～90 年代极为风靡，但进入 21 世纪后，随着经济发展和娱乐方式的增多，丢沙包这种游戏已经淡出孩子们的视线，但仍是某些地区体育课常见的活动。用碎布及针线缝成、用细沙塞满的沙包是用来作武器“投杀”对方的。在规定场地内前后各一名投手用沙包投击对方，被击中者就罚下场，若被对方接住，则此人可以增加“一条命”，或者让一个本已“阵亡”的战友重新上场。

丢沙包是一种挺闹腾的游戏，此游戏不仅能锻炼小肌肉，还能训练手眼的协调，培养敏捷的反应能力，能够训练个体的敏捷性。丢沙包是我国一项民间传统的游戏，是男孩和女孩混在一起玩的游戏，是一项团结合作的活动。丢沙包有利于人体骨骼、肌肉的生长发育，改善血液系统、呼吸系统、消化系统的机能状况，提高人体的适应能力和抵抗能力；增强个体的自信心；提高反应速度和判断能力；有利于调节人的情绪紧张，改善心理状态，激发人的积极性、创造性和主动性；有利于养成文明健康的生活方式。

## 一、丢沙包的玩法

### (一) 玩法 1

先在晒坪或空地上划好一个大圆圈，将参与者按抽签的方法分成甲乙两组，一组站在圈外，一组站在圈内。毫无疑问，圈内的人已被团团围困。圈外的人一声令下，纷纷将手上的沙包扔向圈内的人。如果击中圈内的人的脚部，被击中的人，便要淘汰出局，必须走出圆圈。直到最后一个人被击中淘汰为止，最后两组互换，游戏重新开始。圈内的人没有沙包，赤手空拳，还要遭到不断飞来的沙包袭击。他们跳跃躲避，宁可让沙包击中身体，也不愿意让沙包击中脚部。沙包虽然不大，但圈外的人为了准头，并不吝惜力气，打在身上也很痛。不过，孩子们玩得兴起，那点痛也算不了什么。在这种玩法中，谁坚持到最后，谁便了不起。但圈中人纷纷淘汰出局，最后只剩下一个，遂成了众矢之的，沙包纷袭如雨，左支右绌，任由他如何灵敏，终究要被击中脚部。

### (二) 玩法 2

把参加游戏者分成两伙，一伙站在格外(按水泥格划分成长方形或正方形，一般是两个纵向格，人多可以再加格数)，另一伙站在格内，游戏开始后，格外的人往格内的人身上打沙包，被击中者出局，若格内人接住沙包，则多一次机会(也叫多一条命)。就这样打来打去，直至格内人全部出局。

### (三) 玩法 3

丢沙包分成两拨，一拨横列在场地中间，另一拨选二人站在两端。开始后，由两端的孩子中的一个持包，丢向中间的一拨；丢不中，则另一端的孩子捡包接着丢，场上的一拨孩子必须不断地转身，面向持包人。他们可以躲包，也可以接包，如果把丢过来的包接住，则本方得 1 分；丢包方击中中间的一拨，该方得 1 分。丢包讲求速度，丢的一方速度一快，躲的一方容易乱阵脚，也容易躲闪不及，更不容易接包。丢包一方也有技巧，不能往对方怀里丢，那样最容易接住，最好是照大腿或肩膀出手，以对方不易接住为原则。

### (四)玩法 4

沙包的玩法随着数量的不同，有着不同的玩法，现在介绍 3 颗沙包的玩法：

(1)将 3 颗沙包往桌上丢开。

(2)拿取其中 1 颗往上丢。

(3)趁第 1 颗未落地前，再抓第 2 颗。

(4)第 1 和第 2 颗同时接住，同时往上丢。

(5)趁前 2 颗未落下，再抓第 3 颗。

(6)3 颗同时接住，再同时往上丢。趁 3 颗未落地，将手转于背面，使 3 颗同时落于手背上，然后再往上丢。

(7)最后若能单手抓住 3 颗沙包于掌心，即成功。

## 二、丢沙包比赛规则

规则示例(玩法 3)：

(1)每队 4 人，男女不限。

(2)比赛前抽签决定对手，扔硬币决定先丢沙包还是接沙包。

(3)每节比赛 3 分钟，每场比赛 7 分钟(3+3+1，1 为中场休息时间)。每场比赛需一名记时员。

(4)丢沙包的组每打中对方一次得 1 分，接沙包的组每接中一个沙包得 1 分。若双方得分相等，则以打掉对方第一个成员时间使用相对少的一方为获胜方。

# 第十节　脚斗士

脚斗士是一项比足球溯源更早的体育运动，也是一项源自生命本能的嬉闹游戏。脚斗士来源于5000 年前的民间假面舞蹈“蚩尤戏”，俗称为“斗鸡”“撞拐”，曾被列入“中国儿童十大经典游戏”和“我国最有男子汉气概的游戏”之一。德道集团坚信只有民族的才是世界的，于 2005 年投资创办了中国第一个拥有自主知识产权的民族文化体育项目——脚斗士，植根于这一极具中国特色、历史悠久且民众广泛参与的大众游戏，并在国家体育总局领导的关心支持下，成立了“关于创立脚斗士运动项目的研究”课题组，汇集全国众多体育学界的专家参与工作，历时近一年，完成了竞赛规则及裁判法的设计、运动护具研发及专利申请、脚斗士对人体形态机能的影响研究等脚斗士体系的建立。如今，这一承载中华民族传统文化的脚斗士体育运动正以其独特的观赏性和对抗性在世界各国推广、普及，真实演绎激情与力量的搏击。

脚斗士是身体直接对抗的搏击类体育项目，以对抗搏击为核心，以强身健体为基础，以锻炼意志为目的，以锤炼练习者优秀品质并服务于社会为终极目标。脚斗士运动倡导“敢于挑战对手、敢于挑战自我”的精神。在训练和比赛中，要克服无氧呼吸带给肌体的不适应感，要勇于战胜对手，唯有凭借不屈不挠、坚韧顽强的意志，才能不断战胜自身的软弱，达到超越对手、超越自我的境界。所以，从事脚斗士运动，可以培养吃苦耐劳的意志、坚忍不拔的精神以及刚毅、正直、果断的品质。

脚斗士是一项体育运动，通过学习和练习，能够发展人的力量、速度、耐力、柔韧、灵敏的素质。研究发现，脚斗士能有效地增强人体腿部肌肉的爆发力、力量耐力，增强髋关节、膝关节、踝关节的灵活性；能提高心肺功能耐力和动态平衡能力；能促进人的神经兴奋，增强神经传导冲动。因此，脚斗士运动锻炼价值较高。

## 一、基本技术动作

### (一)基本姿势

通常也叫实战姿势或格斗势，是脚斗士比赛和搏斗前所采用的临战动作姿势。它的好坏直接影响到进攻与防守的有效程度，因此初学者必须掌握好规范的基本姿势，以便为进一步学习脚斗士基本技术打好坚实的基础。

脚斗士的基本姿势一般分为“右攻守势”和“左攻守势”两种，练习者可以根据自己的习惯、爱好和实战需要选择适合自己的姿势。

(1)动作要领

首先立正站好，右腿弯曲体前抬起，与左支撑腿呈交叉状态，左手握住右腿小腿及以下部位，右手握住膝关节以下部位、以上部位或置于体侧，上体正立，含胸、收腹、敛臀，下颌微收，目视前方。左攻守势与之相反。

(2)技术要点

脚斗士的基本姿势的区分是看弯曲腿，右腿弯曲时，为“右攻守势”，左腿弯曲时，为“左攻守势”。

### (二)基本步法

1. 前移步

(1)动作要领

从基本姿势开始(以右攻守势为例)，左前脚掌向后蹬地，同时上体前倾。

(2)技术要点

落地时由脚前掌过渡到脚后跟，目视前方。

2. 后移步

(1)动作要领

从基本姿势开始，左前脚掌向前蹬地，同时上体后仰，落地时由脚前掌过渡到脚后跟。

(2)技术要点

目视前方，控制好身体重心。

3. 侧移步

(1)动作要领

从基本姿势开始，左前脚掌向两侧蹬地，同时上体两侧仰。

(2)技术要点

落地时由脚前掌过渡到脚后跟，目视前方。

4. 转动步

(1)动作要领

从基本姿势开始，以左脚前掌(后跟)为轴，靠脚前掌与后跟转动身体。

(2)技术要点

目视前方，控制好身体重心。

5. 制动步

(1)动作要领

左脚突然停止移动，左膝弯曲缓冲。

(2)技术要点

靠上体晃动控制平衡。

6. 前跃步

(1)动作要领

从基本姿势开始，左前脚掌向后蹬地，同时上体前倾，整个身体腾空。

(2)技术要点

落地时由脚前掌过渡到脚后跟，目视前方。

7. 后跃步

(1)动作要领

从基本姿势开始，左前脚掌向后蹬地，同时上体后仰，整个身体腾空。

(2)技术要点

落地时由脚前掌过渡到脚后跟，目视前方。

8. 跳转步

(1)动作要领

从基本姿势开始，左前脚掌蹬地，整个身体腾空转动，保持基本姿势。

(2)技术要点

落地时由脚前掌过渡到脚后跟，目视前方。

## (三)基本技术

1. 上挑

(1)动作要领

从基本姿势开始，支撑腿弯曲蹬地，上体微含收，立腰，双手配合攻击腿由下向上挑。

(2)技术要点

力点在膝上侧。

2. 下压

(1)动作要领

从基本姿势开始，支撑腿蹬地，上体直立，双手配合攻击腿由上向下压。

(2)技术要点

力点在膝下侧。

3. 套膝

(1)动作要领

从基本姿势开始，支撑腿蹬地，上体直立，双手配合攻击腿动作由上向下拉拽。

(2)技术要点

力点在膝内侧。

4. 顶撞

(1)动作要领

从基本姿势开始，支撑腿弯曲坐髋蹬地，上体前倾，发力时上体展开，挺髋。

(2)技术要点

力点在膝外侧。

5. 摆膝

(1)动作要领

从基本姿势开始，以支撑腿前脚掌为轴，上体带动攻击腿左右摆动，前倾。

(2)技术要点

力点在膝左右两侧。

6. 弹推

(1)动作要领

从基本姿势开始，支撑腿前脚掌蹬地，同时异侧手配合攻击腿向外弹推。

(2)技术要点

力点在小腿。

## 二、比赛规则

### (一)个人赛和团体赛

1. 个人赛竞赛规则

(1)比赛场地与计分方法

①比赛场地：场地由边长 6 米的正方形构成，此区域为比赛的主战场。主战场左右两侧距离边线 1 米处画两个直径为 60 厘米的圈，为双方队员开始比赛的站位点。

②局数设置：比赛共设 5 局，每局 1 分钟，局间休息 1 分钟。

③猜先守擂：比赛采用交替攻擂的办法。开赛前，由双方运动员出指猜先，以确定第一局的守擂方。

④胜负判定：比赛以计分方式判定胜负。任何一方先获得 9 分，即获得了全场比赛的胜利，五局比赛结束时，任一方未获得 9 分，则以五局比赛结束时，分值高的一方获胜。若分值相同，则以违规次数少的一方获胜；若再相同，则以体重轻的一方获胜；若再相同，双方抽签决定胜负。

⑤得分标准：使用跳起进攻技术造成对方失败的，得 3 分。未使用跳起进攻技术造成对方失败的均得 2 分。其中单局防守方 2 次违规及单局进攻方累计 3 次违规时，对方均得 1 分，并重新开始登记违规次数。守擂方在单局一分钟内未被对手击败可得 1 分。

⑥失分条件：a. 支撑脚出界(主战场的四条边线之外)；b. 离地脚落地；c. 支撑脚踝关节以上部位着地；d. 双腿不呈交叉；e. 进攻方单局时间到未能获胜的；f. 单局防守方每累计 2 次违规。g. 单局进攻方每累计 3 次违规。

(2)准备休息区

主战场左右两边的相隔 2 米(边长为 1.5 米)的正方形区域，分别为比赛双方的准备和休息区域。

(3)随队人员席

准备休息区后边长为 3 米的长方形，分别为比赛双方随队人员席。此区域不允许站立随队人员(教练员除外)。

(4)记录台

主战场一侧边线靠近中点，向外 3 米处设比赛的记录台。

(5)区域划分

各区域均由不同颜色的5厘米宽线条(线条属主战场面积)进行划分(颜色根据实际情况另定)。

2. 团体赛竞赛规则

每场比赛由兵卒对抗赛、兵(卒)挑战将(帅)赛和将(帅)挑战赛三个单元组成。全场比赛进行“之”字形的复式竞赛法。每队5+1(替补)名运动员，分别由3名兵(卒)、1名副将(帅)、1名主将(帅)和1名替补队员组成。

(1)挑战原则

①比赛双方级别低者为挑战方。

②同级对抗中，先接受挑战者，为挑战方。

③挑战方须在1分钟的时间内战胜对手，否则判败。

(2)兵卒对抗赛

①各队由3名队员参加兵卒对抗赛，每回合双方各派1名队员在主战场进行对抗。

②比赛设三节，每节比赛以一方队员全部战败为止，胜方得1分。每节比赛最多进行5个回合比赛，每回合最高时限为2分钟，未分出胜负，双方判败，比赛进入下一回合。

③获胜方在三节比赛中，以2∶1的比分获胜，由获胜方派出一名兵(卒)进入第二单元，挑战失败方的副将(帅)。获胜方在三节的比赛中，以3∶0的比分获胜，获胜方可派出两名兵(卒)进入第二单元，依次挑战失败方的副将(帅)或主将(帅)。

(3)兵(卒)挑战将(帅)赛

①由兵卒对抗赛获胜方派出兵(卒)挑战对方副将(帅)，任一名兵(卒)若能在1分钟的时间内将对方副将(帅)挑战至失败，挑战即成功。继续挑战对方主将(帅)。

②若时间到，挑战失败。比赛进入第三单元，由获胜方的副将(帅)挑战对方的副将(帅)。

③若挑战方任一名兵卒能在一分钟内将对方主将(帅)挑战至失败，则获得全场比赛的胜利。若未能挑战成功，则比赛进入第三单元，由失败方的副将(帅)挑战对方的主将(帅)。

(4)将帅挑战赛

①副将(帅)间的挑战赛：最先接受挑战一方的副将(帅)为挑战方，若挑战成功，继续挑战对方主将(帅)。

②副将(帅)挑战主将(帅)赛：副将(帅)挑战主将(帅)，若挑战成功，则全场比赛结束。若挑战失败，则失败方的主将(帅)挑战对方主将(帅)。

③主将(帅)间的挑战赛(三局两胜制)：最先接受挑战一方的主将(帅)为第一局和第三局的挑战方，第二局为对方挑战，获得两局比赛胜利的主将(帅)，赢得该队最终比赛胜利。

(5)比赛场地

①主战场：由边长6米的正方形构成，此区域为各单元比赛的主战场。也是个人赛的比赛场。主战场左右两侧距离边线1米处画两个直径为60厘米的圈，为双方队员开始比赛的站位点。

②替换区：主战场左右两边的相隔2米的半圆形区域，分别为比赛双方的替换区。

③将(帅)营：替换区后边长为3米的正方形，分别为比赛双方队员的等待区。将(帅)营与替换区之间有块长3米，宽1米的交接区，此区为将(帅)与替换区的过渡区，不允许站立队员。

④记录台：主战场一侧边线靠近中点，向外3米处设比赛的记录台。

⑤随队人员席：在记录台同侧主战场边线外3米，在本方替换区一侧并且不超过将(帅营内侧边线延长线组成的区域。

⑥各区域均由不同颜色的5厘米宽线条进行划分(颜色根据实际情况另定)。

**知识窗**

“中国儿童十大经典游戏”，包括打弹珠、拍纸牌、滚铁圈、丢沙包、跳房子、跳皮筋、抓石子、打陀螺、踢毽子和斗鸡。策划者根据四项指标对每种游戏进行评定。其中，经典指数是指游戏给人留下的印象深刻与否，运动指数是指健身效果好坏如何，竞技指数是其成为竞技运动的可操作性的强弱，观赏指数是指运动本身观赏性的高低。在所有游戏中，“斗鸡”的综合指数排名第一，位列中国儿童十大经典游戏榜首。

## (二)运动员级别的划分

(1)男子组

轻量级(≤60公斤)

中量级(>60公斤，≤70公斤)

重量级(>70公斤，≤80公斤)

超重量级(>80公斤)

(2)女子组

轻量级(≤55公斤)

中量级(>55公斤)

## 思考题

(1)目前我国广泛传播的五禽戏与华佗五禽戏发生了哪些变化？具体说明。

(2)按空竹的结构划分，空竹有哪些种类？

(3)除了木质的传统抽绳陀螺之外，你还接触过哪些种类的陀螺？简述其特点。

(4)总结南狮与北狮的演练特点，并比较异同。

(5)常用的毽球发球技术有哪些？

(6)你是否了解脚斗士的礼仪？试着进行简述。

(7)比较南狮与北狮的装备特点，如服装、狮头等。

## 研究与实践

(1)尝试组织一次以沙包为道具的创新性游戏，描述其过程。

(2)结合实际，总结出八段锦有哪些功法特点。

(3)根据你的运动经验，简述花样跳绳的种类。

# 第十七章

# 休闲体育

## 第一节　保龄球

保龄球，起初称为“九柱戏”，它起源于公元3~4世纪的德国。在当时，九柱戏是在欧洲贵族间广为流行的一种高雅游戏。后来，马丁·路德在德国创立了9只球瓶的保龄球标准模式，为保龄球运动的普及和发展开创了新的一页。就绝大多数人而言，保龄球是以身体活动为主的娱乐性休闲活动。由于休闲需要为“复原身心”和“再创造生活”服务，它所要求的内容，就应体现健康和富有情趣的文化内涵。保龄球正是以它豪华的设施、高雅的情趣、舒适的环境和新颖的活动方式，为“休闲文化”提供了理想的氛围。人们可以通过感受柔和光滑的球道，明光烁亮的灯光和色泽鲜艳的球、瓶，并利用它作为休闲手段，领略新生活方式带来的乐趣，由此达到享受生活和提高生活质量的目的。

**知识窗**

保龄球的材质限定为非金属材质，有3个孔。现今均是中心以软木塞和合成强化橡胶混合组成，外层用硬质橡胶、塑胶或玻璃纤维包围而成。直径21.5厘米，圆周68.5厘米。重量依照国际规定最重到16磅(每磅为0.454千克)。个人可凭喜好选择所丢的保龄球的重量，通常为8~16磅。

### 一、基本技术动作与练习

### (一)徒手摆臂与投球

1. 徒手空摆与握球摆动

(1)练习方法

①徒手空摆：原地对镜，做手臂空摆练习，自己或由同伴观察动作是否准确到位。

②握球摆动：原地站立握球，或在原地踏步、走步中做手臂摆动。

(2)技术要点

握球站立，前臂弯曲约90°，两手同时将球沿45°方向推出，一手离球，一手握球后摆至接近肩平，再转入前摆。

(3)学练提示

摆臂以肩为轴，肘和手腕伸直，利用球的重力带动手臂摆动。

2. 原地放球与投球

(1)练习方法

①放球：左腿屈蹲，左臂支于左腿上，右膝跪地，右手腕伸至垂直握球，在助跑道上前摆、后摆、回摆臂后，手臂和手腕不做任何转动，把球对准前方目标自然放出。

②原地投球：身体呈屈俯状态，右脚向左后方伸出使脚尖支于地面，右手握球手腕挺直，先前摆、后摆，待回摆距球道约 15~20 厘米高度时，对准目标手腕向上勾提将球投出。

(2)学练提示

①放球时要体会手感，即大拇指先行脱出指孔的第一感觉，无名指向上勾提后脱出指孔的第二感觉。

②投球时做出向上勾提动作，并注意保持身体平衡。

### (二)四步助跑与滑步

(1)练习方法

①站在离犯规线 7 厘米处，随后以自然步向助跑道行走 4 步加半步，转身面向球道的位置就是 4 步助跑的起步点。

②站在起步点上(以右手投球为例)，两脚稍分开，左脚稍前，右脚稍后，脚尖向前，全神贯注，准备投球。

第一步，右脚向前迈出一步，步幅稍小，速度稍慢。

第二步，左脚迅速跟上一步，步幅比前一步稍大些，速度也稍快些。

第三步，右脚迈出，步幅稍大，速度稍快。

第四步，左脚迈出加速，随冲力向前自然滑步(约 20~30 厘米)至越界线 7 厘米左右处制动。

(2)学练提示

助跑时身体稍前倾，脚步要稳健，保持身体平衡，使每一步的脚尖都对准标示点，动作节奏连贯。

### (三)四步投球法

(1)练习方法

①第一步向前推球。身体稍前倾，重心移到左脚，再迈出右脚，同时两手向前下方 45°方向推球，推球时手臂力求自然，身体保持平衡。然后左手离球向外侧展开。

②第二步垂直下摆。当球推出后，右手在球的重力作用下自然下摆，同时左脚迈出一步，左臂继续外展。当球下摆到与肩部呈垂直部位时，完呈第二步(身体重心移到左脚)。

③第三步后摆。随着惯性力，球由下摆过渡到垂直后摆至与肩平，同时迈出右脚，此时身体前倾，左臂继续顺势外展，并保持身体平衡(身体重心移向右脚)。

④第四步向前垂直回摆及放球。

(2)技术要点

①球在重力作用下向前回摆，身体自然前倾，同时迈出左脚，并使左脚顺着惯性力向前滑行半步至犯规线 7 厘米处，以脚跟着地制动，左膝深屈，形成屈俯状。此时球回摆至右肩部垂直部位时，依靠惯性力和爆发力将球推出。

②出球时大拇指先行脱出指孔，中指、无名指接着向上勾提脱出指孔。球出手后右臂顺势向前方摆起，并像和对方握手一样，左臂同时继续外展，用实心球替代时要培养手指脱孔的手感。

(3)学练提示

①右脚迈出时速度稍慢，步幅宜小，推球时右手臂与假想目标必须在一个垂直切面上，手腕伸直。

②左脚迈出时步幅比第一步稍大，右臂继续保持与假想投准目标呈一个垂直切面。

③右脚迈出幅度稍大，速度加快，右臂仍然和假想目标呈一个垂直切面。

④左脚迈出速度加快，同时向前滑行，滑行的目的在于获得加速度。球出手时手腕不可作任何人为的转动。出手瞬间要做到“一稳、四清”。“一稳”即保持身体的平稳和投球右手臂顺势前伸。“四清”即一要看清球的落点；二要看清左脚脚尖是否朝向正前方；三要看清球是否按预定路线运行；四要看清球是否进入预定的目标(瓶位)。

### (四)投全中球

(1)基本要素

球必须击中瓶袋(①~③号瓶)；球入袋的射入角要大而深；球入袋后的作用力要正确，并具有足够的潜力，使之达到击倒瓶的连锁效应；球入袋的速度要足以维持贯穿整个瓶袋。

(2)学练提示

①掌握最佳投球角度线，即确定站位后，要使球落点、目标箭头、瓶袋三者之间构成一个“全中角度线”。

②适宜的速度。投全中球必须掌握适宜的速度。球速过快，由于增加了球在球道上的滑溜距离，会使球进入瓶袋时旋转圈数减少，不能对击倒瓶产生横向撞击；球速过慢，撞击力又不能贯穿整个瓶袋。适宜的球速一般为从球投出的落点到击中①号瓶的时间为 2. 2±0. 2 秒。

③有效入射角。“入射角”是指球进入①~③号瓶袋时的路线与①号瓶中心线之间形成的夹角。欲求投全中球必须增大和加深入射角。入射角愈大，撞击的破坏力愈大；入射角越深，杀伤力越强。为获得有效入射角，应采用自然曲线或弧线投球法。

④正确作用力。作用力是指放球时拇指和食指、中指施加在球上的力，包括手臂的提力，球的旋转力、指力和勾力等。作用力过大和过小，都会造成这样或那样的偏差。由于影响作用力的因素很多，只有通过反复练习才能使投出球达到最佳效果。

## 二、竞赛规则

### (一)娱乐性比赛

1. 原地迎面投球比赛

(1)比赛方法

利用篮(或排)球场，划相距 19. 16 米的两条起投线和宽 1. 15 米的球道 10 条(视学生人数多少决定)，各球道备有实心球一个。全班分甲乙两队，分别相对站在起投线各球道外侧。各队队员原地握球经摆臂后将球向前投放，同队队员接球后依次投回原处。

(2)比赛规则

①必须经摆臂后将球投放出去。

②球必须始终在本球道上向前运行，直达终点时得 1 分，如球越出球道为 0 分。

③每队每人各投放 5 个(或 10 个)球，计总分决定名次。

④如学生人数多可采用一球道上甲乙队员各 2 人进行。

2. 圆圈投球比赛

(1)比赛方法

在篮排球场划 2 米半径的小圆，小圆内放 10 个排球，并备有实心球数个。全班分成甲乙队，分别站在距圆 19. 16 米远的起步线前，各队依次按原地投放法，将球向中央小圆内的排球投击，直至将排球全部撞击出小圆外算一局，并计所需人数。

(2)比赛规则

①队员投球时脚不准触及圆圈线，否则按犯规处理。

②两队分别将小圆圈里的排球全部击出圈外为一局，计双方出场比赛人数多少，少者为胜，采取五局三胜制。

3. 原地直向投球比赛

(1)比赛方法

划19.16米长，1.15米宽球道4条，在各球道的终端安放10个类似木瓶的物体(或排球)，另一端为起投线。将全班学生平均分为甲乙丙丁4队，分别在各球道起投线外站立，各球道备有实心球一个。各队第一个队员按原地投放法投球撞击排球，记录击出的球数，队员依次全部投完为一局。

(2)比赛规则

①必须经摆臂后将球投放出去。

②球通过直道向前运行撞击排球，将1只排球击出规定区域外得1分，2只得2分，全部击出按“全中”球加分。

③最后计每队每人所得分的总和，累积分多者名次在前。

④进行n局比赛后，也可规定采用4步助跑投球比赛。

### (二)正式比赛

1. 比赛方法

(1)每队出场3~5人，组成若干队(保龄球比赛分单人赛和团体赛，团体赛一般采用5人赛)。

(2)保龄球比赛以局为单位，一局分10轮，每轮有两次投球机会，如果第一次投了“全中球”，就不能再投第二次，比赛均为6局。

(3)每击倒一个瓶得1分，投完一轮将两次投球所得分相加，每轮依次累计，即为该局得分，以6局总分最高者为冠军。

2. 比赛规则

(1)第一次投“全中球”，该轮所得分为10(不投第二个球)，但应奖励下轮两个球的所得分，其所得分数之和为该轮的“应得分”。

(2)第一次未全中，而第二球将剩余木瓶全部击倒，称为“补中”，该轮所得分也为10分。

(3)如果球落入边沟，即为“失误球，得零分”。

(4)如果第十轮中第一球犯规时，该球得分为“零”，但第二球击倒全部木瓶时，应视为10瓶补中，该球的所得分为10分，并允许继续投完最后一球，同时把最后一球所得分累计在该局总分内。

(5)如果第一轮到第十轮连续12个球全中，按每个全中球应奖励两个球所得分，即每轮以30分计，最高可达300分。

(6)比赛结束，如出现比分相等时，应从第九轮开始决胜负。

## 第二节　高尔夫球

高尔夫球运动不仅是一种健康身心、高雅华贵的体育运动项目，而且是一种社会交际的途径和手段。因此，在即将步入社会的大学生中传授高尔夫球技术，开展高尔夫球运动，对大学生的全面发展具有重要意义。乡村高尔夫球和迷你高尔夫球运动之所以能成为现代最为流行运动之一，除了具有自然这一本质特征外，还有它独特的运动特点与魅力。

高尔夫球运动适合不同年龄、不同性别、不同运动能力的人参加。高尔夫球运动不仅适于男子，并且男女可以同场竞技，甚至女子的成绩也不一定比男子逊色。目前的大多数竞技运动，均是体能的较量，因此运动员的运动寿命非常有限，通常是随着年龄的增加，运动技能逐渐衰退。而高尔夫球运动的运动寿命很长，只要能走路，就能上场打球。大家经常能看到满头银丝的老者与年轻小伙子同场竞技，水平甚至有过之而无不及。因为该项运动不是简单的体能较量，而是体能与智慧、艺术的结合。世界上没有一个球场是一模一样的，每一个球的打法都不可能相同，许多人一辈子没有在同一个坐标点上打过一个球。据记载，当今世界上一杆进洞年龄最大纪录是 99 岁，年龄最小的仅 8 岁。

高尔夫球运动是一种低强度、大运动量的运动，在标准球场打一场球持续时间在 2-4 小时，约相当于行走了 8 千米，属于高能量消耗，低爆发性的运动，是最好的健身方法之一。高尔夫球运动还适用于不同技术水平的参与者，因为计分方法的不同，无论水平高低，大家都能从中得到乐趣。高尔夫球运动不仅会因战胜对手而感到快乐，而且常以不断战胜大自然、战胜自我及不断超越自我而陶醉。球场除了球道外，均设有许多障碍，如沙坑、水池、斜坡。这就给打球者提出一个追求目标，即让打球者克服障碍，征服自然，从中得到一种心理满足。

## 一、基本技术动作

乡村高尔夫和迷你高尔夫的主要技术动作由握杆、站姿、挥杆、推杆四部分组成，我们重点介绍握杆和推杆。

### (一) 握杆方法

理想的握杆方式应尽量保持球杆平稳，使手部的力量自然发挥，握杆方法的好坏，会影响击球稳定性，因为握杆方法的差异，杆头击球面的方向也会变化，正确的握杆位置应在距杆端 1 厘米处。

1. 重叠握杆

用右手小指重叠于左手食指上或叠放于食指、中指指缝上握杆，此种方法适于手掌大，手指长者。

2. 互锁握杆

用右手小指和左手食指交错，对于手指短小、手掌瘦薄的亚洲人颇为合适，此法方向性较好。

3. 自然握杆

双手正常握杆，右手小指、无名指、中指压左手拇指与杆紧握，此法适合于力量较大的人。

### (二) 基本站姿

打高尔夫球的站姿为两脚开立与肩同宽，身体重心放在两脚足跟处。站姿有 3 种，即直角站姿、左奔站姿、右奔站姿。直角站姿，即与击球方向平行的姿势。初学者适宜采用本站姿。

### (三) 推杆进洞

(1) 要领是将握把放在靠近身体的地方来加以定位，尤其是右肘要贴在身体右侧，以控制右手的动作；球的位置定在靠左脚、右脚以及中央等处，离左脚尖 10 厘米最为适当；球路要依肩膀方向来决定，而球杆要顺着肩膀的方向挥动。

(2)瞄准时，两脚开立与腰部同宽，球要放在中央靠左脚跟的线上，此时重心要保持左右平衡，放松双膝，并轻轻向内收，以固定身体。

(3)推杆的方法不是轻敲而是轻击，要以臂所构成的三角形的顶为中心，按照钟摆式，固定手腕来进行轻击。

(4)往后拉杆是推杆最重要的一环，必须放松右手，使球杆顺着球路低擦草皮而后退，击球和往后拉杆要同一速度。为了使球杆能由下往上击球，瞄准时要把头靠右，如此轻击便能击出滚动距离较长的球。

(5)打球进洞的要领是不看球，击球动作必须轻缓，不可太过用力，就好像有用杆头击球面去击打球心的感觉，把球送出后，仍旧沿草皮有个随摆动作。

### (四)挥杆击球

1. 预备姿势

双脚间距离较肩宽，挺直背脊，身体微倾，膝盖放轻松，采用自然握杆法。

2. 拉杆后挥

放松肩膀及手腕调摆球杆，由向前推杆顺势进入拉杆阶段，此时杆头要笔直向后拉，再由里逐渐拉向内侧。然后以由头到腰形成的轴为中心，左肩向右转动，球杆向上拉，重心渐放在右脚上，大腿内侧支撑回转，双手向后上方挥杆于头右侧。

3. 击球顺挥

下半身转动带动双臂，以右侧臂为支撑迅速往下挥击高尔夫球。击完球后，杆头顺势挥向飞球方向。

## 二、高尔夫球场地简介

乡村高尔夫球场的大小和形状没有统一标准，正规场地大致为4572~6400平方米，允许高低不平，场中设有18个直径108毫米、深102毫米的圆洞，间距90~540米不等，洞旁插有小旗标明洞穴号数。

**知识窗**

高尔夫球场是草地、湖泊、沙地等于一体的特型场地，因自然景观的千姿百态而各具风采，世界上几乎没有两个完全相同的高尔夫球场，这也是高尔夫运动独具魅力的原因之一。

按照目前世界上各种球场的表现风格可将其分为山岳球场、河川地球场、丘陵球场、海边球场、平原球场和森林球场等。

室外迷你高尔夫占地面积通常300~10 000平方米，室内迷你高尔夫面积：360~3000平方米。洞区数：9洞、10洞、18洞、19洞或是36洞(国际标准为18洞)。形式多样：有园林式、庭院式、球场式、屋顶花园式等。

球场洞区障碍：有路障、洞障、反弹、异洞、坡障、暗道等。

比赛迷你高尔夫球场规格：每个洞区总长为6米，球道宽0.9米，进洞区直径为1.4米，德国型球场，高尔夫球场洞区是圆形的，洞区规格：洞区长度6.25米、宽度0.9米进洞区直径1.4米，发球区0.5米×0.4米。瑞典球场的进洞区为八角形，尺寸与德式相仿，使用乡村高尔夫相同球杆，球也可使用仿真球，球径比真球稍小。

# 第三节　台球

早在16世纪时，法国贵族阶级中就流传过台球这种运动形式。

18世纪，法国举行过历史上第一次公共台球运动的竞赛。1750年，法国著名台球运动员敏果特设计和发明了一种红色的圆形台球，并第一次创造出一端镶着橡皮头的台球杆。敏果特还制定出一套新的规则和打法，这些很快被人们接受。从此，台球运动得到发展。18世纪后半叶，欧洲一些国家按照敏果特的新规则举行过几次重大的台球比赛。20世纪初，英国的戴维斯开始致力于推广落袋式台球，世界职业台球锦标赛也在戴维斯的提议下于1927年正式创立。台球最早传入中国是在19世纪清朝末期。中华人民共和国成立前，只有北京、上海、广州、哈尔滨、沈阳的使领馆和租界中有私人开办的小规模的台球厅室。伴随着经济建设的迅速发展，台球运动在中国得到了极大的普及与发展。大中城市中，许多体育场馆、俱乐部、娱乐中心、大宾馆、饭店都设有台球厅、室。而且，台球已经作为一项竞技体育运动列入每年的全国体育竞赛计划之中。

目前，台球主要赛事有：(1)职业排名赛：①世界职业锦标赛；②F. U. T. 国际赛；③ROTHMANS大奖赛；④MERCANTILECREDIT 经典赛；⑤UK 公开赛；⑥英国公开赛；⑦BCE加拿大大师赛；⑧ICI 欧洲公开赛。(2)职业非排名赛：①BENSONANDHEDGES 大师赛；②世界杯赛、非职业赛：a. 世界锦标赛；b. 世界青年锦标赛；c. 欧洲业余锦标赛；d. 亚洲锦标赛。

## 一、台球技术与练习

### (一)击球姿势

1. 身体姿势

由于每个人都有自己不同的习惯，对于身体的姿势，最重要的是要保持好身体的平衡。以下介绍的是最普遍的身体姿势：首先身体面向球台站好，然后左脚向前迈出一小步，右脚站稳。在准备击球时，用右腿作支撑脚，向前俯身，并合理地分布好身体的重量(保持平衡以及自己觉得自然舒适)。

2. 握杆法

先找到球杆重心的位置，从这个位置向球杆的尾部移动20~30厘米的距离，这是你的手所处的位置，在一般情况下就是握杆的位置。但是，在击打不同位置的球时，握杆位置也要适当变化。握杆时，拇指和食指要在虎口处夹紧球杆。当球杆后摆时，中指和无名指要放松，以便更好地利用手腕的力量。

3. 手架法

正确的手架法能使打球者把球杆直线送出，由于主球在台面上的位置时时在变化，所以手架的方法也要根据具体情况进行调整，以下仅对两种常用(平背式、凤眼式)手架法进行简单介绍。架杆手的位置应与主球保持约15厘米距离。

(1)平背

把左手平放在桌面上，手指伸展开，手指紧贴住台面，接着再把拇指跷起，使你的拇指和食指根部关节间形成一个“V”字形凹槽。将食指紧按住台面，以使手架稳固，靠手指的屈伸来调整手架的高度。

(2)凤眼式

把左手平放在桌面上，手指伸展开，接着将尾指、无名指和中指一起向内侧转动并拱起，手掌左边压在台面上，形成支撑的手势。当左手与球杆接近直角时，将拇指和食指捏紧形成一圆圈，把球杆插入圈内来支撑球杆击球，靠屈伸中指来调整高度。

4. 练习

(1)送主球入袋练习

把主球放在台面上"D 形区"内任意位置，分别将球击入底袋、中袋和顶袋。

(2)库边横向空推练习

将主球放在黄球的置球点上，横向向库边瞄准，击打主球中心。击球后保持杆头不动，如回球正好碰到杆头，说明击球姿势动作正确。

(3)库边纵向空推练习

将主球放在棕球的置球点上，通过蓝色、粉色、黑色置球点，纵向向库边瞄准，击打主球中心。击球后保持杆头不动，如回球正好碰到杆头，说明击球姿势动作正确。此练习由于距离比练习(2)长，所以难度更大。

## (二)击球入袋(瞄准)

1. 瞄准方法

想把目标球打入球袋，就需要有精确的瞄准，最基本的瞄准方法是：眼睛、主球、目标球三点成一线。然而，球杆是随着眼睛转的，所以实际击球时，是球杆、主球、目标球三点在同一直线上。

2. 瞄准点

目标球运动的方向，一定是主球与目标球碰撞时的接触点和目标球球心的延长线。因此，要将目标球打进袋，这根延长线必须通向球袋的入口。从袋口画一条通向目标球球心的直线，并将该线延长到目标球球面的一个点，则这个点就是母球应该碰撞到它的触点。但是，在实际击球时，这个触点并不能当成瞄准点。只有在母球和子球的球心及球袋入口呈一直线，即正面撞击时，这个触点才可以被当成瞄准点。而在其他球位情况下，瞄准点应该按照以下的方法来确定：把上面所说的延长线从触点再延长出去，截取等于主球半径的一个点，这个点就是主球碰触子球时，主球球心所在的位置，而这时主球的球心，也就是击球时的瞄准点。所以，不论主球在哪个位置，只要母球球心移动的方向指向瞄准点，且球袋、目标球、主球之间的夹角大于 90°，就可以把目标球击入袋内。

3. 练习

(1)垂直直线送球练习(主球、袋口和目标球三点形成一条直线，并且此直线与袋口半圆弧顶点的切线垂直)

①短距离近袋球：把目标球放在袋口，主球和目标球的距离在 50 厘米以内。击球时先用中杆将目标球送人球袋，熟练后，再用其他杆法进行练习。

②短距离远袋球：把目标球放在距离袋口 50 厘米以上的位置，主球和目标球的距离在 50 厘米以内。击球时先用中杆将目标球送入球袋，熟练后，再用其他杆法进行练习。

③长距离近袋球：把目标球放在袋口，主球和目标球的距离在 150 厘米以上。击球时先用中杆将目标球送入球袋，熟练后，再用其他杆法进行练习。

④长距离远袋球：把目标球放在距离袋口 50 厘米以上的位置，将主球摆在与袋口和目标

球三点形成的直线上，主球和目标球的距离在 50 厘米以上。击球时先用中杆将目标球送入球袋，熟练后，再用其他杆法进行练习。

(2) 斜角度直线球练习

在很多情况下，虽然主球、袋口和目标球三点形成一条直线，但是此直线与袋口半圆弧顶点的切线斜交。当球的线路与袋口切线垂直时，袋口的相对宽度最大，送球落袋比较容易；当球的线路与袋口切线斜交时，袋口的相对宽度变窄，送球落袋的难度就加大了。所以，此练习与练习(1)的方法基本相同，只是要注意：在练习的时候，摆球的角度应该从易到难，反复练习，逐步提高。

(3) 非直线球练习

非直线球就是主球、袋口和目标球不在一条直线上。在实战中，这样的情况最多，所以，非直线球练习也最为重要。练习的方法与上面介绍的练习基本相同，但是在练习时要注意：在练习时学会找到目标球上的击点，并且确定主球的瞄准点。摆球的距离应该由近到远，摆球的角度应该由易到难，反复练习。

### (三) 主球的行进路线(走位)

台球打法和其他球类打法不同，它是通过先击打白色主球，再由主球把目标球撞进球袋方可得分。所以，不但要求把球打进球袋得分，还必须考虑打进一个球后，主球能停留在理想位置，以便接着打下一个球，如此反复才能连连取得高分，这点正说明台球的绝技就是控制主球的停留位置，也就是我们常说的"走位"。

1. 主球上的击点

用球杆击打主球上的点叫击点也称撞点，面对主球平视，是个圆形面，这个圆形面上到处都是可以打的击点。为了方便分析研究和学习，在圆形面上以圆心为基点设中心点，以中心点对称选定 8 个点，一共 9 个点。由于球和球杆上的撞头都是圆形球面的，如果球杆上的撞头在圆球的边缘部位时，由于角度过斜，容易发生打滑现象(称滑杆)。所以，我们把主球视平面直径划分 10 等分，取其中 6 等分在球中心画个圆，称其为 6/10 的同心圆，在这个范围内击球，就不会发生滑杆现象。当球技达到一定的水平后，击球范围也自然随之延伸扩大，甚至可以超过安全区击球，也很少发生滑杆现象。

2. 主球的旋转

(1) 撞击主球中心击点

开始没有旋转，向前滑动瞬间后，因受台布的摩擦阻力作用，球便向前旋转起来。球在哪里开始旋转，能滚到多远的距离，依击球力量的大小而不同。

(2) 撞击主球中上点

球开始延着球杆方向，直线向前奔走得很快、很远。因为球受正旋力矩的推动，滚动旋转的摩擦又比滑行摩擦少得多，动能损失很小。

(3) 撞击主球中下点

球一开始就具有逆旋的力矩，球一边行进一边倒旋，由于台布的摩擦力作用，倒旋减缓直到为零，球经过一段滑行，便过渡到正旋前进。

(4) 撞击主球左中或右中击点

这是一种侧旋球的打法(亦称偏杆击球)。技术难度较大，但又是必须学会练好的侧旋球技术，并懂得在击球中会出现需要侧旋球的重要作用。侧旋球的主球前进线路不是直线，因此主球与目标球之间的距离越长，瞄准的判断越是需要准确。

3. 主球击打目标球后的运动

(1)偏球

所谓偏球，就是不正面撞击目标球，主球只撞击目标球的偏侧部分。打偏球的目的，就是改变主球和目标球的球路，达到得分的要求。

(2)主球的运动

主球正面撞击目标球时，如果主球没有旋转运动，则主球的动量全部传递给目标球，主球停住，目标球沿主球原来方向向前奔去，只是主球和目标球互相换了个位置。当主球偏侧撞击目标球时，主球和目标球的运动方向，都偏离了主球原来的运动方向，一偏左，一偏右。在动量不被吸收的前提下(绝对弹性碰撞)，且假定主球不旋转，不管偏球厚薄为多少，碰撞后的主球和目标球运动方向的夹角都为90°。但是在不同的旋转状态和击球的力量等多方面因素的影响下，主球与目标球之间的夹角也会有所不同。偏球越薄，则主球运动方向和速度改变得越小；主球越小，则主球运动方向改变得越大；反之亦然。

4. 几种基本杆法

熟练地掌握几种基本击球方法是非常重要的。在正式比赛时，可以根据球台上所出现的各种球势，灵活地加以运用，有效地控制主球的运动方向和停留位置，不但能为下一击创造有利条件，而且还会较多地给对方造成障碍球和不利球势。

(1)推进球

水平持杆，击打主球中心点、中左点、中右点，即在击球时采用中杆击球。击球时，主要靠前臂前后运动并带动腕部，将球杆推出。当主球与目标球相撞后，目标球前进，主球也同时跟在目标球后面，缓缓向同一方向前进，行进一段路程后，才慢慢地停住，这就是推进球的打法。这种击球方法，用在当主球跟进距离不大而能为下一击创造条件或给对方制造障碍球时使用。要注意用力适中，不宜过重或过猛，否则会变成跟进或定位球。

(2)跟杆(高杆)

水平持杆，击打主球中上点、左上点或右上点，即采用中高杆、左高杆或右高杆。主球分别向正前方、左前方、右前方跟着目标球前进。在击球时，要运用小臂的力量，同时摇动腕部，使主球与目标球相撞的瞬间，主球将前进的力传递给目标球，目标球开始向前运动，而主球则较为明显地在原地稍停一下，然后靠自身保存的上旋转力量，迅速向前跟进，并且前进的距离较长。为了准确地掌握不同的跟进距离，可在前进路线的一侧不同距离处，摆上四五个球作标志，由近而远循序渐进地练习，当做到跟进的距离能按自己的意愿实现，此练习就算合格了。

(3)定位球(中杆)

水平持杆，甩腕出杆即利用手腕的爆发力击打主球的中心稍微偏下一点的击点，主球略带滑动前进。当主球与目标球相撞后，主球把自己前进动力全部传递给了目标球，目标球受力前进，而主球因失去动力，便停在与目标球相撞的位置，因此叫定位球。打出定位球并不困难，只要在击球时运用腕部的抖动力量就行，否则便会击成推进球。另外，当主球与目标球距离太远时，很难打出定位球。这种击球方法，不但能为下一击球创造有利条件，而且当目标球在袋口附近，主球、目标球和袋口三者在一条直线上，将目标球落入袋内，主球仍停留在相撞的位置上，可避免一同落袋犯规。

(4)缩杆(低杆)

水平持杆，甩腕击打主球的中下部击点，利用甩腕的较强爆发力，使主球反转向前滑动，当与目标球相撞瞬间，目标球因被撞前进，而主球则借相撞的反力，而释放了反转力，便向后反转回退。缩杆球主要靠腕部抖动的力量，腕子要活。击球时采用低杆，用小臂向前运动，当球杆杆头快要接触主球时，猛然向前抖动腕部，当杆头与主球接触的瞬间，出现球杆插进主球的感觉。主球在与目标球相撞后有一个明显的停顿，然后靠自身存在的逆旋力量，向后运动。腕部抖动的频率越快，后退的距离也越远。打拉杆球时，要注意主球与目标球间的距离，不可太近也不能太远，后退效果最好是相距 30 厘米左右。后退距离与球间距离成反比，距离越长，则后退距离越短。

(5)双用球

双用球即同样一个击点能起到两种作用。用球杆击打主球中点稍下方、中点稍偏上方的击点。用大力击打主球时，与目标球相撞后，目标球被撞前进，主球失去动力而原地停住，成了定位球。如果用小力同样击打主球，当与目标球相撞后，目标球前进，主球则缓缓跟进不大一段距离而停住，形成了推进球。说明虽然同是一个击点，由于击球力不同，击球效果也不同。

**知识窗**

台球运动的球台由电木制或合分材料制成。球台为三种：第一种为开伦式球台，即撞击式球台，标准的开伦式球台从台盘内沿垂直测量，长 2.85 米、宽 1.56 米、高 0.76~0.8 米。第二种为美式落袋球台，它在边腰上和角上共有 6 个网袋。标准的美式落袋球台从内沿测量为长 2.54 米、宽 1.27 米、高 0.8 米。第三种为英式落袋球台，与美式球台一样，在长边和角上带有 6 个网袋，标准球台从内沿测量为 3.596 米、宽 1.778 米、高 0.85 米。

5. 练习

(1)空推力量练习

①中力练习：将主球放在开球区棕色球的置球点上，向顶库方向直线击出，经由顶库弹回，再经由底库弹出，行进至台面中间区域。

②小力练习：将主球放在开球区棕色球的置球点上，向顶库方向直线击出，经由顶库弹回，行进至底库附近。

③大力练习：将主球放在开球区棕色球的置球点上，向顶库方向直线击出，经由顶库弹回，再经由底库弹出，再次行进至顶库附近。

④强力练习：将主球放在开球区棕色球的置球点上，向顶库方向直线击出，经由顶库弹回，再经由底库弹出，再次从顶库弹回，行进至台面中间区域。

⑤弱力练习：将主球放在开球区棕色球的置球点上，向顶库方向直线击出，行进至顶库附近。

(2)主球旋转练习

将主球放在开球区黄色球的置球点上，沿棕色球和绿色球的置球点向库边瞄准，分别击打主球上的 9 个基本撞点，体会主球运行速度、偏离角度和行进距离的变化。

(3)综合性练习

①蓝色球综合性练习：将蓝色球摆在置球点上，在其附近(纵轴线上)，放置几个红色球。先击落红球，再击落蓝色球，将蓝色球取出，重新放在置球点上；然后，再击落红球，反复进行练习，直到将所有目标球都击落袋为止。一杆将球全部击落袋内，才算合格。练习时，红球的数目应该从少到多，逐渐递增，以增加练习的难度。

②粉色球综合性练习：将粉色球摆在置球点上，在其附近(纵轴线或横轴线上)，放置几

个红色球。先击落红球，再击落粉色球，将粉色球取出，重新放在置球点上；然后，再击落红球，反复进行练习，直到将所有目标球都击落袋为止。一杆将球全部击落袋内，才算合格。练习时，红球的数目应该从少到多，逐渐递增，以增加练习的难度。

③黑色球综合性练习：将黑色球摆在置球点上，在其附近(纵轴线上)，放置几个红色球。先击落红球，再击落黑色球，将黑色球取出，重新放在置球点上；然后，再击落红球，反复进行练习，直到将所有目标球都击落袋为止。一杆将球全部击落袋内，才算合格。练习时，红球的数目应该从少到多，逐渐递增，以增加练习的难度。

④收彩球练习：将所有彩球放在置球点上，按照其分值，从小到大，最好能一杆将所有彩球击落袋中。

## 二、斯诺克台球竞赛规则

### 1. 斯诺克球台标志

(1)开球线和开球区

平行于底岸，距底岸内沿 70 厘米，相交于两边岸的一条平行直线为开球线。并以开球线中心点为圆心，以 29.2 厘米为半径，向底岸方向画出的与开球线组成半圆形区域，为开球区。

(2)置球点

台面上共有 6 个置球点。

①黄球点(两分点)：位于开球区与开球线的右交点上。

②绿球点(三分点)：位于开球区与开球线的左交点上。

③棕球点(四分点)：位于开球区半圆的圆心点。

④蓝球点(五分点)：球台两条对角线的交点。

⑤粉球点(六分点)：两腰袋和两顶袋组成的对角线的交点。

⑥黑球点(七分点)：台面的纵向中轴线上距顶岸的垂直距离为 31.8 厘米处的点。

(3)红球区

位于粉球点和黑球点之间，顶角和粉球接近而不相贴的一个正三角区域。

### 2. 球的分值

(1)白色球为主球。

(2)红色球 15 个，每个球分值为 1 分。

(3)黄色球 1 个，分值为 2 分。

(4)绿色球 1 个，分值为 3 分。

(5)棕色球 1 个，分值为 4 分。

(6)蓝色球 1 个，分值为 5 分。

(7)粉色球 1 个，分值为 6 分。

(8)黑色球 1 个，分值为 7 分。

### 3. 开球

(1)开球必须使主球击中红球。

(2)开球如发生违例、犯规，按规则罚分，由对方获得击球权。

### 4. 计分方法和最高分

(1)选手按规则击进球的分值，即为所得的分数。

(2)选手因犯规被罚的分数，应加在对方选手的成绩上。

(3)选手中局让输，对方球是已有的分数应再加上台面上所剩球的分值(每个红球按 8 分计算)。

(4)斯诺克一杆最高得分为 147 分。

$$15\times8+2+3+4+5+6+7=147(分)$$

5. 比赛方法

(1)主球必须先击活球，且本球不得落袋。

(2)非活球不得落袋。

(3)活球是所有红球在全部离开台面之前，均为活球。击入袋中的红球不取出。当红球全部击入袋中后，台面上的活球按分值大小排定，依次为黄色球、绿色球、棕色球、蓝色球、粉色球和黑色球。此时击入袋中的彩色球不再取出。

(4)击一红球后，选手可任选一彩球为活动球。彩球一经指定不得更改。击落的彩球在下一击之前应由裁判员取出放回置球点。

(5)当台面只剩下黑球时，击球入袋或犯规受罚都会使比赛结束。这时如双方比分相等，则：

①重新放置黑球，进行决胜期比赛。

②双方选手以掷币方式决定比赛顺序。

③开球应从开球区内击出主球。

④无论谁击球入袋或犯规受罚，都使比赛结束。

(6)选手解障碍球时，要有明显的合理的救球趋势；否则，在被判犯规罚分的同时，对方选手可以要求将主球放回原来的位置，让犯规方重打。

(7)台面上的球被击出界或者球落袋的同时犯规，主球作手中球放回开球区，红球不再取出，彩色球一律放回置球点。

6. 手中球

(1)主球被击出界或自落，应判手中球，由对方获击球权。

(2)手中球只能摆放在开球区内的任一点上，并击任何方向的活球。

7. 跳球

将主球击成跳球时，应判犯规。当主球有跳动而没有越过任何球体，先击目标球后，再跳过其他球体时，不算犯规。

8. 自由球

(1)一方犯规后主球变成“死角球”或造成障碍球时，应判为“自由球”。

(2)非犯规球员上场击球时，可以指定任何一个球作为目标球，击落自由球，按活球分值计算，并将自由球取出放回置球点。非犯规方也可让犯规方继续击球。

9. 犯规及如何处罚

(1)击球者发生下情况之一者均被判为犯规，应罚活球的分值，小于 4 分的按 4 分罚，大于 4 分的按分值罚。

①球未停稳即开杆击球。

②击球时杆头触击主球两次以上。

③击球时双脚离地。

④击球时推杆。

⑤击成空杆或主球自落。

⑥用自由球作成障碍球。

⑦手中球未放在开球区内开球。

(2)下述犯规者，应判罚活球和有关球中的最高分值(小于4分罚4分，大于4分罚自身分值)。

①使非活球被击中或落袋。

②选手在击球时服饰、身体、球杆等触动球。

③击成跳球或击球出台。

④主球同时撞击两个球(同时击两个红色球或一个自由球和一个活球除外)。

(3)下列犯规行为，一律罚7分。

①击红球入袋后，尚未指定彩球就犯规了。

②连续两次都击打红球。

③用非主球作主球。

## 第四节　飞镖

飞镖起源于古代近距离战斗中弓箭手所使用的一种很重的长10英寸的掷箭。“飞镖”一词最早在爱尔兰出现，时间是16世纪。1620年，从普利茅斯出发的“五月花号”船上的旅客曾玩过飞镖游戏。现代飞镖游戏至迟在1896年就出现了，那时英国兰开夏群贝利恩·甘林被认为是现在的那些记分系统的发明人。第一次飞镖得分记录是英国萨斯塞克斯的海格贝里塔韦恩地亚的约翰·雷德在1902年创造的180分。

飞镖运动是一种全身性的运动，办公室的健身效果很好，是现代办公室病的克星。飞镖运动相对射箭、射击来说，有明显的区别。后者为静态瞄准，肌肉伸张到一定程度保持静止，毛细血管不扩张，长期运动可能形成职业病；而飞镖运动过程中有动的部分，也有静的部分，运动量不大，且可以调整，既可以做到锻炼，还可以消除疲劳。飞镖运动也是一种团体运动，有利于心理健康，并可为现代人提供社交舞台。飞镖运动主要参与和收缩有关的肌肉和环节，有指、腕、肘、肩关节，有三角肌，肱三头肌，腕、指部肌肉等，特别是对于一些较小的平时很少锻炼的肌肉的训练。运动量不大，还可调整，往返取镖也是一种很好的锻炼过程。飞镖运动要求眼睛节奏性的瞄准、放松，对于放松眼睛，缓解眼肌的疲劳有一定好处。飞镖运动可提高神经精确控制肌肉的能力，这种能力到一定程度就不会再增长。高水平的投镖，三支镖可控制在1平方厘米之内，有先天的因素，但通过锻炼可以有效提高。飞镖运动竞技性、对抗性很强，同时休闲性、娱乐性也很强，可以调整心理状态，提高心理素质。飞镖运动可以调整左右脑的平衡，也就是在逻辑思维判断和空间控制方面的平衡。

### 一、基本知识与技术

飞镖运动是一种集竞技、健身及娱乐于一体的绅士运动。

根据飞镖比赛的规则，选手必须打中约50毫米×8毫米的扇形区域或直径12.7毫米的圆心才能结束比赛。在双方选手都在争“Double”结束的时候，选手的心理素质往往起着决定性作用，在飞镖比赛中，我们经常可以看到以弱胜强的战例，作为一名飞镖选手不仅要具备“指哪打哪”的技术，而且还要有很强的心态控制能力。所以，飞镖比赛给人以很大的悬念，极具竞技性、观赏性。

飞镖运动要求选手在投镖前一只脚牢牢地抓住地面站稳，另一只脚用做辅助支撑，举镖的手及身体任何部位都不能晃动，排除一切杂念，凝神于目标，投镖时肩、肘、腕自然畅展运动；计算分是飞镖运动的重要环节之一，会算分，心算快的选手往往比同等技术水平的选手提前一至两轮收“Double”，并且使你镖打得流畅，命中率高。所以，飞镖运动又是一项极佳的修身养性的健身运动。

飞镖的器材简单耐用，价格便宜，且占地面积小，家庭、酒吧、公司、餐厅都可以安装飞镖；不受气候、年龄、性别限制，简单易学；比赛中无需任何身体对抗，是特别适合于我们心灵手巧的中国人发展的一项运动。

飞镖的握镖方法有4种以上，不论哪一种，只要自己感觉舒适为好。为保证镖在空中飞行稳定，握在镖的重心处是非常重要的。

一脚在前，自然旋转一个角度，投镖时要神情专注于目标，小臂前挥带动手腕运动将镖投出。镖出手后，手臂、腕自然展开，各关节放松。投镖过程追求自然舒展，镖在空中飞行一个小抛物线，着靶时镖垂直于靶面或镖尾稍向上翘为宜。

## 二、飞镖竞赛方法

### (一)飞镖国际竞赛方法

1. 装设飞镖盘

(1)悬挂靶盘于墙上，其中心对地在高度1.73米。

(2)投镖距离距靶盘2.37米。

2. 竞赛方法

(1)竞赛对象可以是个人，也可以是团体(小组)。

(2)每人每次用3支镖投射。

(3)个人赛采用循环对抗赛法决出胜负。

(4)团体(小组)赛采用三打二胜或五打三胜制决定胜负。

3. 记分方法

(1)减分记分法：3支镖全部投出后，合计得分。从原设定的总分(301或501分)中扣除看谁先为零。

(2)累计记分法：3支镖全部投出后，合计得分。从原设定的总分(301或501分)中看谁先满分。

(3)射中“牛眼”靶心，计50分。射中“牛眼”外小环，计25分。

(4)射中中环上的小段，按该段对应分数的3倍记分。

(5)射中外环上的小段，按该段对应分数的2倍记分。

(6)射中不是2倍、3倍的一段，只按段对应分数记分。

(7)射中有分数的黑色外环不记分。

(8)投射满分或零分的最后一镖时，必须是在2倍记分数的对应小段内。

### (二)靶环竞赛方法

(1)计分方法同射击靶竞赛规则。

(2)投镖在有效环带上，得分为所标环分数。

(3)镖数和分数可以自己设定，同样镖数得分多者为胜，或限定分数，以使用最少镖数先满分者为胜。

### (三)棒球飞镖娱乐竞赛方法

(1)与棒球赛相同，靠投掷手投镖准确率得分。

(2)游戏式竞赛对象可以是个人也可以是团体(小组)。

(3)投手须依次投中镖盘中各个垒位(1、2、3)，最终投中镖盘中的本垒(HR)，称作本垒打。

(4)每局分为前、后两个半局，投掷三镖视为半局，每人限镖3支，交叉进行，后半局没投中本垒者视为出局(垒分无效)，投中本垒得一分。

(5)每局的三次投掷允许一次失误，两次失误视为出局，犯规(指踩线)一次算投掷一次，投中无效，而未中镖盘罚镖一支，四次连中为完成一局，奖镖一支。

(6)先记局分，局分相等时，计投中本垒分，规定局投完，局分多者为胜。

# 第五节　轮滑

轮滑运动是从滑冰运动过渡而来，据有关资料记载，轮滑在18世纪由不知名的荷兰人发明。最初有位荷兰的滑冰运动员，为了在不结冰的季节继续进行训练，尝试把木线轴安在皮鞋下，试图在平坦的地面上滑行，他的试验在不断失败和改进后终于取得成功，创造了用轮子鞋“滑冰”的历史，从此轮滑运动在欧洲诞生、兴起，并得到了较快的发展。真正的轮滑是由美国的詹姆士·普利顿在1863年发明的，他创新地用金属轮子代替木质轮子，溜冰轮可以转弯、前进和向后运动，这就是最传统的溜冰鞋，他的发明推动了各国轮滑运动的发展。

轮滑有很强的娱乐性和趣味性，通过这项运动，可使人们从平时紧张、压力繁重的学习和工作中解脱出来，达到身心放松的目的。轮滑是一项全身性运动，它能促进心脑血管系统和呼吸系统机能的改善和代谢作用的加强，能增强臂、腿、腰、腹等肌肉的力量和身体各个关节的灵活性，特别是对人掌握平衡能力上有很大作用。除了上述两个特性外，轮滑还具有很多体育项目所不具备的一个特性，就是它可以当做交通工具。一般情况下，在平整的路面上，轮滑都可以代步成为交通工具。在交通越来越拥挤的今天，轮滑不失为一种流行和时髦的交通工具。不过，滑着轮滑穿梭于车来人往的大街上时，一定要注意交通安全。

**知识窗**

初学者可戴一些防护用品，如护膝、护腕、手套、头盔等，练习者选择的轮大小适宜，扎带要松紧适度，并要检查轮滑鞋和轮子是否有损滑。遇到这些情况都要及时处理、修理好之后再上场练习，否则轮滑鞋在滑行中出现故障就很容易使练习者摔伤。

## 一、基本技术动作与练习

### (一)跌倒

人们常说：“未学跑，先学跌”，说明了会“跌”的重要性。所谓安全跌倒法，是在摔倒时，以全身力量向前扑倒，透过身上的护具分散跌倒的撞击力，千万不要往后坐或让单一部位承受强大的冲击力。

另一个方法是滑倒时放松全身，让身体自然在地上滚动，可缓和突然的撞击力。初学者请记得带护肘、护腕、护膝。万一摔伤时患部有肿胀、淤血及疼痛现象，应该立即停止，给予适当的冰敷和压迫，并抬高患部。骨质疏松患者和曾经摔伤并经复健治疗的人不适宜溜冰运动，年轻人运动量不够或身材瘦小者，最好先做骨质密度检查再开始玩，以免跌倒后容易造成骨折。

## (二)前进

前进滑溜先学站立抓稳重心，再练习踏步走路、前进滑行、单脚滑行与前剪冰。

1. 外八字前进步行

脚后跟靠拢，足尖打开约 60°，脚尖平均张开，上身保持自然，两手叉腰，身体不要晃动，重心踩在一脚上，另一脚运用大腿力量抬起，向前走一个脚掌距离，前脚踏出后，重心转移至前脚，接着后脚步行至前脚之前，如此一步步踏稳而走，脚后跟尽量踩在一直线上。

2. 前进葫芦形

又称“8”字形前溜。利用压韧方式前进。两脚平行在地上画出“8”字形，压内韧使两脚靠近，快碰到时压外韧使两脚分开。可以先使用前进滑行推动，待熟练后再体会重心转换及施力的感觉。

3. 前进滑行

滑溜的基础来自于步行，步行当重心转移至前脚，后脚同时往侧方向蹬出以使前脚滑出。非溜冰足先轻拖在地上，溜冰足轻轻往前滑动，待稳后非溜冰足再试着腾空。慢慢地加长溜冰的距离与时间。滑行时应注意上身的姿势，上身挺直，眼睛注视前方 2 米处，两手平举，与腰同高，两臂自然放松。

4. 全蹲双脚前进滑行

使用前进滑行，待有一定速度，双脚踩平刃成平行，蹲下屁股，靠着小腿滑行。

5. 金鸡独立

单脚着地，另一只脚往上抬或往斜后方抬。

6. 单脚前进滑行

由前进滑行的练习慢慢加长单脚滑行的距离，身体挺直踩弓箭步。前进滑行后单脚踩平韧，使滑行方向成一直线，自由足置于斜后方呈弓箭步，两手平伸，两眼前视。

7. 全蹲单脚滑行

先使用前蹲双脚滑行，待一定速度且稳度够时，一只脚往前伸直滑行。

8. 前剪冰

前剪冰主要由两个动作所组成，一个是弓箭步，一个是交叉步。上半身往左转 90°(尽量的向后转)，右脚自左脚前放在左脚左边，左脚向左跨出。

## (三)后退

1. 内八字后退

方法与前进步行相同，只是后退步行是足尖靠近足跟打开，刚好与前进步行相反。后退步行与向前步行一样须由基本站立姿势开始，站立姿势是将腰后屈，身体微微前倾，脚尖的方向与前进相反，以八字形站立，在原地踏步熟习后才以一个脚掌的步幅向后踏出，学习如何将重心移向后脚，此时脚颈须松软，膝微弯，手伸张以维持平衡。

2. 后退滑行

后退走路的姿势习惯了以后，加上稳度够了，逐渐把身体的重心往后移，慢慢地滑溜就可以做出后退滑行。

重心在左脚，右脚尖略朝外。左脚跟往外翻，腰向左扭转，重心完全落在右脚。用右脚后退溜行，左脚略提起放在右脚前方。左脚跟往外翻，腰向右扭，重心完全落在左脚。用左脚后退溜行，右脚略提起放在左脚前方。

3. 后退葫芦形

足尖靠拢，脚后跟打开约45°，两膝弯屈上身微前倾，两足压内刃，上身挺直，双手平举。两脚同时向两旁推开。两脚推开后，向外画弧(弧形不用画太大)，并向内收，改为外八字。两脚同时向内夹紧。在两脚跟尚未相碰，双脚转变为内八字，同时往外推开。后溜的时候重心要保持在后面，即行进的方向，葫芦画得越多越快，后溜的速度也越快和前葫芦的方法一样。

4. 单脚后退滑行

由后退滑行的练习慢慢加长单脚滑行的距离，身体挺直踩弓箭步。后退滑行后单脚踩平刃，使滑行方向呈一直线，自由足置于斜后方呈弓箭步或直接往上抬，两手平伸，两眼前视。

5. 后剪冰

同前剪冰，主要由两个动作组成：一是弓箭步，一是交叉步。而交叉步动作与前剪冰交叉步伐相同，请参考前剪冰。

上半身转向圆心，重心在内脚外刃，外脚往外前方推，外脚从内脚前面切到里面，重心移至外脚内刃，内脚离开地面，做后推刃动作，外脚从内脚后面绕回来。

### (四)刹车

1. 直排后刹

就是双脚平行，把有刹车器的那一脚向前推出，脚尖微向上，让刹车器磨到地面就可以了，将刹车器愈用力的压向地面，就可以愈快停下来了。重心一定要放低，保持在两脚中间，不可以太前或太后。

2. 八字刹

内八字刹：两脚张开，板成内八字，两脚弯曲蹲低，身体微向前倾，抬头两眼直视前方。由于脚内八，所以会往内滑，此时两脚用力往外撑，就可以慢慢刹车。需要多练习才能将刹车力道均匀地施于两足。

外八字刹：内八字刹是将重心置于后方，外八字刹则是置于前方。

后八字刹：身体向前倾斜，脚尖不是向内靠而是两脚的脚跟向内才对，大腿外侧的肌肉用力向下压。

3. T 字刹

首先单脚前溜，后脚自由足伸直垂直地放在滑行足后面，类似弓箭步，重心完全置于溜冰足上，抬头挺胸缩小腹，上身保持正直，后脚与前脚的轮子保持垂直轻轻接触地面，此时仍是前溜，但由于后脚与前进方向垂直，轮子与地面摩擦，慢慢会停下来。初学慢慢刹，从开始刹到完全刹住的距离可以长一点，可以刹住之后再慢慢增加后脚力量，增加摩擦力，后脚施力的方向是往下往前。刹车的过程整个身体要维持不动，从小腿以上相对于溜冰鞋而言是静止的。

## 二、轮滑运动的竞赛方法

轮滑运动分为速度轮滑、花样轮滑、轮滑球三种。

### (一)速度轮滑运动规则

1. 竞赛项目

(1)场地、公路速度轮滑正式比赛距离

300 米、500 米、1000 米、1500 米、2000 米、3000 米、5000 米、10 000 米、15 000 米、20 000 米、21 000 米、30 000 米、42 000 米、50 000米。

(2)全国场地速度轮滑锦标赛比赛项目

男子：300 米、500 米、1500 米、5000 米、10 000 米、20 000 米等。

女子：300 米、500 米、1500 米、3000 米、5000 米、10 000 米等。

(3)全国公路速度轮滑锦标(公开)赛比赛项目

男子：300 米、500 米、1500 米、5000 米、10 000 米、20 000 米和 42 千米马拉松。

女子：300 米、500 米、1500 米、3000 米、5000 米、10 000 米和 21 千米马拉松。

2. 竞赛类型

(1)计时赛在场地或公路上进行。一定数量的队数或人数在固定的滑跑距离上进行的竞速计时性比赛。

(2)淘汰赛在场地或公路上进行。比赛过程中在一个或多个固定地点直接淘汰一个或多个运动员，具体淘汰办法赛前由裁判长决定。

(3)群滑赛是在场地或公路上进行。参赛人数不限，一次性集体出发的比赛。如果参赛人数太多，比赛跑道受限，可分预赛和决赛。

(4)定时赛在场地或公路上进行。比赛限定滑跑时间，运动员的名次根据在限定的时间内所滑距离的长短决定。

(5)计分赛可在场地或公路上进行。赛前确定运动员或队的得分标准，在比赛路线上固定计分地点，比赛时运动员通过此地点时计取分数，运动员到达终点，以获得分数的多少决定名次，获得最高分数的运动员或队为优胜。

(6)接力比赛在场地或公路上进行。每队由两名以上运动员组成，比赛途中在固定的地点可随时换人，换人时必须接触到本队同伴，最后一次换人必须在倒数第一圈以前完成。

(7)分段赛只在公路上进行。这是根据一定的规则，长、中、短距离混合排列在一起，总名次根据运动员在各个固定的距离所得成绩和分数决定。每一分段的成绩，根据分段时间，其分配方法可事先商定。如果几名运动员成绩相等，根据每段比赛所得最好成绩决定名次。

(8)追逐赛可在场地或“封闭环形式”公路跑道上进行。两名运动员或两个队在等距离的地点出发，在规定的距离上互相追逐，如其中一名运动员或一个队超过对手时，比赛即告结束。每个队有 3~4 名运动员的团体赛中，由倒数第二名运动员决定该队名次。

3. 比赛器材的规定

运动员的器材须适合轮滑运动的特点。参赛运动员要戴保护头盔、护膝、护腕、护肘；轮滑鞋轮轴不得超出轮子以外，不得使用制动器。鼓励使用单排轮轮滑器材(具体要求按竞赛规程执行)。

4. 比赛场地的规定

(1)比赛路线分为场地跑道和公路跑道。公路比赛路线有起点和终点不衔接的直线开放式以及起点和终点相衔接的封闭环形式两种。

(2)测量场地的跑道或公路上比赛路线应距跑道或公路边界线内侧 30 厘米为准。此测量线称为"边界绳索"。

(3)每条比赛路线在弯道处应有清楚易见的自然界线或设有可移动的标志。这些标志不要放在内侧，以免运动员发生危险。

(4)公路比赛路线沿左右方向均可设有弯道。

(5)场地跑道

①比赛场地的跑道是指设在露天的或有覆盖设施的比赛路线，它有两条长度相等的直线跑道段和两个对称的具有相同直径的弯道相连接的竞赛跑道。

②比赛场地跑道的标准长度为 200 米，宽度为 6 米以上(但根据情况长度最短不少于 125 米，最长不超过 400 米，宽度最短不少于 5 米)。

③比赛场地跑道的地面可用任何材料铺成，但要求完全平坦，有一定的光滑度，不易摔倒，适合举办轮滑竞赛。

④场地要求完全平坦，但弯道可有一定的倾斜度。有倾斜度的部分要从内侧边缘逐渐均匀平稳地升高，直到外侧边缘。直线跑道为了与弯道倾斜跑道相衔接，也可以有向内侧倾斜的衔接部分，但直线赛道的平坦部分不应少于跑道总长的 33%。

⑤终点要用白色线标出，宽为 5 厘米，一直标到跑道外侧边线。终点线不能设在弯道滑处(一般设在直道中线前伸 10 米处为宜)。

⑥跑道外缘应设有保护设施。

(6)公路跑道

①在开放式公路比赛路线进行的比赛，其终点和起点不衔接。封闭式公路比赛路线其终点和起点相衔接，它有两条对称路线。运动员必须根据比赛的距离在此路线上滑行一圈或几圈。

②封闭式环形公路，路线最短不少于 250 米，最长不超过 1000 米。

③公路的宽度全程不得少于 5 米。

④公路的路面应平坦而光滑，没有断裂。路面不平坦部分不应超过其宽度的 3%。

⑤公路跑道斜坡部分不得超过 5%，即使在特殊情况下，其倾斜部分也不得超过全部路线的 25%。

⑥终点线与起点线均应以 5 厘米宽的白色线标出。起点线、终点线不能设在弯道处，除非无法避开时，起点线应设在距离弯道 50 米以外的地方，终点线应设在距最后一个弯道的直弯道分界线前 50 米处。

## (二)花样轮滑

有男、女单人滑和双人滑(一男一女)，规定图形有 17 类，共 61 种滑法。根据运动员所做动作的准确性、难度、造型优美程度来评分。

## (三)轮滑球

比赛规则、打法、裁判法及器材与冰球类似，比赛双方各 5 人上场竞技。所不同的是，全场共分两局进行，每局各 20 分钟。两局中间交换场地。轮滑球运动量大，场面精彩火爆，深受年轻人的喜爱。

# 第六节　登山与攀岩

## 一、登山

贯穿法国、意大利、瑞士和奥地利等国家的阿尔卑斯山是现代登山运动的诞生地。据历史记载，法国一位名叫德·索修尔的著名科学家为探索高山植物资源，渴望能有人帮他克服当时看来是不可逾越的险阻——登上阿尔卑斯山顶峰。他于1756年5月在阿尔卑斯山脚下的莎莫尼村贴出一则告示：“凡能登上或提供登上勃朗峰之巅线路者，将以重金奖赏。”然后，告示贴出后长期未获响应。此后，他每年出榜一次。直到30年后的1786年6月，一位名叫巴卡罗的山村医生揭下了告示，他经过两个多月的准备，并与当地山区水晶石采掘工人巴尔玛结伴，于8月6日首次登上了勃朗峰。后来，人们把登山运动称为“阿尔卑斯运动”，把1786年作为登山运动的诞生年，德·修尔、巴尔玛等人则成为世界登山运动的创始人，并得到了国际登山界的公认。

### (一)技术动作

1. 身体姿势

攀登时身体要自然放松，以3个支点稳定身体重心，而重心要随攀岩动作的转换移动，这是攀岩能否稳定、平衡、省力的关键。要想身体放松就要根据岩壁陡缓程度，使身体和岩石保持一定距离，靠得太近，会影响观察攀岩路线和选择支点。但在攀登人工岩壁时要贴得很近。在自然岩壁攀登时，上、下肢要协调舒展，攀岩要有节奏，上拉、下登要同时用力。身体重心一定要落在脚上，保持面向岩壁、三点固定支撑、直立于岩壁上的攀登姿势。

2. 手臂动作

手在攀岩过程中是抓住支点、维持身体平衡的关键，手臂力量的大小直接影响攀岩的质量和效果。因此，攀岩必须有足够的指力、腕力和臂力。对初学者来说，在不善于充分利用下肢力量的情况下，手臂的动作就显得更为重要。手臂如何用力，在人工岩壁攀登和自然岩壁攀登时情况不同，前者要求第一指关节用力扣紧支点的同时，手腕要紧张，手掌要贴在岩壁上，小臂也要随手掌紧贴岩壁而下垂，在引体时，手指(握点)有下压抬臂动作，其动作规律是，重心活动轨迹变化不大，节奏更为明显。但攀登自然岩壁时其动作就变化很大，要根据支点不同采用各种用力方法，如抓、握、挂、扣、扒、捏、拉、推压、撑等。

3. 脚的动作

攀登技术发挥的好坏，关键是两腿的力量是否能充分利用。只靠手臂的力量攀登不可能持久。脚的动作要领是，两腿外旋，大脚趾内侧靠近岩面，两腿微屈，以脚踩支点维持身体重心，在自然岩壁支点大小不一和方向不同的情况下，要灵活运用。但要切记，膝部不要接触岩石面，否则会影响到脚的支撑和身体平衡，甚至会造成滑脱而使膝部受伤。另外，在用脚踩支点时，切忌用力过猛，并要掌握用力的方向。

4. 手脚配合

凡优秀攀岩运动员，上、下肢力量是协调运用的。对初学者来说，上肢力量显得更为重要，攀登时往往是上肢引体，下肢蹬压抬腿而移动身体。如果上肢力量差，攀登时就容易疲劳，表现为手臂无力、酸疼，逐渐失去抓握能力，此时，即使有好的下肢力量，也难以维持身体平衡。所以学习攀岩，首先要练好上肢力量，上肢又要以手指和手腕、小臂力量为主，再配合以脚腕、脚趾以及腿部的力量，使身体重心随着用力方向的不同而协调地移动，手脚动作的配合也就自如了。

### (二)登山运动的装备

(1)宿营装备

包括帐篷、炊具、寝具和各种燃料等。

(2)技术装备

包括登山绳、氧气装备、测量仪器、高度计、干湿度计、钢锥、登山铁锁、升降器、挂梯、滑车、雪铲等。

(3)个人装备

包括登山服装、登山鞋、高山靴、头盔、电筒、手套、防护眼镜等。其特点：轻便易携，坚固耐用，便于拆卸，一物多用。

## 二、攀岩

攀岩即徒手攀登岩壁，英语称作“Free Climbing”。这里是指不依赖任何外在的辅助力量，只靠攀登者的自身力量完成攀登过程。这项运动是利用人类原始的攀爬本能，借以各种装备作安全保护，攀登一些岩石所构成的峭壁、裂缝、海蚀崖、大圆石以及人工制作的岩壁的运动。它是从登山活动中派生出来的一项运动，要求人们在各种高度及不同角度的岩壁上，连续完成转身、引体向上、腾挪甚至跳跃等惊险动作。登山者即使选择最容易的路线攀登几千米的高峰，在途中也免不了要遇到一些悬崖峭壁，所以说攀岩也是登山运动的一项基本技能。由于登高山对普通人来讲机会很少，而攀爬悬崖峭壁相对机会较多，且更富有刺激和挑战，所以攀岩作为一项独立的、被广大青少年所喜爱的运动迅速在全世界普及开来。

惊险刺激是攀岩运动最根本的特点，而其能充分满足人们要求回归自然、寻求刺激，并从中挑战自然、挑战自我的欲望，又是它深受人们喜爱的根源。它正以自己特有的魅力、突出的个性感染着人们。参与攀岩，会让您在与悬崖峭壁的抗衡中学会坚强，在与大山的拥抱中感受宽容，在征服攀登路线后享受成功与胜利的喜悦。对于攀岩运动员，不仅需具备良好的身体素质、心理素质、娴熟的技巧，更要有良好的应变能力、坚强的毅力和丰富的参赛经验。由于攀登者在岩壁上稳如壁虎、矫似雄鹰，它又是一项极具美感和观赏性的运动，被许多人誉为“岩壁芭蕾”。

### (一)技术动作

1. 基本技术

拉：在抓住前上方牢固支点，用力上拉引体向上。

撑：利用台阶、缝隙或其他地形，以手掌和小臂使身体向上或向左右移动。

推：利用侧面、下面的岩体或物体以手臂的力量使身体移动。

靠：利用能够容纳身体的裂缝，用背部靠住一侧岩面，用四肢顶住对面岩石，使身体上移。

胀：将手伸进缝隙里，用弯曲手掌或握拳，以此抓住岩石的缝隙并移动身体。

蹬：用前脚掌内侧或脚趾的蹬力把身体支撑起来，减轻上肢的负担。

跨：利用自身的柔韧性，避开难点，以寻求有利的支撑点。

挂：用脚尖或脚跟挂住岩石，维持身体平衡使身体移动。

踏：利用脚前部下踏较大的支点，减轻上肢的负担，移动身体。

2. 抱石技巧

抱石是提高攀岩技巧最有效的办法之一，能极大地磨炼人的勇往直前的意志和精湛的攀登技巧，因而使这项运动极富刺激性。尤其在紧张的比赛中，运动员不但必须发挥出自身的全部力量，还要集耐力、柔韧和平衡能力于一体，利用岩壁上那些难以把握的支点向上攀登，完成腾挪、蹿越、引体向上等动作，使观众在惊险的表演中得到一种美的享受。现在很多攀岩初学者都是在抱石馆开始接触和练习攀岩的，虽然抱石路线一般都比较短，但如果掌握好方法，同样能令技术、耐力的增长达到如同在高岩壁上练习的效果。

抱石可分场地室内抱石和天然岩壁抱石两种。抱石需要选择高度在 3 米以下，方便作保护的地方(不用绳索保护)。抱石壁的下方一般要垫一个抱石垫(高压垫)，同时伙伴要密切留意抱石者的动作，随时作好下坠时的保护。

抱石的特点是不用设置绳索、安全带、快挂等其他装备保护，只需在所攀墙壁下方铺一张 30~50 厘米厚的海绵垫以防脱落；容易被攀岩爱好者所接受，一双攀岩鞋、一个镁粉袋即可满足攀登者的需求；抱石运动适应人群广泛，5 岁以上的健康人群都可以参加抱石运动。抱石活动由于目前安全措施都十分完善，因此安全性相当高，在欧美国家攀岩活动基本上就像上健身房一样，是一项时尚流行的健康运动。

3. 基本要点

(1)尽量节省手的力量

攀岩是用手和脚，通过寻找岩面上一切可利用的支点，克服攀爬者自身的体重及所携带器械的重量向上进行攀登。所有攀爬者应该有一定的手臂、手指、肢尖及腰腹力量。由于手臂力量相对很有限，在攀登过程中，应尽量用腿部力量，而节省手的力量。

(2)控制好重心

控制重心平衡是攀岩过程中最关键的问题，重心控制得好就省力，反之，就会消耗许多不必要的力量，同时也就影响了整个攀登过程。

(3)有效地休息

在一条攀登路线中，肯定是有些地方简单，有些地方难，要想一口气爬完全程比较困难(除非这条线对你来讲很容易)，所以想爬得高一些，应该有效地进行休息，一般是到达一个比较容易的位置，以最省力的姿势，边休息边观察下一段要攀爬的线路。这一点在比赛过程中显得更为重要，因为正式的比赛，攀登路线是完全陌生的，而且只有一次机会。

(4)主动调节呼吸

初学者往往忽略这一点。攀爬一条路线是一个连续的过程，从一开始就应该主动去调节呼吸，而不应等快坚持不住了再去调整。另外要强调一点，攀岩是一项很具危险性的运动，若装备质量合格，保护技术过硬，保护人员操作规范、认真，就不会有危险；反之，若装备有质量问题，保护人员操作不规范、不认真，就容易出危险。因此，攀岩运动中的保护是每个参与者都应该时刻注意的问题，而不管他是初学者还是有经验的老手。

## (二)攀岩运动的装备

攀岩装备分为个人装备和攀登装备。

(1)个人装备

包括安全带、下降器、安全铁锁、绳套、安全头盔、攀岩鞋、镁粉和粉袋等。

(2)攀登装备

包括绳子、铁锁、绳套、岩石锥、岩石锤、岩石楔，有时还要准备悬挂式帐篷。

(3)其他装备

包括背包、睡具、炊具、炉具、小刀、打火机等用具，视活动规模、时间长短和个人需要携带。

## 第七节 滑雪

滑雪运动基本的含义是指人们成站立姿态，手持滑雪杖、足踏滑雪板在雪面上进行速度、跳跃和滑降的运动。

滑雪起源于欧亚大陆北部极度寒冷的地区。产生于人类征服自然的实践过程中，产生的条件是寒冷、多雪、多山、多林木。早在5000年前，北欧、西伯利亚等地已有人滑雪。最初，人们也许是用皮带把大片兽骨绑在皮靴上，作为滑雪的工具。中国古籍《北史》等对此多有记载。20世纪30年代初期，近代滑雪运动在中国初步开展。1954年开始，中国东北地区曾几次举办规模较大的地区性滑雪比赛。1980年，中国第一次派出滑雪队参加在美国举办的第十三届冬季奥林匹克运动会。此后中国滑雪队多次参加冬季奥运会的滑雪比赛。

### 一、基本技术与练习

#### (一)平地行走及平衡技术

1. 平地行走技术

平地前后行走时注意保持双板平行，两支雪板的板头和板尾不能交叉，步幅要小。横向行走是为上坡打基础，要领是步幅小，保持双板平行。原地转圈360°时，每一步的角度不要大，以向左转圈为例，左板每走一步，右板跟上的一步要保持与左板平行，板头和板尾不能交叉，否则将会失去平衡以至于摔跤。

2. 平地平衡技术

平地保持平衡比较容易，少有滑动可以顺其自然，不要紧张挣扎导致自己失去平衡。

3. 斜坡平衡技术

在斜坡上保持平衡首先要明白“滚落线”的概念，“滚落线”是指一个圆球从斜坡上滚落的线路，要想在斜坡上保持平衡，必须使你的滑雪板与滚落线保持垂直，并且要让山下雪板的内刃和山上雪板的外刃嵌入山体，并形成夹角，身体的中心要放在山下板上，以抗拒身体重量的自然下滑。

#### (二)蹬坡技术

1. 横向蹬坡

横向蹬坡，即由山下雪板的内刃和山上雪板的外刃做支撑，轮流交换重心横着向山上蹬行，双手执雪杖自然地在身体两侧点地帮助保持平衡，记住要领：上身要直立，膝盖微弯顶住靴子的前沿以支持身体的重量，双板要平行并与滚落线垂直(要时刻观察滚落线的走向——滚落线要靠你的脑袋去想象，雪道上并不会画出来的)，身体的姿势——想象自己是一个球嵌在斜坡上——双膝和髋部往山上方向倾斜、腰部和肩部向山下倾斜，身体呈反弓形。

2. 外八字蹬坡

外八字蹬坡是比横向蹬坡更有效率的一种方法，要领是：身体正对滚落线，双板的板头宽、板尾窄，呈外八字形状，双膝内旋以使双板的内刃立起与雪面形成夹角，双手在身后执雪杖的杖头(像老人拄拐棍的姿势)支持，双板轮流交替向上蹬行，雪杖在身后自然地轮流支撑。

### (三)刹车技术

犁式制动(内八字刹车)技术：犁式制动是一种非常有效的技术，可以用来停止滑行、减速、控制滑行和用于转弯，甚至有些高级滑雪者在天气恶劣和狭窄的雪道上也采用这种技术。

练习犁式制动要从平缓的斜坡开始，随熟练程度改变坡度。

犁式制动是在直滑降的过程中完成的。上体放松，手握雪杖头在身前髋部的高度，雪杖垂在身后，身体重心在前脚的内侧，不能后坐，在滑行中使双板的板尾打开呈“V”字形，髋部的重量均匀地分布在两支雪板上，双膝和踝关节内旋以使两支雪板的内侧立起刻划与雪面，形成楔子嵌入雪面，加大阻力从而使自身下滑的速度减缓并最终停止。

### (四)直滑降技术

选择缓坡蹬坡后，用雪杖支撑使自己顺利的调整板型，双板平行与肩同宽，正对雪道下方(正对滚落线)，慢慢收起雪杖，身体的重量会使你徐徐下滑，直到平地时自然减速停止。要领：上身直立，头部抬起目视前方，不要紧盯自己的雪板，注意观察周围情况，肩部放松，胳膊前伸，双手握雪杖，手的高度在髋部左右，雪杖头垂在身后，膝盖微屈，感觉胫骨微微压迫滑雪靴的前壳，雪板平放在雪道上，身体随着雪板滑行。

### (五)转弯犁式

在能熟练运用犁式制动技术滑行、减速之后可以练习转弯犁式技术。

在运用转弯犁式技术时，两支雪板一直呈“V”字形，当身体的重心不是均匀地放在两支雪板上时，滑行的方向就改变了：重心偏向右板时(向右滑行受阻)，滑行的方向偏向左边；重心偏向左板时(向左滑行受阻)，滑行的方向偏向右边。

学习这项技术要注意滚落线的位置，滑行路线要沿着滚落线画“S”形。

### (六)斜向滑行

斜向穿过滑雪道(斜坡)而不是直着冲下山去被称为斜向滑行(或叫斜滑降)，在坡度很大的情况下，斜向滑行可以有效地控制速度滑行。斜向滑行的正确姿势是：双手握杖在身体前，胳膊放松，雪杖垂向身后，山上一侧的肩膀和髋部要扭向山下方向，这样身体的上部就会冲着山下方向，膝盖微屈使雪板靠山上一侧的半刃嵌入山体(不至于横着下滑)，斜向前方滑行时身体重心偏向山下板，双板的板形是平行的。

### (七)侧向滑行(横向下滑)

侧向滑行(横向下滑)是一种很有效的对付陡坡的技巧。斜向滑行中把山下板的板尾向山下方向推出，重心在山下板上，双板同时横向平放于斜坡上，横着向下滑，需要停下时，双板同时以山上一侧板刃嵌入山体就可停止下滑。向滑行(横向下滑)可以向侧前方向和侧后方向滑行。

### (八)犁式转弯

在熟练掌握犁式制动、转弯犁式、斜向滑行之后，将三者结合即可练成犁式转弯。

基本过程是：双板平行斜向滑行，过了滚落线后马上用转弯犁式来转弯，转过弯来后再恢复斜向滑行，如此循环往复。

## 二、滑雪运动的装备

滑雪的装备包括滑雪板、脱落器、垫板、滑雪雪鞋、滑雪杖、滑雪服、手套、帽子、太阳镜等。

1. 滑雪鞋

现代的滑雪鞋是由合成材料生产的，并加有金属扣。通常鞋由较坚硬的外壳和柔软的内靴套组成，以保证鞋的舒适。

**知识窗**

1. 初学者学习滑雪如何选择摔倒

①向下蹲；②向身体两侧倒；③向山的上侧倒；④不要挣扎，任其滑行，绝对禁止翻滚。

2. 摔倒后如何站起来

①轻微活动一下身体，检测其是否受伤；②确认滚落线的方向；③将滑雪板举向空中后向山下侧放置；④双板平行并与滚落线垂直；⑤曲身后用手或滑雪杖支撑身体，向侧面站起即可；⑥自行站立或任何能够帮助自己站立的方式，只要能站立起来可以大胆尝试。例如，同伴在下方，以手协助站起。

初学者应选择轻便、灵活、富有弹性的滑雪鞋，它的可操纵余地较大。要使人感到既舒适又很合脚，脚趾在鞋中能活动自如，但脚掌、脚背、脚弓、脚跟应能紧紧地被裹住，外壳上的卡子要卡得恰到好处，使踝关节可以向前屈膝，只有这样才能控制滑雪板和滑雪速度。

2. 滑雪板

滑雪板一般分为高山板、越野冬季两项板、跳台板、自由式板、单板等。

对于初学者来说，太长的滑雪板不容易控制，转弯较困难不利于提高自己的技术水平，初学者最好以自己的身高再加5厘米左右即可。初学者还应选用弹性较大的滑雪板。因为这种滑雪板遇到不平的雪面时不易颠簸，制动效果也较好，操作起来比较容易。

3. 滑雪服

除滑雪专业竞赛服外，滑雪服的概念很广，凡是基本能满足滑雪要求的服装都可称为滑雪服。通常的专用滑雪服有上下分身款式的，由上衣与下裤两件组成；另有滑雪服是连体款式的，即上衣与下裤连在一起。

滑雪服最重要的作用是保暖。因此滑雪服应防水防风。一般面料的服装吸水并且透风，这对于冬季运动显然是不适宜的，甚至十分危险。因此应选用专门的滑雪服，并应大小合适，以保证身体活动自如。

4. 手套、帽子、太阳镜

同时，选一双结实的滑雪手套(如加衬的皮手套)和好的帽子也是十分重要的。帽子的作用一方面御寒，另一方面防晒伤。

在雪地中太阳的辐射特别强，因此在滑雪时务必要涂防晒系数较高的防晒霜并戴上太阳镜或滑雪镜。

## 第八节　滑冰

滑冰运动历史悠久。古代生活在寒冷地带的人们，在冬季冰封的江河湖泊中以滑冰作为交通运输手段，以后逐步发展为滑冰游戏，直到现代的滑冰运动。滑冰起源于荷兰。11~12 世纪的荷兰、英国、瑞士以及斯堪的纳维亚一些国家就有脚绑兽骨，手持带尖木棍支撑冰面向前滑行的记载。13 世纪中叶，荷兰出现一种镶嵌在木板上的铁制冰刀。

中国的滑冰运动历史悠久。宋、元、明、清各代都有滑冰活动的有关记载。19 世纪末期，西方滑冰运动传入中国，滑冰运动遂成为北方人民群众所爱好的冬季运动项目。中华人民共和国建立后，1953 年 2 月在哈尔滨举行了第一届全国冰上运动会，速度滑冰和花样滑冰被列为比赛项目。1955 年在哈尔滨举行第二届全国冰上运动会，有 72 人次打破全国速度滑冰最高纪录。1959 年中国举行第一届全国冬季运动会。同年，中国速滑运动员在苏联参加 6 国国际邀请赛，获男子速度滑冰全能冠军。此后，在一系列国际比赛中，中国速滑运动员均获得了优异的比赛成绩。

滑冰运动包括速度滑冰、花样滑冰、冰上舞蹈等形式。花样滑冰因为其拥有流畅的舞姿被誉为“冰上芭蕾”，但它对技术的要求较高。相对而言，更为普及的是滑冰运动中的速度滑冰。使用滑冰技能的应用价值虽比不上滑雪。但是因为它能有效地提高人体平衡能力和抗御寒的能力，对我国北方地区的生活和工作较为有利。

### 一、速度滑冰的基本技术

1. 站立

两脚分开站立与肩同宽，用冰刀平刃着冰，上体稍前倾，两臂自然下垂，两膝微屈，身体重心落在两腿之间两冰刀后半部，目视前方。

2. 移动重心

取冰上站立姿势，两刀平衡，身体重心交替落在左、右冰刀上。

3. 蹲起

取冰上站立姿势，控制好冰刀不前后滑动，做蹲起练习。

4. 脚步

取冰上半蹲姿势，做原地交替抬腿转换重心的练习。

5. 外“八”字走动

取冰上站立姿势，两刀呈外“八”字，两腿交替缓慢向前迈步。

### 二、速度滑冰的基本练习

1. 滑行练习

单脚蹬冰双脚滑行。取冰上站立姿势，一脚用刀内刃蹬冰，同时将重心移到支撑滑行的腿上。蹬冰结束后，马上收回于滑行腿并拢向前滑行，速度下降后由原蹬冰腿着冰以提高速度。

2. 直道滑跑技术

(1) 准备

上体前倾，肩背略高于臀部，头微抬起，眼视前方 30~40 米处，上体放松，两臂伸直，双手互握放于背后，注意在整个过程中身体重心既不要前探，也不要后坐。

(2) 蹬冰

蹬冰是推动身体向前划进的动力，完整动作是一次伸展支撑腿的髋、膝、踝关节，从而获得一个向前滑进的水平加速度。

(3) 浮腿

蹬冰腿从结束蹬冰离开冰面到重新着冰前的动作成为浮腿动作，主要是帮助身体重心向前移动，增加蹬冰力量，并为下次蹬冰做准备。

(4) 下刀

下刀动作是以浮腿冰刀着冰到变换支点支撑重心，由浮腿变为支撑腿的过程。

(5) 惯性滑行

在一条腿蹬冰结束后，到另一条腿蹬冰开始之前，蹬单腿支撑身体借助惯性速度向前滑行的动作。

(6) 摆臂

在滑跑中通过两臂的摆动可增加滑冰的力量，同时迅速有效地移动重心，提高滑跑频率。

3. 弯道滑跑技术

(1) 准备

采用身体向左倾斜的姿势，刀剑、切点保持在一个斜面内。肩略高于臀部，将重心放在冰刀后半部。

(2) 蹬冰

弯道蹬冰采用交叉步来蹬跑，右腿用内刃，左腿用外刃向侧面蹬冰，蹬冰方向要与蹬冰腿滑进的切线相垂直。

(3) 收腿

在右腿结束蹬冰之后，右腿以大腿带动小腿，继续向左侧移动着冰。

(4) 下刀

右腿着冰时，右小腿不要向前摆跨，并注意膝盖前弓，使下刀的右腿与身体成一个倾斜面。

(5) 惯性滑进

弯道滑跑中，一侧腿支撑惯性滑进动作是以另一侧腿结束蹬冰起，到后者收到与前者靠近时止。

## 三、滑冰运动的装备

滑冰装备包括冰刀、冰鞋和滑冰服装(以速滑为例)。

1. 冰刀

冰刀是由刀刃、刀身管、前小刀托、前大刀托、前托盘、后刀托和后托盘等部分组成。现代高级速滑刀的刀刃多由优质高碳钢制成，其他部分由轻合金制作。

2. 冰鞋

冰鞋选用优质厚牛皮缝制，为半高腰瘦长形，鞋跟部为坚硬式，以包围和固定脚跟。鞋底为硬皮、冰刀以螺钉或铆钉固定在鞋底上。

3. 服装

运动员的比赛服均为尼龙紧身运动服和连衣服。连衣服是帽子、上衣、裤子、袜子连成一体的，具有轻便、紧身、阻力小、动作灵活等特点。

# 第九节 射箭

射箭，即箭术，助弓的弹力将箭射出，在一定的距离内比赛准确性的体育运动项目，为射箭运动。远在1万年前的中石器时代，人类就发明了弓箭来狩猎捕鱼。以后很长时间，弓箭又是用于战争的武器之一，现弓箭作为人们喜欢的体育运动项目存在下来。

现代射箭运动于14世纪起源于英国，它由武士的军事需要演变成娱乐运动。16世纪出现了三种射箭的运动形式：第一种是对靶射箭，第二种是地靶射箭，第三种是漫游射箭。1673年英国成立皇家射箭协会，成为世界上最早的射箭组织，同时也是第一个接纳女子为会员的协会。

## 一、射箭基本技术

1. 动作要领

(1)站位：射手站在起射线上，左肩对目标靶位，左手持弓，两脚开立与肩同宽，身体的重量均匀地落在双脚上，并且身体微向前倾；(左手持弓)也可左脚微向内倾斜，身体重量均匀落在双脚上，此动作有助于增加后手的加力控制；(左手持弓)也可左脚微向外倾斜，身体重量均匀落在双脚上。此动作有助于开弓人借力打开自己的前臂动作。

(2)搭箭：把箭搭在箭台上，单色主羽毛向自己，箭尾槽扣在弓弦箭扣上。

(3)扣弦：右手以食指，中指及无名指扣弦，食指置于箭尾上方，中指及无名指置于箭尾下方。

(4)预拉：射手举弓时左臂下沉，肘内旋，用左手虎口推弓，并固定好。

(5)开弓：射手以左肩推右肩拉的力将弓拉开，并继续拉至右手“虎口”，靠位下颌。

(6)瞄准：射手在开弓的过程中同时将眼，准星和靶上的瞄点连成一线。

(7)脱弦：待开弓，瞄准后右肩继续加力同时扣弦的右手三指迅速张开，箭即射出。

(8)放松：箭中靶位后，左臂由腕、肘、肩至全身依次放松。

2. 技术要点

(1)固定是初学者最重要的一个基本动作。固定并非固定不动，而是一连串动作后松弦时一定要自然放松手指，不可发力造成回拉。

(2)吸气时，轻轻地将气往下压，使得腹部绷紧，再引弓射箭，呼气要尽量慢而稳，而且要一口气完全呼完。

3. 专家提示

(1)射箭要注意到放箭的节奏，若节奏改变，表示动作已经改变。

(2)射箭的目的不在于增强肌肉，拉弦时不可使出全身之力，应只让两手用力扩张，肩膀的肌肉必须放松，你要能做到这一点，才算是完成了用心灵挽弓射箭的条件之一。

(3)引弓手轻柔地向后方伸展至完全伸直，是松弦、保持最重要的条件。

(4)射箭的量要多，量多才可有技术的讨论空间。射箭动作在确立之后，不可轻易更改。

## 二、竞赛规则

奥运会射箭比赛采用单淘汰赛赛制，比赛时间为 6 天。个人赛分为排名赛、淘汰赛和决赛 3 个阶段，射程均为 70 米。首先进行排名赛，男、女各 64 名运动员，每人射 6 组箭，每组 6 支，共 36 支箭；休息 10~15 分钟之后，按照上述程序再射一遍，共 72 支箭以排出 1~64 名的名次，然后按照淘汰赛配对表进行配对，如第 1 名对第 64 名，第 2 名对第 63 名，依此类推。淘汰赛每名运动员射 12 支箭，分 4 组进行，每组 3 支箭，每箭 30 秒，采用一对一交替发射的方式，胜者进入下一阶段比赛，最后决出 8 名运动员进入决赛；决赛时运动员的发射方法、箭数和淘汰赛相同，最后决出冠、亚军。

团体赛分为淘汰赛和决赛两个阶段。每队 3 名运动员，射程均为 70 米。根据个人排名赛中每队 3 名运动员的成绩之和排出男、女团体第 1~16 名的队进入团体淘汰赛。每队共射 24 支箭，分 4 组。每组 6 支箭，每人射 2 支，限时 2 分钟，获胜队进入下一阶段比赛。决赛发射方法、箭数和淘汰赛相同，最后决出冠亚军。射中内黄心得 10 分。如果某一箭正好射在靶面上某一箭尾上，则按已中靶箭的环值得分。

射箭比赛的犯规等级包括口头警告、黄牌警告、红牌警告及相应的扣环、取消比赛成绩等。团体比赛时，当运动员无视黄牌警告，继续发射，裁判员出示红牌，并扣除该队在本组环数最高环值的得分。

# 第十节　瑜伽

“瑜伽”一词，来自于印度古代梵文，是梵文“yoga”的音译。此词最早出现在公元前 1500 年的婆罗门教经典——《梨俱吠陀》中。在《梨俱吠陀》中，“瑜伽”的意思是指“轭”或“伽”(牛、马拉车时架在脖子上的器具)，具有用轭或伽把“马与车连结在一起”的含义。后来，它的词义逐渐扩大，引申出两种事物相互“连接”“结合”“合一”“化一”等义。最早把“瑜伽”一词与宗教的解脱思想联系在一起的是婆罗教。

瑜伽术原产于古印度。它最初本是古代婆罗门教(印度教的前身)为了实现解脱而采用的一种修持方式，后来这种方式也被佛教和耆那教所吸纳，故成为印度宗教特有的产物。

瑜伽，作为一种健身方式，现在已风靡世界。近年来，随着改革开放，瑜伽也从欧美或我国港台地区传入中国大陆，在各大城市中广为流行。许多青年朋友，尤其是女性青年，纷纷加入练习瑜伽的行列，以求健美体型、调养身心。

## 一、瑜伽的功法

《瑜伽经》提出八种功法，又称“八支行法”。

1. 禁制

指必须遵守的戒律，包括不杀生、诚实、不盗、不淫、不贪等。《瑜伽经》认为，在做瑜伽功之前，一个人必须要有充分的道德修养，否则的话，他的心是不会平静的。

2. 劝制

指应遵守的道德准则，包括：①清净(对身体和食物的清净，为“外净”；对内心污浊的清净，为“内净”)；②知足(不求自己分外之物)；③苦行(忍受饥、渴、寒、暑、坐、立等痛苦，遵守斋食、巡礼、苦行等等誓戒)；④读诵(学习经典、念诵圣音——唵“Om”)；⑤敬神(敬信自在天大神，为神奉献一切)等。

3. 坐法

指保持身体平稳、轻松自如、精神放松。包括莲花坐、勇士坐、吉祥坐、狮子坐、孔雀坐等。

4. 调息

指调整和控制呼吸。《瑜伽经》指出，调息时首先要注意呼吸的三种作用：向内吸气的作用、向外吐气的作用、不吐不吸长长将气储于胸腹之中的作用。此外，还要注意四件事：①“处”,指气息吸入后，气息在胸腹之内所到达的范围；气息吐出以后，气息在宇宙中达到什么地方。②“时”，指呼吸的时间。要求在呼气吐气过程中，一定要保持速度适中、间隔和节奏合宜。③“数”，指呼吸的次数。要求出气入气一定要徐缓而轻长，切忌短促、粗急。④“专注一境”，指调心的问题，在呼吸时，要将意念专注在某一点上，不能分散。

5. 制感

指抑制各种感觉感官，使感官的活动完全置于心的控制之下。

6. 执持

是使心专注于身体内的一处，如肚脐、鼻尖、舌端等；也可以专注于外界的一种对象，如月亮、神像等。

7. 禅定

亦称静虑，是使专注一处的心与所专注的对象相统一、使主客观相融合。

8. 三昧

就是真正达到了心与其专注的对象冥合为一。三昧又分为两种：“有想三昧”和“无想三昧”。前者，指达到三昧后，仍然带有一定思虑情感的状态。后者，指心的一切变化和作用都已经断灭，完全达到与专注对象合一的状态，即瑜伽的最高境界。

## 二、瑜伽基本姿势及作用

### (一)坐姿：前倾式

向前倾的坐姿不仅能安抚整个神经系统，还能使大脑镇定下来。

特别是对初学瑜伽的人来说，前倾的坐姿要比前倾的站姿容易完成一些，因为完成前倾的站姿需要多花一点力气，而且要具备一定的平衡能力。一般来说，只要前倾的坐姿练好了，就为练习站姿打好了基础，它还为高血压或以及病患者提供了一个实用的选择，他们如果明智听话，就不会把头放在低于心脏的位置。

前倾式可以同时对许多身体中的能源中心(气轮)和重要器官产生影响，但是其中最受益的是力源穴(又称中心轮，或第二气轮)。这个气轮掌管着肾和肾上腺，因此，练习前倾式是平衡和加强这些器官功能的有效方式。

前倾式主要分为钻石式、束角式、跨骑式、单腿交换伸展式、射箭式、背部伸展式、牛面式、船式。

### (二)坐姿：后仰式

后仰一般要求身体强而有力，而前俯则要求身体具备灵活性。同时，后仰还是加固和调养身体的很好的方式，特别是对背部、腿部和臀部的肌肉。如果你觉得自己不具备做后仰式的力量，那么请先练习难度为一星的站姿，例如战士式。

(1)后仰式能增强脊椎骨的灵活性，帮助改善站姿和坐姿，并保持脊椎的弹性。它们还能通过增加脊椎区域和从脊椎伸出来的神经的血液供应，而使神经系统受益。

(2)伸展腹部区域，而且能在很大程度上帮助消化，因为它们能调理在一般情况下比较弱的腹部肌肉和消化器官。它们还能扩展和打开胸部区域，增加肩膀的灵活性，从而帮助胸部得到更大的扩展。这能为深呼吸创造更好的条件，使呼吸系统也能受益。在身体保持后仰时，大脑也会进入被动的平静状态。

(3)后仰式能影响到许多能源中心。例如，每当脖子伸直或下抬起时，喉轮，位于喉咙的能源中心，就会受到影响。

在执行完整的后仰式时，所有气轮都会受到影响。不过，最受影响的，同时也是获得最大利益的气轮，就是脐轮，也就是第三个能源中心，它与腹部神经丛关系密切。

这个气轮还与胰腺有关。胰腺对胃、肝脏和脾都有化学影响。从能量的角度来看，所有器官都相互关联、相互支持。

胰腺通过产生胰岛素来调节身体的糖含量。如果胰岛素的含量减少了，那么很容易导致糖尿病，而且肌肉也不再有能力有效利用葡萄糖。脾的功能是区分每个人摄取的纯净和不纯的食物。

这些身体机能和它们相关的气轮也会影响我们的情绪。例如，我们辨别事物价值的能力非常重要。当脾的能量被阻塞，就会导致负面情绪，并让我们分神、过于担忧，以及产生“停滞”的感觉。通过这种方式，脾影响到我们做决定和在生活中继续前进的能力。

后仰式主要分为猫伸展式、骆驼式、眼镜蛇式、蝗虫式、弓式、鱼式、狗伸展式、桥式。

### (三)坐姿：脊椎弯曲式

脊椎扭曲式对排列各个脊椎骨的位置特别有用，它能有效地扭曲腰部以上的脊椎。这些姿势能够温柔地按摩腹部区域的内脏，并提供新鲜的血液滋养这些器官。它们还能扩胸，为更好地呼吸创造条件，特别是使用胸腔的呼吸。

脊椎扭曲式让神经系统的神经中枢重新焕发活力，这些神经中枢从脊椎一直延伸到身体外围。所以这些姿势对自主神经系统的影响比任何其他类别的姿势都大，特别是对迷走神经的影响。它具备安排和使身体和大脑平静下来的作用；所以它不仅使身体容光焕发，还可以使微妙的气轮系统充满活力。

自主的神经系统是由大脑主干和视丘下部控制的，它负责所有我们意识不到的身体功能。这些功能包括消化、呼吸、腺体和荷尔蒙的分泌、心跳、血液循环以及肾脏和肝脏的功能。

迷走神经是我们身体中心副交感神经系统的重要部分，同时它也影响到交感神经系统。副交感神经系统是自主神经系统中安静、放松的部分，它能平衡交感神经系统的活跃、刺激性作用。

迷走神经从大脑一直延伸到脊椎，最后在腹部神经丛结束；这根神经与七个能源中心(气轮)有关，这些气轮又与身体中各种交感神经丛关系密切。

通过让神经中枢充满活力，能量和力量被聚集到一起，从而释放出被封锁在体内的能量，通过这种方式，能量能更好地被利用。我们可以通过执行脊椎扭曲式来达到释放能量的目的，同时使身体和体力(与气轮有关的)各个微妙部分充满活力。

后仰式主要分为脊椎扭曲式、坐扭曲式、新月式。

### (四)站姿

在瑜伽中，反姿势对所有姿势都非常重要，进行反姿势的目的是为了在执行那些不对称的站姿后，让你的身体恢复对称，同时这些反姿势还能让你的大腿和脊椎得到放松伸展。

站姿主要分为山式、蹲伏式、弯腰伸展式、侧面弯腰伸展式、战士第一式、战士第二式、三角伸展式、旋转/翻转三角式、侧三角伸展式。

### (五)平衡的姿势：站立和手的平衡

它是指通过平衡或均等地使用身体，使身体灵活地移动，摆姿势和协调四肢。它能使你的大脑宁静安详，注意力集中。

平衡姿势主要分为树式、战士第三式、半月式、鹰式、舞蹈式、平衡式、支架式、斜支架式、孔雀式、后仰支架式、乌鸦式、手倒立式。

### (六)倒立的姿势

倒立姿势是瑜伽训练中不可或缺的一部分。它们能通过各种各样的方式影响身体的机能，使我们得到生理、心理和精神上的益处，而且这些姿势还能使整个系统重新充满活力。例如，它们能消除疲劳、缓解失眠、头痛、静脉曲张、消化疾病，以及过多的紧张情绪和焦虑。

倒立主要分为肩倒立式、犁式、蝎子式、头倒立式，休息和放松的姿势有效动作在发挥最大能量时，往往就是最放松的时候。放松的姿势主要分为仰卧放松功、卧英雄功、半身仰卧放松功。

## 三、瑜伽的呼吸方式

### (一)腹式呼吸

仰卧，手轻轻放在肚脐上；吸气时，把空气直吸向腹部；吸气正确，手随腹部抬起；吸气越深，腹部升起越高，随着腹部扩张，横膈膜就向下降。接着呼气，腹部向内朝脊柱方向收；凭着尽量收缩腹部的动作，把所有废气从肺部全部呼出来，这样做时，横膈膜就自然而然地升起。

### (二)胸式呼吸

仰卧或伸直背坐着，深深吸气，但不要让腹部扩张；代替腹部扩张的是把空气直接吸入胸部区域。在胸式呼吸中，胸部区域扩张，腹部应保持平坦。然后，当吸气越深时，腹部向内朝脊柱方向收入；吸气时，肋骨是向外和向上扩张的，接着呼气，肋骨向下并向内收。

### (三)完全呼吸

即把以上两种呼吸结合起来完成，这是一种自然的呼吸方式，略加练习后，这种呼吸方法就会在全部日常的练习和生活中自动地进行，习以为常。瑜伽的这种完全呼吸有许多益处：由于增加氧气供应，血液得到了净化；肺部组织健壮，增强了抗病能力；胸腹活力和耐力均有增长，心灵也变得更清澈。

## 四、练习瑜伽的注意事项

**知识窗**

**四类人慎练瑜伽**

(1)有慢性疾病及手术后恢复期的人。

(2)高血压或低血压患者、头部受过伤害的人、眩晕病人、心衰的人。

(3)瑜伽练习有助于胎儿成长和顺利分娩，但必须在教练指导下进行，孕妇临盆前三个月停止练习，练习中凡压迫到腹部的姿势要避免，尤其不能憋气。

(4) 处于生理期的女性，练习瑜伽有助于稳定情绪，减缓痛经，但是要注意经期头 2 天不宜练习体位法，可以练习静坐和冥想呼吸。

### (一) 练习冥想

冥想是种意识状态。当你练习冥想时，要尽量让自己内心安静下来，把精神集中在体内。冥想可以有效地舒缓紧张的肌肉和神经，恢复你的能量。通过练习冥想，可以提高精神注意力，使心情平和。

### (二) 了解体能

练习瑜伽姿势之前，要了解你自己的体能有多大，这是非常重要的。千万不要勉强自己做一些自身体能所不及的姿势或者过度的运动量。因为，瑜伽不是竞技。

### (三) 循序渐进，掌握正确方法

循序渐进为取得瑜伽练习的成功，还必须掌握正确的方法。瑜伽是一种完善的科学体系，虽然并不是每一个人都能够完美无缺地做出所有的瑜伽姿势，但无疑可以毫无困难地掌握瑜伽练习的要领。瑜伽练习的每一步骤要谨慎从事，不可操之过急，练习过程中要配合呼吸，动作要尽量舒缓，要保持整体动作的平衡。

### (四) 练习时间

清晨，早饭之前，傍晚都是练习瑜伽的最佳时间。其他时间也可练习，但要保证空腹或完全消化以后进行练习。大体上是饭后 3~4 小时，喝入流质食物或饮料可在半个小时后练习，练习后 1 小时进食比较科学；在练习瑜伽后至少过 15 分钟再沐浴。不同时间要练习不同的内容，例如早晨多练习体位法，中午多练习庞达，晚上多练习冥想等。争取每天都在同一个时间练习。

### (五) 练习时的着装

练习瑜伽时宜穿舒适宽松的服装，一般最好是赤脚，如果觉得太冷，可以穿棉质的短袜。

### (六) 辅助设施

练习瑜伽不需要什么特殊的设施，你可以买条垫子，如果有地毯，铺条大毛巾就可以了；垫子要有支撑性，太软或太硬都不好，千万不能让脚下打滑。在室内练习，需要的是一个开阔的空间，没有家具妨碍。室内要有舒适的温度，没有外来干扰。

### (七) 注意事项

练习瑜伽之前，除去你的首饰、手表、眼镜、隐形眼镜等物，使身体更舒适自然。女性在经期和怀孕 4 个月后，不宜做瑜伽练习，在这种情况下，许多瑜伽方法应该停止，有选择的从事其他轻度健身项目，如步行。瑜伽练习对治疗各种妇科疾病极为有效，对女性的健康也很有帮助。例如，月经失调可通过瑜伽练习治愈，孕妇适当地练习瑜伽可增进胎儿的体质，甚至可以有助于无痛分娩。

# 第十一节　排舞运动

## 一、排舞的起源

20 世纪 80 年代早期，随着西部乡村音乐在美国的大流行，为配合西部乡村音乐的传播，作为今天被接受的现代排舞诞生了。在 1980 年，一个叫 Jim 的美国人根据西部乡村舞曲编排了一支排舞，5 个身着休闲西装、头戴皮草帽、脚穿旅游鞋的 40 多岁的男子重复着向前走、向后退、踏步、踢腿、转圈等简单易学的舞步组合，并配合随意的身体动作充分演绎了美国西部乡村音乐的动感、随意、休闲。这个起源于 20 世纪 40 年代大乐队音乐风格的排舞，是第一个被知晓的有设计编排舞步动作的排舞。由于这一时期排舞都来源于美国西部乡村舞，在当时主要是为了配合和促进乡村音乐的发展，因此很显然的带有西部乡村音乐的烙印，这些被改编为排舞的西部乡村舞蹈被证明是现代排舞的正式诞生。近年来，排舞逐渐在亚洲备受关注，在港台、日本、新加坡等地掀起了一股热潮后，2008 年“排舞旋风”在我国大陆强劲登陆。2008 年 8 月 8 日早晨 8 点 08 分，在天安门广场，800 名排舞爱好者身着奥运五环颜色 T 恤组成 5 个方阵，伴随着奥运主题曲《永远的朋友》，表演了具有中国特色的“排舞”，以表达对北京奥运会的祝福。

排舞是一项音乐和固定舞步融合在一起，一人或多人通过风格各异的舞步循环，来愉悦身心的国际性体育运动。目前，许多工矿企业已经把排舞列入工人工间操、业余锻炼和节假庆典表演的重要内容。我国许多大中小学已经把排舞列入学校体育教学大纲，成为学生课间操、课余体育锻炼和学校庆典表演的重要内容：它对培养学生的音乐素养、提高其身体素质、了解世界文化、培养礼仪行为有重要的意义。

## 二、排舞步伐术语

| 编号 | 舞步名称 | 节拍 | 基本类型 | 舞步描述 |
|---|---|---|---|---|
| 1 | 支撑步 | 1&2 | 右抛锚/支撑步 | 1 右脚退，& 左脚前踏，2 右脚后踏 |
| | | | 左抛锚/支撑步 | 1 左脚退，& 右脚前踏，2 左脚后踏 |
| 2 | 苹果杰克 | 1&2& | 苹果杰克 | 1 左脚尖向左同时右脚跟向右，& 复原 |
| | | | | 2 左脚跟向左同时右脚尖向右，& 复原 |
| 3 | 平衡步 | 123 | 右前进平衡步 | 1 右脚进，2 左脚并步，3 右脚原地踏步 |
| | | | 左前进平衡步 | 1 左脚进，右脚并步，3 左脚原地踏步 |
| | | | 右后退平衡步 | 1 右脚退，2 左脚并步，3 右脚原地踏 |
| | | | 左后退平衡步 | 1 左脚退，2 右脚并步，3 左脚原地踏 |
| 4 | 恰恰步 | 1&2 | 进恰恰 | 1 右脚进，& 左脚并步，2 右脚进 |
| | | | 退恰恰 | 1 右脚退，& 左脚并步，2 右脚退 |
| | | | 左恰恰 | 1 左脚侧步，& 右脚并步，2 左脚侧步 |
| | | | 右恰恰 | 1 右脚侧步，& 左脚并步，2 右脚侧步 |
| 5 | 查尔斯顿步 | 1~4 | 查尔斯顿步 | 1 右脚进，2 左脚前点，3 左脚退，4 右脚后点 |
| | | | 查尔斯踢步 | 1 右脚进，2 左脚前踢，3 左脚退，4 右脚后点 |

（续）

| 编号 | 舞步名称 | 节拍 | 基本类型 | 舞步描述 |
|---|---|---|---|---|
| 6 | 海岸步 | 1&2 | 右海岸步 | 1 右脚退，& 左脚并步，2 右脚进 |
| | | | 左海岸步 | 1 左脚退，& 右脚并步，2 左脚进 |
| | | | 反向海岸步 | 1 右脚进，& 左脚并步，2 右脚退 |
| | | | 海岸交叉步 | 1 右脚退，& 左脚并步，2 右脚前交叉 |
| 7 | 骆驼步 | 1~4 | 骆驼步 | 1 右脚进，2 左脚锁在右脚后 3 右脚进，4 左脚锁在右脚后 |
| 8 | 兜风步 | 1~8 | 兜风步 | 1 右脚侧步，2 左脚后交叉，3 右转 1/4 右脚进，4 左脚进，5 右转 1/2 中心放右脚，6 右转 1/4 左脚侧步，7 右脚后交叉，8 左脚侧步 |
| 9 | 桃乐茜步 | 12& | 右桃乐茜步 | 1 右脚右斜角进，2 左脚锁在右脚后，& 右脚右斜角进 |
| | | | 左桃乐茜步 | 1 左脚左斜角 |
| 10 | 扇形步 | 12 | 脚尖扇形步 | 1 脚尖向外平展，2 脚尖还原 |
| | | | 脚跟扇形步 | 1 脚跟向外平展，2 脚跟还原 |
| 11 | 藤步 | 1~4 | 右藤步 | 1 右脚侧步，2 左脚后交叉，3 右脚侧步，4 左脚前交叉 |
| | | | 左藤步 | 1 左脚侧步，2 右脚后交叉，3 左脚侧步，4 右脚前交叉 |
| | | | 藤转 | 1 右转 1/4 右脚进，2 右转 1/2 左脚退，3 右转 1/4 右脚侧步 4 左脚并步 |
| 12 | 跟掌交叉步 | 1&2 | 右跟掌交叉步 | 1 右脚跟侧点，& 右脚掌还原，2 左脚前交叉 |
| | | | 左跟掌交叉步 | 1 左脚跟测点，& 左脚掌还原，2 右脚前交叉 |
| 13 | 爵士盒步 | 1~4 | 右爵士盒步 | 1 右脚前交叉，2 左脚退，3 右脚侧步，4 左脚前交叉 |
| | | | 左爵士盒步 | 1 左脚前交叉，2 右脚退，3 左脚侧部，4 右脚前交叉 |
| 14 | 跳 | 1 | 双脚跳 | 双脚同时起跳，双脚同时落地 |
| | | | 爵士跳 | 单脚起跳，双脚落地 |
| | | 12 | 开合跳 | 1 双脚起跳，分开落地，2 双脚起跳，并脚落地 |
| 15 | 踢换脚 | 1&2 | 踢换脚 | 1 右脚踢，& 右脚掌还原，3 左脚原地踏 |
| | | | 踢换点 | 1 右脚踢，& 右脚掌还原，3 左脚侧点/重心放右脚 |
| | | | 踢换旁点 | 1 右脚踢，& 右脚掌还原，3 左脚前交叉 |
| | | | 踢换交叉步 | 1 右脚踢，& 右脚侧步，3 左脚前交叉 |
| | | | 踢旁旁 | 1 右脚踢，& 右脚侧步，3 左脚侧步 |
| 16 | 锁步 | 1&2 | 前锁步 | 1 右脚进，& 左脚锁在右脚后，2 右脚进 |
| | | | 后锁步 | 1 右脚退，& 左脚锁在右脚前，2 右脚退 |
| 17 | 曼波步 | 1&2 | 前曼波 | 1 右脚进，& 重心放在左脚，2 右脚并步 |
| | | | 后曼波 | 1 右脚退，& 重心放在左脚，2 右脚并步 |
| | | | 左曼波 | 1 左脚侧步，& 重心放在右脚，2 左脚并步 |
| | | | 右曼波 | 1 右脚侧步，& 重心放在左脚，2 右脚并步 |
| | | | 曼波交叉步 | 1 右脚侧部，& 重心放在左脚，2 右脚并步 |

（续）

| 编号 | 舞步名称 | 节拍 | 基本类型 | 舞步描述 |
|---|---|---|---|---|
| 18 | 夜总会二步 | 12& | 右夜总会二步 | 1 右脚大侧步，2 移左脚至右脚跟后，& 右脚前交叉 |
| | | | 左夜总会二步 | 1 左脚大侧步，2 移右脚至左脚跟后，& 左脚前交叉 |
| 19 | 摇摆 | 12 | 前摇摆 | 1 右脚进，2 重心放在左脚 |
| | | | 后摇摆 | 1 右脚退，2 重心放在左脚 |
| | | | 左摇摆 | 1 左脚测步，2 重心放在右脚 |
| | | | 右摇摆 | 1 右脚侧步，2 重心放在左脚 |
| 20 | 摇椅步 | 1~4 | 右摇椅步 | 1 右脚进，2 重心放在左脚，3 右退退，4 重心放在左脚 |
| | | | 反向摇椅步 | 1 右脚退，2 重心放在左脚，3 右脚进，4 重心放在左脚 |
| 21 | 伦巴盒步 | 1~8 | 右伦巴盒步 | 1 右脚侧步，2 左脚并步，3 右脚进，4 左脚停顿，5 左脚经右脚后走侧步，6 左脚并步，7 左脚退，8 右脚停顿 |
| | | | 左伦巴盒步 | 1 左脚侧步，2 右脚并步，3 左脚进，4 右脚停顿，5 右脚经左脚后走侧步，6 右脚并步，7 右脚退，8 左脚停顿 |
| 22 | 水手步 | 1&2 | 右水手步 | 1 右脚后交叉，& 左脚侧步，2 右脚侧步 |
| | | | 左水手步 | 1 左脚后交叉，& 右脚侧步，2 左脚侧步 |
| | | | 水手交叉步 | 1 右脚后交叉，& 左脚侧步，2 右脚前交叉 |
| 23 | 桑巴步 | 1&2 | 右桑巴步 | 1 右脚前交叉，2& 左脚侧步，2 右脚原地踏 |
| | | | 左桑巴步 | 1 左脚前交叉，& 右脚侧步，2 左脚原地踏 |
| | | | 桑巴交叉步 | 1 右脚前交叉，& 左脚侧步，2 右脚前交叉 |
| 24 | 剪刀步 | 1&2 | 右剪刀步 | 1 右脚侧步，& 左脚并步，2 右脚前交叉 |
| | | | 左剪刀步 | 1 左脚侧步，& 右脚并步，2 左脚前交叉 |
| 25 | 趾踵步 | 1&2& | 尖趾步 | 1 右脚尖前点地，& 右脚跟踏下，2 左脚尖前点地，& 左脚跟踏下 |
| | | | 跟趾步 | 1 右脚跟前点地，& 右脚掌踏下，2 左脚跟前点地，& 左脚掌踏下 |
| 26 | 糖果步 | 123 | 右糖果步 | 1 右脚尖点地，右膝关节内收，2 右脚跟点地，右膝关节外展，3 左脚前交叉 |
| | | | 左糖果步 | 1 左脚尖点地，左膝关节内收，2 左脚跟点地，左膝关节外展，3 右脚前交叉 |
| 27 | 旋步 | 12 | 左旋步 | 1 左脚跟、右脚尖同时向左转动，2 左脚尖、右脚跟同时向左转动 |
| | | | 右旋步 | 1 左脚跟、右脚尖同时向右转动，2 右脚尖、左脚跟同时向右转动 |
| | | | 跟旋步 | 1 双脚一起向左（右）转动，2 双脚跟复位 |
| 28 | 开关步 | 1&2& | 脚尖开关步 | 1 右脚尖前点地，& 右脚复位，2 左脚尖前点地，& 左脚复位 |
| | | | 脚跟开关步 | 1 右脚跟前点地，& 右脚复位，2 左脚跟前点地，& 左脚复位 |

（续）

| 编号 | 舞步名称 | 节拍 | 基本类型 | 舞步描述 |
|---|---|---|---|---|
| 29 | 闪亮步 | 123 | 右闪亮步 | 1 右脚前交叉，2 左脚并步，3 右脚原地踏 |
| | | | 左闪亮步 | 左脚前交叉，2 右脚并步，3 左脚原地踏 |
| 30 | 纺织步 | 123 | 右纺织步 | 1 右脚前交叉，2 左脚侧步，3 右脚后交叉 |
| | | | 左纺织步 | 1 左脚前交叉，2 右脚侧步，3 右脚后交叉 |
| 31 | 秧歌步 | 1~4 | 右秧歌步 | 1 右脚进，2 左脚前交叉，3 右脚退，4 左脚侧步 |

## 三、排舞转体术语

| 编号 | 舞步名称 | 节拍 | 基本类型 | 舞步描述 |
|---|---|---|---|---|
| 1 | 定轴转 | 12 | 1/4 定轴转 | 1 右脚进 2 左转 90°重心放在左脚 |
| | | | 1/2 定轴转 | 1 右脚进，2 左转 180°重心放左脚 |
| | | | 3/4 定轴转 | 1 右脚进，2 左转 270°重心放在左脚 |
| 2 | 交叉转 | 12 | 右叉转 | 1 右脚前交叉，2 左转 270°重心放在左脚 |
| | | | 左叉转 | 1 左脚前交叉，2 右转 180°~360°重心放右脚 |
| 3 | 腾转 | 1~4 | 右腾转 | 1 右转 1/4 右脚进，2 右转 1/2 左脚退，3 右转 1/4 右脚侧步，4 左脚并步 |
| | | | 左腾转 | 1 左转 1/4 左脚进，2 左转 1/2 右脚退，3 左转 1/4 左脚侧步，4 右脚并步 |
| 4 | 蒙特利转 | 1~4 | 1/4 蒙特利转 | 1 右脚侧点，2 右转 1/4 右脚并步，3 左脚侧点，4 左脚并步 |
| | | | 1/2 蒙特利转 | 1 右脚侧点，2 右转 1/2 右脚并步，3 左脚侧点，4 左脚并步 |
| 5 | 划桨转 | 1~4 | 1/4 划桨转 | 1 右脚进，2 左转 1/8 重心放在左脚，3 右脚进，4 左转 1/8 重心放在左脚 |
| | | | 1/2 划桨转 | 1 右脚进，2 左转 1/4 重心放在左脚，3 右脚进，4 左转 1/4 重心放在左脚 |
| 6 | 三连步转 | 1&2 | 三步转 180~360° | 根据节拍，可以用右左右脚或左右左脚进行不同方向，不同角度的转动 |
| 7 | 全转 | 12 | 左进全转 | 1 左转 180°右脚退，2 左转 180°左脚进 |
| | | | 右进全转 | 1 右转 180°左脚退，2 右转 180°右脚进 |
| 8 | 螺旋转 | 12 | 右螺旋转 | 1 右脚进，2 左转 360°重心放在右脚 |
| | | | 左螺旋转 | 1 左脚进，2 右转 360°重心放在左脚 |

## 四、排舞运动的身体素质练习及练习方法

### （一）基本姿态练习

基本姿态指做动作时的头、手、臂、躯干、腿和脚身体各个部位所处的位置符合标准姿态，正确的身体姿态需要经过长期练习逐步形成，它是高质量完成排舞运动的基本条件。

1. 基本站立姿态练习

挺胸抬头、沉肩拔背、膝盖伸直、大腿内收、收腹提臀像松树一样挺拔。

2. 头部姿态练习

头部姿态要注意正确方向，再配合眼神和面部表情，以达到丰富的表现力。

3. 上肢和躯干姿态练习

(1)芭蕾基本手位练习，胸、腰、背的柔韧性与控制力练习

(2)形体练习

(3)垫上练习

(4)下肢姿态练习

①把杆练习。

②跨部前提、左上顶、塌腰、右上顶、绕转等。

③膝盖弯曲、内扣、外张，重心左右移动。

④脚踝的活动，左脚脚尖为轴，左脚后跟内转，外顶，之后换右脚。

⑤有氧舞蹈练习。

⑥拉丁舞、爵士舞、踢踏脚基本步伐练习。

## (二)排舞运动技术练习方法

1. 动作方位和方向练习

动作方位和方向练习是指在完成动作过程中相对于空间和身体部位的方向。排舞运动中动作方位和方向是极其重要的，大部分排舞都有方位和方向的改变，因此，提高空间方位的准确性也可以提高动作质量，增加动作美感。常用的方位有矢状面——将人体分为左右两个部分的平面，冠状面——将人体划分为前后两个部分的平面，水平面——将人体分为上下两个部分的平面。动作方向有前、后、左、右、左前、左后、右前、右后等方向的变化。在练习中应该明确这些基本的方位和方向，使动作形成标准规范。

(1)面对镜子进行动作练习，以形成正确的动作方位。

(2)定位动作练习，每一个动作教师对学生都明确指定规范位置，达到规定的位置后让学生再体会一下，以形成正确的方位。

(3)先进行一个方向的练习，反复练习至熟练后再进行改变方向练习，然后完整连贯地进行多方向练习。

2. 动作力度练习

动作力度指完成动作的过程中按照动作要求用力的紧张程度，表现在动作的加速与瞬间制动相交替的运动形式。排舞运动中许多动作幅度大、速度快、运动方向与路线灵活多变，动作与动作之间的连接复杂，动作力度不仅反映了动作的快慢，而且也反映了动作用力大小及用力的准确性和动作控制。

(1)教师帮助学生控制和调整动作，让学生快速完成某一动作，然后到规定位置及时制动，反复练习，以让学生体会肌肉用力感觉。

(2)表象练习。根据学生对动作的感受记忆，回忆动作的发力顺序、动作速度，动作方位及动作制动，形成准确的动作感觉。

(3)在规定的时间内反复快速重复某一动作，如连续做屈、伸、举动作等。

3. 动作幅度练习

动作幅度指动作构成的空间位置，动作幅度大小取决于个体关节、韧带和肌肉灵活性与弹性，排舞运动中动作幅度大小直接关系到动作的美感。

(1)柔韧性练习，各关节的柔韧性练习尤其是肩，髋关节练习，可加大关节活动范围，从而提高动作幅度。

(2)纠正错误动作，提高动作准确性，只有掌握准确的动作才有可能完成较大的动作幅度。

(3)幅度和小幅度动作交替练习，让学生对照感觉，体会大小运动幅度的差异性，以加深对大幅度动作的印象。

4. 动作速度练习

动作速度是指人体或人体某一部分快速完成某一个动作的能力，动作速度是排舞运动技术动作中不可缺少的要素。

(1)先进行慢速动作练习，待动作熟练后再加快动作速度，如先 2 拍 1 动，再 1 拍 1 动，再进行 1 拍 2 动练习。

(2)不改变音乐节奏，快慢交替练习，让练习者不觉得枯燥无味，加强刺激。

(3)高频重复某一动作，要求严格按照动作质量进行，强化学生对动作的熟练性，从而提高动作的质量。

(4)口令、音乐交替进行指挥，增加学生练习频率，以提高动作完成质量。

5. 多元风格排舞练习

利用艺术门类的互通性，学习芭蕾舞、民间舞、现代舞、排舞等多元舞蹈。多参加表演，锻炼运动员对不同舞蹈的感知能力和表现能力，以提高运动员的艺术表现力。随着运动员自身掌握的以及看到的动作增多，在训练中应要求运动员自己用动作去表现各种情绪。

播放一段音乐，让运动员把音乐的风格或内通过肢体动作的方式体现出来，并要求运动员尽量做到动作、表情与音乐相当统一。

## 五、提高音乐素养的练习方法

### (一)乐理培养法

乐理是关于音乐的理论，有着特殊的地位和作用，乐理知识是培养运动员音乐感和伴随音乐灵活、学习音乐、理解音环、运用音乐、表现音革的基础，运动员通过乐理的培养，掌握一定的乐理知识，并尝试分析各类音乐，培养运动员分析音乐的能力，长时间反复的练习，民族类排舞运动员不仅可以准确地分析和把握音乐的节奏，并做到节奏与动作完美结合，还可以提高运动员审美追求，乐理的培养就是为运动员做好相关的练习和后续的训练打下牢固的基础。

### (二)意境想象法

想象是人脑在改造记忆表象的基础上创建新形象的心理过程，可以拓展和创造意境美、民族类排舞音乐风格各异，其意境留给了运动员丰富的想象空间，这美妙的想象融入了运动员对美的理解和创造，使运动员不同程度地有身临其境之感，整理自己对音乐的理解，感受、想象，抓住瞬间激情，形成自己的情感体验。因此，意境想象法是提高运动员艺术表现力不可或缺的方法之一。

## 思考题

(1)瑜伽的呼吸方式有几种？分别是什么？

(2)高尔夫是社交运动，需要注意的基本礼仪有哪些？

(3)怎样选择适合自己的保龄球？

(4)台球运动的基本击球方法有哪些？其应用条件各是什么？

(5)飞镖的握镖方法有几种？基本技术有哪些？

(6)轮滑运动的健身价值有哪些？

(7)按照比赛性质可将攀岩运动分为哪几种？

(8)登山运动的优点及注意事项是什么？

(9)简述滑雪蹬坡技术，并说明它的技术关键。

(10)滑雪刹车技术的练习方法有哪些？

(11)试述影响冰上直道滑跑技术的因素有哪些？

(12)射箭的基本技术有哪些？

## 研究与实践

(1)结合保龄球运动实践，举例说明如何选择打补中球的角度。

(2)在宿舍与同学开展一场瑜伽练习，讨论练习瑜伽过程中感受最深刻的是什么。

(3)练习各种冰上弯道滑行，选择最适合自己的弯道滑行，撰写运动实践报告。

(4)约几个同学，开展一场打主球中上点、中下点或中左点、中右点的比赛，并讨论为什么球杆在击球时打滑的现象。

# 参考文献


[1] 徐玉林，吴宝全，张海茹，等. 大学体育教程(微课版)[M]. 北京：人民邮电出版社，2018.

[2] 洪锡均，张颖夫，彭春江. 大学体育与健康[M]. 北京：科学出版社，2018.

[3] 谢桂西，郝锡娟. 现代大学体育与健康教程[M]. 北京：人民邮电出版社，2018.

[4] 中国羽毛球协会. 羽毛球竞赛规则(2017)[M]. 北京：北京体育大学出版社，2017.

[5] 刘琦. 大学体育学[M]. 北京：中国农业出版社，2016.

[6] 中国乒乓球协会. 乒乓球国际竞赛官员手册[M]. 北京：人民体育出版社，2014.

[7] [德]贝恩德·沃克尔·勃拉姆斯. 羽毛球全攻略技术、战术与训练[M]. 北京：人民邮电出版社，2016.

[8] 全国体育院校教材委员会. 游泳运动[M]. 北京：人民体育出版社，2013.

[9] 肖红. 游泳[M]. 北京：北京体育大学出版社，2015.

[10] 刘琦. 大学体育与健康[M]. 北京：北京体育大学出版社，2012.

[11] 文超. 田径运动高级教程[M]. 北京：人民体育出版社，2017.

[12] 熊西北，马明彩. 田径运动技术教学理论与方法[M]. 北京：北京体育大学出版社，2003.

[13] 吕青，孙璞. 学校田径裁判教程[M]. 北京：人民体育出版社，2017.

[14] 篮球运动教程编写组. 篮球运动教程[M]. 北京：北京体育大学出版社，2013.

[15] [日]西村卓二. 迅速提高乒乓球技巧[M]. 陈思淼，金晓平，译. 北京：人民体育出版社，2017.